【基金项目】

福建省社会科学基金项目成果，
项目批准号：FJ2021B078

中国社会经济史新探索丛书

城眼观乡：

农业中国的农村怎样成了国家问题（1908—1937）

梁 心◎著

厦门大学出版社
XIAMEN UNIVERSITY PRESS
国家一级出版社
全国百佳图书出版单位

图书在版编目（CIP）数据

城眼观乡：农业中国的农村怎样成了国家问题：
1908—1937 / 梁心著. -- 厦门：厦门大学出版社，
2024.1（2024.7 重印）

（中国社会经济史新探索丛书）

ISBN 978-7-5615-8504-7

Ⅰ. ①城… Ⅱ. ①梁… Ⅲ. ①农村问题-研究-中国
-1908—1937 Ⅳ. ①F329.06

中国版本图书馆CIP数据核字(2022)第021757号

责任编辑　韩轲轲
美术编辑　蒋卓群
技术编辑　朱　楷

出版发行　厦门大学出版社
社　　址　厦门市软件园二期望海路 39 号
邮政编码　361008
总　　机　0592-2181111　0592-2181406(传真)
营销中心　0592-2184458　0592-2181365
网　　址　http://www.xmupress.com
邮　　箱　xmup@xmupress.com
印　　刷　厦门集大印刷有限公司

开本　720 mm×1 000 mm　1/16
印张　22.5
插页　2
字数　331 千字
版次　2024 年 1 月第 1 版
印次　2024 年 7 月第 2 次印刷
定价　88.00 元

厦门大学出版社　　厦门大学出版社
微信二维码　　　　微博二维码

本书如有印装质量问题请直接寄承印厂调换

序 言

◎罗志田

　　梁心的《城眼观乡：农业中国的农村怎样成了国家问题》即将出版，她给我以写序的荣幸，这是我很乐意做的事。2004年9月，梁心以四川大学历史系第一名的成绩被推荐到北京大学历史学系，在我指导下攻读硕士研究生，后又硕博连读，于2012年获得历史学博士学位。本书即是据她博士论文修改而成的。

　　在我的学生中，梁心是一个有些"独特"的人。她看"前近代"的书比同龄人要多很多，读外国书的范围也很宽，从理论到文艺，似乎什么都看。这样的广泛阅读和她要研究的近代中国似乎有些距离；然若一旦联系起来并有所贯通，则会显出不小的优势，尽管这个过程可能比较漫长。

　　梁心的硕士论文选择研究古史辨，侧重古史辨运动中各方具体怎样"辨"和"辩"（其实当年"辨"也就是"辩"，只是现在我们已区分使用了）。那是一个已经获得相当关注、但仍有不小推进空间的题目。不过，因为相关资料太专门，论文完成后的延展性不是很大。故当她进入博士阶段的学习时，我建议她可以改作一个既有研究较少、且更能关照到广泛社会状况的题目。因为她此前的学习、阅读侧重思想史和学术史，"目不斜视"久了，或不利于今后的发展。

　　由于梁心的家在四川绵阳，故我曾向她建议，如果觉得自己对于乡村还有些"感性认识"，不妨考虑以"农村怎样成为问题"作论文题目。于是她把北伐后的《大公报》（1928—1937）通看了一遍，颇感兴味，认为这一时期农村突然变成了议题，确实有值得注意的地方，因此确定为自己博士论文的题目。^①其实这对她是个不小的挑战，因为研究范围几乎可以说是完全转变了。然而任何阅读总是不会"浪费"的，此前关于思想和学术的研读不仅仍在她心中，实际也会有助于她对中国乡村秩序的整体思考。现在这本书表明她的付出是值得的，相信她以后的研究能进一步展现广泛阅读与专门研究相结合的优势。

这个新题目仍不离思想，却与社会直接关联。首先需要重建出当时乡村社会的实际状况，才能在此基础上辨析各类与其相关的"思想"。然而这几乎是个"不能完成的任务"，因为除胆大能文者外，这一任务的"首先"就是难言"完成"的：

一是中国的确广土众民，地理环境相差甚大，各地发展很不一致。在此基础上，"农业的自足经济，原可以各地有各地的情形"，既"不能以一地的情形硬来代表别一地方，亦不能以部分硬来代表全体"。就社会形态言，"庞大古久的中国农村社会，实是色色型式都存在着的"。若定要一言以蔽之，或许就像"盲人摸了大象的腿子或耳朵，不免各有不同的见解"而已。^②而且那时思想和社会的发展也不同步——不甚远的地理距离，心态可能相差上百年。^③

近代居乡能文而又关怀乡土者本不多^④，即使有也可能是所谓"乡曲之士"。当他们观察社会现象时，不见得会从更广阔的天下或国家着眼。反倒是受外国影响的人，借欧美眼光看过来，或可能见到整个的"中国"，却不免带些异样的神采。所以，真要说出一个整体的"中国农村"，或当如梁启超所言，应先"一

---

① 事实上梁心没有什么乡村的生活经验，是我孤陋寡闻，误以为在绵阳就是在乡间（其实绵阳是个大城市），但她当时没有纠正我的错误，而是通过阅读，愿意进行这方面的尝试。

② 吴寿彭：《逗留于农村经济时代的徐海各属》，《东方杂志》第27卷第6号，1930年3月25日，第77～78页。

③ 参见罗志田：《近代中国思想与社会发展的时空不同步现象》，《光明日报》1999年5月28日。

④ 梁启超曾说，"大抵吾国乡治，其具有规模可称述者颇多，特其乡未必有文学之士，有之亦习焉不察，莫或记载"。复因史家更不注意及此，"故一切无得而传焉"。梁启超：《中国文化史·社会组织篇》（1927年），《饮冰室合集·专集八十六》，北京：中华书局，1989年，第58页。

地一地分开来研究"。① 然而这样得出的结果恐怕是千差万别的②，只能在既不强调其特性，也不侧重其共性的基础上更多考虑其相通的一面，关注其通性③，庶几可说出一个大概的"中国农村"。但研究者一定要清楚地认识到，所说的仅是一个"大概"而已。

二是没多少切实可据的史料——昔年受过些社会学训练的调查者都是带着问题去的，这些问题往往来自生成社会学的西方；而报刊征稿和自动的乡村来稿作者又太无训练，表述随意，甚至不过是居所靠近乡村者带有想象的传闻④。那时很多调查者和描述者确实也认真地要想再现和描述中国乡村，但他们实际表述出来的却往往带有他们对"中国"的想象——看"传统"者常常暗含"现代"眼光，看"非工业社会"者则怀揣对"工业社会"的憧憬，而以城市眼光看乡村，看到的即主要是"非城市"的面貌。真正从当时当地出发的观察，实在是凤毛麟角。⑤

---

①　梁启超：《中国历史研究法（补编）》，《饮冰室合集·专集之九十九》，第34～35页。

②　马若孟（Ramon H. Myers）曾审慎地指出，对各不同区域进行详细考察然后进行比较，可能有两种结果，一是"显示出同样的结果"，则可能得出一个整体的认识；一是"显示出不同结果"，就需要进一步的研究。参见马若孟：《中国农民经济：河北和山东的农业发展，1890—1949》，史建云译，南京：江苏人民出版社，1999年，第3页。

③　参见罗志田：《地方的近世史："郡县空虚"时代的礼下庶人与乡里社会》，《近代史研究》2015年第5期。社会学家蒋旨昂也曾希望全国的社区社会学者"能以若干年不断的努力，分到各处选择数十以至数百的'个案社区'加以研究"，找到"这许多社区在相同条件下形成相同现象的那些事实"，以"作为社会法则（至少是中国的）的根据"。转引自瞿菊农：《序》，蒋旨昂：《战时的乡村社区政治》，重庆：商务印书馆，1944年，第4页（序页）。他并未想要得到众多社区的"共同"之处，而是审慎地注重"许多社区在相同条件下形成相同现象的那些事实"，或也是"通性"之一种表现。

④　如有人说乡村已经"用自行车来代步"，也以"自行车、手表、电棒"为男子过年的"装饰品"（谭锡纯：《从各方面检讨北方农村破产的因素》，《益世报》1934年1月20日，第3张第11版），其生活水准实已超过1980年代初的乡村了。

⑤　如傅斯年的《山东底一部分的农民状况大略记》（《新青年》第7卷第2号，1920年1月，第141～152页）便是一篇典型的"天下士"文章，关怀广阔，叙述既具体又有分寸。且这是《新青年》注明"社会调查"的文章，全无拿外国眼光看中国的"学院派"调查风格，实不多见，惜较少为研究者关注。

即使有幸获得一些数据，对于喜欢量化的研究者而言，以前的乡村状况可能是个让人抓狂的题目。陈翰笙等人在 1929 年已指出，若根据当时政府规定的标准亩，全国亩的实际量度小的不足 1/3，大的约有 5 倍。就一省来讲，山东沾化和潍县的亩相差 5 倍，而潍县本身的亩至少有 5 种。据他们自己对无锡 22 个村的调查，大小不同的亩至少有 173 种，最大的和最小的相差 3 倍多。[①] 研究中国农民经济的专家马若孟（Ramon H. Myers）也注意到河北省"耕地计量单位'亩'之间的差异在某些地区高达 55%"。而在山东，"一个县之内的集镇之间，容量单位'斗'的差异高达 100% 和 200%"。所以他在书中"所用的度量衡单位表，只为集镇所用的同样单位提供一个极为粗略的近似值"。[②] 后人若把所获数据视为实录，得出的就只能是一个与实际相差数倍的"实况"。故若没有据"近似值"说历史的心理准备，恐怕无法研究当年的乡村。

简言之，这不是一个容易的选题，充满变数，甚至有被"颠覆"的危险——在一个地理和社会环境千差万别的巨大空间里，面对度量衡相差 55% 到数倍的史料，若不满足于了解一个具有通性的大概状况，可商榷的地方可能比比皆是，防不胜防。但这的确是一个久已需要的重要题目，在一个乡村人口占绝大多数的时代，如果对这"绝大多数"及其生于斯长于斯的地方不能了然于胸，又谈何理解中国？将那不精确而能达意的乡土展示给读者，正是史学从业者的责任。

其实"农村怎样成为问题"和"古史怎样辨"有些相类，取向都偏于"思想史的社会解读"，即不仅要陈述出当时乡村及其居民的实际状态，还需要展现具体观念和认知的出现、分享、争辩、发展和固化等步步演进的历程。所以这个题目看似实在，却比古史辨的选题更"虚悬"，因为农村怎样成为"问题"，及其所成的"问题"本身，既伴随着中国现代性展开的进程，也是在那过程中部分由"现代"眼光所生成的，带有很强的虚拟性。

曾经被视为社会与文化基础的乡村，在近代逐渐被认为出了问题，乃至成为负

---

① 本段与下段，参见陈翰笙等：《亩的差异（无锡 22 村稻田的 173 种大小不同的亩）》，《中央研究院社会科学研究所集刊》第 1 号（1929 年），第 1～2 页。此材料承梁心老师提示。

② 马若孟：《中国农民经济：河北和山东的农业发展，1890—1949》，第 5 页。

面的象征（实际延续至今）。与这一过程相伴相行的，是农村成为"问题"的认知为越来越多的读书人所分享，并最终被确立为整个中国的问题。本书以这一动态过程作为基本线索，尽量展示各种相关认知和观念的动态发展进程。既从思想史的角度重建了问题发生的具体语境，又追随蒙文通先生推崇的"以子观史"取向①，力求展现更大范围的社会观感。全书所呈现的"都市眼中的乡村"，不仅是中国现代性的一种特殊表现，也为反思现代化理论的影响提供了借鉴。

认识被化外的自我

从城乡日渐对立到农村成为问题，以至成为负面的象征，是20世纪前数十年间发生的一个重要变化。本书的第一个贡献，就是提醒我们农村和农民是中国现代史上不可轻视的重大题目，其间待发之覆尚多，不宜概念化地简单处理。这是一个敲响警钟式的提醒，我们需要真正认识到，过去以为耳熟能详人皆可以置喙的乡村，其实对时人而言已经代表着"未知的中国"，对后人更有着众多远未被认识到的面相。

从民初之人一度偏好的行业视角看，中国长期是一个农业为主的国家，至少到全面抗战前都未出现较大的结构转变，大体维持着一个与前相似的常态。但在20世纪20—30年代，中国的农业被认为出现了严重的问题，农村被认为处于"崩溃"边缘。当时可见大量报纸、杂志的讨论，也有从社会调查、专业人员和政府举措等方面解决农村问题的尝试。惟既存研究多关注"成为问题"之后的农村，对于农村"何以成为问题"的讨论却一直付诸阙如。

"农村"在中国其实是个相当年轻的名相，此前更多说"乡村"或"乡土"。新

---

① 蒙先生以为，"以考据治史"，或"不免于支离破碎，全无贯通之识"，故"远不如以治诸子之法治史"。参见蒙文通：《治学杂语》，收入蒙默编：《蒙文通学记（增补本）》，北京：生活·读书·新知三联书店，2006年，第34页。

的"农村"概念诞生不久,"农村出现问题"的思虑即相伴而生。或可以说,正是在"农村"概念形成的过程中,各式各样的"农村问题"才开始被"发现"甚至"发明"出来,并呈现在新的话语脉络中。与此前的称谓相比,"农村"概念最主要的变化就是以行业而不是区域来说乡村,把一个原来并不怎么细致区分的事物进行严格而排他的区隔,使乡村原有的主体性被掩盖,内部相互关联、支援、渗透的事物被截然分离,而不复是一个农工商诸多事物共存或并存的自主世界,这就让我们对这片开放的乡土产生狭窄、封闭的认知,使我们的理解背离了原来活生生的网络,成为僵化不变、各自独立的单一事物(详另文)。

正是在新概念创造出的新视野下,乡村开始呈现新形象,并被看出了新问题。而新的农村概念也逐渐被越来越多的人所接受,尤其是新学生。这一转变趋势至少可以追溯到科举制的废除。新学堂兴起后,曾以耕读自诩的读书人开始疏离于乡村,而新生的读书人更多生活在城市中,与乡土事物渐行渐远。他们往往以一种局外人的眼光看待这个昔人熟悉的广阔空间和众多居民。随着发展中的城市被视为国家的主体,读书人所知的国家本体也日向城市倾斜,原来作为广土众民代表的乡村逐渐淡出,成为暌隔的异乡。这个异乡虽在国中,且占国家面积的极大部分[①],却已沦为化外。[②] 就此而言,越来越多的新知识人实际已不甚了解自己的国家。

吴寿彭曾列举当时中国社会中各种"怪奇的情状",并指出这些"都是中国的'现实'",是认清"中国现时代革命的性质"所必须了解的。"不幸中国的革命者或革命的谈论者,不是见闻限于通都大邑的知识份子,便是熟视过东西洋的工业社会的人。而广大中国的社会,对于他们往往是谜样的模糊。中国实是一个未知的中国('Unknown China')。"[③] 从他所列举的广大中国社会的对立面——通

---

① 如果不把广大的畜牧区域计入,仅说可耕区域的中国,就是中国的最大部分。

② 定县乡村调查的先驱冯锐曾指出,由于近代"国家社会事业皆偏重于城市,对于乡村几视同化外,漫不加意"。参见冯锐:《乡村社会调查大纲》,北平:中华平民教育促进会,1934年,第7页(自序页)。

③ 吴寿彭:《逗留于农村经济时代的徐海各属》,《东方杂志》第27卷第6号,1930年3月25日,第70页。按,昔人常用"智识"表"知识",而有些人又径言"知识",今统一改为"知识"。

都大邑、知识份子、工业社会——来看，那"未知的中国"指的正是乡村。

借用旅沪川人王宜昌的话说，"有一个'异乡'在那时的中国秘密地存在着。这个'异乡'就是随处可见的乡村"。① 异乡的"秘密"存在，意味着占人口和土地大部分的乡村已不甚为人所知。在一个国家观念上升的时代，这显然不能说是"正常"，故在五四后出现一种读书人想要了解自己国家的倾向，表现为对乡村或农村的关注。这一倾向大体呈现为连贯的三部曲②，先是开始关注已近于未知的农村，观感褒贬参半；接着是被关注者逐渐问题化，见解贬多于褒；最后是问题化的农村升级为"破产"或"崩溃"，表述以贬为主，甚至不贬不足以立说（虽也多出于同情，却不免表现出一种西来的"城市傲态"③）。

或可以说，五四后想要认识化外的自己这一努力，并没有改变乡村在很多人心目中处于化外的现实，更多改变的是对化外者的表述（从早期的褒贬兼有转为对农村的同情与鄙视共存）。"重视"农村逐渐成为时代思想的一股主流，却也越来越多地以负面为主。于是逐渐发现（甚或发明出）农村的问题，进而把并未崩溃的乡村说成了一个正在崩溃的农村。

这里的关键，就在于以行业而不是区域来认识和表述乡村这一重要转变。我们可能需要记住社会学家蒋旨昂的概括，"乡是一种社区"，它可以"用生产方式来分类"，但在职业或行业上却并不限于严格的"农业"④，更多表现一种充满开放的生活

---

① 按，王宜昌在 1930 年曾说，"有一个'异乡'在现在底中国秘密地存在着。这个'异乡'就是僻处西南底四川"。他希望自己的文章能"使人们都明白四川是怎样的不异的'异乡'"。参见王宜昌：《关于国立成都大学》，《成都大学旅沪同学会会刊》第 1 期，1930 年，第 1 页。转引自王东杰：《国中的"异乡"：二十世纪二三十年代旅外川人认知中的全国与四川》，《历史研究》2002 年第 3 期。

② 时人关注乡村或农村的三部曲，当另文探讨。

③ 关于"城市傲态"，参见牟复礼（Frederick W. Mote）：《元末明初时期南京的变迁》，施坚雅主编：《中华帝国晚期的城市》，叶光庭等译，北京：中华书局，2000 年，第 114～115、118 页。

④ 蒋旨昂：《战时的乡村社区政治》，重庆：商务印书馆，1944 年，第 7 页。

方式,亦即一种文化。^① 只有接受一个虽不精确却能达意的乡土中国,才能进而理解那片土地上各式各样的人涵义丰富的生活。

农村"问题"的构建特色

本书的第二个贡献,是告诉我们那时关于农村和农民的"问题"往往带有构建的成分(包括输入性的构建),并带有虚拟特色。关于这一点,梁心在书中引用了胡适一个说法,即"有许多风俗制度,向来不发生问题的",却"渐渐的变成困难的问题"。^② 胡适本是在讨论新思潮那"重新估定一切价值"的意义,但若把民国前期的"农村"也看作一种制度,它正经历了一个胡适所说的从"不发生问题"到"变成问题"的进程。

我们不必将当时的乡村理想化,以粗粮土布维持温饱的乡村生活是相当清贫的,不能说没有问题。至少在清代中叶,所谓的人地矛盾已经引起了洪亮吉的注意^③,后来也一直有些解决的尝试。但后五四时期农村讨论的特异之处在于,其所说的"问题"并非技术层面的具体问题,而是整体性地视农村为"破产"或"崩溃"。相应的"救济"以及相对中性的"建设",也都带有指向整体的显著特性。故这一时期所论及的"农村问题",程度和意义都与此前完全不同。

时人所谓中国"以农立国",即言"农"是国家的根本。在相当长的时间里,中国以有限的耕地面积保证着人口的持续增长,其农业可算比较成功,在世界范围内

---

① 施坚雅后来也强调,他所讨论的"基层市场社区",不仅是一种"中间社会结构",而且是一个具有自身特色"文化载体"。参见施坚雅:《中国农村的市场和社会结构》,史建云、徐秀丽译,北京:中国社会科学出版社,1998年,第40页。

② 胡适:《新思潮的意义》,《胡适全集》,合肥:安徽教育出版社,2003年,第1卷,第694页。

③ 洪亮吉:《治平》《生计》,《洪亮吉集》,刘德权点校,北京:中华书局,2001年,第1册,第14~16页。并参见张荫麟:《洪亮吉及其人口论》,《东方杂志》第23卷第2号,1926年1月25日,第70~72页。

来看也算是特例。① 换言之，在相当长的时期内，中国的农村经济都被认为是大体健全的，甚至有着某种优势。但这一观点从1920年代开始发生了突然的改变，北伐时期的农民运动、北伐后学术的社会科学化与同时兴起的中国社会性质和社会史论战，对此都有所促进。

一种长期存在、基本不变的状态忽然"成为问题"，被视为变态，显然是一种建构（不必是有意的）。中国农村成为问题，不必是因为其本身有多大变化，而是既存的常理被流行的新理取代了，于是构建出一个整体出问题也成问题的农村。而一种建构能广泛传播，影响并改变世人之视听，其力量从何而来，又怎样发展壮大，是某些变化被惯性地或偶然地放大，还是因为更大的时代波澜引起了眼光的转变②，实大有探索的必要。

全书所论及的时代（1908—1937），是中国人对很多根本性问题进行思考的时代。在此关怀之下，常可见到有着醒世意图的激愤之言。就像清末事事都要上升到"亡国灭种"一样，当时很多人都爱说破产，如"金融破产""教育破产"等。这恐怕更多是一种忧患意识，又想要表现其认识问题的深度和高度。那时的中国社会思想的确也已经涉及不少根本性的层面，家庭在此时成为革命对象即是一个先例。③"农村成为问题"，就需要放在这样一个重视变化的时代，从基本处加以思考。

那个时代"新的崇拜"非常流行，在世界、现代等中性名目之下，新与西方和旧与中国的关联日渐显著。由于中西认同的表面淡化，中国读书人无论少长，其趋新、崇新多已超过外国人，达世界少见的程度。对许多趋新者来说，为了更新更美的未来，过去的一切，包括本民族固有之文化，都可以忍痛割爱。在本土或从传统中寻找不足（而不是光荣）以摈除或改进这样一种"反求诸己"的取向，几乎成为

① 参见珀金斯：《中国农业的发展 1368—1968 年》，宋海文等译，上海：上海译文出版社，1984年，第1章。

② 胡适关于向来不成问题的之所以"变成问题"的解释，就是因为那些风俗制度"不能适应时势的需要，不能使人满意"。亦即不必是制度本身有了什么变动，而是人们的"满意"标准已随变动的时势发生了变化。参见胡适：《新思潮的意义》，《胡适全集》，安徽教育出版社，2003年，第1卷，第694页。

③ 参见赵妍杰：《家庭革命：清末民初读书人的憧憬》，社科文献出版社，2020年。并参见梁心：《"雷峰塔不是倒了吗？"——家庭革命的再思考》，《学术评论》2022年第4期。

走向美好未来的必由之路。①

随着读书人的日益世界化/西化，他们看待乡村的眼光发生了很大的改变。与趋新超过外国人相似，他们对乡村的态度往往比外国人更贬低。不过正因是"忍痛割爱"，这些人的心态是复杂的。他们所表述的农村，多少也是个人心目中的"传统中国"。就像国中的异乡，自己未必就在其外，却也不在其中。故他们对乡村多少仍带有"哀其不幸、怒其不争"的意态，不一定有意要把乡村"讲坏"，但也不愿意接受别人，特别是外国人，把乡村"说好"。②

中国近代的家庭革命告诉我们，有些我们视为正常的，其实可能是反常。③反过来，有些我们视为变态的，其实仍是常态。乡村需要拯救正如家庭需要革命，呈现出某种相似性，都是过于趋新以至于在世界范围内走向变态的现象。在更现代的西方，对家庭远没有那么排斥，对乡村也没有那么贬低。

把乡村生活的常态视为变态这样一种眼光的转变，从一个侧面表现出乡村问题的虚拟特色。如前所述，中国的农村从来不是没有问题的，但到底是否濒于"崩溃"，则是另一个问题。重要的是农民本身对生活的感受与这些想要"走向现代"的读书人很不一样。张镜予在对"我国农民经济将陷于破产状态"深表担忧的同时已注意到，"可惜我国农民对于这点还没有感觉到"。④

身处"破产"边缘的农民自身对即将来临的危机无甚感觉，固然表现出一些人眼中农民的"无知"，却也提示出"破产"或"崩溃"之说更多出于立言者的学理分析。如梁漱溟稍后指出的，"救济乡村的呼声，不发于乡村而发于都

① 说详罗志田：《新的崇拜：西潮冲击下近代中国思想权势的转移（上、下）》，《中华文史论丛》第60、61辑，1999年12月、2000年3月。
② 一个典型的例子即赛珍珠的《大地》（The Great Earth）出版后，曾引起一些中国读书人的不满，责其未能反映中国的真实，把农村和农民说得太好。实则他们所谓不真之处，多是城市知识人不甚了解的农村情形，而赛珍珠基于第一手观察的描述，反更接近中国乡村的实际。参见罗志田、葛小佳：《东风与西风》，北京：生活·读书·新知三联书店，2017年，第150页。
③ 参见赵妍杰：《家庭革命：清末民初读书人的憧憬》，北京：社会科学文献出版社，2020年。
④ 张镜予：《中国农民经济的困难和补救》，《东方杂志》第26卷第9号，1929年5月10日，第24页。

市"。^① 那些讨论者所述的恶化趋势未必产生于和此前状况进行的比较,而是心中另有新的标准。他们对问题的构建,来自他们关于什么样的生活才是"正常生活",有着和当时大部分人非常不同的认识(详另文)。

有学者指出,以粮食和油料计,"新中国成立前农业的最高产量"就在 1932 年。^② 这年末,《东方杂志》发表了一篇名为《一九三二年中国农业恐慌底新姿态——丰收成灾》的文章^③,文章标题特别能提示当时"农村问题"的特色:一方面,"丰收成灾"当然不乏"谷贱伤农"一类"自古以来"的慨叹,表现出中国的农民从来就与商品交换有着不解之缘,绝非单纯的"农业"人;另一方面,把丰收诠释为恐慌的"新姿态"固然体现出辩证的眼光,然谷贱之伤是在销售层面,若在口粮方面,丰收总会带来更多的保障^④,似乎离"崩溃"尚远。梁心在书中也论及时人在担心农村破产的同时又批评乡村生活奢侈,这在经济学上或可以辩证地剖析,若在实际生活中恐怕只能并存于不同的区域,这样也就难言整体的"崩溃"了。

梁漱溟在 1933 年说,在近代举国西向的大趋势下,农村"被迫的随着大家变,却不能了解为何要变,并且亦追赶不上,但又没有拒绝否认的勇气与判断",因而"失去了社会上的价值判断,是非好歹漫无衡准",致使"有心人亦且窘闷无主"。^⑤ 此前《东方杂志》有两位作者不约而同地指出了中国农村那进退失据的困窘。署名"有心"者说,"中国农村经济已陷于东不是西不是的走头无路的状

---

①　梁漱溟:《答乡村建设批判》(1940 年),《梁漱溟全集》,第 2 卷,济南:山东人民出版社,1990 年,第 628 页。

②　刘克祥:《1927—1937 年农业生产与收成、产量研究》,《近代史研究》2001 年第 5 期。

③　姜解生:《一九三二年中国农业恐慌底新姿态 —— 丰收成灾》,《东方杂志》第 29 卷第 7 号,1932 年 12 月 1 日,第 8 ~ 13 页。

④　当然,农民出卖粮食,不一定是食有盈余,而是要缴纳赋税或偿还债务等,或者卖细粮以买更多的粗粮。在这些方面,谷贱的杀伤力都是很实际的。

⑤　梁漱溟:《乡农学校的办法及其意义》(1933 年),《梁漱溟全集》,第 5 卷,山东人民出版社,1992 年,第 350 页。

态中"；① 吴觉农也觉得"病入膏肓的农村"就像"病人的热度高也不是，低也不是；脉膊[搏]多跳是危机，过慢也是险象"。②

两人在大约同时非常相似的观感，或许反映出当时农村的某种状态，却也不必就是农村的本相。乡村的问题本虚实兼具，既然社会失去了价值判断，自然无所适从。正是认识和评估标准的歧异，造成人们认知中农村现象的莫衷一是。

从这个意义上言，本书以 1933 年中国农村复兴委员会的成立作为这一历史进程完成的标志，是一个适当的选择。那是一个政府设立的机构，意味着政府已经开始正式地把农村作为一个问题，农村也已成为一个需要政府力量来"复兴"的领域。可以说既是一个时代的结束，也是另一个时代的开始。

对农村"问题"的构建可以促生一个专门的国家机关，应该说取得了实际的成功。而一旦"国情"变成"国策"的基础，这样的"国情"就需要进一步的构建。带有强制特色的官力介入，甚至可能借助权力将农村"问题"进一步"落实"。在实业部部长陈公博眼里，农复会的成立就表明"农村破产是事实"。③ 而国家机关的特色，也可能使农村一步步从扶持目标走向管制对象——农民"无知"和"短视"的流行认知，正可作为"训政"的基础。且官僚机构的自保和扩张能力几乎是与生俱来的，农村要是真复兴，这机构就要取消，所以复兴可能永远都在路上，直到以新的名义建立更具常规性的机构。

不应忽视的是，官僚机构虽借助众声喧哗建立起来，那些立说的读书人其实不太清楚农村的实际状况。这样一种充满虚拟意味却能起作用的舆论基础，揭示出近代中国一个异乎常态的持续现象，即受外来影响的"都市眼光"，实际已内化为一种仿佛众皆认可的常理。这或许是远比前述史料缺陷更难克服的困局，特别能体现本书是在进行一项"不能完成的任务"。

————————

① 有心：《谷贱伤农乎？》，《东方杂志》第 29 卷第 6 号，1932 年 3 月 25 日，第 1 页（栏页）。按，"走头无路"是原文。

② 吴觉农：《我国今日之食粮问题》，《东方杂志》第 29 卷第 7 号，1932 年 12 月 1 日，第 2 页。

③ 陈公博：《我对于以农立国的意见》，《银行周报》第 19 卷第 31 期，1935 年 8 月 13 日，第 1 页（文页）。

从根本处思考"都市眼光"

本书第三个也是特别重要的贡献，就是具体指出了"都市眼光"的存在，并从根本处进行了论证。当年就有人注意到"强依都市的人情而来估度乡村的人情"这一趋向。① 很多农村的问题，包括民不聊生、破产、崩溃等等，都是从这种眼光看过来。也因为有这一眼光在，很多不是问题的就被视为问题，一些不甚严重的问题则被看作很严重的问题。

那时中国的乡村当然不是没有问题，而乡村遇到的主要困扰，就是马若孟指出的，"通商口岸以牺牲内地农村利益为代价得到发展"。城市不仅没有"促进落后的农村的发展"，还"剥削农村经济"，导致农业衰退，农民的生活水平下降，使"农村经济只是按照它自己的形象再生产自身"。②

"城市"在中国虽不是个新名词，在近代却取得了近于新名词的新含义。古人最初是把城和市分开说的，盖城近官而市即商，本是两个层面的意思。大约从两汉开始，城和市就逐渐连用了。到宋代进而较多出现"城市乡村"连用的表述，但并非强调城乡的关联或对应，而是泛指（生活方式）不同的区域。③而近代"城市"的使用，又多半与翻译或借鉴异域文字相关，逐渐侧重其与工商特别是工业的关联，后者颇带虚拟意向。④

在外来的"城市"观念流行后，一个我们注意不够的关键性变化，就是城

---

① 玄天：《往乡村去（节录）》（1922年），葛懋春等编：《无政府主义思想资料选》，北京：北京大学出版社，1984年，下册，第644页。
② 马若孟：《中国农民经济：河北和山东的农业发展，1890—1949》，第25页。
③ 关于城市在历代的使用，承四川大学历史系周月峰老师代为查核多个数据库，特此致谢！
④ 近代城市的虚拟特色及城乡的对峙，当另文详论。

市兴起后城乡的疏离及对峙。这一变化在书中虽若隐若现，却是全书整体论述背后的一条主线。在很多时人的认知中，城市取代乡村成为国家和社会的核心，即在经济、政治甚至文化上，城市不仅比乡村更重要，而且比乡村更正确。借用美国所谓政治正确（politically correct）的话，城市远比乡村更显出政治重要性（politically important），而且逐渐从政治正确转为文化正确。[①]

故近代中国乡村的最大问题，就是城市的步步紧逼。不仅国家控制的资源向城市倾斜，乡间的人才也向城市集结。而城市更凭借政治和文化双重正确的地位，越来越轻视乡村，终形成城乡"文化之中梗"[②]，使乡村在实际层面和认知层面都开始变得有些虚浮——乡村被表述为农村，就是一个显著的表征（为利于今日读者的理解，并适应所引史料的表述，下文在不涉及时代定位时，也多从众说农村）。[③]

前引马若孟的最后一句话表现出他对城市未能帮助农村改变而失望，其实所谓农村"按照它自己的形象再生产自身"，恰是中国几千年的常态。这一不变的形态忽然被视为一个"问题"，而且是朝野注目的国家问题，实有浓郁的构建意味。很多时人谈论的问题，恐怕更多是带着轻视眼光从城市看乡村所发现甚或发明的问题。

近代城乡关系的一个重要发展，是城乡之间的差异逐渐依产业表示为工农差别。在工业应为现代国家产业结构核心的认识之下，城市的正当性日渐显著（商业的意义则要很多年之后才体现出来）。对社会生产方式的强调，也使得乡村中"农"的面相得到空前的加强。"城"与"乡"作为对立的象征，在国家发展甚至文化转型中被赋予了新的意义。

---

① 这只是就大趋势而言，直到20世纪40年代，仍有中国是否需要"以农立国"的争议存在，说明不那么"正确"的弱势一方也并未被压倒。

② 这是章太炎的话，他曾把新学制毕业的知识人与城乡关联思考，得出"自教育界发起知识阶级名称以后，隐然有城市乡村之分"的观感。重要的是太炎敏锐地认识到，这"文化之中梗"就是由于"城市自居于知识阶级地位，轻视乡村"所产生。参见《章太炎在湘之两演讲·晨光学校席上之演词》，《申报》1925年10月11日，第3张第9版。

③ 乡是居住的描述，农是行业的表征，两者有着极大的差异，详另文。

中国思想界逐渐接受了来自现代工业社会的文化标准。这一新的标准使得中国与西方世界的差别有了社会生产的意义。西方国家的"以商立国""以工立国"与中国"以农立国"的对比，成为思考中西社会差别的基础，作为"农国"的中国形象也因此确立。我们过去的研究较倾向于说明"以农立国"不符合中国发展的"正确"方向，其实更需要思考的是，从什么时候开始，农已经不再是国家的"根本"，而是一个与工、与商或者与城对立的"问题"。

具有诡论意味的是，工业的观念是伴随着想要现代化的愿景进来的，与之相应的经济基础实际并不存在。从晚清到1949年，中国的工业不能说没有进步，但北伐后不久就频遇战乱，工业在整个"国民经济"中的比例，始终不那么高。中国的生产力和生产关系，也未见根本的改变。至少在本书所讨论的时段中，足以支撑国家的新"根本"似乎并未出现。如果以行业来思考，中国或已成为一个没有"根本"的国家。

尽管城市并未成长为时人所期盼的工业城市，至少看起来更接近现代化的目标。时人及后人对城市的定位，也常带有某种"现代想象"。很多人喜欢依据那个尚处发展中的"工业"来思考和表述①，隐然成为所谓现代认知的一个核心。同时，越来越多的读书人因为新教育、新行业的出现聚集并停留在了城市，几乎不再返回乡村。许多外来的思想、观念乃至生活习惯，也因此而由城市转出。

那时的中国社会还是以居乡务农为主，这种提前到来的都市眼光，用梁漱溟的话说，就是"社会意识"与"社会事实"的不相应。② 以前在中国不太具有正当性的城市竟然反客为主，成为看问题的出发点，几乎具有衡量一切的力量。在城市眼光的作用下，乡村的问题不少是被"转移"过来的，有时甚至是把城市的不足转移到乡村，甚或将时人认知中国家、社会、文化中的负面因素转而落到乡村之上。

尽管农村问题具有虚拟成分，"成为问题的农村"却不仅是一个虚构的形象，它的出现并为时人所接受，说明它对社会实际存在着某种关照。"农村问题"在多

---

① 我们后来爱说"工商"，其实商在中国始终没那么"正确"，且也并不总与"工"相关。把"商"划入"工商"一边，多少也是现代城市眼光的产物。

② 梁漱溟：《我们政治上的第二个不通的路》（1931年），《梁漱溟全集》，第5卷，第283～284页。

大程度上是实际的，多大程度上是虚悬的，多大程度上是想象的，多大程度上是构建的，多大程度上是社会改变造成的，多大程度上是人们认知改变后让本非问题的成为问题，这些都需要一一考察分析。通过这样的慎思明辨，或可以认识到这种"都市眼光"是一个不太有经济基础且也很难从生产力和生产关系得到支持的眼光。

当这种眼光成为判断农村问题的标准，就放大了农村客观实情中不佳的一面，又从某些不成问题的地方看出了问题。本书展示从"乡村"到"农村"的转变，剖析农村何以成为"问题"，甚有助于理解近代中国的城乡关系，揭示城乡关系在这一时段社会文化中的重要性。

当然，"城"和"乡"这样的概念从来都富于象征的意义。[1] 民国读书人言及的"城市"与"农村"不仅是现实中的不同空间，也承载着他们对于"中外"和"新旧"的各种想象（包括中国对西方的想象和西方对中国的想象，以及二者之间的相互影响），成为现代中国思想构建中的重要内容。作为一种社会文化标准的出现，"都市眼光"不仅体现出对于工业化国家发展远景的憧憬，也改变了时人理解现实和过去的方式。

产生于中国的"都市眼光"，其实是一种广义的现代认知。把它放在世界现代化的历史中，可以看到现代化本身的意义和问题。如何理解人类历史上的农耕文明，或者以时人的话说，"农化为工"是否是一种历史的必然[2]，这些问题实具有持续的生命力。按照泰勒（Charles Taylor）的看法，如果将现代性视为一种文化特征，意味着现代带来了一整套即使在西方也与前不同的文化观念，其中两个主要象征就是工业化和城市化。[3]

这些特征常被现代化理论的崇奉者视为标准与目的，然从探究现代性的学人更关注的视角看，它们也正是东西概莫能外的文化特征，对人们的认知有着重

---

① 关于其在英文世界中的丰富内涵，参见 Raymond Williams, *The Country and the City*, New York: Oxford University Press, 1975, pp. 1-7.

② 杨明斋便认为，"五千年的历史循环在今大变动之所以然，是由于农化为工"。杨明斋：《评中西文化观》（1924年），合肥：黄山书社，2008年重印，第248页。

③ Charles Taylor, "Two Theories of Modernity," *Public Culture*, Vol.11, No.1 (Jan., 1999), pp.153-164.

要的影响。与所有走向工业化和城市化的社会相类，中国的农业和农民都为所谓的现代化付出了比其他行业和社会群体更大的代价。人们讨论的多是以城市为方向的现代国家发展中的问题，却让乡村承担着发展不够成功的沉重责任。[①] 更重要的是，这种未必正常的城乡态势长期被认为是一个正常（甚或必然）的发展历程。

当代以西方为标准的现代化理论本潜藏着文化规则。这种文化规则在中国不仅是外来的，也与固有的社会基础有着明显的差异。从偏向产业的眼光看，或可以说是一个农业社会接受了一个工商业社会的观念。而前引"社会意识"与"社会事实"的不相应，也可以视为一种中国现代性的特殊表达。如雷德菲尔德（Robert Redfield）等人类学家注意区分的农和乡[②]，本是西方视角的冲突，在中国的语境中却表现得更为醒豁。

就像米尔斯（C. Wright Mills）指出的：

> 社会科学的许多常用观念都与从封建时期的农村社区向现代城市社会的历史过渡有关：梅因的"身份"和"契约"；滕尼斯的"社区"与"社会"，韦伯的"地位群体"与"阶级"，圣西门的"三阶段"；斯宾塞的"军事社会"与"工业社会"，帕累托的"精英循环"，库利的"初级群体和次级群体"，涂尔干的"机械团结"和"有机团结"，雷德菲尔德的"乡俗"和"城市"，贝克尔的"神圣的"与"世俗的"，拉斯维尔的"谈判社会 (bargaining society)"和"卫戍国家 (garrison state)"。无论这些观念如何被普遍地运用，都是有历史根源的观念。甚至那些相信自己的研究不涉及历史的人，在运用这些术语时也表明他们具有

---

① 　由于过去言现代化一向侧重工商，我们学界似有一种隐而不显却长期持续的看法，即农村和农民都是现代化进程中的阻碍，甚至可以是不得不付出的"代价"，故"落后"的中国农村为"先进"的城市兴起做出牺牲，似乎也是可以接受甚或"应当"的。

② 　关于传统乡村社会与现代农村的差异，参见 Robert Redfield, *Peasant Society and Culture*, Chicago: University of Chicago Press, 1956, p. 27.

历史趋势的思想乃至一种时代感。①

从这个视角看，梁心的工作也有很强的理论价值。她从根本处重新考察近代中国城乡关系演变的历史，揭示了源自西欧的"都市眼光"如何由外转内并不断强化，最终重塑了读书人看待中国乡村的方式，也在很大程度上成为农村从被"复兴"到被"改造"的依据。重建这一发生在近代中国的理论移植、观念流转直至国策确立的重要历史进程，能够为我们反思当下社会科学体系中一些依据西欧历史总结出来的基础概念提供新的参照。

传统中国的乡土是多元的，江南、华北、西北、西南和东北之间存在不小的差异，可以说存在"多个世界"。在近代的变局中，有些村落、人群确实表现出衰落趋势，但从乡镇层面的离散聚合看，不少乡村也有更好的发展。新物种、新技术虽然引发了区域性、群体性的不平衡和部分破产，但仍在可控的常态范围内，并未全面崩溃。更重要的是，这种生活方式并非落后文明的产物，它确实需要改进，却不是所谓"改造"的对象。

今日农业、农村和农民这"三农"仍然是我们需要面对的"问题"，在众多充满同情的言说中，有没有几分行业压倒区域的倾向，甚至有没有哪怕些微的"城市傲态"？在各种解决"问题"的方案中，是否需要考虑乡土也曾代表着一种自主的生活方式，可以衍生出以其为基础的现代化②？本书叙述的虽是过往之事，却可以在其中找到与这些问题相关的前车之鉴，给后人以启迪。就此言，本书会是这个领域中一本长期存在而不可绕过的必读书。

---

① 米尔斯：《社会学的想象力》，陈强、张永强译，北京：生活·读书·新知三联书店，2005年，第164页。

② 乡村方式不啻一种富含弹性与可能性的典范（paradigm），它能够包容各种生活方式和产业形态，具有较强的自我调整能力。相比于现在提倡的城市化，以乡土为基础的现代化或许更具开放性，既能回应农民生活需要改善的诉求，也能保持乡村的本色，不必让乡民付出太多代价，因为它更倾向于"温故知新"，而不仅仅是"推陈出新"。

目　录

引　言

　　1958 年农业户口与非农户口在户籍管理上的区别，成为中国城乡关系历史上一个重要的标志。它象征着曾经城乡一体、四民流动的社会就此终结，城市与农村被固定为彼此隔离、甚至对立的空间。[①] 这一事件可被视为两种相互作用的历史趋势，一方面是城市象征性威权的逐渐确立，另一方面则是乡村形象逐渐负面化。自晚清开始，这两种力量作用的结果是，到了 20 世纪 30 年代，"农村问题" 开始被视为中国社会的最大危机，城乡对立在社会文化中的意义已经非常明显。中国长期被认为 "以农立国"，可以说有土斯有国；农村由视若无睹、自然而然的存在，到成为国家问题[②]，是中国现代文化史上的重要转变。而在此基础上产生的城乡关系变化，亦成为本书关注的主题。

　　传统中国所谓的城乡，常常指称国都与乡鄙，庙堂与江湖，甚至出世与入世的差别。然而到了近代，长期以来城乡之间生活方式的差别逐渐加剧与固化。不仅读

---

　　① 　关于四民社会的表述参见钱穆：《中国文化史导论》（修订本），北京：商务印书馆，1994 年，第 161 页；《中国历史研究法》，北京：生活·读书·新知三联书店，2001 年，第 44 ～ 47 页。由科举制度所保证的社会流动在 20 世纪 40 年代即引起了社会学界的注意，参见潘光旦、费孝通：《科举与社会流动》，《社会科学》第 4 卷第 1 期，1947 年 1 月，第 6 ～ 8 页。

　　② 　在海德格尔对于 "世界" 的描述中，他强调了当用具以 "上手方式" 存在的时候是被 "寻视" 的；只有当原本上手的事物不合用时，才会对其有所 "瞠目凝视"。（《存在与时间》，陈嘉映、王庆节合译，北京：生活·读书·新知三联书店，1999 年，第 81 ～ 88 页。）

书人聚集和停留在了都市，乡村的文化意义也逐渐改变。对于意欲实行社会改造的趋新青年而言，乡村成为独立于社会之外的特殊空间；稍后的农民运动更使得强调社会生产与阶级关系的"农民问题"逐渐为整个社会感知。这一过程同时伴随着社会学、经济学等现代社会科学的发展，使得农村经济成为学术界共同关注的重要问题。当时梁漱溟即认为，"现在中国社会，其显然有厚薄之分舒惨之异者，唯都市与乡村耳"。[①] 以 1933 年农村复兴委员会的成立与邹平乡村工作讨论会的召开为标志，传统乡村的文化意义，已经转变为关注于社会、经济全面改革的"农村问题"。今日所谓的"三农工作"，此时已可初见端倪。

对于这一转变学界已经有所注意。不少学者提出，是在城市知识分子的新知识和新视角的影响下，农村与农民才逐渐成为落后的象征。[②] 不过，本书则更希望能够看到这一转变发生的过程与意义，即：现代中国在想象和创造着现代化城市的同时，也创造了一个新的"农村"。它一方面延续并且放大了既有乡村生活中的问题，另一方面又基本不承认传统乡村生活的特点与正面价值。与现代中国"无中生有"的其他创造不同（如宪法、共和……），长期被视为农业国家的中国对于"农村"的

---

① 梁漱溟：《中国问题之解决》（1930 年 10 月），《中国民族自救运动之最后觉悟》，上海：中华书局，1933 年，第 215～216 页，收入《民国丛书》第 4 编第 14 册，上海：上海书店，1992 年。二十年后，梁漱溟类似的意见，更因为说工人农民的生活有"九天九地之差"而为世人所熟知。梁漱溟：《1953 年 9 月 11 日政协扩大会议上的发言草稿》，《梁漱溟全集》第 7 卷，济南：山东人民出版社，2005 年，第 6 页。

② 科大卫认为，将乡村视为落后根源的概念是在 20 世纪初年的政治变动后出现的，并影响到了此后对于中国社会的认识。在城乡分离的建立中，"上海"尤其成为理解中国的重要视角。参见 David Faure, "Introduction", *Town and Country in China: Identity and Perception*, New York: Palgrave Macmillam, 2002, pp.1-12. 与之相应的是"农民"在现代语汇中也开始有了特殊的含义（详后）。韩孝荣认为，自 20 世纪开始，知识分子由于意识到了其对于重建中华民族的重要性而越来越多地关注到"农民"（peasantry），并希望将农民联合到民族救亡的计划之中。（Xiaorong Han, *Chinese Discourses on the Peasant, 1900-1949*, Albany: State University of New York Press, 2005, p.19.）

创造，更可说明中国在现代转型中那新旧交织、断裂与延续并存的状况。[①]

现代城市的发源可远溯至西方的古典时代。希腊城邦（polis）在一定程度上已经具有了现代城市的某些特征，其中展示的精神世界更可被视为开始了一整套独特的社会生活和人际关系。[②] 以城邦为基础的古典城市虽然在罗马帝国崩溃之后不复存在，这种城市生活与精神世界却在中世纪的晚期得到复兴。至 10 世纪，伴随着意大利和尼德兰地区的商业复兴，中世纪晚期的商业城市开始兴起，"城市的诞生和商业的传播亦步亦趋"。自 11 世纪开始，随着城市中开展的自治和民主运动，那些获得了特许状的城市成为独立的司法地区并拥有充分的公社自治，"城市的地位得到书面证书的保证"。此后那句广为人知的谚语"城市的空气使人自由"才开始流行。这种商业城市的诞生标志着"西部欧洲内部历史的一个新时期的开始"。[③] 随着工业革命与资本主义在全球的扩张，新技术的发展"冲掉了一切中世纪的条条框框"，近代早期的商业城市逐渐为以盎格鲁 – 美利坚为代表的工业城市所代替，并最后形成了"大都会"（megalopolis）。芒福德（Lewis Mumford）在其描述城市发展的著作中这样写道："本书开篇叙述了一座城市。这座城市，象征地看，就是一个世界；本书结尾则描述了一个世界，这个世界，从许多实际内容来看，已变为一座

---

① 霍布斯鲍姆在其主编的《传统的发明》一书中，注意到了从 19 世纪后半期开始，英帝国及其边缘地区出现的"传统的发明"；其中既包括了仪式与形象的新创造，也包括了对于既有文化元素的重新解释与演绎。但如彼得·伯克在书评中所提示，"传统"本来就有变化与调适的一面，与其着力于区分"本土传统"与"新创造的传统"，更应该注意这种"发明"的过程。[E. 霍布斯鲍姆、T. 兰格：《传统的发明》，顾杭、庞冠群译，南京：译林出版社，2004年；Review by Peter Burke，*The English Historical Review*，Vol.101.，No.398（Jan.，1986），p.317.]

② 参见让 - 皮埃尔·韦尔南：《希腊思想的起源》，秦海鹰译，北京：生活·读书·新知三联书店，1996 年，第 37 ～ 42、117 ～ 119 页。

③ 亨利·皮雷纳：《中世纪的城市（经济和社会史评论）》，陈国樑译，北京：商务印书馆，1985 年，第 82 ～ 143 页。"城市的空气使人自由"是一句德意志谚语。詹姆斯·汤普逊曾讨论了城市自治形成的过程，他认为市民由于"长期的聚居、共同的利益和共同的经验"而形成了一种城市自治的共同意识。在这种共同意识下发展出来的新城市有着不同于旧城市的规划与管理意图。（见王建勋编：《自治二十讲》，天津：天津人民出版社，2008 年，第 166 ～ 173 页。）

城市。"①

中国城市的发展历史在一定程度上则游离于这样的线索。如梁漱溟所说："所谓乡村文明，初非与都市文明相对峙的。"②城乡之间的关系既异，又缺乏工业革命后现代城市诞生的经济条件，使得中国社会发展呈现出不同的样貌。按照恩格斯（Friedrich Engels）的看法，与日耳曼式的社会发展不同，亚细亚社会一直都处于城乡的"无差别统一"之中，此后施坚雅（William Skinner）、牟复礼（Frederic W. Mote）等人将传统中国描述为一个"城乡连续统一体"，即注意到传统中国的城乡关系的特殊之处。③因此，虽然城乡差别可谓现代社会的普遍问题，但其在农业中国如何产生、发展，以致到 20 世纪呈现出似曾相识、殊途同归的面貌，却是长期隐伏但重要的问题。可以说，前述梁漱溟在 20 世纪 30 年代的观察与感受，实是一个非常值得注意的睿见。城乡关系的变化对于理解中国现代史的意义，值得加以深入探索。

清末即已有人开始提倡农学，关注及于农村。国民革命后的社会性质论战，到 1933 年前后开始集中在中国农村经济性质，正体现出彼时学界对于农村问题的重视程度。这一时期所形成的"半封建半殖民地"理论，长期成为解释中国历史与现实的有力工具。1949 年以后，学界更着力于理解中国封建社会的特殊性，就土地制度、阶级关系、手工业发展与资本主义萌芽等问题加以考察，形成了对于中国社会经济的丰富解释。比如，在封建社会土地所有制的讨论中涉及北方地理环境的特殊性与大封建土地所有制之间的关系、从土地与身份的区别来看当时阶级与等级

---

① 参见刘易斯·芒福德：《城市发展史：起源、演变和前景》，宋俊岭、倪文彦译，北京：中国建筑工业出版社，2004 年，第 6 页。

② 梁漱溟：《山东乡村建设研究所设立旨趣及办法概要》（1930 年），《中国民族自救运动之最后觉悟》，第 238 页。

③ 参见施坚雅主编：《中华帝国晚期的城市》，叶光庭等译，北京：中华书局，2000 年，第 114～129 页。韦伯也认为，强调"共同体"性格与"市民"身份的西方城市在世界范围内看来并非常态。"即使在西方中古的城市也只有一部分——至于十八世纪的更只有极小的一部分——够得上成为真正的'城市共同体'。"在中国、日本、近东和古埃及，几乎没有城市符合这样的标准。参见韦伯：《非正当性的支配——城市的类型学》，康乐、简惠美译，台北：远流出版社，1993 年，第 23～36 页。

的差异等问题，实际上深化了自 30 年代以来对于农村经济性质的理解。① 傅衣凌到 80 年代更提出，中国封建社会与西欧或日本式纯粹的封建社会有着很大的差别，其生产方式、社会控制都呈现出多元化的特征。历史研究应该重视中国传统社会所形成的这种弹性、多元的结构，并由此反思了此前"五种生产方式"线性发展的历史模式。②

特别值得注意的是胡如雷的《中国封建社会形态研究》一书，其中专门对于中国封建社会时期的城乡关系进行了讨论。按照恩格斯的观点，亚细亚社会并不存在西方式的城乡对立。中国封建城市的产生，也并非来自社会分工的发展，而是由军事、政治据点发展而来的。在其形成过程中，社会分工的发展和商品经济的繁荣发挥的作用并不大。即使到了商品经济空前繁荣的明代，工商业城市仍不占支配地位。胡如雷将中国封建城市的特点总结为："政治、军事意义大于经济意义，消费意义大于生产意义，商业的繁荣远远超过了商品生产的水平。"因此，这一时期城乡对立表现在商品货币关系的相对薄弱，直到明清之际实物地租仍然占据支配地位。一方面使得"百姓皆怕见官府，有终身不识城市者"；另一方面，大量城居地主的存在，又使得城市与地主的利益具有一致性。城市与乡村的对立不具有生产方式的意义，也并未出现"城市的空气使人自由"的状况。③

可以说，这一时期大陆史学界的研究，以马克思主义为基础，特别强调了土地制度与生产关系的意义，深化了在这一框架之下对于中国社会以及城乡关系的理解。此外，这一时期，对于农业生产力的研究仍然在进行。正如在 30 年代农村经济性质论战中所注意到的那样，强调生产关系或生产力，成为论战双方的一个焦点。此时对于农业生产力的研究，在一定程度上，也是对于土地革命与阶级斗争理

---

① 参见南开大学历史系中国古代史教研组编：《中国封建社会土地所有制形式问题讨论集》上，北京：生活·读书·新知三联书店，1962 年，第 63～69、160～164 页。

② 参见傅衣凌：《我对于中国封建社会的再认识》，收入中国史研究编辑部编：《中国封建社会经济结构研究》，北京：中国社会科学出版社，1985 年，第 123～124 页；《中国传统社会：多元的结构》，《休休室治史文稿补编》，北京：中华书局，2008 年，第 208～220 页。

③ 胡如雷：《中国封建社会形态研究》，北京：生活·读书·新知三联书店，1979 年，第 12 章。

论的反思。珀金斯（D. H. Perkins）在 1969 年通过对于中国近三个世纪以来农业发展的研究提出，对于中国农业发展的认识必须考虑到其应对人口增加的能力，以及（直至其成书之时）农业对于中国工业化和现代化所提供的支持。他不仅注意到需要重新理解前现代的农业经济，也讨论了土地所有制的改变对于农业生产究竟有何意义。[①] 马若孟（Ramon H. Myers）在 1970 年出版的《中国农民经济》一书，更利用满铁调查的资料，对于中国农业经济的发展，以及中国农村市场化的程度均做出了较为乐观的估计。同时，该书对于中国农业经济研究加以总结，认为存在着"分配理论"与"折衷理论"的差异。前者认为地权的集中阻碍了农业经济的发展，后者则对于土地改革的效用表示怀疑，更重视技术改良、合作组织与公共设施的建设。作者明确表示至少从满铁调查涉及的山东、华北地区来看，地权分配并没有阻止农业的现代化，分配理论的解释模式并不适用。

尤其值得注意的是，正是因为对于流行的"分配理论"有所怀疑，马若孟特别注意到了民国学界对于农村问题的讨论是如何开始的。在相当长的时期内，中国的农村经济都被认为是健全、甚至有着某种优势的，但这一观点在 20 年代开始发生改变：

> 20 世纪 20 年代和 30 年代却是知识界骚动和学术研究充满活力的 20 年。革命者和学者都开始意识到农村与城市之间的差异，并把他们的注意力集中到粮食生产短缺、土地分配不均和农民的困境上面。1924 年孙中山宣布："民生原则的主要问题是食粮问题。"1927 年毛泽东认识到农民是一种未经开发的能力资源，要求党内的同事们认清"目前农民运动的兴起是一个极大的问题。"1935 年天津南开研究所的方显廷收集到 1920—1935 年间出版的涉及土地问题的 102 部专著和 251 期杂志。其中 90% 的专著出现在 1927 年之后，87% 的杂志在 1933 年之后。

---

① 参见珀金斯：《中国农业的发展（1368—1968 年）》，宋海文等译，上海：上海译文出版社，1984 年，第 1 章及第 5 章。

　　马若孟提出："为什么直到 1927 年之后才激起对农业的兴趣？"他认为，这一现象来自城市人口的迅速增长，以及随之而来的新式学校、报纸与"城市知识界的产生"。更重要的是，"随着更多的人出外旅行和通讯及交通的改善，随着与外国人更频繁的接触，那些生活在城市中的人意识到了他们自己与农村居民之间正在变宽的鸿沟"。此后，受到 30 年代世界范围经济危机的影响，农业的萧条开始得到城市工商业界的注意。"村庄和城市间更大程度的互相依赖使城市居民敏锐地意识到，城市在农村落后的汪洋大海中只是一些近代化的小岛。"这种情形使得学者、革命者和官员都开始意识到改进农业的重要性。①

　　同时，除了农业经济研究，对于作为基层的农村社会与国家控制的讨论也值得注意。早在 40 年代费孝通就注意到，传统中国"中央所派驻的官员到知县为止"，自上而下的单轨政治也仅停留下县衙门，"县以下并不承认任何行政单位"。了解"从县衙门到每家大门之间的一般情形"，才能了解"中国传统中央集权的专制体制和地方自治的民主体制打交道的关键"，否则"中国传统政治是无法理解的"。②1960 年萧公权《中国乡村》一书出版，在概括叙述了乡村地区经济、政治组织的基础之上，通过对于保甲、里甲、社仓和乡约制度的研究，讨论了 19 世纪国家对于乡村在治安、税收、社会组织与思想方面的控制。同时，萧公权也特别提出，在对于制度的讨论中必须注意到其施行的实际效果。在官僚集团有效运作和乡村环境稳定的前提之下，这套乡村控制体系对于帝国的总体问题下做出了贡献。但随着 19 世纪后半叶人口压力的增加以及西方的冲击，整个乡村行政体系快速走向崩溃。"19 世纪后半期，争斗、暴动、盗匪和造反频频发生，明显地证明了整个乡村控制的结构

---

　　①　马若孟：《中国农民经济：河北和山东的农民发展 1890—1949》，史建云译，南京：江苏人民出版社，1999 年，第 13 ～ 14 页。同时，利用同一批材料的黄宗智则认为，为了应对人口压力，农户不得不采取过密化的经营方式，这虽然在一定情况下增强了农村的稳定和弹性，但却导致农业经济边际报酬急剧递减，最终演成了 20 世纪的农村危机。参见黄宗智：《华北的小农经济与社会变迁》，北京：中华书局，1986 年，第 304 ～ 311 页；《长江三角洲小农家庭与乡村发展》，北京：中华书局，1992 年，第 1 ～ 5 页。对于后者的部分评论参见李伯重：《江南农业的发展：1620—1850》，王湘云译，上海：上海古籍出版社，2007 年，第 178 ～ 179 页。

　　②　费孝通：《乡土重建》(1948 年)，《费孝通文集》第 4 卷，北京：群言出版社，1999 年，第 337 ～ 338 页。

已经变成一副空架子了。"①

萧公权的研究不仅直接影响到此后对于中国政治与行政史的研究，其对于乡村组织的描述也使得后来的研究者更加注意到以乡村为基础的城乡一体的面向。施坚雅即受到其中关于乡村集镇的物质联系的影响，建立起以基层市场为基础的中国区域经济理论体系。施坚雅认为，对于中国这样的农业社会而言，可耕地、人口和资本投资等"关键性资源"集中在区域经济体系的中心，"愈近边缘（大部分是山地），此类资源愈稀"；同时，交通运输的便利性，农业生产的强度，农业商品化的程度以及城市化程度都是从核心区向边缘递减；城乡流动以各个大区为限。牟复礼更提出，周代以后的中国社会即形成了一种城乡连续统一体，虽然生活方式和文化心理上存在微妙的差异，但中国的城市与乡村并不存在隔绝与对立。尤其与西方城市不同，是乡村而非城市，规定着中国文化的生活样式。②

可以说，在相当长的时期内，学界关于城乡关系的研究，虽然有着研究取向的差异，但均强调了农村作为中国社会基础的一面，在土地状况、生产力发展和社会组织等领域取得了丰富的成果，以至于在关于"农民中国"的研究中，就经济形式、区域体系、技术发展和反抗行为等内容均有所交流，形成了一个广阔的论域。③而到七八十年代，随着现代化理论在史学界的运用，城市史的研究逐渐兴起，甚至蔚为大国，至今仍然是社会史研究的重镇，也体现学术研究与社会经济的变迁。虽然在资本主义萌芽问题的讨论中，已经涉及了明清以来商业化、城镇化的趋势，但因为解释重心的不同和政治气候的关系，城市史并未引起研究者太大的兴趣。此时城市史的研究显然意味着一种新的研究取向。更重要的是，虽然已经注意到了中国社会的特殊性问题，此前的研究对于社会发展阶段的认识却基本一致。而这一观点

---

① 萧公权：《中国乡村——论19世纪的帝国控制》，张皓、张升译，台北：联经出版公司，2014年，第593页。

② 参见施坚雅：《中国农村的市场和社会结构》，史建云、徐秀丽译，北京：中国社会科学出版社，1998年，第40页；《中华帝国晚期的城市》，第2、114～129页。

③ 以社会科学的方式对于这一论域进行总结和分析的尝试，参见李丹：《理解农民中国：社会科学哲学的案例研究》，张天虹、张洪云、张胜波译，南京：江苏人民出版社，2008年，"前言"。可能是出于资料限制，作者倾向于认为马克思的历史唯物主义更适合于城市和工业化社会的解释，却没有提及60、70年代大陆学者对于农村生产关系、阶级关系的研究。

随着对于欧洲中心论的批判也渐成问题。彭慕兰（Kenneth Pomeranz）的研究即试图证明欧洲的核心区与东亚某些地区之间经济命运的大分流直到18世纪相当晚的时期才开始出现；王国斌则从经济发展、国家组织等方面，将中国与欧洲互相比较（而非仅仅注意与欧洲经验不相吻合的内容），提出欧洲式工业社会和国家组织的形成有一定的偶然性；李伯重更基于江南农业发展的长期研究，认为江南模式提示出社会发展的另一种可能性。[①]

正是这种对于社会发展道路问题的讨论，提示我们需要回到现代城乡关系问题出现的起点。如马若孟在上述引文中所注意到，"农村成为问题"首先来自城市知识分子的观察，是国民革命前后思想界形成的一个特殊现象。同时，也正如经济史和城市史的研究者所证明，这一时期中国城市化发展的程度相当有限，农村经济也并没有出现结构性的变化。然而，从马若孟注意到"农业兴趣"集中出现的1927年，到梁漱溟感到城乡显然有异的1930年，在这样短暂的时期内，城乡关系即出现了如此突出的转变。这提示着我们，对于城乡关系的研究，有必要在借助于较长时期内社会史、经济史的基础之上，深入到社会认知与社会心理的领域，看到这一转变与时代风潮的关系。

事实上，在对西方发展道路进行反思的同时，学者通过对于乡村社会的研究，已对其中的文化逻辑有所厘清。早在20世纪20年代，恰亚诺夫（А. В. Чаянов）就提出要认识到农民的农场经济的特殊性。"农民农场是一种家庭劳动农场"，其"基本动力产生于满足家庭成员消费需求的必要性，并且其劳力乃是实现这一目标的最主要手段"。[②]这样一种认识在日后人类学家转入对乡村社会的讨论时有着重要的影响。不少人类学家都特别注意到乡民（peasant）和农民（farmer）的区别，认为乡

① 彭慕兰：《大分流：欧洲、中国及现代世界经济的发展》，史建云译，南京：江苏人民出版社，2003年，第2～5页。王国斌：《转变的中国：历史变迁与欧洲经验的局限》，李伯重、连玲玲译，南京：江苏人民出版社，1998年，第7～24页。李伯重：《理论、方法、发展趋势：中国经济史研究新探》，北京：清华大学出版社，2002年，第22～41页；同时，李伯重在其中对于"资本主义萌芽"研究的总结也值得重视。

② 恰亚诺夫：《农民经济组织》，萧正洪译，北京：中央编译出版社，1996年，第8～9、28～29页。恰亚诺夫的研究到60年代经历了一个被"重新发现"的过程。这对经济学与人类学关于前资本主义时代的研究都有着重要影响。参见该书秦晖的代序。

民是将农业作为一种生活方式，而非获利手段。①资本主义世界所强调的最大利润和自由市场不再是经济学中的普遍公理，而更多地被视为一种特殊的文化逻辑。据此思路，中国从农业国向工业国的艰难转型，未尝不可以成为一种文化反思的资源。②

作为一个以农立国的国家，中国的乡村本具有社会基础的作用，但这种基础也有着虚悬与象征的一面。早在晚清新政时期即有试图从传统经典中发掘出以乡治为基础的建设思路，"到田间去"的新式知识分子也怀抱着以乡村为起点的社会改造理想。南京国民政府建立以后朝野双方对于农村的关注，既有现代国家权力深入农村的面向，也可见各种社会问题在农村的集中投射。如何理解此时中国社会与文化的特殊性，以及如何解决中国的社会问题，都越来越多地集中在农村，甚至出现了"农村破产"或"乡村崩溃"的认知。

所谓"破产"或"崩溃"，均象征着社会结构与生活状况的根本改变。但与1949年以后政府有意识地牺牲农村发展工业不同，民国初年中国工业化的程度尚相当有限，换言之，此时乡村社会、经济结构的改变并不显著。较之于1949年以后从土地制度到丧葬方式的一系列变革，无论从衣食住行、生产劳动或者婚丧嫁娶来看，民国前期的乡村社会也大致维持着长期以来的物质生活与精神世界。考虑到在美国人口统计的比例中，城市人口超过农业人口不过是1920年发生的事件，中国在20世纪前半期所感受到的"都市集中"未免太具有超前意识。这提示着我们，民国前期城乡关系的变化，不仅有着社会经济的一面，必须从社会认知与文化转变的角度加以理解。③

----

① Robert Redfield, *Peasant Society and Culture: An Anthropological Approach to Civilization*, Chicago: University of Chicago Press, 1956, pp.27-37, 91-112；沃尔夫：《乡民社会》，张恭启译，台北：巨流图书公司，1983年，第11～12页。

② 参见马歇尔·萨林斯：《石器时代经济学》，张经纬、郑少雄、张帆译，北京：生活·读书·新知三联书店，2009年，第5页。

③ 这里特别想要强调的是概念的生产与建构。以叙述作为一种表述甚至社会控制，参见昆廷·斯金纳：《霍布斯哲学思想中的理性和修辞》，王加丰、郑崧译，上海：华东师范大学出版社，2005年，第9～10页；关于语言作为一种文化空间和意义的产生场所，参见斯图尔特·霍尔：《表征的运作》，《表征：文化表象与意指实践》，徐亮、陆兴华译，北京：商务印书馆，2003年，第6～15页。关于表征（representation）在新文化史中（尤其是英语世界）的重要影响，参见彼得·伯克：《什么是文化史》，蔡玉辉译，北京：北京大学出版社，2009年，第72～78页。

"士"作为传统社会的四民之首，此时也面临着社会身分和自我定位的转变。在这一过程中，读书人从对于乡村的认同中脱离出来，并逐渐将个人认同完全的转移到城市。这一认同转变的过程同时也伴随着读书人对于"农村问题"的日益关注。读书人自觉不自觉地成为城市的代表，以城市的立场和逻辑思考乡村的问题。在政府机关、社会团体或学术机构举行的社会调查统计中，可以看到日趋显著的城乡差异对于农村形象的塑造起到的重要作用。乡村生活的方方面面都成为新兴学术研究与描述的对象，体现着外来学术规范、生活伦理等观念运作的作用，并构建出一种新的农村形象。

可以说，现代社会赋予物质主义、工业至上与世界市场的正当性，使得都市的正当性在中国很快确立，并造成农村的负面化和问题化。不少人即使承认农村的价值，也倾向用发达国家的农业经验来解决中国的农村问题。到 1936 年，冯友兰感叹，在这个时代，"一个民族国家，欲求自由平等，总要变成工业国，才能得到真正自由平等；不然，什么都是假的"。①在这种对于国家发展趋势的展望之中，乡村的价值与意义也就愈发可疑了。

因此，要理解近代中国的农村问题，就必须注意到这种来自农村之外，有着特定意指的目光。冯友兰曾经提出一种"负的方法"；要理解那不可思议、不可言说的"言说"，即可以采用一种"负的方法"："画家画月的一种方法，是只在纸上烘云，于所烘云中留一圆的空白，其空白即是月。画家的意思本在画月，但其所画之月正在他所未画的地方。"②这种"烘云托月"即为"负的方法"。在冯友兰看来，这是哲学最终到达那"不知之知"的方法。同样，那"不能自己代表自己"（马克思语）的农村之所以在近代被凸显，也正是缘于城市的烘托。无论是对于新村田园的浪漫想象，还是对于农村破产的大声疾呼，最后都需要从农村之外的都市加以观察。

傅斯年在讨论如何读旧书时曾说，"凡眼观真，无真不凡；真眼观凡，无凡不

① 冯友兰：《中国现代民族运动之总动向》，《社会学界》第 9 卷，1936 年 8 月，第 258～266 页。

② 冯友兰：《新理学在哲学中之地位及其方法》（1943 年），转引自刘仲林：《负的方法与意会认识论》，《冯友兰研究》第 1 辑，北京：国际文化出版公司，1997 年，第 823 页；并参见陈来：《现代中国哲学的追寻》，北京：人民出版社，2001 年，第 291～296 页。

真"；只要眼光有所转变，能够"以我为主"，旧书也不是不能读。[①] 前辈学者还多有"法眼""世眼"；"道眼""俗眼"之别，皆提示出眼光转变的重要性。梁启超甚至以为"另具只眼"具有重新发现历史事实的意义。[②] 本书题目的"城眼观乡"，也借用了这样的意涵。现代中国城乡关系之所以值得注意，就在于那向来用于"观人"的乡村，在此时成为"观于人"的对象，并因此被视为一种"非常"的存在。[③] 正是因为如此，全篇关于现代中国农村的讨论，结局转而落在"都市眼光"。从这个意义上来讲，农村的负面化与问题化是一个需要被重新观察和讲述的故事，它展现着赋予其意义的那渐失故步，激烈变动的外部世界，更展示着现代中国中那无数人的困惑与焦虑，失望与希望。

---

① 傅斯年：《故书新评》，转引自罗志田：《经典淡出之后：20世纪中国史学的转变与延续》，北京：生活·读书·新知三联书店，2013年，第146页。

② 晚年的梁启超曾以"新注意"作为"求得真事实"的方法之一："我们研究历史，要将注意力集中，要另具只眼，把历史上平常人所不注意的事情，作为发端，追根研究下去，可以引出许多新事实，寻得许多新意义。"[《中国历史研究法补编》（1926—1927年），《饮冰室合集·专集之九十九》，上海：中华书局，1936年，第7～8页。]

③ 这里借用的是易经的观卦，序卦曰"物大然后可观也"，《谷梁传》隐公五年曰"常视曰视，非常曰观"。特别值得注意的是，观卦从主动的"观天下"到上九之爻的"观其生"（王弼注谓"为人所观也"），存在着观看者的被观看这样一种转换。参见李道平：《周易集解纂疏》，北京：中华书局，1994年，第227～236页。与之相似，萨义德的东方学也是"一种关于东方的知识，这一知识将东方的事物放在课堂、法庭、监狱或教科书中，以供人们仔细观察、研究、判断、约束或管制"。[爱德华·W. 萨义德：《东方学》，王宇根译，北京：生活·读书·新知三联书店，1999年，第50页；在此书初版后一年，他更以"Islam Through Western Eyes"为题描述了现代西方媒体中的伊斯兰形象（该文发表于1980年4月26日，电子版见 https://www.thenation.com/article/archive/islam-through-western-eyes/ ）。]观看的意义在艺术史也得到了充分的关注，John Berger 甚至把去动物园看动物作为现代人与自然关系彻底改变的表现。（John Berger, *About Looking*, New York: Vintage International, 1991, p.21.）

第一章　近代乡村生活的变与不变

> 乡下人离不了泥土，因为在乡下住，种地
> 是最普通的谋生办法。……以现在的情形来说，
> 这片大陆上最大多数的人是拖泥带水下田讨生活
> 的了。我们不妨缩小一些范围来看，三条大河的
> 流域已经全是农业区。而且，据说凡是从这个农
> 业老家里迁移到四围边地上去的子弟，也老是很
> 忠实地守着这直接向土里去讨生活的传统。
>
> 费孝通：《乡土中国》

　　如现代史学家所注意到的，乡民在一定程度上是没有声音的人群，他们甚至只是在有异常情况发生时才会出现在历史记载中。[①]自晚清开始，来华传教士即已尝试以外来者的眼光记录和报道中国普通人的生活样式，晚清政府也已引入了现代调查统

---

　　① 比如，名著《蒙塔尤》（埃马纽埃尔·勒华拉杜里：《蒙塔尤：1294—1324 年奥克西坦尼的一个山村》，许明龙、马胜利译，北京：商务印书馆，2007 年）描述的 13—14 世纪的法国山村，就是因为宗教审判的记录才进入人们的视野。

计的概念。此后随着社会科学的发展，农村社会调查大量出现①，同时也有越来越多的文艺作品——包括随笔、小说、通讯甚至绘画作品，展现着此时乡村生活的基本面貌。但不管是传统写作地方志书的文人，还是近代出现的传教士、记者、专业学者与政府官员，这些记述乡村生活的人在一定程度上都是乡村的外来者，其所记也不能径以为实况。从一定程度上来说，民国时期农村调查的大量出现本身就表现着"都市眼光"与农村问题的凸显。但若从冯友兰所谓的"负的方法"来看，那些让外来者讶异之处也正是乡村生活仍然保持着的特性所在。如上文所述，在不以确切和清晰为要求的前提之下，一幅近代乡村生活状况的画面不仅是可能的，甚至也是必需的。

　　传统的城乡关系本有着象征性的一面，"男耕女织"的乡村生活样式也长期被视为某种持续的文化理想，但实际的乡村绝非亘古不变。从社会经济研究者的成果来看，至少在江南地区，农业生产的改变或需要从唐代开始考察；而长期为史学界熟知的"资本主义萌芽"更提示出"女织"的部分在明清时期即已存在重要的发展，甚至在一定程度上改变着城镇人士的生活。加上晚清以来政治与社会生活领域发生的变化——这些变化虽然首先是在都市产生，但也使得乡村生活的变与不变成为需要专门加以注意的问题。

　　必须承认的是，由于中国的幅员广大与现代史料的浩瀚，试图准确描述任何"现代中国"的社会状况都几乎成为不可能的任务。在对于近代乡村和城乡关系的重新审视中，各地状况都有所不同，尤其南北之间的差异最为显著。②本章即更多地希望在充分承认地区差异性的前提下，勾勒出 20 世纪前期乡村生活的基本面貌。

---

　　① 　民国时期的社会调查已有李文海主编的《民国时期社会调查丛编》及二编出版（福州：福建教育出版社，2004—2014 年）。同时，对于这批社会调查的意义，有学者从社会学、经济学、人口学、民族学等方面进行了探讨。参见黄兴涛、夏明方主编：《清末民国社会调查与现代社会科学兴起》，福州：福建教育出版社，2008 年。并参见李金铮、邓红：《另一种视野：民国时期国外学者与中国农村调查》，《文史哲》2009 年第 3 期。

　　② 　钱穆已注意到南北经济文化之间的转移，并认为唐代以前的经济中心尚在北方，此后南方在整个经济中的重要性则逐渐超过北方。参见《国史大纲》（修订本），北京：商务印书馆，1996 年，第 707 页；李伯重：《唐代江南农业的发展》，北京：农业出版社，1990 年，第 1～4 页。布罗代尔甚至称中国的南方与北方为"两个中国"，转引自李伯重：《江南农业的发展：1620—1850》，第 185～186 页。

皮雷纳（Henri Pirenne）在对中世纪城市的研究中说，他所勾画的只是"中世纪城市的主要轮廓"，这种面容"好像拍摄重叠的肖像而得出的面孔"；"这个面孔的轮廓既与所有的肖像有共同之处，又不完全属于任何一个肖像"。[①]尤其在一个基本以"大一统"为主要特征的国家，中国广大乡村仍然享有一定相似度的生活方式与文化规则。所谓城乡分离，也正是这样一种生活方式与文化规则成为城市文化之外的异质。在充分承认区域差异的前提下，本章试图对近代中国乡村生活中那相对可以分享的内容加以概括，以期看到其中的日常状况与理想所在。

当然，要描述社会问题之外历史中的"正常生活"，本不是容易的事。钱锺书即感慨，"一代之起居服食、好尚禁忌、朝野习俗、里巷惯举，日用而不知，熟狎而相忘"；即使偶尔可见记录，"千百中才得什一，余皆如长空过雁之寒潭落影而已"。《春秋》以来历史记录的传统就是"常事不书"；生活中人人皆知的事情固然让人觉得不必记，然而星移斗转，"遇去习常'不必记'之琐屑辄成后来掌故'不可缺'之珍秘者，盖缘乎此。曩日一法国史家所叹'历史之缄默'，是亦其一端也"。[②]本来即已相对远于世变的乡村社会，更面临类似的问题。

戴维斯（Natalie Z. Davis）曾经从认知习惯与论述风格区分了两种不同的写作。在她对于马丁·盖尔离奇案件的重新讲述中，文本的整体组织和生成规则成为新的历史证据，文意分析与叙述结构则是论证的基础。相较于要求绝对真实、清晰简明的历史学，她到处看到的都是复杂性（complexities）与模棱两可（ambivalences）。她所试图做的是在16世纪法国的乡村生活和法律的价值观与习俗中，在"或许"（perhapes）与"可能是"（may-have-beens）之中重新理解当时人的判断和选择。[③]正是在这样的方法论意义上，本书所试图讨论的乡村生活才有了实现的可能。

----

①　亨利·皮雷纳：《中世纪的城市（经济和社会史评论）》，第129页。

②　钱锺书：《管锥编》（第一册），北京：中华书局，1978年，第303～304页。

③　批评者特别注意到了人类学和文学批评理论对于戴维斯的影响。这一区分不仅是她与批评者的聚焦所在，更是可被视为西方新旧史学之间的最基本差异。见 Robert Finlay, "The Refashioning of Martin Gurrre," *The American Historical Review*, Vol.93, No.3.（Jun., 1988）, p.556; Natalie Z. Davis, "On the Lame," *The American Historical Review*, Vol.93, No.3, pp.572-574.（并参见该书中译本译者序，《马丁·盖尔归来》，刘永华译，北京：北京大学出版社，2009年，序言第16页。）

一、衣食住行

衣食住行是生活中最重要的内容，也是生活水平最基本的体现。对于近代农村生活状况，研究者不乏争执。传统描述基本强调的是农村生活的贫穷，但近年来的研究也开始注意到华北等部分地区农民生活的改善。[①]但这些研究多从统计数据出发，较少描述其生活的具体样态。晏阳初在欢迎参观定县来宾时曾谓，"一般自命为知识阶级者，动辄以为农民愚，农民穷"，但却不知道"农民穷到如何程度，一天吃两顿饭吗？还是两天吃一顿饭？所吃的又是些什么？"[②]如晏阳初所言，农民吃什么，穿什么，住什么地方，如何出门，这些具体的内容是了解其日常生活的起点。

食

首先必须注意的是，农家的饮食并不存在终年不变的状态。在农忙农闲的不同时期，农家饮食的次数和内容都有所不同，甚至在同一时期的同一家庭中，由于劳动强度的不同，不同人的饮食也会有着极大的差别。在河北定县，不同的季节中农家就有着一日两餐和一日三餐的不同。"在没有用力气工作的冷季"，"大多数农家每日改吃两餐"，即使有三餐的，"也是有一顿饭很轻"。

更重要的是，在不同的季节，农家饮食的内容也有着等级式的差异。定县农家在"农历的九月至次年一月"，"因为少有工作，多吃小米粥和蒸白薯"。每日食品中白薯和小米的分量在半数以上，余下的则为杂粮和干菜。从二月开始，因为"农

---

①　相关讨论参见郑起东：《近代华北的农业发展和农民生活》，《中国经济史研究》2000年第1期；刘克祥：《对〈近代华北的农业发展和农民生活〉一文的质疑与辨误》，《中国经济史研究》2000年第3期；夏明方：《发展的幻象》，《近代史研究》2002年第2期。

②　晏阳初：《在欢迎来宾会上的讲话》（1932年4月14日），《晏阳初全集》第1卷，宋恩荣主编，长沙：湖南教育出版社，1989年，第222页。

人渐渐忙起来"，也需要"多吃颇能耐饿的东西"。因此"小米的数量增加，约占食品总数量十分之六"，并辅之以杂粮，"晒干的白薯片"以及"萝卜干"，并且渐渐开始有了青菜。五月至八月，"农民终日田间工作，食品尤须耐饥"，因此"小米数量增到食品总数量的十分之八"；调和用品（盐、醋）的用量也在这一时期增加。大致说来，定县的农民在农忙时期吃得较好，而农闲时不仅吃得较差，甚至会减为两餐。①

"食物的消费因季节的变化而不同"的情况在山东胶州湾地区也存在。当地冬春之际是"田间工作比较清闲"的时期，这时候"每餐中的主食是甘薯做的食物"。一旦开始忙碌起来，食物的质量也相应提高。"蒸小米或小面点替代了甘薯片，饮食中添加了肥肉煮蔬菜"。而在农忙过后，"小麦的消费就受到限制，其他谷类食物的消费开始增加。"②由于体力的消耗，农忙时期的农家不但需要多吃一顿，也需要吃更多"耐饿"的食物。所谓"忙时吃干，闲时吃稀"，正是对这种饮食习惯的描述。

正是由于食物与劳动强度相关，农家有时候甚至会出现雇工的饮食优于雇主的情况。在河北唐县就有"雇工较优于主人，主家男人较优于女人"的情况。男人一般能够吃到用米面、玉蜀黍、麦面、菽稷面，或白薯面所做的"饼子"，雇工则不仅可以"先主人而吃的，而且所吃的东西也较主家人所吃的好一点"。在某些时节雇工还有特别享用的食物，如"'拔麦'时须吃白面，'拔芝麻'时须吃香油等等"。③在山西太谷地区，雇用来"为人耕作"的工人"每日赚大工资外尚有三餐"，尤其"午餐必须油糕、酒肉，否则雇工即不为耕作"。④

在农家的饮食中，主食的优劣是非常重要的问题。"南人食米，北人食麦"的说法大概是缘于清季的最新国文教科书⑤，但这种印象在乡村生活中却未必能落实。

---

① 李景汉编：《定县社会概况调查》，北平：中华平民教育促进会，1933年，第260页，收入《民国丛书》，第4编第17册，上海：上海书店，1992年。

② 杨懋春：《一个中国村庄：山东台头》，张雄、沈炜、秦美珠译，南京：江苏人民出版社，2001年，第34～36页。

③ 刘菊泉：《河北唐县的农村经济概况（续完）》，《益世报》（天津）1937年2月6日，第3张第12版，《农村周刊》第152期。

④ 刘大鹏：《退想斋日记》（民国十六年四月初七），乔志强标注，太原：山西人民出版社，1990年，第353页。

⑤ 何容敬：《"定县见闻杂录"正误》，《独立评论》第7期，1932年7月3日，第20页。

汤普森（E. P. Thompson）在对工业革命时期英国工人阶级生活状况的研究中认为，"在整个工业革命时间，面包（和燕麦食品）的价格是衡量人民生活水平的第一项指数"。[①] 这种对于"食米""食面"的注意与记录，与其说是社会生活中的实际，不如说是衡量生活好坏的标准。

主食的贵贱之别早已有之。诗经中《良耜》一诗的郑笺云："丰年之时，虽贱者犹食黍。"孔颖达疏云："贱者当食稷耳。"生活于乾嘉时期的程瑶田在讨论这一问题时记载了一位冀州人"言其乡俗，食以粟为主，辅之以麦。其贱者，则辅之以高粱"；若再向北"则家家炊高粱为饭，又以高粱为主矣"。程瑶田因此认为"今北方，富室食以粟为主，贱者食以高粱为主"。按照程瑶田的考证，黍为穄子（不黏的黄米），粟为小米，稷则是高粱。[②]九谷之说一直众说纷纭，此不论[③]；但在至少千年的时间中，这样一种"贵""贱"不同的主食区别都一直存在。

这一点也为现代研究者所注意到。黄宗智注意到"清代已有'细粮'和'粗粮'这种食粮上的社会等级"。他从"许多二十世纪的资料"得出的结论是，"小麦是城市和上层阶级的食粮，而高粱，玉米和番薯则是贫苦人民的食粮"。[④]类似食物的等级制度在杨懋春笔下的台头村同样存在。[⑤]因此对民国时期的读书人而言，中华平民教育促进会（以下简称平教会）在定县经营数年以后，"以前乡民多只吃高粱玉蜀黍"，现在则"已能常吃白面"，就被认为是"很可观而难能"的成绩，[⑥]可见吃粗粮

---

① E. P. 汤普森：《英国工人阶级的形成》，钱乘旦等译，南京：译林出版社，2001年，第362页。

② 程瑶田：《九谷考》，《程瑶田全集》第3册，陈冠明等校点，合肥：黄山书社，2008年，第36～44页。

③ 至少还存在邵晋涵（以黄小米为稷，以高粱为黍）和郝懿行（以大黄米为黍，以小米为稷，而稷又包高粱）的两种说法。参见李慈铭：《越缦堂读书记》农家类，重编本，上海：上海书店，2000年，第628页。

④ 黄宗智：《华北的小农经济与社会变迁》，第112～113页。研究者刘克祥根据中央农业实验所的《农情报告》，认为在20、30年代，玉米、甘薯、马铃薯的食用都有大幅增加，农民的饮食出现了粗粮化的趋势。见《对〈近代华北的农业发展和农民生活〉一文的质疑与辨误》，《中国经济史研究》2000年第3期。

⑤ 杨懋春：《一个中国村庄：山东台头》，第34～36页。

⑥ 《定县平教村治参观记（三）》，《大公报》1930年1月11日，第1张第3版。

大体是一般农民生活的常态。在冀南地区，农民日常都是吃"粗而黑的小磨面"，只有"麦子收获后的一两星期吃麦面，农忙的时候吃小米"，甚至吃上一顿"比干饭稀得多而又比稀饭干一些的小米稀干饭或干稀饭"就是值得炫耀的"吃干饭"。① 这种情况在相当广泛的区域内都普遍存在。②

　　除了较精的米面，肉食也是一项生活水准的重要指标。在孟子理想的王道政治中，"七十者可以食肉"是一个重要的内容。③ 汤普森在研究工业革命时期的英国工人阶级生活时，也认为肉类在其中含有"社会地位"（status）的意味。④ 对于中国农民而言，吃肉同样是十分重要的事情。在河北定县，当地人"除了元旦端午中秋三节外，全年差不多没有看见肉类的食物"⑤。他们一般只有"在年节时或办婚丧喜事时常炖猪肉吃"。除了猪肉，蛋也吃得很少。一家人一年中最多用四五十枚鸡蛋，也都"大半是款待亲友"。在太行山区，只有"中上的农家或许在逢年过节的日子买一半斤肉去'炖大肉'吃"。"贫农是绝对不会吃肉的"，不仅"平常吃不惯，偶尔吃一两次还要'滑肠'——拉稀！反而病了"。只有"骡、马、驴肉倒一年中会吃几次"。⑥ 这里说的大肉即为猪肉，也是在年节时的食物，其他的骡马肉、驴肉则不在此列。

　　吃肉问题在农家的饮食中有着非比寻常的地位。徽州地区的农民虽然多养猪，

　　① 乐永庆：《农村的片段（二）》，《大公报》1933 年 11 月 22 日，第 3 张第 11 版，《经济周刊》第 39 期。

　　② 高苗：《屯留农村经济实况》，《益世报》（天津）1934 年 12 月 1 日，第 3 张第 11 版，《农村周刊》第 40 期。韩丁：《翻身：中国一个村庄的革命纪实》，韩倞译，北京：北京出版社，1980 年，第 25 页；《江苏农民之经济政治文化状况》，《中国农民》第 8 期，1926 年 10 月；毛泽东：《才溪乡调查》（1933 年 11 月），《毛泽东农村调查文集》，北京：人民出版社，1982 年，第 348 页。关于吃"干饭"的情形，张爱玲在《秧歌》（香港：皇冠出版社，1991 年，第 35 页）中有生动的描述，或可想见其情貌。

　　③ 黄俊杰认为"古代中国社会一般庶人生活资源有限，平日以疏果佐食，只有在祭祀或庆典时，才得食肉"，这一状况大致延续了相当长的时间。见《〈孟子〉"七十者可以食肉"的社会史诠释》，《中山大学学报》2007 年第 2 期。

　　④ E. P. 汤普森：《英国工人阶级的形成》，第 363 页。

　　⑤ 涛鸣：《定县见闻杂录》，《独立评论》第 4 期，1932 年 6 月 12 日，第 14 页。

　　⑥ 乐永庆：《农村的片段（二）》，《大公报》1933 年 11 月 22 日，第 3 张第 11 版，《经济周刊》第 39 期。

却"只有时节上——正月、二月二、三月三、四月四、五月端午、七月半、八月中秋、腊月初八等——吃些"。[①]昆山农村的生活较为优裕,农民多在河中"自行捕捉"小鱼虾蟹食用;"食大鱼及肉则甚少","间食鱼肉,必在作苦之时"[②]。毛泽东对此问题深有感触,在江西兴国的长冈乡,他即以吃肉频率的变化来描述农会暴动以后"群众生活"的改变。过去"即过年过节也吃不到多少肉","现在不说过年过节,每次逢圩大家都要买点肉吃了"。同时,农会暴动以后"鸡鸭多数自己吃,过去则多数卖出"。类似的情况发生在才溪乡,农会暴动后农民吃肉量也增加了一倍。[③]

与"肉"类似的是,食物中主食以外"菜"(指佐膳食品,不仅仅指蔬菜)的多少,也体现着饮食状况的等级式差异。广义的"菜"(包括肉类)甚至在某种意义上体现了城乡差别。一户因匪患搬到城市居住的小地主,就与邻居"洋车夫,听差,卖水的"产生了"生活程度的互相惊异"。这种"互相惊异"中的一项主要内容即城乡之间在饮食上的差异。在这家小地主生活的村庄,要有十几顷地的地主"才终年吃白的(指麦子面馒头)",这些邻居却可以"经常是吃麦子面的馒头,吃棒子面或高粱[梁]面的窝窝头是稀有的事"。此外,他们"每天都有十枚上下的菜钱,或者是炒煎一下,或者是用醋哇,香油哇生调和着吃",居住在城里的小地主反而是"终年月吃着酸臭的咸菜",并且感到"拿钱买青菜吃用,真有点舍不得","炒煎的事是稀之又稀的事"。至于肉类,"照例我们不过年节季节是不用的","他们"却"十天半月的总要吃一次肉"。[④]一直居住在乡下的小地主与城市贫民的生活方式明显有着不同。都市贫民的收入未必就比小地主高,但是却能吃"麦子面",能够有"炒煎"的菜吃,能够十天半月的吃肉,大概更多是出于已经形成的城乡生活习惯差异。

李景汉即认为,"一般农民过的是'大锅菜粥'的生活程度"。据他的观察,

① 克三:《徽州劳动界底苦况》,《京报》1920年9月28日,第6版。

② 吟阁:《农村经济之调查》,《教育与职业》第108期,1929年10月,合订本第1388~1390页。

③ 毛泽东:《长冈乡调查》(1933年11月),《毛泽东农村调查文集》,第305~306页。

④ 王次凡:《农村地主与都市贫民》,《独立评论》第106号,1934年6月24日,第5~6页。在黄公度对北平人力车夫的调查中可见北平的人力车夫还包括了前清的贵族,识字率达到60%,生活水平恐怕确实不低。(《对于无产阶级社会态度的一个小小测验》,《社会学界》第4卷,1930年6月,第178页。)

"一个农民最高理想的愉快生活，大约是他要能够达到每日'烧饼油条不离口'的地步，就是他的极乐世界，也就是他无上的生活标准了"。①这样一种描述大抵近真。农民的饮食基本保持"忙时吃干，闲时吃稀"，按照农忙程度的不同来区别吃的多少和精粗。平日尽量以最简单的粗粮维生，但在待客和年节时也会有各种菜肴，甚至肉、蛋的食用。

衣

虽然在晚清传教士的笔下，中国就被描述为一个全部人都"穿蓝袍的国度"②，但实际在衣着问题上城乡之间就有着极大差别。沈从文就认为"分别城乡两地人，是在衣服上着手"；"衣服穿得如时漂亮是住城的人"，"纵穿绸着缎，总不大脱俗，这是乡巴老"。③实际上除了大地主，"乡巴老"基本不会有绸缎穿的。处于"赤色恐怖"中的长沙就曾经喊出了"打倒穿阔衣服的土豪"的口号："若稍衣华丽之衣，经过街市"，即有许多人跟随其后高喊口号，甚至撕破其衣服。因此，"现在长沙市上，举目一望，尽皆大布之衣矣。所有绸缎店，均不能支持，已倒闭数家"。④衣服是有着"阔"与"不阔"的区别的，"绸缎"无疑是其中阔的一方面。

且立德夫人（Mrs. Archibald Little）观察到的作为国民服装的这种"蓝袍"，到了数十年后已经成了落伍的标志，一位穿着"蓝袍罩"去城里念书的学生即被讥笑为"十八世纪的Form"。⑤同样是学生，服装却透露了城乡之间的差异。值得注意的是，即使是不那么"二十世纪"的读书人与农民的衣着也存在着明显的差异。穿长

---

① 李景汉：《华北农村人口之结构与问题》，《社会学界》第8卷，1934年6月，第7页。

② 阿绮波德·立德：《穿蓝色长袍的国度》，王成东、刘浩译，北京：时事出版社，1998年。

③ 《在私塾》（1927年11月），《沈从文全集》第2卷，太原：北岳文艺出版社，2002年，第55页。

④ 忆月：《大恐怖之长沙》，《大公报》1927年4月27日，第6版。

⑤ F：《二十世纪人眼里的十八世纪的我》，《大公报》1928年3月11日，第5版。但蓝色布褂大约是当时最普遍的装束。在对五色旗的戏解中，就有人以为蓝色是"蓝布裤褂之色也，老百姓象"。见右拉：《新新解》，《语丝》第152期，1927年10月8日，第13页。

衫与否，就是传统读书人与农民的一个重要区别。在湖南长沙，在 20 年代城市中"大家式微"了的"中等社会"，即使生计困窘，以当押借钱维生，"出门会客，定要穿一件长衫"。①广东的农奴平日"如穿白衫，或其他稍为华丽衣服，亦被撕毁"，到 1927 年"广州实行解放农奴"后方允许其"穿长衫坐轿子"。②长衫无疑是一种身份的象征。因此，在知识分子提倡"到乡间去"时，"脱去长衫"就成为"离开城市"，"到乡间去工作"的象征。③而城市风气深入乡村，则被认为会"有使农民脱了短衫，改换长衫之势"。④日后到乡村从事教育的人也认为"为免失教育者的尊严起见，在非劳力时间内，须着长服"。⑤可见到 30 年代，"长服"仍然是代表城市阶层，尤其是读书人的服装。

此外，穿鞋与否也体现了读书人与农民的不同。在彭湃调查的海陆丰地区，"贡爷秀才"都是要穿"六寸鞋"的"斯文的人"，由于近年来自耕农的"无产阶级化"，"连穿鞋的人都绝迹了"。⑥大抵不穿鞋、着短衫才是农民的普遍装扮。易家钺注意到，从前农民有"大布褂儿，蓝布袜子"，"即被称为一种'极精致的漂亮'"；"现在呢，披起竹布长衫子了，统起洋袜子了，渐渐由短衣阶级而变为长袍阶级了！"⑦不过，对大部分普通农民而言，能够穿"长衣"已经是生活改善的标志。定县人民本来"多着短衣"，只有女子才穿"蓝布大衫"，"年轻女子穿青竹布衫洋布者亦仅见"。"现在已有很多能着长衣，冬天并有穿皮衣服的"，即被认为是平教会在当地工作的可观成绩。⑧

---

① 《长沙中等社会生计之艰窘》，《民国日报》1919 年 10 月 19 日，第 2 张第 6 版。

② 《广东解放农奴》，《世界日报》1927 年 3 月 17 日，第 7 版。

③ 《魏道明在法学院讲演》，《世界日报》1928 年 12 月 28 日，第 6 版。

④ 胡竟良：《复兴农村的基本问题》，《农村复兴委员会会报》第 6 号，1933 年 11 月 26 日，第 97 页。

⑤ 徐朗秋：《民众教育馆目前的病象及将来的路线》，《教育与民众》第 5 卷第 2 期，1933 年 10 月，合订本第 250 页。

⑥ 彭湃：《海丰农民运动报告》，《中国农民》第 1 期，1926 年 1 月，第 54 页。

⑦ 易家钺：《中国都市问题》，《民铎杂志》第 4 卷第 5 号，1923 年 7 月，该文第 15 页。

⑧ 《定县平教村治参观记（三）》，《大公报》1930 年 1 月 11 日，第 1 张第 3 版；甘豫源、周耀、秦柳方：《参观中华平民教育促进会华北试验区报告（续）》，《教育与民众》第 2 卷第 3 号，1930 年 11 月，该文第 2 页。

兼有"读书人"与"现代人"二重身份的青年学生的穿着更加与农民不同。试图"到乡村去"的青年学生常常因为衣服就被农民看出"明明不是和他们同阶级的人"。① 彭湃第一次去农村时"穿着白的学生洋服及白通帽",农民看见即以为是来"收捐"的。② 从事社会调查的学生也因为穿着"黄色制服"而引起了农民的侧目。这些新式读书人穿的洋服,在农民看来无疑是城市人,甚至"远府税员"的象征。③

由此可见,农民日常穿的大致为粗布短衫。按照李景汉在定县的观察,农民在冬、春天所穿为"粗布小棉袄,棉裤,以蓝色为多",夏天是"粗布小汗衫"和单裤,颜色以白色最多,淡黄色次之。不穿袜子,也不穿鞋。到秋季则换上了小夹袄和夹裤。虽然衣服随着季节有变化,但基本都以粗布制衣;在农忙季节会穿着旧衣以免磨损。妇女的衣着则稍微讲究,穿鞋较费,也有以高阳布制褂制裙的"时髦的妇女"。④

民国时期仍然有不少农家保持着织布制衣的习惯。河南全省棉业推广甚早,当地棉花虽以太康所产为最劣,但"农人以其能遮污垢,多喜用作衣料"。虽然省内已经是"洋布日增,价值便宜",但全省"最多数之农民,节俭成性,鉴别有方",因为感到"洋布质料不若土布质之坚可持久,仍旧以我土棉,制我土布"。⑤ 徽州地区"农夫农妇所穿的衣服,大概还是保存三十年前的故态"。且做衣裳的材料,"不外像土布、常熟布";"余白、余蓝、巴河那一类的沙[纱]织品、绸缎,是绝对没有的"。⑥ 苏州地区风气向称奢侈,当地农民所用衣料却"十之九为土布"。他们"不但不用洋布,且不用以洋纱线所织之厂布",因此"游行农村"时令人感觉"满眼皆甘第也"。⑦

---

① 一健:《调查中国农村经济之困难》,《大公报》1930年9月2日,第1张第4版。
② 彭湃:《海丰农民运动报告》,《中国农民》第3期,1926年3月,该文第1页。
③ 陈国钧:《望亭社会调查所遇之困难与经验》,《望亭社会调查特辑》,《大夏周报》第30卷第20期,1937年3月27日,第437页。
④ 李景汉编:《定县社会概况调查》,第268～271页。
⑤ 冯翔凤、孟及人合编:《本科农业推广部十八年度河南全省棉业调查报告》,《河南中山大学农科季刊》第1卷第2期,1930年6月,第140页。
⑥ 克三:《徽州劳动界底苦况》,《京报》1920年9月28日,第6版。
⑦ 吟阁:《农村经济之调查》,《教育与职业》第108期,1929年10月,合订本第1390页。

这种情况也在逐渐发生着变化。到 40 年代，作为花生和大豆的主要产地，胶州湾地区的台头村"几乎所有年轻妇女的衣服、年轻男子正式场合穿的衣服和孩子的衣服"都是购买工厂织布来做的，"只有男人劳动时穿的外套仍用自己织的布做"；同时，台头村民多买鞋，已经"不再需要做鞋的技术"。①从另一方面来看，即使当地经济状况较好，但仍然保持了织布和制衣的习惯，只是土布制衣已经仅限于那些最粗糙的衣着。

对于普通农家而言，甚至做衣服也是家庭中的大事。在江苏的农村，农民穿衣不过求"能暖身就算好"，"不是经济宽裕的或是中农以上，轻易不买布做衣"。②在福建的才溪乡，一般家庭"平均每人每两年才能做一套衫裤"。③正因为如此，平教会在定县提倡的"讲卫生"就被认为是"不通"：老百姓自然也知道常常洗衣穿起来比较舒服，但他们更关心的则是"一件衣服若半月洗一次，可以用两年，若五天洗一次只能用一年"，因为没有钱做新衣，"只有少洗几次，多用几月"。④其实，即使是北平的工人中，也仅四分之一的人"有富余单衣，可资换洗"。⑤

柳田国男将日本的服装分为在特殊郑重场合穿的"晴衣"与普通生活中穿着的"亵衣"⑥，中国的乡村中虽然不存在如此明晰的区分，但大致仍可看到两种衣着的方式。台头村男人劳动的衣服要用自家土布做即属一例。"村里的每个人都有一两套正式场合穿的衣服"，但却只是在"新年庆典、婚礼或正式访客时"穿。在河北定县，"农民在过年的时候普通都穿新棉袄，新棉裤"；"农民冬天多不穿马褂，到了

---

① 杨懋春：《一个中国村庄：山东台头》，第 43 ~ 44、46 页。

② 《江苏农民之经济政治文化状况》，《中国农民》第 8 期，1926 年 10 月，第 65 页；冒兴汉：《我乡的概况》，《农学杂志》1929 年第 5 ~ 6 期，特刊第 3 种，1929 年 12 月，第 261 ~ 262 页。按，该文作者误作"冒与汉"，据目录页改。冒兴汉后来曾在广西大学农学院任教。

③ 毛泽东：《才溪乡调查》（1933 年 11 月），《毛泽东农村调查文集》，第 348 页。

④ 燕树棠：《平教会与定县》，《独立评论》第 74 期，1933 年 10 月 29 日，第 5 页。

⑤ 陶孟和：《北平生活费之分析》，朱席儒译，北平：社会调查所，1933 年，第 70 ~ 71 页。

⑥ 柳田国男：《民间传承论与乡土生活研究法》，王晓葵、王京、何彬译，北京：学苑出版社，2010 年，第 97、247 页。

新年就有许多穿的"。① 在河北唐县，刘菊泉也注意到虽然当地人穿的"完全是土布，而且是自织的土布"，但由于"近年来洋布的势力已逐渐伸入农村中"，一般农家的小孩子在年节时也"多半都要制一套洋布衣服穿穿的"。② 在北方农村，甚至有人观察到农民在年节时"竭其终年辛劳所得之财力"去购买"毛围巾，毡帽"等洋货，"以求满足虚荣之欲壑"。③ 主张近代手工业有着显著发展的学者也提出了诸多购买洋布的例证。但如检视其提出的例证，农民购置的"丝绸""洋布"主要为年节服装，或供青年学生穿着，甚至是为老年人准备的寿衣④，并非日常衣着。

大致而言，农民的衣着以粗布短衣为多，甚至鞋袜亦不多穿。这样的衣着是与其日常劳动相关的，因此他们对服装的要求也主要在于"耐穿"。普通农家多自制衣服，虽然织布的传统在现代社会已渐渐改变，但大部分的衣服仍是用"土布"制成。与饮食状况相似，农民的衣着也会随着节气与场合而变化。在一年中大部分时候都穿着土布短衫的农民在节日或者郑重的场合也会穿上长衫、马褂，甚至购置绸衫或者洋布服装。

住

许倬云曾经专门对历史上的"编户齐民"有所论述，认为"两千年来，中国最大部分人口，上不是贵族，下不是贱民，均是这些有户籍，服徭役，纳税完粮的一般平民百姓"⑤。基本自秦汉以降，"户"在乡村中是最基本的单位，也是乡村居民居

① 李景汉编：《定县社会概况调查》，第 268 页。

② 刘菊泉：《河北唐县的农村经济概况（续完）》，《益世报》（天津）1937 年 2 月 6 日，第 3 张第 12 版，《农村周刊》第 152 期。

③ 谭锡纯：《从各方面检讨北方农村破产的因素》，《益世报》1934 年 1 月 20 日，第 3 张第 11 版，《农村问题专页》第 3 号。

④ 参见史建云：《手工业生产与农民观念更新》，薛君度、刘志琴主编：《近代中国社会生活与观念变迁》，北京：中国社会科学出版社，2001 年，第 351 页。

⑤ 许倬云：《万古江河：中国历史文化的转折与开展》，上海：上海文艺出版社，2006 年，第 63 页。杜正胜专门有《编户齐民：传统政治社会结构之形式》（台北：联经出版事业公司，1990 年）一书，以"编户齐民"的概念来"探讨西元前六世纪以下数百年内新形成的社会基本成员"，尤其要以此描述"人民群众"的历史。参见该书序言。

住的最基本形态。传统法令上所谓的户"非指天然之家庭或经济上之家庭，盖指一宅内所居之人数而已"。大致一户人即属同一家庭，但其中常常也包括了"与外人同居者"，如"亲戚、仆役、学徒、长工等"。① 从世系上来看，乡村家庭人口中多为"1.5 代"，这"不是表示家长和他的未婚儿女，便是表示家长和他的残缺父母同居"，而非指"家长常和他的已婚儿女常在一块居住"②。因此，按照民国以来不少学者的研究，中国乡村家庭的平均人口为五人，这一结论也与传统的五口之家的说法相吻合，显示着乡村社会长期的稳定性。③

自《世说新语》开始就有"瓦屋三间"的说法，在历代诗文中也屡被用于形容农舍。到民国时期，河北定县的 545 家农户中，"显然有三间屋子的农家为最多"，类似的情况在北方农村中较为普遍。考虑到每户五人的基本格局，戴乐仁（J. B. Tayler）以"一房居住二人"来作为居住适宜与拥挤的标准也是基本合适的。在这样的标准之下，北方农户的居住稍微宽敞，而南方如安徽、江苏等省常常有一家"一个房子"的情况，相比之下似乎稍微拥挤。"此或是因为北方底泥墙屋子比南方底青砖屋子贱，或是因为南方的地皮比北方的地皮贵。"④ 但如果考虑到南方"大家庭甚少"，其拥挤情况也并不如是之甚。

就房屋的空间布局而言，按照李景汉在定县的调查，"瓦屋三间"的农家大致是以两边为住屋，中间一间房屋主要用于做饭。若是富农的院落，则在院门内东西侧再多出类似两厢结构的卧房。这种一字排开、一堂二内的结构略可与传统经文中

① 刘大钧：《中国人口统计》，《统计月报》第 2 号，1931 年 11～12 月合刊，第 20 页。

② 张折桂：《定县大王耧村人口调查》，《社会学界》第 5 卷，1931 年 6 月，第 97 页。

③ 上引刘大钧文中所估算的每户人口为 5.67 人，董时进在河北省的调查为 5.44 人，李景汉在定县的调查则为 5.8 人，数目大致都与"五口之家"接近。杜正胜认为从历史上来看，中国家庭的结构存在两种类型。一种是以汉代为代表的五口之家，另一种则是唐代的"十口之家"。自宋元以后，"唐型家庭"色彩渐消，家庭形态开始折中于汉代的形态。参见董时进：《河北省二万五千家乡村住户之调查》，国立北平大学农学院农业经济系调查研究报告第四号，1932 年，第 3 页；李景汉：《定县社会概况调查》，第 137 页；杜正胜：《传统家族结构的典型》，《古代社会与国家》，台北：允晨文化出版，1992 年，第 780～826 页。

④ 戴乐仁：《中国农村经济之调查》，李锡周编译：《中国农村经济实况》，无出版地：农民运动研究会，1928 年，第 24～27 页。

的"东房西室"相呼应，可能自秦汉以来便成为民居建筑的基本样态。[①] 晚清传教士在华北看到的农家房舍也是"泥土筑成的三间矮房"。中间的房间"包括工作场所，里面可能有一捆麦草和一堆蔬菜，但一般是没有一点儿家具"；两边的屋子中"每间里面都有一个占去整整半间屋子的土炕，白天供作座位，晚上用作卧床"。[②] 这样的结构到民国时期仍然大致没有改变。

在这样的房屋结构中，大致以夫妇同居为主。在华北地区的乡村，"稍微有钱一点的"农家都是一堂二内的格局。一般公婆睡东房，儿子媳妇睡西房。"若再有一房媳妇或其他之儿女，那就与婆婆睡在一个炕上。"若是"很富而人口多的人家"则是"婆婆公公与小儿、儿媳住北房；其余大儿媳、二儿媳等分住东西厢房"。如果人口并不那么多，"那么就从东西厢房挑出一两间来，当做粮食的仓房及磨房"。[③] 北房在院落中最为靠内，显示着公婆的地位，同时也暗示着长幼有序的礼制在乡村社会中仍然有着不小的力量。[④]

陆游所说的"瓦屋三间已太奢"[⑤]是要屏除纷华，这在乡村社会中却有一定程度的写实。在河北定县，农村的房屋多为"土垣茅顶"，"惟每户所占宅地较宽"。[⑥] 距

---

① "东房西室"之说为士大夫礼，关于"房""室"是否左右各一，各家解说不同，但分东西的结构大致可以确定；"一堂二内"之说见《汉书》，也有注家的不同解释，但参照考古材料，这种一字排开的格局大概是从秦汉时期就已经存在的。参见侯幼彬：《中国建筑之道》，北京：中国建筑工业出版社，2011年，第123~130页。

② 见《北华捷报》，转引自郑起东：《近代华北的农业发展和农民生活》，《中国经济史研究》2000年第1期。

③ 潘玉梅：《一个村镇的农妇》，《社会学界》第6卷，1932年6月，第271页。

④ 钟敬文在对民居的考察中特别强调了其中的"伦理性"，认为"人们可以从民居内部住居房室的安排，清楚地看到这些居民乃至于这个民族的家族的伦理观念和准则"。参见《中国民居漫话》，《钟敬文文集》（民俗学卷），合肥：安徽教育出版社，1999年，第273~274页。杜正胜则认为"中国传统居宅，例如一进的三、四合院，两进以及多进的院落，其格局早在三代既已奠定。虽然由于封建崩溃，礼制改易，居宅各个单体建筑与古礼不尽符合，但居宅显示伦理关系的作用依然不减"。参见杜正胜：《宫室、礼制与伦理》，《古代社会与国家》，第780~826、778页。

⑤ 《剑南诗稿》卷五十九，《陆游集》第3册，北京：中华书局，1976年，第1428页。

⑥ 甘豫源、周耀、秦柳方：《参观中华平民教育促进会华北试验区报告（续）》，《教育与民众》第2卷第3号，1930年11月，该文第2页。

离北京不太远的清宛县，乡民的"住室多系茅舍，其门多以玉米秸编制之"。①普遍来说，"华北乡村住宅，类皆为泥土所作，体裁矮小而结构粗糙"，相比之下，北平城内之房，"普通常为砖墙瓦顶，内有广阔之庭院"；两者有很大差别。②城内较为普遍的"瓦屋"在乡间却是农家的向往。晚清香河县就出现了"瓦房必缙绅之家"的特点，到民国以后其他各县也出现了瓦房渐渐增多的现象。③

瓦屋象征着生活的稳定与殷实。在1930年代的上海地区，绝大部分农舍"以砖瓦木材等材料建筑"，即使兼有草屋的农家也是以其为"旁屋或畜舍"。纯粹为草屋的农舍"悉属于佃耕农"，这是因为他们的地"多非其自有，地主取消其耕种权时，即须拆除相让"。与之类似的是与大部分南向的农舍不同，佃耕农的房屋多为东西向。这也是因为"彼等就租入田地建筑，只求农功利便，占用面积经济，造屋之方向有所不计也"。④这种完全依靠租种土地为生的"佃耕农"在当地也并非多数，瓦屋的数量显示着当地乡村生活的状况。

因此，从住房上就能看到不同贫富状况的农家之间的差异，住房状况也就成了某种社会阶层的象征。雷鸣远（Frédéric-Vincent Lebbe）即注意到那些会把子弟送到大学读书的都是住着"大门楼瓦房，号称财主的"，而那些"住三间茅房，朝不保夕的家庭"则无力如此。⑤在山东台头村，"房屋明显地反映了一个家庭的经济地位"，可以作为"衡量家庭经济地位的一个非常准确的指标"。但到30年代以后，"该村建造的大部分房子都是原来只有富裕人家才有的那种式样"，"这不是因为经济的持续

①　《清宛县县政府访问记》，《世界日报》1929年12月13日，第4版。

②　陶孟和：《北平生活费之分析》，第60页。

③　见于《北华捷报》，转引自郑起东：《近代华北的农业发展和农民生活》，《中国经济史研究》2000年第1期。

④　参见上海市社会局：《上海市百四十户农家调查》（1930年8—11月）。类似的情况在无锡也存在。"所有土著居所，悉为瓦房，而客佃住所，均属草舍"。这也是因为"田主给予佃农承种年限甚短"，因此佃农"只可就租借之地，建置粗陋草房，以作栖住之所"。一旦承种期限到，"即可将材料拆除相让也"。参见《无锡杂志》1932年8月（农业专号）。以上均收入冯和法编：《中国农村经济资料》，上海：黎明书局，1935年，第262～264、390页。

⑤　雷鸣远讲演：《救济农村与青年的出路》，《益世报》（天津）1934年5月3日，第1张第3版。

繁荣"，而是这一代人"不像他们的祖辈那样节省所有钱财去购买土地"，而"喜欢在他们力所能及的范围内享享福"。① 时代的变迁又改变了传统社会阶层的格局。

这种农家的经济状况在耕畜的安置上也体现了不同的讲究。在定县，富农的院落一般有两道门，卧房、厨房均在二门之内，牲畜房在门外。普通农户则是不能讲究如此的"人畜之别"，通常厨房与牲口房同为一间。"有时这一边做饭做菜，那一边就喂马喂驴。""较好的农家"才能稍做区别，可以"另外盖一间牲畜房"。此外，"没有仓房的农家往往把粮食存在卧房里"，厕所也往往"与猪圈相连"。② 在广西镇南一带"楼上住人楼下住畜，田南则人畜同居一室"。③ 有人认为中国农村"厅堂寝室，厨房厕所，牛栏鸡栅，往往混而一之"。这大概也确实是"普遍已极"的情况。④

与都市人感觉到的严重的居住问题不同，有人认为农民在"住"这一方面"并无若何问题发生"，"连一间小土房都没有的人"毕竟是少数。⑤ 农民的居住确实主要以"居家"为主要形式，与都市人的临时"赁屋居住"并不相同。在这种情况下，家庭内部的伦理秩序成为居住安排中最基本的问题；牲畜、粮食与人的区别却并不那么重要。只有当农家有"瓦屋三间"发展到两进院落之后，各个房间的功能区分才开始明显起来，这也正是这个家庭经济状况和社会地位的表现。

行

对于乡村居民而言，出行主要是靠步行，但也存在别的交通工具。在广东的凤凰村，车轮并不那么重要；那里没有车辆用于出行或搬运货物；一般货物通过一根竹竿就可以肩挑出去，因此也没有必要修更好的路。同时，当地水路极为便利，乡

---

① 杨懋春：《一个中国村庄：山东台头》，第40、43页。

② 李景汉编：《定县社会概况调查》，第276～278页。

③ 行政院农村复兴委员会编：《广西省农村调查》，上海：商务印书馆，1935年，第24页。

④ 黄尊生：《中国问题之综合的研究》，上海：启明书社，1935年，第91页。

⑤ 刘菊泉：《河北唐县的农村经济概况（续完）》，《益世报》（天津）1937年2月6日，第3张第12版，《农村周刊》第152期。

民通过水路即可到达潮州，但大部分村民并不需要经常去。① 在 1920 年代，由于"水路运输还是转运的最重要的工具"，南方比北方相对有着交通上的便利。② 鲁迅描述的归乡坐的是乌篷船，叶圣陶描述的粜米农民也是乘"乡村里出来的敞口船"到达的万盛米行。③

但这种需要坐船的地方大致已不算经常去处。有研究者注意到，即使在水路系统非常发达的江南地区，农民日常也是依靠步行往来。嘉定县，农民平日只是"收买鸡蛋与鸡只销售罗店，博蝇头利以贴家用"，只有在农闲时才"肩担至本地，或远至昆太县"。在昭文县，农民赶集都是"肩挑背负而来"，"买鱼腥菜蔬而归"，大致只花清晨的时间在市镇之间往返。④ 可见，这些集市与农家的距离确实相当近，大部分农家在需要购买的情况下也只是花费一天的时间而已。只有到了农闲时分他们才会去更远的地方。在湖北，"在八九月间，农事完毕之后"，农夫会凭借自己"几十串上百串不等"的"小资本"，再加上"借贷几十串"，"拿到通都大邑，买些洋广杂货，贩到甘肃、陕西、云南、贵州等交通不便的地方去"，直到来年的二月"贩些下货回来"。"这种出门人在社会上的关系很大"，他们从外面带来的"奇事奇谈"，"在社会上很有支配人心的势力"。⑤ 既然如此，真正的"出门人"数量也应该相当有限。

由于农民并无太多远行的要求，所谓的"交通工具"对他们的意义也并不大。在靠近广东的寻乌，"不论什么道路一概没有车子"。"陆路运输工具大多数是活人的肩胛，其次是骡马。"运输主要依靠骡马，并且"骡多马少"，"但普通一概叫做

① Daniel Harrison Kulp, *Country Life in South China: the Sociology of Familism*, New York: Bureau of publications, Teachers college, Columbia University, 1925, pp.18-19.

② 马扎亚尔：《中国农村经济研究》，陈代青、彭桂秋译，上海：神州国光社，1930 年，第 144 页。

③ 叶圣陶：《多收了三五斗》（1933 年 6 月），《叶圣陶集》第 3 卷，叶至善、叶至美、叶至诚编，南京：江苏教育出版社，2004 年，第 317 页。

④ 参见吴滔：《清代江南市镇与农村关系的空间透视：以苏州地区为中心》，上海：上海古籍出版社，2010 年，第 81～82 页。

⑤ 余家菊：《农村生活澈底的观察》，《少年世界》第 1 卷第 2 期，1920 年 2 月，第 28～29 页。

'马子'"。"用马子驮的货物以盐豆两门为大宗。"① 在北方依靠骡马的区域恐怕更大，不仅用于运输货物而已。按照梁漱溟的回忆，民国元年时虽然京汉路已经通车，但从郑州到西安仍然需要乘骡车。② 在河北唐县，出行主要是"坐大车，骑驴乘马"，但在新风气的影响之下，当时也已经有人开始骑自行车。③

在广西，"农民株守故乡，无长距离之往来，纵或有之，亦往往步行，或搭民船"。虽然速度并不快，但"因为他的时间的价值，远不及车费的昂贵"，故并不依赖 1925 年已经建好的公路。"农民对于交通之需要，惟在农产物之运输"；如果要运输农产品，"以汽车输运"，也会造成"运费或且超货值"。"昔村与村县与县之间，均有大道，农家之牛车，或满载作物畅然行于其上"，用牛车即可实现运输农产品的需要。反而是"自兴筑公路后，或就故道改建，或由耕地填筑"，不仅"故道既湮"，"新路复惧损坏路面，不准行走，致农民之大车，率委弃而无用"。"昔日一牛之所曳者，今则须数人分担而后行，对于农产物之运输，诸多阻碍"。修筑公路原为"政府之所以便农者，转因之而病农了"。④ 在道路状况改善之后，农作物的交通反而转为依靠肩挑了。

晚清开始就有铁路的修建，如石家庄这样的铁路市镇因而兴起，也在一定程度上改变了华北、华东部分地区的面貌，⑤ 但就全国而言，其对乡村的影响相当有限。到 1930 年代后期，在对中国都市分布的研究中，沈汝生仍然认为关系最大的是"公路与大道"，这里所谓"大道"与上段中所讲的可以走牛车的道路相同；"在内地偏僻之区域，尚不失其重要之地位"。其次则是运河的作用，最后才是铁路。沈汝生认为"此或系中国铁道尚未发达，因之而与之都市不多"。⑥ 交通上的变化可谓现代中国的显著变化之一。然而对于农民而言，这些变化尚在他们的日常生

---

① 毛泽东：《寻乌调查》（1930 年 5 月），《毛泽东农村调查文集》，第 46 页。

② 梁漱溟：《怀黄远庸》（1987 年 6 月 10 日），《梁漱溟全集》第 7 卷，第 628 页。

③ 刘菊泉：《河北唐县的农村经济概况（续完）》，《益世报》（天津）1937 年 2 月 6 日，第 3 张第 12 版，《农村周刊》第 152 期。

④ 行政院农村复兴委员会编：《广西省农村调查》，第 20～21 页。

⑤ 参见江沛、熊亚平：《铁路与石家庄城市的崛起：1905—1937 年》，《近代史研究》2005 年第 3 期。

⑥ 沈汝生：《中国都市之分布》，《地理学报》第 4 卷第 1 期，1937 年，该文第 3～7 页。

活之外。

大致而言，在距离乡村不太远的地方有集市，农家的商品交换依照一定的频率在集市上发生。农民在集市上出卖自己的农产品并换回家中无法生产的物品。在本文所描述的时段中，水路仍然是最重要的出行方式，其次则要依靠牲畜的力量。即使是这样的"交通"，对于大部分农民而言也并非必需的。一般的乡村中平时是买不着"粮米菜肉"的，"非要等集日的时候不可"。平时村镇则是"无事"，"很清静"，"家家关门度日，各不相扰"。[①]对于居住在乡村中的人来说，在平常的日子如果需要买猪肉，必须"碰机会有进城的村人"。[②]如前文所述，吃肉对于农家而言并非日常行为；在集日之外，一般的人也不会"进城"。商品交换是按照固定的频率在集市上完成的。

此外，施坚雅所谓的"基层集镇"则大致是农民的商品交换的主要场所。按照施坚雅对1940年代成都平原农家生活的观察，每户农家每个月都有十余次去距离三里远的基层集市。[③]这样的出行频率似乎高于一般人的认知。1930年代的乡村小学教师即抱怨鸡蛋这样"日常的食物"也要"非得到初一，初三，初六，初八，十一，十三，十五，十八……'一六三八带十五'赶集去买不可"[④]，可见一般农民的赶集次数尚低于此。在云南昆明"农村有所谓'墟期'俗称'赶街子'"。"每遇墟期，农民以农产品米豆等物，出售于市场，易其日用品……墟期三日两头，六日两头不等。"[⑤]农民的出行即主要以这样一个距离有限的集镇为目的。

---

① 潘玉梅：《一个村镇的农妇》，《社会学界》第6卷，1932年6月，第268页。

② 许蒙尔：《极端清苦的乡村小学教员》，《益世报》（天津）1935年7月20日，第3张第12版，《青年生活专页》第55期。

③ 施坚雅：《中国农村的市场和社会结构》，第34页。

④ 林丽：《由农村到都市》，《大公报》1933年6月3日，第3张第12版，《小公园》第2866号。

⑤ 行政院农村复兴委员会编：《云南省农村调查》，上海：商务印书馆，1935年，第75～76页。

二、婚丧嫁娶

　　费孝通将中国传统社会界定为"差序格局"，杜正胜则将夏商两代的社会伦理归纳为"人伦等差，家无二尊，内外有别"三大原则，并认为"先秦古典文明影响秦汉以下两千年的传统社会"，其格局到近代社会仍未发生改变。① 如上文所述，家庭是乡村生活中的基本单位，它不仅保证着农家经济生活的有效维持，同时也规定着乡村社会中的基本伦理。个人总是处在某种家庭角色之中，其首先的责任即在于家庭成员的"迎来送往"。婚丧均是家庭生活中的大事，需要整个家庭以很大的精力与财力去筹措安排。

　　古礼中标志男子成年的"冠礼"在某些地方仍有类似的存在。在河北定县，"凡是十五岁以上的男子"，如果由于种种原因要开始当家，"为与别人往来方便起见，朋友们就请村中有学识的人给他起号相送"。这种送号的仪式一般在每年正月举行。"到时所有村中没有号的男子"，要共同预备酒菜"请送号的朋友们和起号的先生大吃大喝一顿，算是酬谢"。起号的先生则要用红纸把所起的号按格式写出，"一齐贴在街道墙壁上，或分贴各人的家门外。并且燃放鞭炮，作为庆祝"。② 在浙江，男子二十岁左右也会由家人"用红纸条写新命名字，贴于备制之木龛中，上插金花，并请家族饮宴"，此后"人皆不呼乳名，而称之以新命之名，以示此人已达丁年，不复为幼童之意"，称之为"响号"。这种"古冠礼之遗意"，"乡中尚保存之，都市中不复见矣"。③

　　费孝通提出的"差序格局"已经为学界所熟知，甚至被认为是"近人讨论此一问题最深刻、最贴切的概念"。这体现在古礼上，即五服服制。在传统社会的差序

① 杜正胜：《宫室、礼制与伦理》，《古代社会与国家》，第 778 页。
② 李景汉：《定县社会概况调查》，第 404 页。
③ 韦启先：《菱湖村风土之调查》，《农学杂志》第 5、6 合号，特刊第 3 种，1929 年 12 月，第 283 页。

格局中，个人如同投入水波中的石子，处在一级一级有差序的社会关系之中。① 个人处于差序格局的中心，同时也是各种社会关系的起点。所谓"亲亲尊尊"，家庭是个体"推己及人"的第一步；组成家庭成为个人生命与家族历史中的重要事件。其意义重大，花费也相当可观。无论嫁娶，都在家庭经济上提出不小的挑战。同时，所谓"迎来送往"，家庭成员的去世同样是重大事件，在某些情况（高寿，无疾而终）下，甚至可与迎入新人的婚礼合称为"红白喜事"，其花销亦值得注意。

这样的花销构成了农民家庭负债的重要原因，也成了不少家庭储蓄的目的。在山东，农民借债"多半是为着婚丧葬事的冗费，和意外的凶年"；"特别是近年来对于嫁娶，因为须要巨额的金钱当作彩礼，迎娶一次新妇，常常因之负债"。在无锡，农家除了衣食住三项之外，"消费百分比中第二把交椅，就是喜庆丧葬费"。②50 年代在对苏南地区农村的调查中，农民借债的一大原因就在于"病，丧，嫁，娶"。在对杭州地区乡村储蓄的调查中，"婚丧喜庆用"是农民储蓄的一大原因，其重要性仅次于"置田产"。③

许烺光在 1940 年代的云南曾经见证了一家富豪的丧事，"办事时间超过两个月，耗资达一亿元"，而那时"一个大学教授的薪资不过每月 400 ~ 500 元"。富豪之家的情况固然是少数。但在"那次神话般的葬礼之后"，当地一个小店铺主人的婚礼"花销亦达一万元"；与之可做比较的则是"一个帮工每日劳动所挣工钱，除吃饭外，不过二、三元"。④到日后组建农业合作社时，社员对于将零星树木入社表示了不满，因为有些树木是用来准备给老人做寿材和给姑娘做嫁妆用的。婚丧事件对于农户来说都并不轻松，甚至木材都需要经过长期的准备。⑤

---

① 杜正胜语。他还特别注意到了以五服制解释传统社会的家庭结构与族群关系。参见杜正胜：《古代社会与国家》，第 782 页。

② 秋平：《张耀屯的社会经济调查》，《益世报》（天津）1935 年 11 月 9 日第 3 张第 12 版，《农村周刊》第 88 期。该文译自《满铁调查月报》，水野薰调查。

③ 《西湖博览会与职业教育》，《教育与职业》第 110 期，1930 年 1 月，第 60 ~ 61 页。

④ 许烺光：《祖荫下：中国乡村的亲属，人格与社会流动》，王芃、徐隆德合译，台北：南天书局，1992 年，第 17 ~ 18、74 页。特别需注意这一地区，按照许烺光的说法，"比中国其他地区的汉民族更加汉化"。

⑤ 参见陈大斌：《从合作化到公社化——中国农村的集体化时代》，北京：新华出版社，2011 年，第 144 页。

另一方面，也有不少的组织来帮助人们完成那花费不小的婚丧之事。在 1930 年代河北临城，"最近三年中，乡间集会之多，几无村不有"，除了带有贷利性质的拨会最为普遍，其次则为"纯系婚丧互助之性质"的"红白会"。①1930 年代，山东昌邑的"孝帽子会"，成立此会的目的即在于"将亲丧很顺利的办完，免有'抱恨终天'之憾"，因此需要有金钱和劳力两方面的互助。参与者"全是久居本乡的土著，大都务农为业，'老街旧邻'，彼此相知，有事很容易帮忙"；因为这样的会"必俟全体会友亲丧终了，才可以宣告解散"。"存在一二十年的孝帽子会是常有的事"。②顺利完成丧事是更为重要的目标。彭湃在海丰进行农民运动时，农会首先组织的也是类似的济丧会。③

特别需要注意的是，婚丧嫁娶本身就是一个流动与变化的过程。丧礼固然意味着家庭成员的逝去，然而婚礼也带来了家庭的发展和分化。李金铮在对定县地区农村家庭的研究中认为，在 20 世纪上半期的中国农村，"尽管仍有大家庭存在，但家庭人口较少、家庭代际关系比较简单是家庭规模的主流"。但他也特别强调，大家庭仍然是时人普遍追求的目标；"这种少数大家庭与多数小家庭并存，追求理想大家庭与家庭分散并存的格局，看似矛盾，实质统一，或许才是农民家庭规模的真实反映"。④

部分研究者认为在拥有大片农田的情况下，传统的大家庭（joint family）仍然存在；有一些经济独立的分家保持着邻近的关系，但如果这些分家搬到了城市或者

① 福生：《临城农村集会之一瞥》，《益世报》（天津）1935 年 4 月 23 日，第 1 张第 4 版。红白会在多地均有存在。参见梁治平：《清代习惯法：社会与国家》，北京：中国政法大学出版社，1996 年，第 112 页。

② 王药雨：《山东昌邑县农村的"孝帽子会"》，《益世报》（天津）1935 年 3 月 23 日，第 3 张第 11 版，《农村周刊》第 56 期。

③ 彭湃：《海丰农民运动报告》，《中国农民》第 3 期，1926 年 3 月，该文第 12 页。需要特别说明的是，除了在金钱和劳力上的互助，亲友的加入本身就是礼仪中的重要内容。在人类学家看来，社区成员在中国的丧礼中"同时扮演着主导者和观众的角色"，能否在这样的仪式中适当地演出体现着其"中国"的一面。参见华琛：《中国丧葬仪式的结构——基本形态、仪式次序、动作的首要性》，《历史人类学学刊》2003 年第 2 期。

④ 李金铮：《20 世纪上半期冀中农村的家庭规模及其成因——以定县为中心》，《近代中国乡村社会经济探微》，北京：人民出版社，2004 年，第 133 页。

别的区域，二者之间的关系则无法持续。在 1920 年代的江苏，作为一个经济实体（economic entity）的大家庭已经很少见了。[①] 在浙江省，调查者也注意到"农家组织大家庭与小家庭各半"；"近因生活困难，大家庭制度渐难成立"。[②] 前述许烺光在对于云南大理地区大家庭的调查中，更注意到其一方面热衷于构建形式上的大家庭，另一方面也并不讳言实际上的分家。按照许烺光的解释，前者是社会习俗的意义，后者则是经济的意义。

费孝通即认为"联合很多基本家庭而成的'大家庭'大多是发生在市镇里"，而在"80% 以上的农民中，由父母子结合成的三角，即基本的家庭形式，是最为普遍"。因为城镇的家庭多为离地地主，"他们需要政治的和政治之外的权力来维持这种依之为生的权利"；"财产愈多，所有的农田面积愈大，人口愈多，做官和获得权力的机会也愈大"。因此，他们要反对分家。这一观念也影响到乡村。"在农村里，一谈到分家没有人会理直气壮地认为这是应当的，多少要用不得已，不争气等宥词来表示行为和标准不合的苦衷。"但另一方面，"因为有了伦理观念中不分家的标准而在事实上不要求分家的农民却是很少很少"。[③]

家庭中一个重要的问题即"传宗接代"，亦即人所共知的"不孝有三，无后为大"。这种热望"从父母渴望看到儿子结婚并竭力为后代积聚财富上就可以看出"，甚至有父母"会因吃得太好或多花了钱而产生犯罪感"，而希望自己能够省下来留给子孙后代。"正如死者的权威决定着活人，未出世者决定了他们将要降生的那个家庭的构成和幸福。"但在 30 年代的山东农村中开始发生变化。杨懋春认为此时的房屋日渐豪华不是因为经济的繁荣，而是因为"目前这一代人喜欢展现他们所有的一切，而且喜欢在他们力所能及的范围内享享福"，而"不像他们的祖辈那样节省所有钱财去购买土地"。[④] 而刘大鹏在 1929 年就感叹了"斯时之人并不怕穷，无论何界之人一味奢华，一切行为言动只管今日，不管来日何如"。这种"只管今日，

---

① J. B. Tayler, "The Results of the Famine Commission's Investigaiton," *The Study of Chinese Rural Economy*, Peiking: unknown, 1924, p.23.

② 《浙江省之农民政治经济状况》，《中国农民》第 8 期，1926 年 10 月，第 59 页。

③ 费孝通：《生育制度》(1947)，《费孝通文集》第 4 卷，第 80 页。

④ 杨懋春：《一个中国村庄：山东台头》，第 43、48 页。

不管来日"的心态在读书人的伦理世界中实非吉兆，刘大鹏就径直认为"与明末崇祯季年之状况无以异也"①，有了世道大变的感觉。

在整个家庭乃至社会生活中，夫妇有别、男女有别被视为天经地义的事；在家庭继承方面，也有"同性讲平等，异性不讲平等"的原则。或者解释为"农田是男性的财产，农田的继承是单系的"；"女子继承不到田产是中国农村中普遍的习惯"。②1930 年代时，大部分农家均将业已颁布的已嫁女子继承权"当作笑话看"，"以为是不能办到的，至少在目下和最近的将来不易实现"。如此实行将使田地"愈分愈小"，"乡间人更不欢迎女孩"。③女子继承权是五四时期开始即为新式知识分子关注的问题，但这一问题大概和自由恋爱一样有着强烈的城市色彩。

除了家庭中具体的个人，"祖先"也是家庭中重要的成员。郑振满在对福建家族的研究中，注意到自明代中叶之后，族田就实现了持续稳定的发展。而这些族田主要是来自分家时提留作为"祭田"的部分。④祭祀祖先一直是"中国文化"的一大特点，也是生活中的一件大事。杨懋春就认为，"很大一部分家庭活动是由祖先的无形权力控制的。中国家庭或个体所做的许多事情基本上是为了讨祖先神灵的喜欢"。因此，"中国人总是尽最大努力保护祖先的墓地、祖宗祠堂和祖宗牌位"，因为"他们代表了祖先的神灵，是家庭中真实的、活生生的一部分"。

在山东台头村，对于一个嫁入新家庭的新娘而言，"有三样东西保证婚姻的合法性：新娘坐的轿子、从新娘家到她丈夫家的迎亲队伍和对天地与丈夫家祖先的崇拜"。"祖先"的重要性由此可知。⑤在湖南农运的高涨期，即曾经因为"有些乡村对于一人家的祖宗牌位加以毁坏"，引起了各种纠纷事件。⑥在讨论到共产党宣传时，也有人认为注意到"中原农村，最富保守性，视祖宗坟墓及先人遗产，过于性命"。如

---

① 刘大鹏：《退想斋日记》（民国十八年二月二十九日），第 388 页。

② 费孝通：《内地的农村》（1946 年 7 月），《费孝通文集》第 4 卷，第 203 页。

③ 李景汉：《住在农村从事社会调查所得的印象》，《社会学界》第 4 卷，1930 年 6 月，第 8 页。

④ 郑振满：《明清福建家族组织与社会变迁》，长沙：湖南教育出版社，1992 年，第 257～260 页。

⑤ 杨懋春：《一个中国村庄：山东台头》，第 47、111 页。

⑥ 《汪精卫报告湖南农民协会》，《大公报》1927 年 6 月 11 日，第 2 版。

果有人"骂敬祖先为迷信者","乡人且将群殴而活埋之矣",① 这是为了说明"封建遗习""宗法社会"正乃"中原农民最富有之精神",与农民运动的主张不符,但其所描述的现象,当时大抵在各地均有存在。乡村家庭就是在这样迎来送往的节奏中存在。

因此,对于乡村中的居民而言,最为重要的交际往来都发生在亲友邻里之间。在光绪年间山西太谷地区乡绅的家中,正月初二这一日的拜访人数就达到了六十余人,可见其"衣冠往来"的盛况② 更重要的是,所有的农家都在交际上花费了不少金钱。③尤其在有婚丧大事发生的时候,一定会有礼物的交换发生。按照李景汉在定县的调查,当地人在近亲婚娶中会送食盒和荤礼。有钱的人家所送的食盒中会讲究地"盛着印红花的馒头、花卷、粉条、猪肉","价值约在 2 元左右";贫寒人家则会送一篮子花卷、馒头、粉条。女方亲戚在婚礼之前所送的衣服、首饰更为贵重,价格在数十元至数元之间。乡亲、朋友在此时则会赠送喜幛、对联、纸画、屏画等礼物或者"现钱份子"。

除了嫁娶前后的礼物,生产之后也会有同族的亲戚与近邻送礼。"所送的礼物,多是鸡蛋、芝麻、烧饼、麻糖和油炸果等。"同时,产妇的娘家也会送来鸡蛋、白面、挂面等食物,"并且也做些小花衣裳给小孩穿"。到产后第九天,"小孩的姥姥、姨母等亲戚,家里的同族、邻居和朋友,都要来道喜,并且送许多礼物",因此家中还需要"做好席面"以招待这些亲戚朋友。亲戚之间的礼尚往来不论,定县俗语中,朋友之间互相在对方"家里有事"的时候送礼,这种"互相往来,联络感情",被叫作"追往"。④

类似的礼物往来直到 1980 年代仍然兴盛。当人类学家试图去调查"日常生活中的礼物交换"时,村民对于为何会有人对这样"和母鸡下蛋一样平常"的事情感兴趣而表现了不解。在这个村庄中,有婚礼、生日、葬礼、上梁等十种仪式性的

---

① 社评,《红枪会之将来》,《大公报》1927 年 6 月 12 日,第 1 版。

② 刘大鹏:《退想斋日记》(光绪三十二年正月初二),第 148 页。

③ 李景汉认为,"杂费中以应酬费为最多,就是对亲友与邻人的来往交际费"。(《定县社会概况调查》,第 318 页)毛泽东所估算的佃农一年的生活费用中,"季节庆吊通情送礼,人客来往烟酒招呼,及此外一切零星用费"也占到了 7%。参见毛泽东:《中国佃农生活举例》(1926 年),《毛泽东农村调查文集》,第 32 页。

④ 李景汉编:《定县社会概况调查》,第 382～383、402 页。

礼物交换场合。村民们在旧历年和农闲时期的"走亲戚"也伴随着礼物的馈赠。到 70 年代末，因为计划生育政策的推行，甚至还出现了针对流产和妇女绝育的礼物馈赠，充分显示了这一传统的生命力。在当地的复杂的"礼物世界"之中，"包括了从马林诺夫斯基（Bronislaw Malinowski）所称的'纯礼物'到间接付酬的交易"。[①] 乡村中丰富多彩的礼物交换成了村民日常往来中最重要的内容。

　　萨林斯（Marshall Sahlins）在对于人类学经典著作《论礼物》的分析中，特别注意到了礼物在政治哲学上的意味。"礼物意味着联合、团结和结盟"，甚至可与霍布斯（Thomas Hobbes）的契约给国家带来的和平相对应。然而，萨林斯也强调，"礼物的意义不在于组织社会之为团体，而在于联系分散的群体"。这种彼此之间的互惠固然加强了彼此之间的联系，但却并未将这些分散的群体融入较大的社会整体之中。[②] 在以一家一户为基本单位的乡村社会中，如同李景汉所注意到的，礼尚往来，"追往朋友"的行为保证了其彼此之间的联系。不论是节日期间的"衣冠往来"，或者婚嫁等时候的礼物馈赠，这些往来不仅带来了各种物品的流动，更起到了巩固人情的作用。

三、男耕女织

土地

　　土地对于农耕生活的意义不言而喻；"普天之下，莫非王土"的观念更引发了一定意义上的土地公有制度。其中孟子关于井田的说法一直为后世所注意。所谓"方里而井，井九百亩，其中为公田。八家皆私百亩，同养公田"，尤其"死徙无出乡，乡田同井，出入相友，守望相助，疾病相扶持"的"百姓亲睦"景象，特别为

---

　　① 阎云翔：《礼物的流动——一个中国村庄中的互惠原则与社会网络》，李放春、刘瑜译，上海：上海人民出版社，2000 年，第 42～70 页。

　　② 马歇尔·萨林斯：《石器时代经济学》，第 196～208 页。

人们所向往。虽然关于古代井田制的问题也不乏质疑，但即使质疑的人也承认它是"战国时代的乌托邦"①。梁启超即认为井田制"究竟实行到如何程度，因为资料不够，我们不得而知"，但无论是理想或现实，其要点都在于"土地是国家的，二十授田，六十归田"。这样的"好理想"即使到了土地私有的时期仍留有痕迹，"还有许多调剂的方法"，"地方团体或宗法团体的公田"即为显例。②

关于公田的记载在近代亦非罕见。在山西的一个村里，有几十亩的公地，"地里得到的收入都用于开办学堂，赈济和其他的公共需要"。1925 年才被天主教堂强行买下。③ 类似的情况在长江流域都很普遍；"有很大的农庄属于同族公有"，这样的公田不能出售，耕种的族人也是租种。④ 江北的族产并不多，而在江南，"族有田产底发达，构成一种特色"。"常熟、吴县、无锡、昆山等县底族产都在十万亩上下。"这些族产的目的主要在于"祭祀、教养、恤孤、济贫"，"田权移转时很不容易，不能绝对自由地买卖"，"因此便形成一种具有特殊性的田权"。⑤ 此外，到 1950 年代，苏南地区仍然存在数量不少的学田，也是族田的一种。⑥

然而，在"天下为公"的大同之世转入小康之后，"自耕"也代替了"井田"。贺昌群注意到，秦汉以后的土地私有制度，"既与周代奴隶制社会的私有性质相异，又与资本主义资产阶级的土地私有权有很大区别"。"封建社会的君权是绝对的，土地私有只是相对的。"土地的自由买卖，"只是在封建法律底下承认的"。这样，"劳

---

① 胡适语。参见杨宽：《重评 1920 年关于井田制有无的辩论》，《杨宽古史论文选集》，上海：上海人民出版社，2003 年，第 8～13 页。

② 梁任公：《社会学在中国方面的几个重要问题研究举例》，《社会学界》第 1 卷，1927 年 6 月，第 6～8 页。

③ 韩丁：《翻身：中国一个村庄的革命纪实》，第 72～73 页。

④ 张心一：《中国农佃问题的一点材料》，《统计月报》第 2 卷第 6 期，1930 年 6 月，第 30 页。

⑤ 行政院农村复兴委员会编：《江苏省农村调查》，上海：商务印书馆，1935 年，第 4～6 页。

⑥ 《苏南学田简况》，华东军政委员会土地改革委员会编：《江苏省农村调查》，内部资料，1952 年，第 282 页。对于苏南地区的族田，当时潘光旦等人曾予以专门考察，参见潘光旦、全慰天：《苏南土地改革访问记》，《潘光旦文集》第 7 卷，潘乃穆、潘乃和编，北京：北京大学出版社，2000 年。

动农民从'最高的地主'（封建国家）那里得到了份田的好处"，就有向"最高的地主"缴纳赋税和服兵役的义务。[①] 这样的农民即为自耕农，也被认为是中国农民的代表。曾国藩在讨伐太平天国时特别"痛斥其破灭名教之罪恶"。除了"士不能诵孔子之经"，"农不能自耕以纳赋"也是其中一项重要内容。[②] 可见这种"自耕"的正当性所在。余家菊即认为，"用自己的力，耕自己的田"，这样"自食其力"的农民，便是"我们理想的社会的农人"。[③]

张心一通过对千余名乡村教师的通信调查认为"全国农户中有一半是自耕农，有四分之一是佃农，其余的四分之一是半自耕农"。相对而言，"黄河流域各省自耕农最多"，这主要是由于"资本积蓄的机会较少"，难以形成大地主；同时"人口增殖，家庭分化，农庄面积，越割越小"。而长江流域以及南部地区，因为"运输便利地力富厚……达官显宦也南多于北，所以资本的积蓄较为容易，大地主易于产生"，加之大量公田的存在，大量农民需要租种土地。[④] 有人认为这是由于"南方农人喜度安乐而厌恶劳动，一成地主地位，即喜住于都市。不若北方农人虽有大田，仍能忍苦耐劳也"。[⑤]

理想的自耕农主要存在于北方，大致是时人的共识。河北地区甚至被认为仅有大农和小农，根本没有佃农的存在。[⑥] 在保定，"纯出租地主与纯佃农是占极微小的成分，甚至于完全没有这种农家"。纯自耕农有百余家，其余则为自兼佃农和自耕兼出租地主。[⑦] 在山西崞县，"全县农民，以有一亩至二十亩的小自耕农为最多"；

①　贺昌群：《关于封建的土地国有制问题的一些意见》，《贺昌群史学论著选》，北京：中国社会科学出版社，1985年，第458～463页。

②　参见萧公权：《中国政治思想史》（下），台北：联经出版公司，1982年，第705～706页。

③　余家菊：《农村生活澈底的观察》，《少年世界》第1卷第2期，1920年2月，第27～28页。

④　张心一：《中国农佃问题的一点材料》，《统计月报》第2卷第6期，1930年6月，第27～30页。

⑤　唐志才：《我国农民经济概况》，《教育与民众》第1卷第8号，1929年3月，该文第2页。

⑥　薛邨人：《河北临城县农村概况》，《益世报》（天津）1935年5月25日，第3张第11版，《农村周刊》第64期。

⑦　张培刚：《保定的土地与农业劳动》，《益世报》（天津）1935年11月30日，第3张第12版，《农村周刊》第91期。

当地"纯粹的佃农实属无几，就是半自耕农也占少数，因为本县大地主少"。^①在山东招远，自耕农占70%，"他们田地的生产可以足食"。此外，还有为数不少的半自耕农，"他们租种田地，并非不租地即无以为生，乃是因有余力而为之"。^②山东胶州地区"几乎完全是自耕农"，只有那些"离村较远"，"地主自耕不便的土地"，"佃农才能以较低佃租去租种"。^③即使在南方，也有不少以自耕农为主的地区。在江苏如皋，有田二十亩左右，"自食其力的小农"数量最多。^④在金坛，"自耕农约占百分之五十，半自耕农约占百分之十五，非苏沪一带所能企及"。^⑤然而，相对南方的情形而言，北方自耕农的数量还是远远超出。在对河南地区的农民运动进行考察时，就有研究者注意到由于当地自耕农数量多，"耕者有其田"的口号并无号召力，以至于农民部要求"斟酌当地农民的需要而提出符合现实的口号"，而认为"耕者有其田"应当忌用。^⑥

在这样的理想之下，能够拥有自己的土地殊为重要。按照杨懋春的说法，"土地是最重要的财富，因为它属于子孙后代，其内涵远远不止是一块耕种庄稼的泥地。……拥有土地也给农民家庭独立人格、精神鼓舞和自由的感觉"。^⑦但另一方面，他们耕种国家的土地，也理所当然的要向国家缴纳赋税。吴觉农即认为，在井田制度崩溃以后，"虽渐有地主阶级产生"，但从《汉书》中所记载的"受田"开始，理

---

① 农经：《山西崞县农村经济概观》（1934年2月1日），中国农村经济研究会编：《农村通讯》，上海：中华书局，1935年，第54～55页。

② 晓梦：《山东招远农村概况》，《益世报》（天津）1935年1月26日，第3张第11版，《农村周刊》第48期。

③ 秋平：《张耀屯的社会经济调查》，《益世报》（天津）1935年11月9日，第3张第12版，《农村周刊》第88期，译自满铁调查月报。

④ 冒兴汉：《我乡的概况》，《农学杂志》第5～6期合刊，特刊第3种，1929年12月，第256～263页。

⑤ 《苏农民银行筹设业务实验区》，《农村复兴委员会会报》第1号，1933年6月，第85页。

⑥ 郑建生：《国民革命中的农民运动——以武汉政权为中心的探讨》，台湾政治大学博士学位论文，2007年，第178～179页。

⑦ 杨懋春：《一个中国村庄：山东台头》，第48页。

想的制度都是要"农民直接受田于国家，纳税于官厅的"。① 在平教会教给定县农民唱的《农夫歌》中即有"农事完毕，急急纳粮捐；将粮交纳完，自在且安然"这样的句子。这首歌在1950年代，仍有老农会唱。虽然被批判为"毒素"，被认为"中心思想不就是让农民安分守己，不要革命，'安然'地接受压迫和剥削吗？"② 但能被记住几十年，大抵也符合农民的想法。

特别需要注意的是，土地的耕作权与所有权是需要区别讨论的问题。在不同程度的土地公有之下，大部分农村耕地面积的碎小是一种较为普遍的景象。这在近代尤其引起了外国来华人士的注意，甚至认为是中国农村的重要特征。一位法国人即认为中国并不存在"真正之地主阶级"，虽然有"若干之广大土地，为国家、团体——如庙产等、甚至个人所有"，但基本仍是一小农制的国家。"旅行中国者每以耕地划分之纤小为奇"，甚至有人将其形容为"在巨人国的国土上，施行小人国的耕种"，而这一小块"园庭"一般的土地，"或竟尚非一人所独有"。由于土地划分"极散漫"，"作物又极庞杂"，实际上"耕者各视其需要而施种也"。③ 这种"农民耕种土地太少，与其田地分散破碎之事实"，也为英国人汤烈（R. H. Tawney）所注意到。④

按照农商部在1920年的调查，除了绥远、察哈尔等地，大部分省份农户的耕地面积都在30亩以下，就全国而言，则以耕地面积在10亩以下的农户为最多。⑤ "在黄河及白河两流域间自耕农很占优势"，但他们"所有土地不足耕种"。⑥ 在河北农村，"大多数的农民不是耕地过细分隔，便是耕地不足"。定县"占户数8.6%的农民，竟连一亩土地也没有"；保定、南和等地也有类似的情况。同时，"河北农民

① 吴觉农：《中国的农民问题》，《东方杂志》第19卷第16号，1922年8月25日，第10页。

② 定县中国人民大学下放干部调查组：《对李景汉"定县社会概况调查"的批判》（1958年），《批判右派分子李景汉文集》，出版者不详，1959年，第57页。

③ 《法人眼中之中国农工业》，《大公报》1933年1月8日，第2张第6版。

④ 董时进：《汤烈论中国农业及农民问题》，《大公报》1933年6月2日，第3张第11版，《科学周刊》第14期。

⑤ 农商部总务厅统计科编：《第六次农商统计表》，北京：农商部总务厅统计科，1920年，第64～65页。

⑥ 陈翰笙：《现代中国的土地问题》，《中国经济》第1卷第4～5期合刊，1933年8月，该文第1页。

的土地不但过少，而且还是四分五裂"。一户农民耕种的土地"每每形成许多细小的块段，且相距在数里之外"。①在保定的农田中，超过半数的农田面积在5亩以下。相比较之下，地主和富农的大块农田较多，而中农、贫农的小块土地较多。尤其在1929—1930年，"土地的变动很大"，包括耕地的售卖、押当，与农家的分产，使得"贫苦的农家，把较大的地块都丧失了，所余的都是较小的地块"。因此在当地"大块地段日益减少，小块地段日益加多"。②

这一状况在南方更为突出。在上海附近的青浦县，"地主的土地很少密布在某一区乡，一般都是零散在各区各乡，甚至外县"。富农的土地情况与之相似。因此，很多富农也需要"佃入土地耕种"，"亦有将外乡外村的出租田变卖，而全部佃入土地雇长工耕种的"。③在无锡坊前乡，不仅地主出租土地，"一部分工商业者、自由职业者、独立劳动者、鳏、寡、孤、独"也会因为"缺乏劳动力而出租少量土地"。"往往一户地主的土地分散出租给许多村庄、许多农民；一户农民也往往种有几户业主的土地"。在六堡村，农民佃种的土地四百亩就来自四十多家业主。④稍早的调查者在常熟也注意到，"使用十亩田地以内的农户，在使用田地之农户中，也几占四分之三"，不仅大部分农民要靠租入土地耕种，"种地的农民又大部分密集在狭小的田块上"。⑤

白德斐（K. L. Butterfield）就曾经以土地过少作为"租田之制中国各地颇为风行"的原因，农民"除耕种自田外，大都租田而耕"。⑥有相当数量的农民都要靠租佃来保证自己有足够数量的土地进行耕作。在山东农村，农民租种"并非不租地即

① 田文彬：《崩溃中的河北小农》，《益世报》（天津）1935年4月27日，第3张第11版，《农村周刊》第60期。

② 陈翰笙：《现代中国的土地问题》，《中国经济》第1卷第4～5期合刊，1933年8月，该文第5～6页。

③ 《青浦县农村经济概况》，华东军政委员会土地改革委员会编：《江苏省农村调查》，第12页。

④ 《无锡县坊前乡农村情况调查》，华东军政委员会土地改革委员会编：《江苏省农村调查》，第130页。

⑤ 钱志超：《江苏常熟农村经济现状》，《益世报》（天津）1936年4月4日，第4张第13版，《农村周刊》第108期。

⑥ 白德斐：《改进中国农业与农业教育意见书》（1922年），傅焕光译，收入《傅焕光文集》，北京：中国林业出版社，2008年，第543页。

无以为生，乃是因有余力而为之"。①在芜湖地区，租种他人土地的农家占到了农民总数的四成五。自己有土地并且租种他人土地的"半租农"，在当地的农业中被视为"最大成功"，因为出租土地的地主"只得其产物四分之一的酬还"，租种土地可以保证田区阔大而投资不大。②类似的状况在南方不少地方也存在。在江苏如皋，那些"自己有地十亩左右而自种不够的，必要租种若干，而成为半自耕农"。③在杭嘉湖地区，当地佃农数量最多，自耕农与"自耕农兼佃农"数量相仿。但在耕作土地面积上，却以半自耕农为最多，甚至一些佃农耕作的面积也大于自耕农。④在对成都平原的调查中，自有农也被认为是农夫中生活最优者，但二十二户自耕农中，十七家有水牛；"而半租农则家家都有牛"。⑤

地方土地租佃的长期存在，使得田权因之呈现出复杂的景象。顾炎武就已经注意到在福建南靖的"一田三主"，即同一块田有"业主""大租主""佃户"三种相关人。张彬村认为这种"民间形成的社会习惯"，"大约在南宋时开始萌芽，16世纪开始变得复杂和成熟"。⑥按照傅衣凌的研究，到明清时期，这种一田二主，甚至三主的情况，"福建全省各地几乎普遍存在"，在江西、江苏、浙江、台湾、广东、安徽、陕西、四川诸省皆有存在。这种不同的田权，或称田底与田面，或称为田骨与

---

① 晓梦：《山东招远农村概况》，《益世报》（天津）1935年1月26日，第3张第11版，《农村周刊》第48期。

② 白克：《安徽芜湖附近百零二个田区之经济及社会调查》，李锡周编译：《中国农村经济实况》，第107、119～124页。

③ 冒兴汉：《我乡的概况》，《农学杂志》第5～6期，特刊第3种，1929年12月，第256～263页。

④ 《西湖博览会与职业教育》，《教育与职业》第110期，1930年1月，第70～78页。

⑤ 布郎：《四川成都平原五十个田家之调查》，李锡周编译：《中国农村经济实况》，第174～175、199页。

⑥ 张彬村：《十六七世纪中国的一个地权问题：福建省漳州府的一田三主制》，梁庚尧、刘淑芬主编：《城市与乡村》，北京：中国大百科全书出版社，2005年，第230～243页。

田皮。① 大致而言，所谓的田面权，是与农民的耕作行为密切相关的。有研究者注意到，租种的农民最为看重的是田面权，"田底权的变换对佃农的生活几乎没有影响"。② 在江苏武进县的新乡，佃农大都具有田面权。到50年代，张家村农民有田面权的田亩数量占佃入田的98.7%。田面权的价格一向低于田底权，"但在解放前，因受时局影响，'田面'价格反而高过于'田底'价格"。③

类似的情况在常熟县也存在。"佃农享有地面使用权"。"地面权以现金购得，其价且较地底为高"。在"整个农村不景气"的情况之下，"地主往往无力赎回，佃农也常借此刁难地主，酿成纠纷"，以致"常熟律师业特别发达"。④ 无锡的田权被分为"自耕自营"的"永业权"、"收普通租"的"永属权"以及"耕种权"。在拥有耕种权的"佃农"中，又有并不耕种、只是"收盖头租，纳普通租"的"收租佃农"，需要纳普通租的"永耕佃农"与"需纳盖头租"的"暂耕佃农"几种类型。⑤ 在20年代的海丰当地仍有佃户可以耕作"历数百年"的"粪质田"存在。⑥

在耕种权与所有权分离的前提下，土地的出租在一定情况下可能是由于耕种能力的不足。在广西乡村中，能调查到的地主"为数极少"，仅得十户，其"纯粹收租者，仅有三户"。一户"只有田一亩六分，不足维持生活，故舍去不耕，而出外另

---

① 傅衣凌：《明清封建土地所有制论纲》，上海：上海人民出版社，1992年，第178～180页。对于近代以来江南地区的田面权，曹树基有较为充分的研究。他认为"田面权"不能仅从法理层面去认识，因为它是与土地耕作行为关联的一种权力，"它的产权价值必须通过耕种来实现"。参见孙琦、曹树基：《土地耕种与"田面权"之争——以抗战胜利后嘉善县的佃权纠纷为中心》，《上海交通大学学报》2008年第2期。

② 吴滔：《清代江南市镇与农村关系的空间透视：以苏州地区为中心》，第213页。

③ 《松江县新农乡农村情况调查》，华东军政委员会土地改革委员会编：《江苏省农村调查》，第145页。

④ 《调查日记》，行政院农村复兴委员会编：《江苏省农村调查》，第83页。

⑤ 秦柳芳、钱俊端：《黄巷经济调查统计》（续），《教育与民众》第1卷第9号，1930年4月，该文第1～2、8页。

⑥ 彭湃：《海丰农民运动报告（续）》，《中国农民》第4期，1926年4月，该文第1页。但现在的研究者大致认为类似"粪质田"的永佃制在近代已渐渐衰落。参见严中平等编：《中国近代经济史统计资料选辑》第1种，北京：科学出版社，1955年。其中综合数种材料来说明"各省永佃制的没落"，见第323页表格。

谋生计";一户"因父母早故，而自己尚未成年，乃将其田租与亲戚";仅"柳州一户有田二十四亩，出租与人，较符名实"。由于这种无法耕种而出租土地的"地主"并不能从中获取多少利润，因此被调查人员认为名不副实。① 因此，就乡村中的实际土地状况而言，不管是自耕还是租佃，农民耕作的面积都不算太大。即使通过租佃获得了足够的耕地，农民所耕种的农田也大多是分隔的，而非成块的农场。这样的土地状况是整个中国农业的基础，农民的耕种习惯，尤其是为人所注意到的"精耕细作"，也是在这样的现实造就的特点。

家庭劳作

特别需要说明的是，现代关于乡村生活最大的误解就在于将乡村中的劳动等同于"农业"，其他的劳动则被等同于"副业"甚或忽略不计。《谷梁传》中就有"天子亲耕以共粢盛，王后亲蚕以共祭服"之说，男耕女织的传统是自上而下、自古至今持续存在的。孟子提出在"布缕之征"、"粟米之征"与"力役之征"的三者中，应该"君子用其一，缓其二"，亦可见当时三种征赋实际都存在。② 此后，"耕织为农事两大宗，粟米与布帛亦为国家租调两大类"③。男耕和女织不仅是乡村中"日出而作、日落而息"的重要内容，同样也是要上承给国家的"赋"之所出（后世逐渐折银，但其象征意义仍然存在）。有学者已经指出，讨论农村经济必须以农民家庭为"基本的生产单位"。"固然家中的事与农场上的事有些不同"，前者多由妇女负责，后者则多由成年男人负责，但"在家庭的整个经济上言，则仍是一个单位，不能分开"。④

更重要的是，这种以家庭为单位的农作模式意味着与资本主义企业式的农场经济绝然不同的经济逻辑。如上文所述，乡村社会中最基本的单位是"编户齐民"。早在 20 世纪 20 年代，恰亚诺夫就注意到了"农民农场是一种家庭劳动农场"，必

① 行政院农村复兴委员会编：《广西省农村调查》，第 54～57 页。
② 参见陈登原：《中国田赋史》，上海：商务印书馆，1936 年，第 20 页。
③ 钱穆：《国史大纲》（修订本），第 712 页。
④ 杨懋春：《近代中国农村社会之演变》，台北：巨流图书公司，1980 年，第 53～54 页。

须以"家庭劳动"作为农民农场组织的基本性质。① 这一特征导致了农民劳作的首要目标是家庭全年消费预算的满足，而非以利润为追逐目标。因此对他们来说，重要的不是单位劳动力的报酬，而是全年劳动力的报酬。② 以"两性角色的严格区分"为基础，以满足有限的消费需要为目的的家庭劳动为基础，这两点成为理解农家劳作的出发点。③

翁卷（或曰范成大）的诗句中描述了乡村中的忙碌景象："乡村四月闲人少，才了蚕桑又插田。"不过，也需要注意到，种田固然是乡村中最基本的工作，但另一方面，按照北京政府农商部的调查，农民耕作的"田圃"包括"种植五谷"的农田和"种植果品蔬菜烟草药材"的园圃。④ 理论上"种植五谷"的农田应该更多。即使在近代农业出现了一定商业化表现的背景之下，董时进在 1932 年仍然认为，"无论在东部或西部，无论在人口稠密之省份，或稀少之省份，均不外以栽培谷类为主"。即使是在北平城墙之外，"除便于灌溉之园地外，亦一律种植黍麦高粱玉米之属"。⑤ 这种观察也与传统对于农民"自给自足"的印象相符。

孔颖达在疏《诗经》时便提出了"衣食所分，男女正助"之说，认为"丝麻布帛，衣服之常，故蚕绩为女功之正，皮裘则其助"；"黍稷菽麦，饮食之常，故禾稼为男功之正，菜果则其助"。这一解释结构虽不太为后世言诗者接受，但它却提示出"衣食"与"男女"在理想的王业中的重要地位，"交织成一个早期农业社会的理想图景"。⑥ 在这一理想中，"男有分女有归"，他们不仅共同组成了家庭，同时也

---

① 恰亚诺夫：《农民经济组织》，第 8 ～ 9 页。

② 沃尔夫：《乡民社会》，第 24 ～ 26 页。

③ 谢林在《乡民经济的本质与逻辑》一文中特别注意到了"家庭农场的目标是消费而非积累"，因此"乡民认为使用价值优先于交换价值"。"许多学者注意到乡民种植多种作物不是为了利润，而是为了减少风险，更足以说明这种计划的道理何在。"参见沃尔夫：《乡民社会》附录，第 170 ～ 173 页。

④ 农商部总务厅统计科编纂：《第三次农商统计表》，上海：中华书局，1916 年，第 1 页。

⑤ 董时进：《中国之经济出路》，《大公报》1932 年 5 月 2 日，第 1 张第 3 版。

⑥ 参见付振华：《〈豳风·七月〉结构与孔疏"衣食所分，男女正助"说》，《长春师范学院学报》2011 年第 4 期。

共同劳动以建立一个"不饥不寒"的社会。孟子所谓"五亩之宅，树之以桑，五十者可以衣帛"，理想中的农家都有桑田的种植来满足"衣"的要求。"蚕桑事业，中国发明甚早，其先皆在北方"。直至开元年间，"江南诸州尚不为桑土"。宋以后蚕桑事业才开始自北南迁，成为全国较为普遍的现象。①

这一传统到近代仍然存在。在江苏乌江有大量桑田的存在。"桑田中还可以种蔬菜和豆类，借以解决春荒"。其中"每亩桑田种菜，从十月到翌年的正月，可得五十担左右；如种豆，至五月即可收"。当地农民甚至有谓"这里不论穷富，多少有点桑田的。宁愿把家里的东西一切卖掉，不愿卖掉桑田"。在一般年成，每户农户桑田的收入，占全年总收入的40%左右。"一般蚕农，全年生活，七个月靠稻田收入，其余五个月就全靠蚕桑收入。"②在浙江湖州地区，"人民多以种桑养蚕为事，不能同时再耕种他们的田，便找了许多河南人来耕种"。③

除了蚕桑，一些地方性的编织业也是妇女工作的主要内容。在福建营前模范村，农民除了谷物的种植之外，"尚有山芋蔬菜，橘和特产的'草芯'"的出产。农民一般是在"三月种早稻"，同时还有种植一种由安南传入的"黄占"，这种黄占"质比早稻佳，价较贵"。"六月早稻收成，九月又收黄占"。等到黄占收后，"凡土壤厚度较深的，又可种草芯，至次年二月初收获"。当地的土地是"一年三种"。草芯可以用来做蜡烛，"及其他手艺用的牛油烛等的烛心"，"或用以铺垫尸体，因为它富吸收性"。但在近数年来，"由于有洋烛的代替"，草芯的销路"一败不振，种的人也少极了"。这同时"使家庭手工业中，妇女唯一的劳动，又失了一条出路"。④

这些作物的种植都对应着妇女的劳作。农业劳动是以"户"为单位展开的，农户中固然也"男女有别"，但女子的劳动不可忽视。梁启超在讨论妇女问题时提出，"我们不能以今日都市生活、工厂生活的道德和条理，来判断从前农业生活、牧畜

　　①　钱穆：《国史大纲》（修订本），第712～716页。

　　②　《吴江县蚕桑情况调查》，华东军政委员会土地改革委员会编：《江苏省农村调查》，第381页。

　　③　胡汉民：《怎样解决民食问题（续）》，《大公报》1929年11月29日，第2张第7版。

　　④　郑廷泰：《福建营前模范农村农民生活概况》，《农学杂志》第5～6期，特刊第3种，1929年12月，第210页。按，此即后来与陈独秀交往密切的郑学稼，著有自传《我的学徒生活》（台北：帕米尔书店出版社，1985年）。

生活的风俗和制度"。从前中国之所以没有妇女问题，"就是因为中国是家庭工业，乡村生活"。"只要地方妥宁，不受天灾人祸，有田可耕，有蚕可育，妇女职业，绝对不成问题。"① 梁启超的说法有其特定的用意，但也不为无见。

这种认识与前述对于"耕作"的重视密不可分，固然在不少地区妇女是不下地的，其劳动也就常常被忽视。费孝通承认"农业中利用女工并不是农村的普遍现象"。他观察到，在云南省境内的某些村子就不常利用女工；此外，"女子不下田的习惯，在太湖流域的农村中最为显著"。但他同时也提出，女子不下田是为了专门从事纺织。"凡是有女子手工业发达的地方，农业才容易成为完全是男子的作业"，因此"丝业发达是太湖流域农村中女子不下田的基本原因"。而比较而言，"内地女子手工业比较上不发达，所以女子在农业中的贡献也时常较大"。② 同时，农家中的纺织工作主要仍是作为耕作的补充。河北定县的大西涨村有大量人从事织布、纺线等家庭手工业，但是调查者发现，家庭田亩数越多，从事家庭手工业的女子越多，而"从事家庭工业之男子，不但不随着增加，反倒减少"。"有田在 75 亩及以上之家庭，男子简直无从事家庭工业者。"调查者认为，这是因为家庭田亩数较多的家庭，一般都忙于种田，或有条件读书。③

然而，在乡村社会，这种男女工作的区别"并不只视为经济上的利益，而时常用以表示社会的尊卑，甚至还带一些宗教的意味"。在江苏苏州地区就有谚语谓"男做女工，一世无功"，包括扫地、生火、洗衣、煮菜这样的劳动，"若是社会上认为是男子不该动手的"，当地的男人宁愿挨饿也是不愿意做的。④ 女子除了下地或者纺织之外，终日都从事着家庭中的劳动。事实上，专门从事纺织业的农妇尚为少数，多数女子的劳作都在家庭范围内，这种劳作对于维持农家的基本生活，同样有着重要的意义。

———————

① 梁任公：《社会学在中国方面的几个重要问题研究举例》，《社会学界》第 1 卷，1927年 6 月，第 14 页。

② 费孝通：《内地的农村》（1946 年 7 月），《费孝通文集》第 4 卷，第 214 页。

③ 张世文：《定县大西涨村之家庭手工业调查》，《社会学界》第 8 卷，1934 年 6 月，第189 ~ 190 页。

④ 费孝通：《生育制度》（1947 年），《费孝通文集》第 4 卷，第 23 页。

除了纺织，妇女在农家中的劳作还包括家务、采集和喂猪，这对于农家的维持具有重要意义。在河北乐亭，有人即感觉到"说起乡间女工，倒颇足称"。与"大都会地方"，"女子为分利之人，一切生活，仰仗男人"的情况不同，"若在乡间，尤其是中下社会方面，女子劳动程度，皆不亚于男子，或且倍甚于男子"。因为他们一面要"料理家门以内之事"，一面"尚须赶做外活"，所谓"做在前头，吃在后头，放下炕上，又是地上"，"那种勤苦劳碌的样子，真是男子对之有愧色呀！"但是这位调查者又批评，由于"旧式纺织业，已不通行"，女子的"大部忙活，多在农事收成之际"，平时则"归于旷费者多"。①

与之类似，在北平郊区的乡村，"普通家庭的妇女除家中日常工作外，多出外拾取柴草"，这样可以"省去家中一部分的煤柴费"，因此有家庭"终年不买煤柴，专靠拾取"。②在徽州，农人固然是清早五点钟就要起来，预备好农具，便下田劳动；农妇更是清早"东方一线白就起身"，"破柴烧锅做饭"，让农夫吃完好去做事。她们在太阳当头之时，不仅要烧饭送下田去，"回来还有晒菜磨面喂猪种种职务"。徽州的农妇甚至还要"到田间去和男子一样的工作"。夜间家人总有"趁空打草鞋，织茅绳"等事，"总要近乎十点钟，才能去睡"。③在讨论衣食住行的部分，已经可以看到农家中的衣服、鞋袜都由女子做成，甚至"很少耗钱买布"。④

喂猪的工作在不少农家尤为重要，这首先涉及的即是肥料在耕种中的重要意义。16世纪的城市就开始有收集粪便卖给附近乡村的生意。到1920年代，"上海周围廿五公里都用城市的排泄物施肥的"，以致"在1920年改用沟渠，城市近郊的农业和园艺便遇着极严重的危机"。类似的情况在湖南也存在，"在农民运动高涨的时候农会常常想打破抬高此种商品价格的商人的垄断"；在北京则有5000人从事这样的职业。⑤在20年代末的江苏北部农村中，"养猪并不能赚钱，卖价只能与本

---

① 郭晓逢：《河北乐亭地方乡村状况》，《村治》第1卷第4期，1930年7月16日，该文第4页。

② 李景汉：《北平郊外之乡村家庭》，上海：商务印书馆，1933年，第53页。

③ 克三：《徽州劳动界底苦况》，《京报》1920年9月28日，第6版。

④ 毛泽东：《中国佃农生活举例》（1926年），《毛泽东农村调查文集》，第32页。

⑤ 马扎亚尔：《中国农村经济研究》，第102页。

钱和饲料相抵，净得肥料而已"。① 能够养猪的农户"肥料用猪灰肥，一只猪的灰粪可壅田六亩"。②

而从生产工具上来看，由于农户耕种的土地面积有限，某些大型的耕种工具并非每家皆有。在河北大名县，佃农除了镰刀、锄之外的生产工具全部由地主供给。③ 徐州地区由于土质的原因，被认为是"若无耕畜农具，几乎不能种田"，但"查各乡农具牲畜，除破烂瘦弱外，无一村不感觉缺乏之苦"，"中下等农户有耕畜者平均仅十分之六"。无耕畜农具的农家即需借用他家，"先帮助有耕畜农民做工，不受工资，一俟耕种完毕，再用人家耕具工作自己田地"。④ 在河北临城县，"大农始有饲骡马力量。小农有独饲一驴，或二三家合饲一牛或驴"。⑤40 年代末，在山西农村，全村上下"车、驴、牛、耧，乃至铁锄都不够大家分的，为了生产，只有合伙使用"。但必须注意的是，有着"最大的田产是一户九口之家的四十八亩土地，这样一个大户也用不了一头骡子"，因此，"尽管使用原始的生产工具，却没有一家有生产所需要的全套农具和牲畜"。⑥ 在江苏省，一头牛的价格在百元上下，"自耕农家普通还有牛二只和驴、骡或马一匹"，佃农则"至多只有驴一只罢了"。在需要耕畜时他们会"联合了二三家去耕作"，或者"在农忙时借了钱买牛，等到农事完毕，便将牛卖去"。至于那些"无力购置耕畜的农户"，则需要"出劳力交换或出钱租用它们"。⑦ 如果结合到南方土地状况的细碎，可知不少农民仍然是以交换和租用的方式来解决耕牛问题的。

---

① 冒兴汉：《我乡的概况》，《农学杂志》第 5 ～ 6 期，特刊第 3 种，1929 年 12 月，第259 页。

② 《武进县梅港乡农村情况调查》，华东军政委员会土地改革委员会编：《江苏省农村调查》，第 133 页。

③ 王次凡：《人口与土地——河北大名一个村庄的人口与土地调查报告》，《益世报》（天津）1934 年 7 月 14 日，第 3 张第 11 版，《农村周刊》第 20 期。

④ 《徐州农村经济走上崩溃之途》（二），《益世报》（天津）1934 年 9 月 22 日，第 1 张第 2 版。

⑤ 薛邨人：《河北临城县农村概况》，《益世报》（天津）1935 年 5 月 25 日，第 3 张第11 版，《农村周刊》第 64 期。

⑥ 韩丁：《翻身：中国一个村庄的革命纪实》，第 240 ～ 241 页。

⑦ 彭寿：《江苏各县耕畜的租价》，《村治》第 1 卷第 5 期，1930 年 8 月 1 日，该文第 1 页。

　　因此，互助协作是农村中解决畜力甚至人力问题的主要方式。《周礼·里宰》有"以岁时合耦于锄，以治稼穑"的记载，郑玄认为是"若今街弹之室于此合耦，使相佐助"，可见到东汉末年村社农民合耦的协作方式还是非常普遍的。近代台湾农村还流行一种"伴工"，"当播种或收成季节，农家结合特定对象，分别提出对等劳力，互相协作"，仍可被视为此种传统之余绪。① 类似的状况在 30 年代的乡村中多有存在，此种传统的延续性由此可见一斑。在河南，中农贫农固然"都是以自己的劳力来耕作农田的"，但"因为农业季节性的关系"也会需要多量的人工，但这都"完全是换工的性质"。② 在云南昆明，"农户在栽秧，及收获的时候，需要人工的帮助"，大部分农民采取的也是交换工作的形式，"彼此在栽秧及收获，互相的帮助"。只有"比较富裕的农民则雇用长工耕耘，忙时，尤须添短工"。③ 在大部分地方，要种田地达到一定数目（由于地域的不同，在四川在 25 亩以上即可，在河北邢台地区则要达到 1 顷）才会雇佣长工。在陈翰笙 1933 年进行的通信调查中，云南和福建被调查的 45 家农户，无一家雇用长工。就全国总数来看，雇用短工的农家数也大大超过了雇用长工的农家。④

　　综合来说，在农家的劳作中，男耕女织是最基本的配合，兼有采集、饲养等多种劳作。这些劳作的基本目的都是在于满足家庭生活的需要，而非获得最大收益。同时，这种劳作基本是以一种"节约型"的方式进行，农具、耕畜等基本在很大程度上都是通过互助完成的。这样的劳作特征也与中国乡村中的土地状况相适应，形成了特殊的一种少量投入、精耕细作的农业。在农业之外，妇女的各项劳动与男人的耕作相结合，维持着在一定程度上自给自足的乡村家庭。

---

　　①　杜正胜认为，"虽然学者对公有的界定尚不一致，中国历史上可能有过公有制的阶段，而基层社会里均平、互助的原则，即使在私有制确立后，也没有完全消失，农耕的协作即是其中的一种表现"。参见：《汉"单"结社说》，《古代社会与国家》，第 968 ～ 969 页。

　　②　行政院农村复兴委员会编：《河南省农村调查》，第 15 页。

　　③　行政院农村复兴委员会编：《云南省农村调查》，第 100 页。

　　④　陈正谟：《各省农工雇佣习惯之调查研究》，《中山文化教育馆季刊》创刊号，1934 年 8 月，第 332 ～ 337、353 ～ 361 页。

四、时间与信仰

农忙与农闲

农家生活具有很强的季节性。孔子关于"使民以时"的说法已经看到了农忙与农闲时期的巨大区别。秦汉间确立的二十四节气，描述了乡村生活的基本节奏。受到气候条件的影响，农民一年的劳动内容与劳动强度随节气发生着巨大的变化，甚至一天中劳动强度也存在不小的差异。考虑到农家劳作中的如上特征，资本主义工厂式"每人每小时"的平均劳动计算方式并不适用于描述乡村的状况，一家一户一年中的农耕、采集、畜牧、手工以及物品交换与家庭劳作才是其生产的全部内容。[1]

乡村中的劳作时间除了一日中的"日出而作，日落而息"，也包括一年中的"春耕夏耘，秋收冬藏"。这种季节性的生活对于理解整个乡村社会，甚至传统中国都有着重要的意义。钱穆即认为阴阳五行思想就与农耕的季节性有关。其中以《吕氏春秋》《淮南子》和《月令》为代表，主张王者行政"须随时节为转移"的一派，可能就是来源于孟子"勿夺民食"的思想。钱穆注意到，"古者以大会猎交战，必于农隙"，"古人役民筑城、浚川及修坟墓等大工役，亦在农事已毕之后"，这都是因为"农业社会之政治，处处与天气节候有关"，所以五行中便有了冬行水令，利于用兵用刑这样的说法。[2]20年代任山东省建设厅厅长的孔繁蔚也提出要效仿"古人为政"的做法，在秋冬之时考虑"修桥梁，订税法，完城郭"，以实现"使民以时"[3]，足见彼时的乡村社会的生活节奏并未改变。

这种随节气而改变的节奏不仅影响到农耕，对于乡村中的金融和商业往来也

---

① 恰亚诺夫：《农民经济组织》，第 46～47 页。

② 钱穆：《国史大纲》（修订本），第 350～351 页。

③ 《孔繁蔚对鲁各县县长谈建设（续）》，《世界日报》1929 年 10 月 24 日，第 4 版。

有莫大的影响。无锡地区由于当地茧业发达，"借贷赊欠，均以茧市为约期"，"故农村金融，均以茧市结束"。①金坛县的田亩大部分用于种稻，又是"蚕桑模范县"，"完全为农村社会"，因此，"工商业之经营，莫不含有农事季节性"。各大衣庄多于秋季开业，年底收业，"洋货布业秋冬交易旺，而春夏寥寥"。这是由于当地以"秋获"为主，"商店之兴替，全视秋获为转移也"。②整个乡村社会的面貌都是随着节气在发生着变化。

类似的状况在其他地区也存在。在安徽，农民"正月的时候，大概要清闲一点"，但因为"习俗上都以初二初三是劳动的良辰，所以农人在这两天定去砍柴，或者干别的事情"，元宵以后就要"天天到田园去作事，但不过忙慌罢"。二月底，"差不多家家要雇铁匠打农器家伙，或添瓦加茅"。端阳之后麦子成熟，"人家一方面预备割麦，一方面预备翻土耕耙"。麦子收获之后"又要曝晒，田里又要整理"，"整理之后，拔秧种稻，日上没得闲暇，晚上也是忙个要死"。此外，"稻子种了下去，天天要看水。假使天久不雨，还用人力车车水进田"。等到八月间，稻子成熟以后，"割着下地又压麦苗"。"麦苗长得三四寸时，除草一回，施肥一回，及乎十月忙场已过，就没有什么事了。"农妇除了夏秋帮忙劳作之外，冬天还要预备全家人明年所穿的鞋。③

山西的乡村学校中也可以看到农家生活的节奏。"乡下小学，一年之中，可读半年书耳"。到春播时，"农家子弟，不免帮其父兄牵骡耕地而请假去"，"至打夏田时，又多数下去割麦等类；从而赶到伏天，即放暑假"。暑假结束时，"农家子弟多不在家，作锄禾或割草等事；来者十数人，零零落落"。此后"至多一月，而又秋忙矣"。因为当地"多秋田，户家什九有之，少亦种三二亩，故此时忙碌特甚"，学校又必须放"秋假"，"迨秋收告毕，乃能开学"，如此"上三个月光景"，"甫过腊八，而放年假矣"。在这样的节奏之下，如果再加上乡村中"赶会、看戏及师生各

---

① 容盦：《无锡（江苏省）》，《各地农民状况调查》，《东方杂志》第 24 卷第 16 号，1927 年 8 月 25 日，第 111～112 页。

② 《苏农民银行筹设业务实验区》，《农村复兴委员会会报》第 1 号，1933 年 6 月，第 84～85 页。

③ 克三：《徽州劳动界底苦况》，《京报》1920 年 9 月 28 日，第 6 版。

家之婚姻、丧葬、走亲、答礼等之旷误时期",实际上课时间"不足半年矣"。如果考虑到"村中之商议公事、起钱算账","则更误矣"。① 这自然是新式学堂遇到的问题。在私塾中则有着"先知稼穑之艰难"及"不违农时"等训,尤其"遇夏忙或秋收,则又放学,使躬耕田亩以习农艺",因此"虽贫农之家,亦能遣其子弟入学"。②

这种节奏既包括收获,也包括"青黄不接"这样一年中最困难的时节。彼时农民往往需要借助官府和大户的"平粜"来维持生活。温州地区的廪生张棡曾记载了光绪二十四年三月间"族中人纷纷来籴谷"的情形,到四月,就传出了"南门外沈姓闭仓不粜"导致"乡民扰闹",激起大变,最后"沈家房屋掳掠一空"的事件。三年后张棡的日记中又记载了"开仓粜谷"的事,并感叹"年岁尚丰,而小民艰于食也如此,此亦庶而不富之象也,可胜叹哉!"在"米贵如珠"的春季,农民要"自乡上城粜谷",购粮为生。③ 所谓"正月贩新丝,三月卖新谷",本也是长久以来对乡村生活的描述。吴觉农注意到的则是"一般农民,都苦于资本的缺乏",因此,在急需"种子肥料人工农具"的时候,"自然不能不抵押自己所有的田地或预卖他们还未收获,甚至还未着手饲养或栽植的物品了!"④ 到民国以后,华洋义赈会认为"中国农民一般所最痛苦者,首为无低利之金融机关",在青黄不接时"辄须受重利盘剥",致使"辗转之间,小地主变为佃农,佃农流为无业。虽终岁勤劳,而生计日断矣"。⑤

在通常情况下,"为了病,丧,嫁,娶,买肥,买牛,地主逼租,断粮,断炊"都有可能借债。婚丧嫁娶的情况稍后讨论,其他的都与耕种有关。因此"农民借债时间不定,但大多数是在下种施肥和青黄不接的时期。还债时期,均限每年秋收后"。在江苏青浦县,有"距离秋收时间愈近,利息反而愈大"的情况。"如阴历

① 马儒行:《述吾乡之小学教育及民众教育》,《村治》第2卷第2期,1931年6月18日,该文第2页。

② 冯蔚亭:《国人对于农业应注意之数事》,《河南中山大学农科季刊》第1卷第2期,1930年6月,第59页。

③ 《张棡日记》,俞雄选编,上海:上海社会科学出版社,2003年,第42~44、71、111页。在光绪三十二年又发生了大户因不肯出粜而导致房屋被捣毁的事件(第111页)。

④ 吴觉农:《中国的农民问题》,《东方杂志》第19卷第16号,1922年8月25日,第7页。

⑤ 社评,《华洋义振会之新成绩》,《大公报》1927年10月28日,第1版。

二、三月间借债米每石仅五斗、六斗利息，六、七月间，则至少要八斗、九斗。"如果是"向城镇中的商店赊欠油盐杂货"，到秋后要以购买时的米价结账。"万一购买及结账时的米价均贱，则须增补利息若干。"同时，在每年下肥时，农民向苏北肥料商买粪，如果无力付现，即在三个月后秋收时归还，"每欠一石米则加利息五斗，加上本村粪头的中间剥削二斗，共计七斗"。[①]靠天吃饭的农耕生活每一个节气都必须把握，青黄不接、下种施肥时的借贷则是为了保证秋收所付出的代价。

按照《汉书》中的描述，农民的生活是"四时之间，无日休息"。这样的描述带有一定的悯农意味。农民的劳动固然辛劳，但其中也不乏张弛的节奏。甚至有人认为"中国农业劳动的分配，每因季节，颇为不平均"。在芜湖附近，"一月、三月、十月、十二月，简直农业劳动是不需要的"。在河北省盐山县，这个时间跨度则是"自十一月中旬以后至二月中旬"。这里所论及的都是季节性的农闲。同时，"中国的休憩时间，似比较丰富"：在湖北省当阳县，除食后休息外，"午前有头歇、二歇，午后有头歇、二歇、三歇的休憩，每次约一小时"，若是在农繁期，午前午后尚有一次的"公歇"，"从事于过劳动者，支给茶资，连带可以休憩"。[②]

因此，有人认为农民一年中有三四个月"从事于辛勤的劳动"，"过了这几个月就是'烹羊炮羔，斗酒自劳'的时候了"，看起来似乎并非终日碌碌，[③]但这种描述基本上是节日的景象。农忙与农闲之间的巨大差异，导致了农村经济不能以"一人一天"为单位，而必须以"一户一年"为单位加以讨论。农忙季节农家会全力完成田间的耕作，甚至妇女儿童也会加入其间。作为主要劳动力的青壮年男子付出了辛勤的劳动，家里的主妇也会为他们准备更加精细并且耐饿的食品。到了农闲的时候他们则有了精力去稍远的地方挑货或者出卖劳力。农妇一年到头都要为全家人的衣食而忙碌，到了年节时则更要为各种聚会和活动而准备。这些劳动都是为了满足家

①　《青浦县农村经济概况》，华东军政委员会土地改革委员会编：《江苏省农村调查》，第 19～20 页。

②　田中忠夫：《国民革命与农村问题》，李育文译，《村治》第 2 卷第 1 期，1930 年 12 月 1 日，该文第 18～20 页。

③　任培元：《中国农业经济问题的商榷》，《村治》第 1 卷第 4 期，1930 年 7 月 16 日，"读者论坛"，第 9～10 页。

庭的开销，而非利润的积累。家庭是理解乡村劳作的起点和终点。

这种劳动有着自己特殊的形式。一位来自河北农村的大学生就注意到，乡村中的各种劳动与"工厂制度下的劳动"有极大的差异。比如，在他的描述下，拾粪简直就是艺术化的"农人的业余生活"。尤其在春秋天，拾粪是"一桩工作化的消遣"。那柳条制的粪筐子"就像都市里有钱人的鸟笼子，与文明杖一样！""出门而不背粪筐，"就要被人骂为不务正业"；只有"乡村流氓的安闲的表现才不拿粪筐手里"。"所以乡下人没事总是粪筐一背，遇见粪当然要捡起来，遇不见也不恼丧，游游荡荡村里村外一溜达，小戏一唱，这才显着安分守己，天下太平。"①

在衣食住行一节中，我们已经看到了普通的农家对节日的重视程度，如一则颇有微词的记录："农民宁愿一年倒霉，而不肯过年的时候不顺当；宁愿一年吃糠咽菜，而不肯牺牲大年初一的这顿饺子。"②新年的重要性由此可见。"过新年的时候，家家农人都是欢欣鼓舞的来庆祝这举国若狂的佳节"；尤其是"普通农人对于这一年一度的年节，事先早就预备"。在调查农家生活费用时，卜凯（John Lossing Buck）感到"本项费用的性质特殊，颇有一记之价值"，因此将其单独列出。对于这一笔花费，卜凯认为"农人终年度着田间的单调生活，很是寡味，在新年多化［花］几个钱，也不算什么过分"。同时，据其调查"新年休息日的长短，视穷富而定，最穷者一两天，而小康之家，则须半月，普通雇用的农工，平均亦须停工五日"。③这样一个花费不少，停工数日，并需要事先做各种准备的节日无疑在农家生活中占有重要地位。

在山西举人刘大鹏的日记中，节日就占据了不少的位置。在光绪年间，刘大鹏就认为此时"人情风俗大违于古"，"各村酬神演剧，不惜资财"，"唱戏三日，戏价出至一二百千钱，少者七八十千"，花费实不算低。到民国代清之后，1914年的正月初八，刘大鹏看到的也是各商家开市"向晓张灯结彩、爆柏迎神，放炮迎吉，商贾互相贺喜，自五更至午，纷纷扰扰，亦太平之气象也"。虽然他自己对时局有颇多不满，但也只能感叹"乡村之人，本无其它知识，亦于时事纷乱，茫茫然莫知其

---

① 王石子：《农人的业余生活》，《益世报》（天津）1935年3月6日，第4张第14版，《青年生活专页》第15期。

② 老张：《故乡归来》，《益世报》（天津）1935年2月15日，第4张第14版。

③ 卜凯：《中国农家经济》，张履鸾译，上海：商务印书馆，1937年，第541～543页。

所以，亦惟乐其所乐而已"。到 1926 年元宵，虽然刘大鹏感到"时局不佳，民穷财尽之甚"，当地也"不闻有闹社伙之处，即省垣亦未有热闹若去年者"，几日后"里中仍唱秧歌，村人只知歌午［舞］升平，不虑世乱纷纭"。刘大鹏面对此"商女不知亡国恨"，也只能说"村人毫无知识，亦无责焉"。1938 年日军进入山西后，次日正月仍有"里中人不畏世乱，乃演唱秧歌，且有自外村抬来装扮之人，冒雨登兴化洞戏台上唱"。① 行龙认为刘大鹏描述的情况在整个太原地区都"带有相当的普遍性"，同时，昔阳县志中也有关于"人多薄于饮食衣服，而丰于事神"的记载。②

　　这种需要各种花费和准备的节日在各地都存在。在山东，"一年的所有仪式中，春节举行的仪式自然是最重要的"。因为春节"事先要准备许多特殊的食品"。"从十二月初开始"，"村中所有妇女都忙于碾磨小麦和其他谷类作物"，以准备好各色糕点及其他食品。因此，"春节通常持续约一个月，准备工作从阴历十二月初开始，十二月下旬逐渐达到高潮"。③ 节日中充满了喜庆与紧张的情绪。在福建营前模范村，"每年于正二月间，一定要由村人共同集资，做二日以上的'戏剧'"，同时又将"他们械斗时候唯一的保护者，及瘟疫的主宰的木偶"，穿上衣服，由神殿里，抬到"土谷祠"中，"受村民的祷拜"。村民因此的花销包括演出费用、木偶的衣服、"'理事'等变相豪绅饮食"，以及每户祭仪及纸钱的消费，还有亲友往来的款待费用，大约"每户应负担四元左右"，即使是"十分破落户的"，虽然典当衣服，"所谓'戏资'也者，则不能不出"。④

社会与礼仪

　　"社会"虽然是一个现代的译名，"会"的来源却甚早，也与农家生活密切相

---

① 刘大鹏：《退想斋日记》，第 127、191、315～316、540 页。

② 参见行龙、赵英霞：《从迎神赛社看近代山西民教冲突》，收入《义和团运动一百周年国际学术讨论会论文集》上卷，济南：山东大学出版社，2002 年，第 390～391 页。

③ 杨懋春：《一个中国村庄：山东台头》，第 38、90 页。

④ 郑廷泰：《福建营前模范农村农民生活概况》，《农学杂志》第 5～6 期，特刊第 3 种，1929 年 12 月，第 212 页。

关。如在广东，村民会"凑起钱来到城里去购买货物来分用"；甚至存在大家凑钱购买面粉、糖等物品，"自己弄出月饼来给大家消费"的情况。①有人忆及，"在昔每一个村庄都有一个青苗会之类的组织，由几个中年以上的村民办理会事"。②类似的组织在当时已经引起了不少研究者的兴趣。他们在其中看到了浓厚的现代色彩："除掉调剂金融而外，还有一种社会的即互助的意义蕴藏在内"，因此，即使合会组织或者会金分配方面存在"许多不合理及不公平的地方"，会友们在"收付的多寡以及各人利得的厚薄等等自然也就很少有去斤斤计较"；这也是"合会本身虽然有其缺点，但仍能在国内流传了这样久远的一个很重要的原因"。③除了这种侧重"调剂金融"的组织，还有"数家联合，醵金祀神，祀毕相与会食"的神会，包括帝会、财神会、子母会。④

在婚丧嫁娶、时令节庆这些大事之中，亲友之间的互助有着重要的意义。如孔子所谓"观于乡而知王道之易易也"，乡村社会中大致都是依靠"礼"在维持。作为这一套"礼"的主要阐释者，读书人在乡村中具有相当的地位，可以使乡民信服，但同时，乡民也信仰各种各样不那么正统的力量。在乡村社会中，"天"最终有着无可撼动的意义，人们依赖风调雨顺过活，依照节气劳动，欢度节日，也相信天命。这样的世界观使得他们在这个让读书人观感并不佳的时代中仍然保持了生活的某些意趣。

弗思（Raymond Firth）曾经提及，中国学者的研究中常常强调乡村中的合作，以及"这种规律下的或理想型式的亲属及地方组织如何顺利运用的情形"，实际中却"时闻有争执事件的发生，责任的诿弃，以及舆论的无效等种种事实"，他认为

① 《中国之合作运动　曾同春在法学院三三经济学社演讲（续）》，《世界日报》1929年1月27日，第6版。
② 徐雍舜：《中国乡村重习俗轻法治的观察》，《益世报》（天津）1934年3月19日，第3张第9版，《社会思想》第70期。
③ 吴承禧：《合会在中国今日农村金融中的地位》，《益世报》（天津）1934年10月27日，第3张第11版，《农村周刊》第35期。
④ 杜亚泉：《农村之娱乐》（1917年3月），周月峰编：《中国近代思想家文库·杜亚泉卷》，北京：中国人民大学出版社，2014年，第355页。

"这些问题都是农村实际生活本身的一部分"。① 关于乡村组织中实际存在的各种争执，学者多有关注，尤其随着对各种县级诉讼档案的利用，清季民国的各种社会纠纷也更多地为人了解。②

各地出现的"息讼会"也提示着这样一个充满争执的乡间社会仍然以"无讼"为其正当所在。在山西、山东、广西村政中，办理息讼会都是一个重要内容。③1933年福建营前模范村村民代表所呈上村长经营成就中就包括"止讼"一条："本地人民智识不充，每易被人煽惑，有时金钱细故，辄起讼端。连年倾家荡产者，屡见不鲜"。村长"每遇人民纠纷，力为调解。有不可理喻者亦必设法制止，使教唆者无所施其计"。④ 在唯亭的乡村改进区，时人看到的一大改进成绩亦为"讼殴风俗减少"。⑤ "息讼"一再被提及，一方面提示着我们一个充满争议与诉讼的乡村，另一方面仍可见"无讼"这一来自孔子的理想仍然存在于时人的理想之中。

一个不乏合作与冲突的乡村同时也提示着有形无形的权威的存在。徐雍舜认为，"不是说乡村间没有冲突，没有争端，乃是说他们自有解决冲突化除争端的办法"。无论何种纠纷，小至口角纠纷，大到杀人放火，都必定有人出面调解。"平常

① Raymond Firth：《中国农村社会团结性的研究》，费孝通译，《社会学界》第10卷，1938年6月，第251～252页。

② 此项研究基本以黄宗智对巴县、宝坻、新淡档案的研究为开端，提示了一个多有"细故"的司法世界的存在。（《清代的法律、社会与文化：民法的表达与实践》与《法典、习俗与司法实践：清代与民国的比较》，上海：上海书店，2007年。）里赞通过对南部县档案的研究，提出了州县审断中实际面临的是一个"政务"的世界，诉讼的双方也并不在意法律。（《晚清州县诉讼中的审断问题：侧重四川南部县的实践》，北京：法律出版社，2010年。）另参见里赞编著：《民国基层社会纠纷及其裁断：以新繁档案为依据》，成都：四川大学出版社，2009年。最近浙江大学在对龙泉地区的司法档案进行整理，参见杜正贞、吴铮强：《龙泉司法档案的主要特点与史料价值》，《民国档案》2011年第1期。

③ 《山西村政概要》，《大公报》1928年7月23日，第6版；《定县社会概况调查》中注意到"息讼会"为当地旧有团体。农复会编定的《广西省农村调查》中也注意到当地息讼会的存在。

④ 《关于"复兴农村"建议》（1933年9月5日），中国第二历史档案馆藏，国民政府档案，全宗号1，案卷号3219。

⑤ 储劲：《五年来的唯亭山写真》，《教育与民众》第5卷第9期，1934年5月，该文第7页。

好像各扫门前雪各不相干，遇有事故发生立刻就显出脉脉相关的精神"，也正因为如此，"农民对于法律的观念，多是畏忌与嫌憎，少有视为神圣而尊重的"。乡村中自有解决争端的方式，而不在于法律，"如果有人张口就讲法律，在乡间必少有人敢和他来往，正如同不信鬼的人便不喜欢人家对他念鬼咒一样"。①

类似茶馆的场所常常是乡村解决冲突的地方。在河南洛阳，当地的成年农民从田地中"退休的地方多在乡村中的茶馆和店铺"，并且在茶园中"耗费的时间很长很多，谈些与他们的生活无关紧要的事"。其中谈话的特点在于"所谈到的问题复杂众多，和材料的丰歉不齐"。这样的茶馆"谈笑讨论，庄谐杂陈，有时像个俱乐部，有时像个议事厅"。尤其值得注意的是其中的"年老德硕者"，他们"总是保着他们雍雍穆穆的态度，除非正事不开口"。②

在长者、族长之外，一般的读书人也在乡村社会中占有着重要的地位。虽然自晚清开始，朝野对于国民识字率的估算都较为悲观，甚至说"知书识字者，千不得一，明理达时者，万不得一"③，但若从民国时期的社会调查来看也未必如此。按照毛泽东在赣、闽、粤三省交界处的寻乌进行的调查，该县 30 年代还有 400 个秀才，有 40% 的人识字，并且有 5% 的人"能看三国"。④按照这个统计，乡村社会中的读书人数量尚为不少。这与传统社会对于读书的提倡有着密切关系。晚清来华的传教士就感到，"人们以最深广的敬畏与虔诚看待书籍"。那些"古老而神秘的汉字"甚至同样受到不识字农民的"高度敬重"。⑤稍微富裕的农民大概仍能作"朝为田舍郎，暮登天子堂"之想，"想借教育的阶梯，脱离农村寂寥，解除农业辛苦；扬名显亲，裕后光前"；贫困的农民则只有"仰视着穿长衣的读书人，而领受其'之乎者也'

①　徐雍舜：《中国乡村重习俗轻法治的观察》，《益世报》（天津）1934 年 3 月 19 日，第 3 张第 11 版，《社会思想》第 70 期。

②　沙居易：《一个新的乡村系统的实验》，《教育与民众》第 6 卷第 1 期，1934 年 9 月，第 4～7 页。

③　参见罗志田：《革命的形成：清季十年的转折》，北京：商务印书馆，2021 年，第 58～59 页。

④　毛泽东：《寻乌调查》（1930 年 5 月），《毛泽东农村调查文集》，第 160～162 页。

⑤　麦高温：《中国人生活的明与暗》，朱涛、倪静译，北京：时事出版社，1998 年，第 359 页。

罢了"。①

当时从事乡村教育的人士就注意到，"在我们中国乡村里，不识字的民众的旧观念，对于识字有学问的人，终是另眼相看，起敬羡之心"。因此不妨"利用这种心理"，"让他们因敬羡学问的心理，而自然地来受教"。②杨懋春即认为，"一个家庭从事农业生产，同时又有一些科举成就，这就是农村的理想家庭，通常被称为'耕读之家'"。③

这样的观察大抵有据。在河北乐亭，"因地面殷实之故"，地方教育非常发达，"初等小校，或私塾改良的小校，随处多有"，④教育状况实不算差。在山东省甚至"往往有农家情愿卖几亩地送子弟入县城的学校，较宽裕的农家愿多卖几亩地使子弟入省会或都城的学校"的情况。⑤江苏如皋因为"那地方的地主们颇热心提倡教育，强迫他们的佃户送孩子进学堂，否则退田"，因此而办有良好的小学。⑥一位"生在上海浦东乡下"的工人就记得"我八岁那年，父亲向地主借了十块银洋，让我进了一所私塾念书"。虽然实际读书时间仅一年，但这种向往大抵存在。⑦其实科举制废除之后，功名之途早已不复存在，但其意象仍然存在人们心中，也可算一种斯文未堕。

对于读书的兴趣至 20 年代仍然在不少地方可以看到。在广东嘉应地区，当地人"大都喜欢念书，所以学校之多实堪惊异"。仅梅县一处，"全县的小学竟有五百余之多，中等学校也有十余所"，男子中"最低限度亦已毕业于国民小学，而绝无目

---

① 王拱璧：《中国农村的病状》（1929 年 8 月），《河南中山大学农科季刊》第 1 卷第 2 期，1930 年 6 月，第 19 页。

② 《乡村中心团的理论和实施》，《教育与民众》第 2 卷第 6 期，1931 年 2 月，该文第 4 页。

③ 杨懋春：《一个中国村庄：山东台头》，第 53 页。

④ 郭晓逢：《河北乐亭地方乡村状况》，《村治》第 1 卷第 4 期，1930 年 7 月 16 日，该文第 2 页。

⑤ 何思源：《士大夫教育之恶果及教育改造途径》，《东方杂志》第 31 卷第 6 号，1934 年 3 月 16 日，"教育"栏，第 14～19 页。

⑥ 冒兴汉：《我乡的概况》，《农学杂志》第 5～6 合号，特刊第 3 号，1929 年 12 月，第 268 页。

⑦ 蔡金龙：《我真有千言万语要向毛主席倾吐》，《忆苦思甜话当年》，北京：群众出版社，1964 年，第 30 页。其自述"今年五十四岁"，则其出生日期大致在 1910 年前几年，则所谓八岁那年约为 1918 年。

不识丁之人"。① 在江西寻乌，当地"破落户阶层"的子弟仍有很多要进学堂，这不仅是他们的钱"不是他经手赚来"，"看钱看得破些"，更是因为他们感觉"除了靠读书操本事一条路外，更没有别的路子可以振起家业"。② 在川北农村，"农民未尝不想遣子弟求学"，他们通常的做法是"十几家或几十家凑合几十千钱，马马虎虎的请个老师，教点《三字经》《百家姓》"。农民"望子弟'知书识礼'"简直有着"十二万分的热忱"。③

此外，毛泽东在寻乌调查提及的"能读三国"，也提示出在乡村社会中的知识不仅限于"识字"。此时从事民众教育的周德之就发现乡村中存在"有知识不识字的民众"。比如有些老年人"说起历史上的事迹，各处的名胜，本地的风光，无不口若悬河，滔滔不绝，真叫我们后生小子，甘拜下风"。但他也批评，"他们的知识虽然很丰富，多半是由传闻得来的，既无法稽考，复无从证实"。其中"有些超乎理想，违背事实的知识，不能使人相信"。尤其如果"就二十世纪的世界眼光看去"，"他们所有的知识，多半成了老古董，失了一部分的真实和适应性"。④ 若以"前二十世纪的眼光"看去，这些知识在当时当地仍然具有相当的影响力。

正因为如此，乡村学校（不一定是新式学堂）在地方上具有特殊的意义。这一方面是因为乡村小学本来多改建自祠堂、寺庙等村民集会的场所，另一方面也与其中所包含的教育意义相关。从事乡村调查的人注意到，"普通调查员到一个村庄去做调查，如果该村有小学校，最好先到小学校去"。因为小学校"到了冬天有火炉，有茶水"，"村中办公人员没有事情都愿意去暖和暖和，喝喝茶，解解闷"；"在乡村已成为村办公人员谈话交往集会的地点"。在那里"不但可以见着小学教员，并

---

　　① 陈友鹏：《嘉应农民状况的调查》，《东方杂志》第 24 卷第 16 号，1927 年 8 月 25 日，第 69 页。

　　② 毛泽东：《寻乌调查》（1930 年 5 月），《毛泽东农村调查文集》，第 130 页。

　　③ 黄主一：《川北农民现况之一斑》，《东方杂志》第 24 卷第 16 号，1927 年 8 月 25 日，第 38 页。

　　④ 周德之：《民众教育的对象到底是谁？》，《教育与民众》第 2 卷第 2 号，1930 年 10 月，该文第 2～3 页。

且多半能看见村中其他领袖","所以先到小学校去实在是一个最好的地方"。① 在山东台头村,"私塾学校在一个农村中确能算是一个重要机关","村董们商议村事"要以此为会所,"乡绅们宴客会友"也以此为地点。"农民的婚丧事故有需要文字或礼仪之处"要请教教书先生,"农民过新年时所贴的各种对联也都是教书先生和他那高足弟子的手笔"。在这里的乡村社会,"教书先生差不多就是一村的圣人,学校是一村的圣地"。②

另一些识字的人也同样得到村民的尊敬。在呼和浩特,"因为这里农民,百分之九九都是文盲,一个大字不识",甚至在有着百余户人家的村子里,"连一个识字的人也找不出来"。因此当地每村均雇有书记"经管村公所的账目,连带着给花户写契据,对联,婚帖,甚至给他们,记一两笔简单的人工帐[账]"。这位书记在村中是"顾问","是村中负责的最高长官,当然他又是地主与富农的代理人"。"举凡一切丧婚大事,地亩纠葛,摊派款项,无不取决于书记。"③

一些不那么正统的知识掌握者在乡村中同样具有特别的地位。研究者已经注意到,僧、道、巫觋早已在科仪中应用文字并影响着"乡村中的日常生活","长期以来儒学其实没有成功地垄断文字的运用"。④ 民国时期平教会的工作者也认为"农民对于相面的话,是信仰的"。通过这些相面的谈话,"很表现出他们是博古通今,什么新名词,他们也知道不少"。所以不妨利用相面者以"运来财来"等说辞去要求农民"最好是多识字,到平民学校去念书"。⑤

这些知识对应着的是乡村中独特的信仰。有人注意到,"乡间人大半都迷信菩萨,有看病先求神拜佛","到了非常沉重的时候才说得上就医"。即使要就医他们

---

① 张世文:《由于定县的经验说到民众生活调查之困难及技术》,《教育与民众》第5卷第6期,1934年2月,合订本第1025页。

② 杨懋春:《关于中国乡村教育的几问题(续)》,《大公报》1931年1月25日,第3张第11版,《读者论坛》。

③ 高苗:《归化的农民生活(续)》,《益世报》(天津)1936年4月18日,第3张第12版,《农村周刊》第110期。

④ 参见科大卫、刘志伟:《宗族与地方社会的国家认同——明清华南地区宗族发展的意识形态基础》,《历史研究》2000年第3期。

⑤ 韩玉珊讲演:《农村教育的理论和实施》,《大公报》1931年4月1日,第3张第11版。

也"都相信许多单方偏方，不常用也买不起'官药'"。他们对于得病原因的解释尤其值得注意："乡下人都相信害病是运气不好，或水土不合，从不知道许多疾病是有原因的。"①关心乡村教育的人也注意到，他们虽然在"提倡西医西药（或者中医中药）"，但民众心中相信的却是"'神茶'或'符水'"。"我们说天花是传染的，应该使婴孩早种牛痘；而民众相信是痘司神主持的，应该去拜痘司神，或者去张仙庙请求寄名。"②在福建营前村，"每个小孩子的人家，须请道士做法一次，病时多不请医生，而求于道士"。③

对于乡村中的人来说，并不存在一种排他性的"信仰"的概念。在江苏如皋，"每家总有祖宗的牌位和纸的菩萨供着，死了人照例要请和尚施食，念经"，乡民似乎"什么都信"，"鬼也信，神也信，狐也信，妖也信，怪也信，佛也信，巫也信，算命也信，打卦也信，堪舆也信，天然神秘也信，什么都信，真可算是一部迷信大观"。④有人认为，民众心中的历史，"固然不是廿四史或资治通鉴的历史；同时也不见得是三字鉴或史鉴节要的童蒙书的历史"。他们的历史都是"神话化的人物，或小说戏剧上的人物"："文王，姜太公固然是半神仙的；就是孔明也能呼风唤雨，关云长能死后显灵；宋江，李逵，武松，鲁智深，仿佛就是历史的模范人物。"这位作者即认为"这是《封神传》，《三国演义》，《水浒传》，一类的小说与戏剧的影响"。⑤

这些信仰固然来自各种渠道的影响，同时也显示着乡村信仰的多元与弹性。到了20年代广东盛行农民运动的时候，有人即在著名的海陆丰注意到"马克斯、列宁、孙中山和地主爷爷，关圣帝君是可以在许多机关里同时发现的"，并且"酬神的土戏

---

① 陈志潜：《乡村卫生与中国教育》，《大公报》1930年6月19日，第3张第11版。

② 雷荣甲：《视导民众教育实验机关的心得》，《教育与民众》第3卷第9～10期合刊，1932年6月，合订本第1990页。

③ 郑廷泰：《福建营前模范农村农民生活概况》，《农学杂志》第5～6合号，特刊第3种，1929年12月，第212页。

④ 冒兴汉：《我乡的概况》，《农学杂志》第5～6合号，特刊第3种，1929年12月，第267页。

⑤ 天游：《民众读物与民众教育》，《教育与民众》第1卷第1期，1929年5月，第39页。

和民众运动的游行一同其兴高采烈"。①外来的"马克斯"、"列宁"、"孙中山"以及"游行"都很快达到了与"关帝圣君"类似的待遇，参与到农民"兴高采烈"的酬神活动中。这种现象固然会被读书人视为"愚蠢"，但在乡村社会中却是最自然不过的事。

甚至"皇上"也是这种"相信"中的重要一环。研究民间宗教的学者早就注意到了民间信仰在结构和仪式上对于政治体制的模仿。②彭湃在发动农民时也感觉到，若与农民们谈及"政治问题"，他们表达的都是"真命天子"一类的"数千年来的旧观念"。他关心的"贫穷""压迫"等等问题，农民们则会归结于"天命"或者"风水"。彭湃因此认为："农民的思想一半是父传子子传孙的传统下去，一半是从戏曲的歌文中所影响而成了一个很坚固的人生观。以反抗（革命）为罪恶，以顺从（安分）为美德。"③在北伐前夕，广东南路尚有农民"留很长的辫"。"有的农余在空旷地方，或在老大树下，坐谈世事，尚称道满清好处。"他们尤其认为民国的战乱"都是因失掉了真命天子"。④在川北，农民"最听信因果轮回之论"。"要是向他们解释迷信鬼神的谬误，不但无效，还要现出异常惊讶的表情摇头而去呢！"尤其当他们高兴时，"还偏着头问问当今皇帝是谁呢！"⑤

按照龚书铎等人编纂的《中国社会通史》中的观点，"民国时期的农村社区大多仍处在分散的小农经济之下"，因此，其交往范围"相对狭窄和单调"，"变化也较缓慢"。⑥变化缓慢的观感自然是来自那变动剧烈的少数城市，而当时读书人所注意到的"怡然自得"，"安之若素"，正可说明近代乡村那虽然受到社会影响，但仍相对

---

① 修善：《为一四四事答青见老兄》，《语丝》第 4 卷第 28 期，1928 年 7 月 9 日，第 42 ～ 43 页。

② 科大卫在对华南地区宗族发展的考察中注意到了官方意识形态在其中的作用，尤其朝廷法典对于民间礼仪习俗的影响。参见科大卫：《皇帝和祖宗：华南的国家与宗族》，卜永坚译，南京：江苏人民出版社，2009 年。

③ 彭湃：《海丰农民运动报告》，《中国农民》第 1 期，1926 年 1 月，第 59 页。

④ 《广东南路各县农民政治经济概况》，《中国农民》第 4 期，1926 年 4 月，该文第 16 页。

⑤ 黄主一：《川北农民现况之一斑》，《东方杂志》第 24 卷第 16 号，1927 年 8 月 25 日，第 38 页。

⑥ 龚书铎主编：《中国社会通史·民国卷》，太原：山西教育出版社，1997 年，第 196 页。

独立的节奏。如同人类学的研究者所注意到的，乡村社会常常"经数千年仍能保持高度的稳定性"。"乡民经济在各类外来冲击下其结构确实显示出惊人的持续性……结构性的变迁大致是乡民社会之外的力量造成。"[①]古希腊的记载常常在现代的乡村中找到对应，杜正胜在对家庭的考察中也认为传统的家庭制度大概在千年内都没有大的改变。[②]身处近代这样的激变时代，乡村生活虽然出现了不少变化，但结构性的变化尚未发生。这种"变"与"不变"是理解近代乡村必须意识到的问题。

① 谢林：《乡民经济的本质与逻辑》，见沃尔夫：《乡民社会》，第 183 ～ 184 页。
② 杜正胜：《传统家庭结构的典型》，《古代社会与国家》，第 787 ～ 805 页。

第二章　由乡及国：早期乡治的设想与尝试

> 夫民者国之本，乡者治之本。本立则基固，基固则虽拱把之小树，亦能干枝坚劲，而花实繁荣。……今吾中国地方之大，病在于官代民治，而不听民自治也，救之之道，听地方自治而已。
>
> 康有为，1902 年

对于相当长时间内的读书人而言，乡村除了作为一种生活方式的文化意义，还代表了社会最基层的组织。中国传统的政治结构所强调的多是"内外"，即中央与地方的关系。到了所谓"地方"，并非自中央一体贯注，而渐次成了"天高皇帝远"的内容。① 费孝通已经注意到，"中央所派遣的官员到知县为止"，自上而下的单轨政治也仅停留在县衙门，"县以下并不承认任何行政单位"。② 这样一个"帝力无所加"的基层社会之所以能够维系，在相当长的时间内都是依靠地方士人的力量。

---

① 这一状况在晚清新政时期开始改变。桑兵已经注意到"清季改制，变内外相维为上下有序，以应政务日益纷繁的时局"。见《辛亥革命的再认识》，《中华文史论丛》2011 年第 3 期。并参见关晓红：《清季外官改制的"地方"困扰》，《近代史研究》2010 年第 5 期。

② 费孝通：《乡土重建》（1948 年），《费孝通文集》第 4 卷，第 337～338 页。

按照钱穆的描述，隋唐时期的中国犹为门第社会，由世家维持社会的秩序。自宋明以下，由于隋唐以来的门第消除，"社会日趋平等而无组织"。这样的社会"所以犹能支撑造成小康之居者"，就是因为有一辈"讲学之人"出来主持社会事业，"赖做一个中坚"。这一辈"士人集团"，"上面影响政治，下面注意农村社会"。[①] 明末清初这一趋势更为明显。王汎森特别注意到了部分学者在江南地区的活动。他认为"在明代后期昆山、太仓一带已经形成相当强的地域意识"。这一现象反映了"政府与社会之间日渐分道扬镳"，政府的行政机构仅到县为止，"已经不能与日渐商业化，日渐复杂化的地方社会合拍"。当时思想界关于"封建"的讨论，也体现了士人关于如何经营一个"小而好"的地方社会的努力，是当时士人"治一国必自治一乡始"想法的具体体现。[②] 到了晚清，受到西来地方自治思想的影响，类似的想法更开始体现出重新设计国家的意义。

一、晚清对于"乡治"的讨论

晚清时期严复在讨论"保教"问题时提出："验人之信何教，当观其妇人孺子，不在贤士大夫也；当观其穷乡僻壤，不在通都大邑也；当观其间阎日用，不在朝聘会同也。"[③] 这种对于社会基层关注与传统的"风行草偃"有了不小的差别，既是此时部分读书人目光向下的体现，也承认了社会存在严重的"上下否隔"。《易经》里说"天地不交而万物不通也，上下不交而天下无邦也"，是"小人道长，君子道消也"。林白水所谓"上流社会共下流社会不联络"[④]，与严复认为的"不识字人民"与

---

① 钱穆：《国史大纲》（修订本），第 810～812 页。

② 王汎森：《清初的下层经世思想》，《晚明清初思想十论》，上海：复旦大学出版社，2004 年，第 334～341 页。

③ 严复：《保教余义》（光绪二十四年四月），《严复集》第 1 册，王栻主编，北京：中华书局，1986 年，第 84 页。

④ 白话道人（林白水）：《国民意见书》（1904 年），张枬、王忍之编：《辛亥革命前十年间时论选集》第 1 卷下册，北京：生活·读书·新知三联书店，1960 年，第 909～911 页。

"上流社会"的"终成两橛"①，均是表达此一问题。

因此，晚清士人对于地方自治也有着特别的青睐，如柳诒徵所说，"谈国是者，咸以地方自治为立国之基础"。②这一观念在朝在野均有响应，无论改革派、革命派也都有所共识。根据时人的记载："确定地方自治之名词，昌言地方自治之必要者，则近日之风潮也"；甚至达到了"举国中几于耳熟能详"的程度。③这种对地方自治的重视多来自"民权"的力量，其中日本的影响更是重要。1904 年就有人指出日本的"第一新政"，"则颁布市町制度、地方自治之制度是已"。这一名词虽然"于古无征"，士人大都回溯秦汉以前，追述了中国自治传统。咸同时期，冯桂芬即要求恢复三代的"乡遂"和汉代的三老制度；到新政时期，沈家本也要求恢复周礼中的乡官制度，以保证"民情上达而政无不举"，舆论界甚至出现了"自治救亡论"。④在"地方自治"的思潮之中，《城镇乡自治章程》的出现开始将城镇乡规定为地方基本的自治单位。这一时期也被认为是"自治制度成文的创造时代"。⑤

光绪三十四年（1908 年）八月，民政部奉旨拟定了《城镇乡地方自治章程》，此后，宪政编查馆对此进行了核议并拟定了选举章程。在宪政编查馆的奏折中，特别指出，"地方自治之名，虽近沿于泰西，而其实则早已根荄于中古"。《周礼》中比闾、族党、州乡之制"实为地方自治之权舆"；此后两汉之三老啬夫，历代的保甲乡约，直至当时各处尚有的"水会、善堂、积谷、保甲诸事"，"以及新设之教育会商会等者"，均是要"使人民各就地方，聚谋公益"，因此均可成为地方自治的先声。同时，此奏折特别注意了强调"自治"与"官治"的不同。"言其实，则自治者，所以助官治之不足也"。因为"民生所需，经纬万端"，如果"国家设官董治，

---

① 严复：《论教育与国家之关系》（1906 年 1 月 10 日），张枬、王忍之编：《辛亥革命前十年间时论选集》第 2 卷上册，第 370 页。

② 柳诒徵：《中国文化史》，上海：上海古籍出版社，2001 年，第 934 页。

③ 攻法子：《敬告我乡人》（1903 年），张枬、王忍之编：《辛亥革命前十年间时论选集》第 1 卷下册，第 497 页。

④ 汪太贤：《晚清地方自治思想的萌生与演变：从鸦片战争至预备立宪前夕》，武汉大学硕士学位论文，2004 年，第 1、38、110～114 页。但同时也必须注意当时的各种主张都会上升到"救亡"的程度。

⑤ 陈安仁：《地方自治概要》，上海：泰东图书局，1930 年，第 65 页。

仅挈大纲"，不仅"非独政体宜然"，"实亦势有不逮"，但"若必下涉纤忽，悉为小民代谋"，"设官少则虞其丛脞，设官多则必至于烦扰"。尤其中国幅员广大，"山国泽国，利害不必悉同。好雨好风，嗜欲尤多殊异"，如果"强以官府之力，行一切之法，意本出于爱民，而受之者或反以为不便"。

该奏折还回顾说，从历史上来看，一方面，"北宋用青苗法乱天下，而朱子社仓，用意与之相仿，乃为法于后世者"，在当时看来，是因为"一主以官，一主以民之故也"。另一方面，"自治与官治相对待"只是"言其名"也，实际上"无官治则无所谓自治，犹无二物则无所谓彼此"。尤其"自治之事，渊源于国权。国权所许，而自治之基乃立"。因此"自治规约，不得抵牾国家之法律。由是而自治事宜，不得抗违官府之监督"；"自治者乃与官治并行不悖之事，绝非离官治而孤行不顾之词"。因此，在举办自治的问题中，奏折特别强调要"划清自治范围"。因为"各直省地方局所，向归绅士经理者，其与官府权限，初无一定"。这样，自治就成为"视官绅势力之强弱，以为其范围之消长。争而不胜则互相疾［嫉］视，视同水火"。对此，作者认为，"近年以来，因官绅积不相能，动至生事害公者，弊皆官民分际不明范围不定之所致"。[①] 这种官绅之间的竞争关系，在新政推行中屡有发生。

次年一月，上谕正式颁布了此章程，并指出"地方自治为立宪之根本，城镇乡又为自治之初基"，因此"非首先开办不可"。章程规定"凡府厅州县治城厢地方为城，其余市镇村庄屯集等各地方，人口满五万以上者为镇，人口不满五万者为乡"，并对城镇乡的学务、卫生、道路工程等自治事项有所规定。[②] 如《民国政制史》所述，"城镇乡皆为自治之初级，在县之下，为一级制，惟城镇以下设区者则为二级制"。[③] 城镇乡仅仅是有所区分，但在制度上则是作为平行单位。

按照预备立宪过程中对于地方自治问题所计划的逐年筹备事宜：第一年颁布城镇乡地方自治章程；第二年筹办城镇乡地方自治，设立自治研究所，并颁布州厅县地方自治章程；第三年续办城镇乡自治，并筹办厅州县地方自治；第四年续办城镇

---

① 　本段及上段引文均见《宪政编查馆奏核议城镇乡地方自治章程并另拟选举章程折》，《城镇乡地方自治章程》，上海：商务印书馆，1909 年，该文第 1～4 页。

② 　《城镇乡地方自治章程》，《城镇乡地方自治章程》第 1～4 页。

③ 　钱端升等：《民国政制史》，上海：上海人民出版社，2008 年，第 621 页。

乡地方自治，并续办厅州县地方自治，直至第七年厅州县地方自治一律成立。[①] 若与当时最为瞩目的"开议院"相比较，事关民众程度的"简易识字学塾"则是计划先在厅州县创办，两年后才在乡镇筹办。[②] 可见地方自治问题上大致仍是计划以城镇乡为起点开展的。

事实上，在《城镇乡地方自治章程通释》中已说明如果府厅州县"有无城之地"，"亦应以该管地方官驻在地之一镇为城"。[③] 城是有地方官的空间，与镇、乡很难等量齐观。梁启超就注意到，此章程"大率取日本之市制及町村制综合而移译之"，但"日本市制与町村制，画然区为两种"，就是因为二者性质"有大相异之处，势难并为一谈也"。因此"城镇乡三者，能同适用一种之章程乎"，成为一个重要的问题。在梁启超看来，"我国中有二三百万人之城，有不满千人之乡"，而章程却仅有一种，仅从题目而论，"其窒碍难通之情，已可想见矣"。此外，梁启超还认为，"大都市之行政，所以必用合议制者，为其事务多且规模大，故加慎重也"，而"小乡村"则因为"其事简无取冗员，且人材难得"，应当采用"独裁制"。这两种地方性质的差别必须加以注意，"其地方已具都市之资格者，不宜以乡村之法治之"，反之亦然。日本有町村进而为市的规定即有鉴于此。[④]

不过在时人看来，"国人所争"的自治主要是"以省为单位"，"所谓大规模之省治是也"，因此"仍为官制而非自治"。后来提出的"乡村自治"，正是为了"矫省自治不彻底之弊也"。[⑤] 三年后清朝就为民国取代，该章程实际并未发挥太多作用，但这意味着城镇乡首次在行政上被并列为基本行政单位。后来国民政府颁布的《县组织法》中也区分了"乡村（村庄）"和"市镇（街市）"。[⑥] 但如梁启超所注

---

① 杨廷栋编：《城镇乡地方自治章程通释》，上海：商务印书馆，1909 年，第 2 页。

② 《宪政编查馆资政院会奏宪法大纲暨议院选举法要领及逐年筹备事宜折》（光绪三十四年八月初一），故宫博物院明清档案部编：《清末筹备立宪档案史料》，北京：中华书局，1979 年，第 61 ～ 67 页。

③ 杨廷栋编：《城镇乡地方自治章程通释》，第 7 页。

④ 梁启超：《城镇乡自治章程质疑》（宣统元年），《饮冰室合集·文集之二十》，第 78 ～ 81 页。

⑤ 邓初民：《自治单位问题与其实施之初步》，《东方杂志》第 18 卷第 2 号，1921 年 1 月 25 日，第 99 页。

⑥ 包括 1928 年和 1930 年两种。参见徐秀丽：《中国近代乡村自治法规选编》，北京：中华书局，2004 年。

意到的，"城"的所指明确，"镇""乡"则相对模糊。他所看到的"省会及繁盛之都市"在自治问题上的优势日后也愈发明晰。

此外，在此后关于地方社会的讨论中，传统的乡治能力还在不断被发掘。清末有人就曾论证"中国地方自治之易"，就认为中国自古以来就有地方自治的事实。尤其是绅士阶层的长期存在，"绅士所得干预之地方公事，其范围与各国地方自治体略同，而时或过之"。比如各国地方自治团体均无兵权，"而中国则有事时，绅士得以办理团练是也"；"其他若教育（书院等）、若慈善事业（育婴院等）、若土木工程（道路桥梁等）、若公共财产（所谓地方公积）类，属于绅士之手者不可胜数。故中国之地方自治，真有相沿于自然之势，有自治之实而无自治之名"。如果能将这一传统发扬光大，"昌明其制"，那就是"因业而非创业"，"其事之易举，有昭然也"。①

后来，梁启超在整理中国特有的社会组织时曾经对晚清时期广东的乡治特别有所表彰。在其家乡的"保"中，梁氏宗祠的"叠绳堂"是一种"自治机关"。"自治机关之最高权，由叠绳堂子孙年五十一岁以上之耆老会议掌之。未及年而有'功名'者（秀才监生以上）亦得与焉。"这种会议名曰"上祠堂"，保中的大小事都有"上祠堂"决定。这种"宗法社会蜕余之遗影"，"以极自然的互助精神，作简单合理之组织"，被梁启超认为"于中国全社会之生存及发展，盖有极重大之关系"。②比梁启超晚生十余年的蒋梦麟在少时也有类似的乡治经历。在其家乡浙江余姚，"村里的事全由族长来处理，不待外界的干涉。祠堂就是衙门"。这里的"族长"未必是老人，"也可能是代表族中辈份最高一代的年轻人"。"没有经过族长评理以前，任何人不许打官司"，但"实际上真需要'开祠堂门'来解决的事情并不多"，因为大家都认为"开祠堂门"是件大事，"一般的纠纷只是在祠堂前评个理就解决了"。③

费孝通甚至将中国"乡土社会"的政治特点总结为"长老统治"，体现出在一个变化并不明显的社会，传统仍然有效地发挥着作用，长者与宗族的力量成为解决纠纷的凭借。这也可以看到自晚清以来开始的，从乡村体认中国社会自治特征的思路所具有的持续影响。

---

① 攻法子：《敬告我乡人》（1903 年），张枬、王忍之编：《辛亥革命前十年间时论选集》第 1 卷下册，第 500～501 页。

② 梁启超：《中国文化史》（1927 年），《饮冰室合集·专集之八十》，第 58～61 页。

③ 蒋梦麟：《西潮·新潮》，长沙：岳麓书社，2000 年，第 21～22 页。

二、重新体认的"广土众民"

以上关于地方自治的思考中，存在一个隐含的问题，即中国作为一个广土众民的国家，如何维持中央与地方的关系。一方面，中国在较长的历史时期中一直努力维持着相对稳定和统一的中央政府，"中央集权"也被视为是一项"中国特色"[1]；另一方面，虽然柳宗元封建论的观点基本为人接受，以地方建设为基础实现国家治理也是一条持续的思路。[2]尤其到了明清之际，如顾炎武等人都注意到封建制对于保存地方力量的意义，因此要求"寓封建之意于郡县之中"，以救治郡县制以来"其专在上"的弊病，并以此"厚民生、强国势"。[3]后来钱穆也认为，近代中国无力对抗西方资本主义的侵略，正是因为封建势力已经消失，以至于中央政府一旦被外族击溃，地方就无法与之抗衡。[4]钱穆的这种看法虽然有着强烈的假设意味，却从一个侧面反映这一时期对于中央与地方关系的特殊看法。

事实上，自晚清开始，中央与地方的势力消长本已出现明显变化。孔子曰："天下有道，则礼乐征伐自天子出；天下无道，则礼乐征伐自诸侯出。"这句话用来

---

[1]　梁济曾谓在朝代更迭之上尚有一个"三古遗传万年不改"的中国，不妨作为参考。关于梁济的国家观念参见罗志田：《近代读书人的思想世界与治学取向》，北京：北京大学出版社，2009年，第145～146页。

[2]　章太炎即认为，历史上真正提倡恢复封建制度的人甚少，且不少都是"有激而然"。章太炎：《论读经有利而无弊》（1935年6月15、16日），汤志钧编：《章太炎政论选集》（下册），北京：中华书局，1977年，第865页。

[3]　顾炎武：《郡县论一》，《顾亭林诗文集》，北京：中华书局，1983年，第12页。同时关于清初类似的思想者与实践者，参见王汎森：《清初的下层经世思想》，《晚明清初思想十论》，第335～336页。

[4]　钱穆：《中国文化史导论》（修订本），第252页；钱穆：《中国历代政治得失》，北京：生活·读书·新知三联书店，2001年，第171～172页。类似的想法在晚清即有人试图付诸实践，如梁启超即曾鼓励陈宝箴实行自立以免与大清玉石俱焚。参见胡春惠：《民初的地方主义与联省自治》，北京：中国社会科学出版社，2001年，第27页。

描述民国前期的政局，大抵不差。不少研究者已经注意到晚清以来地方督抚势力的上升，到了民国更出现了联省自治的呼声[①]。即使是在以统一全国为号召的北伐战争中，地方因素仍然发挥着微妙而深远的影响[②]。换言之，在相当长的时期内，时人都是在中央衰微的情形之下持续呼吁着地方力量的加强，且在很多时候并不刻意与"大一统"相对立（虽然不乏与实际的中央政府相抗衡的意味）。这一现象值得研究者加以注意。

从更大的范围来看，马克思曾经在现代社会中观察到"以时间消灭空间"的现象[③]，类似的状况也为近代中国的士人关注。不少人在看到铁路以后都联想到了传说中的"缩地术"，康有为即认为铁路"可缩万里为咫尺，合旬月于昼夜"，更注意到了电报这样的新式通信工具对加强国家力量的意义[④]。相比之下，一个未能实现"空间压缩"的近代中国，在无形之间就显得更为庞大。杨庆堃在20世纪40年代甚至提出，现在国人无条件地将幅员广大当作一件值得骄傲的事，是不对的。即使是在现代交通运输系统初步建立起来以后，"中国幅圆［员］的广大，还是国家经济政治组织的一个难题，还未曾能够象征国家政治经济上有组织的潜力"[⑤]。可以说，如

[①] 王亚南在《中国官僚政治研究》中即认为自鸦片战争开始出现了"政治上的离心运动的抬头"（上海：时代文化出版社，1948年，第261页）；不少研究者也认可晚清政局中存在的"内轻外重"。李细珠最近的研究则对此说法提出了修正。参见李细珠：《地方督抚与清末新政：晚清权力格局再研究》，北京：社会科学文献出版社，2012年，第12章。

[②] 罗志田：《乱世潜流：民族主义与民国政治》，上海：上海古籍出版社，2001年，第199～200页。

[③] "资本按其本性来说，力求超越一切空间界限。因此，创造交换的物质条件——交通运输工具——对资本来说是极其必要的：用时间去消灭空间。"《1857—1858年经济学手稿》，《马克思恩格斯全集》第30卷，中共中央马克思恩格斯列宁斯大林著作编译局译，北京：人民出版社，1995年，第521页。并参见大卫·哈维：《巴黎城记：现代性之都的诞生》，黄煜文译，桂林：广西师范大学出版社，2010年，第4章。

[④] 康有为：《上清帝第二书》（1895年5月2日），《康有为全集》第2集，北京：中国人民大学出版社，2007年，第38页。

[⑤] 杨庆堃：《中国近代空间距离之缩短》，《岭南学报》第10卷第1期，1949年12月，第151～160页。

何"想象国家"①，尤其想象中国这样一个大国在此时开始出现了一定的困难。正因为如此，类似于前引钱穆封建论，或者至少类似顾炎武"寓封建之意于郡县之中"的，一种通过地方来保证中国的观点开始出现。对于一部分人而言，要建设一个真实的、可体验的国家只能从最基本的单位做起。

晚清不少加强中央集权的努力，正是感到中央力量之于整个广大国家的无力。康有为提倡变法时，就感到中央的力量难以及于地方。在他的上书中提出，"中国大病，首在壅塞"。同样的政策，"外夷行之而致效，中国行之而益弊者"，就是因为中国的"上下隔塞，民情不通"。他注意到，当时"以一省千里之地，而惟督抚一二人仅通章奏；以百僚士庶之众，而惟枢轴三五人日见天颜"。因此，"君与臣隔绝，官与民隔绝，大臣小臣又相隔绝"②。要实现变法就必须改变这种上下不通的状况。

康门弟子欧榘甲又进一步阐发了这样的意义。他认为中国各省之间"不相闻问，不相亲爱"，"此省之观彼省也，与秦人观越人之肥瘠，无以异也"。各省之间的感情既然如此疏远，"中国之名"对于时人来说，也就是"泛而不切，尊而不亲，大而无所属，远而无所见"。不过他提出，既然现状难以改变，不如顺其情，"各省先行自图自立"，最后"公议建立中国全部总政府于各省政府之上"。他特别提出，"一省自立，各省得以感动奋起，不致如泛言中国，各存观望而无实志"。③换言之，欧榘甲感到，"中国"这样的大词，对于时人而言已经显得太过空泛，只有可以切

————————

①　这里所谓的"想象"借用了安德森的说明（《想象的共同体：民族主义的起源与散布》，吴叡人译，上海：上海人民出版社，2003年，第6页），想象不是捏造与虚假，而是创造与发明。不过安德森的研究集中于出版事业、社会调查等构建了现代民族国家的因素（他也特别说明了中国这种"古典的共同体"的差异）。而中国传统读书人以"天下士"自居，本不待这些现代手段而有着想象天下国家的能力。参见罗志田：《近代读书人的思想世界与治学取向》，第37～40页。同时，方平在《地方自治与清末知识界的民族国家想象》（上海市社会科学界联合会等编：《"辛亥革命与中国近代化"学术讨论会文集》，上海：上海人民出版社，2012年）一文中，已经使用了"想象"一词来讨论清末民初地方自治中的国家想象问题，但所论主要集中在"省制"与"省界"，与本文的侧重点有所不同。

②　康有为：《上清帝第二书》（1895年5月2日），《康有为全集》第2集，第44页。

③　太平洋客（欧榘甲）：《新广东》（1902年），张枏、王忍之编：《辛亥革命前十年间时论选集》第1卷上册，第269～270页。

身感受到的"省"，才能够引起人们的真实情感。类似的想法在当时并非欧氏独有。有人就借用了国家与社会相冲突的观念，认为只有实行地方自治，让对于地方事务"谋之最亲切"的人来参与公共事务，才能形成国家与社会的有机关联。①

这一时期地方自治的推行可以说已经成为朝野共识。赵尔巽也说，"近世交通日繁，地方政府日赜"，"东西列国，皆使地方之人任地方之事，事无不举，而地方以治，政府所设之官吏，仅监督焉而已"。② 从实际治理的角度来说，大家都感到政务繁多，必须通过更"地方"的方式来实现治理。当时立宪派的熊范舆也认为，"以吾中国之大，一旦政体改革后，苟非亟图地方自治，则中央行政必无由统一全国而控驭之"。不过他还特别说明，现在"省界之竞争"已经逐渐出现，若不能以国会的方式让人民参与到"国中全局之行政"，"吾恐地方之见愈深，而全国内部，且将有分裂之隐患也"。③

诚如斯言，此时一方面可以看到地方自治的呼声，另一方面，中央的统摄能力也已经相当衰微。有人即感到"吾国政府，朝发一令曰，宜率此而行，外省置之不顾也；夕下一谕曰，宜以此为戒，外省依然如故也。查询事件则迟延不复，提拨款项则借词抵抗"。当时外人亦有中国二十余行省如同二十余国之讥，这位作者也感到中国"一政府中，已分十数国；一省之中，又分数十百国。势如散沙，徒有此广土众民之虚名耳"。④ 这种广土众民已成虚名的感受，既是对于中央实际控制力量衰微的喟叹，也提出了一种需要以新的方式体认国家的要求。一位四川的作者即认为，地方自治既有不受国家干涉的"离心力"，同时又"实能佐官治之不及，并能导

---

① 攻法子：《敬告我乡人》（1903年），张枬、王忍之编：《辛亥革命前十年间时论选集》第1卷下册，第498～499页。

② 《盛京将军赵尔巽奏奉天试办地方自治局情形折》（光绪三十三年三月十八日），《清末筹备立宪档案史料》，第717页。

③ 熊范舆：《国会与地方自治》（1907年5月），张枬、王忍之编：《辛亥革命前十年间时论选集》第2卷下册，第878～884页。

④ 《论中国欲自强宜先消融各种界限》，《东方杂志》第4年第5期，光绪三十三年（1907年）五月，第88～89页。

国家于完全发达之域"，足以产生国家的向心力，因此具有建设性的一面。①

　　类似这种以地方来保证国家的思路在民国初年也持续存在。二次革命后，北京政府曾经尝试集权，但按照 1916 年杜亚泉的观察，各省与中央的关系"几与联邦无异"。对此杜亚泉认为，"集权与分权以相对而存立，必有分权于地方者，而后其集权于中央者乃得超然于地方性质之外"。否则，中央在名义上集中一切权力，事实上"中央性质与地方性质，仍含混不明，地方性质转得窜入于中央政务中以益张其势力"，反而不如"于二者之间取相当之标准"以明确界限。他同时提出，就现状而言，"集权政策将因之顿挫，分权势力将因之膨胀"已经成为明显的趋势。但就中国现状而言，极端的集权固然不能，极端的分权也不可，因为"分权太甚，对外之势力益弱，且各省之间难保不发生冲突，至破坏国家之统一也"。②

　　对于这样的趋势，李大钊在 1917 年有所感应。他认为："最近世界政治之趋势，向心主义之势力日见缩减，离心主义之势力日见伸张，此为不可掩之事实。"所谓向心力，就是中央集权的倾向，"而自治、民治云者，亦即基于离心主义以与之对立而反抗也"。既然近世文明就是"解放之文明"，近世国民运动亦为"解放之运动"，如果此时还试图加强中央集权，则无异于"逆乎世界之趋势，反乎时代之潮流"，结果必然是"向心力之伸张愈亟，离心力之反抗愈烈"，以至为之牺牲。因此他提出，"愿东方之政治当局，稍顾世界离心主义之大势而自觉省焉"！③李大钊的说法，当然有此时袁世凯称帝的背景，但这一想法大致为当时不少人分享，联省自治的流行即为显证。两年后李大钊仍然认为，"现在的时代是解放的时代，现代的文明是解放的文明"。因此既有"人民对于国家要求解放""殖民地对于本国要求解放"，也有"地方对于中央要求解放"。他特别说明，这种表面上的分裂，实际上是为了形成一种新的组织，一种新的联合。只有实行"联治主义"，才能保持各个

---

　　①　思群：《论地方自治》，《四川》第 2 号，日本明治四十一年（1908 年）1 月 18 日，第 57 页。

　　②　杜亚泉：《集权与分权》（1916 年 7—8 月），周月峰编：《中国近代思想家文库·杜亚泉卷》，第 299～300 页。

　　③　李大钊：《政治之离心力与向心力》（1917 年 4 月 29 日），《李大钊全集》第 2 卷，中国李大钊研究会编注，北京：人民出版社，2006 年，第 141～142 页。

国家、民族和地方的个性自由，造成"适于复杂、扩大、殊异、驳杂生活关系的新组织"。他甚至提出，此时的中国就是要抛弃旧有的"统一癖"，才能实现新的国家组织。①

按照这样的看法，中国"广土众民"的传统不仅成了难以想象的过去，甚至也是不合于世界大势的"东方"陋见。李大钊这一观点当然有着特别的思虑，也在此后的一段时间内不乏响应者，此不深论。但要特别看到的是，即使是在李大钊明言"离心主义"，明确要求放弃"统一癖"时，他的最终目的仍然是要实现一种更真实的、新的国家组织。他所谓的"适于复杂、扩大、殊异、驳杂生活关系的新组织"，实际上正是要求超越旧有的简单粗暴的"统一"形式，去建立和体认一种更丰富的，或许已经超越了现代民族国家的组织形态。

与中共一度接近的张东荪在对于"劳农主义"的反对中甚至也以这种分治的趋势作为理由。在张东荪看来，政治的"新趋势是分化"，"由国治降为省治，由省治降为县治"，在这种趋势之下，统一的政令难以发挥作用。②

直到国民政府统一全国以后，不少人仍然感到中国的幅员广大是政治活动的不利因素。《大公报》的社评就认为，"中国幅员广阔，世界无伦。一国之中，文化交通，与夫国民生活状态，多者有百年以上之差别，少亦有二三十年之距离"，因此"运用政治之繁杂困难，实较任何国家为甚"。其中并特别说明，"今政府偏处东南，而东北西北，实为内政外交种种隐患之中心地点"，此前中东路的事件便是中央对地方情形隔膜所致。记者虽然并未提出联邦制的主张，但仍婉转提出，如果要实现"国家真正的统一，有效的集权"，对于地方情形尚需加以重视。③

---

① 李大钊:《联治主义与世界组织》(1919 年 2 月 1 日)，《李大钊全集》第 2 卷，第 282～284 页；李大钊:《统一癖》(1919 年 4 月 6 日)，《李大钊全集》第 2 卷，第 326 页。

② 张东荪:《现在与将来》(1920 年 12 月 15 日)，蔡尚思主编:《中国现代思想史资料简编》第 1 卷，杭州：浙江人民出版社，1982 年，第 621 页。

③ 社评，《如何实现有效率的政治》，《大公报》1930 年 10 月 26 日，第 1 张第 2 版。

简言之，自晚清开始，不少人已经感受到一种对于国家真实性的焦虑。① 他们感到在这样幅员辽阔的国家中，中央政府难以实现真正有效的统治，国民也难以培养起真正的爱国心；这一时期中国相对落后的交通、通信手段更使得这种"大而无当"感在心理上加强。因此，当这样的国家难以维持的时候，不如暂时先放弃勉强的"统一"，转而从个人更容易切己体会到的单位出发，逐步培养出真实、亲切的国民的新联合。在这种思路之中，既有人将"省"作为基本的自治单位，也有人基于这种思路，对于自治单位提出了不同的构想。

三、从基本单位了解社会的构想

早在晚清关于地方自治的提倡中，清查户口就被视为了解基层社会的重要政策。光绪末年有人认为，"人无智愚，政无新旧，有一事焉，为今日所宜兴办而绝无反对之理由者"，即为"清查户口"。"教育何以强迫，禁烟何以厉行，征兵何以定制，租税何以配赋，商工业何以振兴"，这些涉及"国民之权利义务"之问题，都"莫不以清查户口为始基"，甚至"一切新政，观其结果以为断"。② 也有人感到筹备地方自治必须从调查入手："欲知地方住民之地位何若，不得不调查地方住民之于农工商三者之隆替，斯于自治前途，亦得配当如何之政策。"③ 梁启超在其《新中国未来记》中，甚至将调查国情作为未来建国的基础。他认为"我国幅员太广，交

---

① 查尔斯·泰勒在《现代性之隐忧》（程炼译，北京：中央编译出版社，2001 年，第 16～28 页）中提出了现代性对于真实的一种固执与焦虑。他的研究虽然着重于自我认同方面，但仍然具有启示意义。陈独秀在 1918 年提出《偶像破坏论》的时候，即以"真实有用"作为判断的标准，其中"国家"正是其认为不够"真实有用"的一个例子（《独秀文存》，卷一，上海：亚东图书馆，1934 年，第 229～230 页）。

② 《清查户口问题》（录丁未二月初三《南方报》），《东方杂志》第 4 卷第 4 期，光绪三十三年（1907 年）四月，"内务"栏，第 149～152 页。

③ 雨：《论筹备地方自治之必要（续）》，《申报》宣统元年十二月廿三日（1910 年 2 月 1 日），第 1 张第 4 版。

通不便，动如异域"，加以"政府亦向无统计报告之事"，"故国民于一国实情，始终懵焉"。他要求当政者不妨"置委员若干人，以十年之力，遍游各省。上自都会，下至村落，无不周历。调查国情，随时报告，共资研究"。[①]

不过，也有人提出，社会调查"诚今日最切要之事"，但调查"必有其专学焉，有其常识焉，然后可以达此目的。今日我学界青年，果有堪任调查之资格与否，吾不能无疑也"。因此他提出两条方案："宜为一调查学会，着译统计学之书，言其理法，而因以售诸从事于调查者，此一事也。更有力量，则为一调查学校，或调查讲习会，聚深通此学之人而授之。速成者数月可卒业，然后分入内地，此又一事也。"[②]按照这样的设想，社会调查大概"十年之力"尚难以完成，与当时激进、迅速的变革风气存在着微妙的差异。

关于中国早期的社会调查，学界一般接受的是李景汉的观点，"中国近来有了社会调查是受了欧美社会调查的影响"。李景汉以陶孟和对于北平洋车夫生活状况的调查为中国社会调查的第一步。[③]张世文则认为："吾国社会生活情况最早的研究，均系在华的西国传教士与在我国政府机关服务的外国官吏开始作的。"[④]实际上随着新政的展开，清政府已开始设立调查机构，甚至"在实际操作层面，清政府每有重大举措，都强调必须先调查"。[⑤]因此张謇说："我国农工商之有统计也，自前清光绪二十九年始。"[⑥]

然而按照杜亚泉的回忆，晚清已经开始励行的调查事业存在诸多问题。"当时

① 梁启超：《新中国未来记》（1902年11月—1903年1月），《饮冰室合集·专集之八十九》，第10页。

② 《调查会之关系》，《新民丛报》1903年汇编本，第838页。

③ 参见李景汉：《中国社会调查运动》，《社会学界》第1卷，1927年6月，第80～81页；并参见陶孟和：《北京人力车夫的生活情形》，《孟和文存》，上海：亚东图书馆，1925年。

④ 张世文：《农村社会调查方法》，上海：商务印书馆，1947年，第10页。

⑤ 最近有研究者注意到，在晚清的《农学报》上已经出现了关于地方土产的调查报告，留日学生团体也开始成立社会调查组织。参见李章鹏：《清末中国现代社会调查肇兴刍论》，《清史研究》2006年第2期；年永如、许小青在《社会调查真开始于民国吗？——以清末社会调查为中心探讨》（《甘肃社会科学》2008年第2期）中也认为，晚清留日学生回国后多重视社会调查，并开始在报刊上开辟专栏发布。

⑥ 农商部总务厅统计科编纂：《第一次农商统计表》，"序言"。

除各省均设统计专局外，并令各机关分任其事，颁发表式，不下数百种，名目繁冗，条款纷歧，即极琐屑之事物，亦责令填列数目，而且克期课效。凡他国经百十年而始获有之成绩，吾国乃欲于短时日间蕲得之，于是任事者不得不虚构意造，以图塞责。故清季之统计，徒糜巨款，绝鲜良效。"杜亚泉认为，中国本来"地大物博，难得真相"，加以此时"人才经济，两皆缺乏"，因此，"调查事项，不宜百端并举，应择其最关紧要者，先事考察，然后递及其余"。他尤其提出，在调查中应该"但订简易之条例，不设繁重之表格"，"令各地之任调查者，就所闻见，随事报告"，并且"由总会定期刊布报告书，俾国人随时可以购阅，不必俟调查完竣，始行公布"。杜亚泉认为，如此"十数年之后，国中紧要之事项，必能次第查明，虽非完全之统计书，而其实用，较之但尚形式，多列表格者，当必远胜"。这里可以看到的是，晚清朝野对于调查的认识，已经受到了现代社会调查文类的重要影响，尤其表格的滥用，给杜亚泉留下深刻印象。

同时杜亚泉也提出，现行的社会调查尚需要深入乡间。"鉴于吾国地方情愫之暌隔，虽同在一邑之中，而彼此漠视，几如秦越，往往有此乡之物产，彼乡不明其制造之法，彼乡之农作，此乡不详其培养之方者"，待地方自治普及以后，"应由各县之自治机关，调查境内各乡之情形，征集各乡人民之报告，无论天然物产，人造工艺，以及教育卫生诸事，与夫特别之风土人情，苟有足资仿行或研究者，均一一搜罗，刊布报告，通行各乡"。以此，各乡之间"沟通声气，交换知识"，再通行于一县、一省以至全国，"亦足为国内调查之臂助也"。①

此后，陈长蘅则批评，虽然外国学者大都称赞"宣统二年的户口调查为有清一代调查最确之数"，但这实际是因为"实外国学者对于宣统二年的调查，大都预怀成见"，他们以为"宣统年间满清政府挂了一块预备立宪的金字招牌，因为要办选举，遂不得不认真调查户口"。但实际上"我们人人皆知满清末年所挂的预备立宪招牌，无非用以撑持门面"，因此调查结果并不可靠。②后来曾经主持农业统计工作

---

① 杜亚泉：《国内调查》(1917年9月)，《中国近代思想家文库·杜亚泉卷》，第402～404页。

② 陈长蘅：《中国人口总数的新推测》，《统计月报》第1卷第3期，1929年5月，第3页。

的张心一也批评，即使是民国成立后农工商部进行的农工商情况统计，其基本材料也"全靠由地方官厅或商会农会等征求而来，并没有根据切实的调查，所以数目往往离奇，屡经各方面指摘"。[①]

曾在国民政府立法院统计处担任处长的刘大钧对于民国元年的户口统计也有过检讨。"依我国旧时法令规定，'户'之一字，非指天然之家庭或经济上之家庭，盖指一宅内所居之人数而已。"因此对于户数的统计多有偏差。他尤其注意到"蚩蚩愚民惑于迷信，不肯以儿童之数目名字相告"，在浙江金华就曾经发生过因调查儿童姓名"，激起暴动的事件，"卒致殴辱调查员而驱之村外"。但他也认为"多报男丁之数，则诱致此事之动机殊少"，胡适曾以为"统计上若多载男丁数目则该地人士在国会中当多占席位"，刘大钧认为此想法纯为"各省县之当局及政客"所有，"非所语于一般之民众"，并以数省"所报人口均较立法者所估计之数为低"为之证明。[②]

通过当时专业学者之检讨可以看出，社会调查本是希望缓解对中国"地大物博，难得真相"的焦虑，但受到实际条件的限制，社会调查对于求得社会真相的助益此时又极为有限。这也使得时人对于了解社会的要求出现了"为学日损"的倾向，逐渐走向了更加基层的和基本的社会单位，即乡村。此时对于地方自治的讨论也受到这一思路的影响，从省市这样较大的单位逐渐向乡村这一最小单位倾斜。

孙中山在 20 世纪 20 年代曾集中批评了省治的主张。他注意到，当时有不少人主张民国采用联省自治：或说小国寡民可以中央集权，地大民众的国家则需要地方分权；或说中央集权易造成专制，地方分权方适于民主制度。对此孙中山驳斥说，联省自治讨论的只是权力分配的问题，与主权在民无涉。他又进一步提出，只有实现分县自治，才能实现人民的直接主权。[③]他同时在另一篇文章中还指出，现在的联省自治只是"分中央政府之权于地方政府，并非分政府之权于人民"。而县作为国家行政单位的最初级，"史称知县为亲民之官"，只有从县自治做起，才能培植民

---

① 张心一：《江宁县农业的调查》，《统计月报》第 1 卷第 4 期，1929 年 6 月，第 29 页。

② 刘大钧：《中国人口统计》，《统计月报》1931 年 11—12 月合刊，"国际统计会议专号"，第 20 ～ 32 页。

③ 孙中山：《中华民国建设之基础》（1922 年），《孙中山集外集》，陈旭麓、郝盛潮主编，上海：上海人民出版社，1990 年，第 32 ～ 35 页。

治的切实基础。他更提出："自治团体愈多而愈佳，自治区域愈小而愈妙。""吾国青苗、保甲，本具自治之雏形，乡约、公所不啻自治之机关。"以县自治来养成人民参政的习惯，"庶共和无躐等之讥，民治有发扬之望"。①

如孙中山所提及，就官制与行政单位而言，省究竟应被视作国家还是地方行政单位，本来长期就存在着不小的争议。②如果以省作为中央的派出机构，省自治即使实现也难以视作地方自治。而从中央集权的角度出发，省权的扩张足以形成具体的威胁，而相对抽象的"地方自治"却未必足惧。1908年清廷颁布《城镇乡地方自治章程》，即仿效日本成例，以城镇乡为最基本的自治单位，其中规定"凡府厅州县治城厢地方为城，其余市镇村庄屯集等各地方，人口满五万以上者为镇，人口不满五万者为乡"。③康有为虽然不赞成省权的扩张，甚至稍后有"废省论"的提出，却同样希望以地方自治培植国家的基础。他说，"民者国之本，乡者治之本"。中国本有乡治的传统，今日要推行地方自治，如果"因乡邑之旧俗，而采英、德、法、日之制，可立推行矣"④。究竟应该以省为自治单位，或者应该以城乡作为地方自治单位，其中当然有着对于现实政治的考量。康有为一方面要求"废省"，另一方面则赞美传统的乡治，就是因为后者与加强中央集权的主张并不矛盾。而孙中山在维持单一制国家体制的要求之下，也并未将省视为地方行政单位，转而提倡县自治来保证民权。

在前述孙中山的言论中，还有一处特别值得注意，即所谓"自治区域愈小而愈妙"。这一想法暗中呼应了古希腊政治学的主张，也在民初思想界中不乏回应。稍

①　孙中山：《发扬民治说帖》，《孙中山集外集》，第36～38页。该件未署时间，编者置于1923年。

②　参见关晓红：《清季外官改制的"地方"困扰》，《近代史研究》2010年第5期；类似的讨论一直持续到20世纪30年代。参见谢从高：《联省自治思潮研究》，北京：中国社会科学出版社，2009年。

③　《城镇乡地方自治章程》，该文第2页。

④　康有为：《公民自治篇》（1902年），张枬、王忍之编：《辛亥革命前十年间时论选集》第1卷上册，第179～186页。

早有人就说，"地方之域愈小，则自治之体愈真"①，大致可以作为这一思路的概述。事实上，如果要以"真实体认"为标准，"中国"固然可能大到难以培养真实情感，"省"也绝非一个小的区划单位。时人对于自治单位的讨论，在一定程度上也就呈现了"损之又损"的倾向。民国肇造，省自治的呼声持续高涨，但与孙中山前述言论相似，有人即从真实性的原则出发，认为省自治并非真正的地方自治。1917 年在湖南有人提出，目前大家提倡省自治，实际上只是"夺一主统治之权，而畀全国多数野心家寇攘力夺"。如果要实现真正的地方自治，必须从最基层的单位做起。先解散省县议会，建设最下级的市、乡、村自治，"使各市乡村以其公有财产，从国法所许而自办理其公益之事"，再进而建立县议会、省议会。②

陈独秀曾经赞成过南北分治，到了 1919 年则开始感到自己主张的"卤莽灭裂"。不过他特别说明，自己反对南北分治，是因为分治没有切实的基础。此时提倡地方自治的人，"虽不迷信中央政府，却仍旧迷信大规模的省自治和县自治"，而没有努力去培养民治的基础。他认为，"大规模的民治制度，必须建筑在小组织的民治的基础上面，才会实现"。要像美国一样，"由人民自己一小部分一小部分创造这基础"："乡间的地方自治，从一村一镇着手，不可急急去办那一乡的自治；城市的地方自治，要按着街道马路或是警察的分区，分做许多小自治区域，先从这小区域着手。"③稍后邓初民也认为，日前大家对于自治的争议仅仅是"大规模的省治"，是"地方政府对于中央政府之分治问题"，有人出来讲乡村自治，正是为了"矫省自治不澈［彻］底之弊也"；基本赞同了前面陈独秀的说法。④

这种以真实、彻底的民治为诉求，从最小的区域单位出发实现自治的想法为当

① 菀：《论地方自治（续）》，《申报》光绪三十三年十一月十一日（1907 年 12 月 15 日），第 1 张第 2 版。类似的想法甚至在柏拉图和亚里士多德那里都能找到源头。前者理想的城邦人口数量为 5040 人，亚里士多德则要求公民彼此认识。参见张庭伟、田莉主编：《城市读本》（中文版），北京：中国建筑工业出版社，2013 年，第 41 ～ 42 页。

② 息盦：《上大总统国务总理请筹办下级地方自治书（续）》，《大公报》（长沙）1917 年 2 月 5 日，第 1 张第 2 页。

③ 陈独秀：《实行民治的基础》（1919 年 11 月 2 日），《独秀文存》卷一，第 377 ～ 383 页。

④ 邓初民：《自治单位问题与其实施之初步》，《东方杂志》第 18 卷第 2 号，1921 年 1 月 25 日，"读者论坛"，第 99 页。

时不少人分享。杜亚泉在五四前即批评，中国的社会团体缺乏凝聚力。他以比较的方式提出，"西洋社会内有种种之团体……皆为一团体而成一种之人格，对于他团体为权利义务之主体"；而我国社会内，"无所谓团体"，"城镇乡者，地理上之名称；省道县者，行政上之区划。本无人格的观念存于其间"。①杜亚泉从"人格观念"比较的中西团体虽过于概括，而其核心概念则在于是否具有"权利义务之主体观念"，又颇合于稍后地方自治的设想，即地方团体是否具有独立运作的能力。此外，杜亚泉也在从乡村社会寻找传统礼治的实践遗存。如他对于"会"的研究，认为"会"是"合神社及聚食会为一事，为农村联络情愫及时行乐所不可少之举"。他尤其注意到"现时神社之聚食，虽与古制有殊，然不外乡饮酒及蜡祭之遗意"；同时"乡人平居所食，多系淡泊，烹羊刨羔，非独力所能胜，借此会食，一饫肥甘"。因此，举行这样的神会，可以使乡人"精神口腹，均得慰藉，亦农村娱乐之良法"。②

不过，杜亚泉的观察着眼于中西文明差异，叶楚伧则将问题聚焦于自治单位的大小。他认为，"中国民权不发达的最大原因，在单位检定的错误"。国家行政单位仅止于县，县以下则无所见，是"将官治的单位，移挪到民治的地方行政上，自然民治到今不会发达了"，所以要从乡村、街道开始，作为民治的单位。③唐绍仪更认为，中国的政府重心与西方不同。西方人一谈到政治，即涉及国家、总统、军队、国会等等，而中国人的政治则是偏重于家庭、乡村、里间，更关注"社会结构中最小之单位"。民国创建以来，正是因为忘却了这一原则，"而以西方一切政制移植于吾国"，造成了诸多问题。他特别感到，自己行事四十余年得到的最大教训即为，"中国之事，苟不能行于一地方者，即决不能推行于全国"。"地方公意及习惯"的力量，实际上远大于中央号令。因此他提出，"治中国者，乃乡村，而非首都也"。④

梁启超在1927年计划写作而未实际完成的《中国文化史》中，也有类似的看法。他认为，"欧洲国家，积市而成；中国国家，积乡而成。故中国有乡自治而无

① 杜亚泉：《静的文明与动的文明》（1916年10月），《中国近代思想家文库·杜亚泉卷》，第316页。
② 杜亚泉：《农村之娱乐》（1917年3月），《中国近代思想家文库·杜亚泉卷》，第355页。
③ 叶楚伧：《新村与新市》，《新中国》第2卷第1期，1920年1月，第20页。
④ 《唐绍仪主张委员制谈片》，《申报》1923年8月17日，第3张第10版。

市自治"。他还特别提到，这种乡治以宗法为基础，"以极自然的互助精神，作简单合理之组织"，与地方官交涉极少。而清末将日本的自治条规加诸乡邑，却是以"官办的自治"代替了旧有的乡自治，"固有精神，泯然尽矣"。[①]换言之，中国社会本有一套地方自治的实践，反而因为国家推行的地方自治破坏殆尽。其中注意到的国家与社会的冲突颇值得注意。这种着眼于最小、最基本的单位的思想更被村治的主张者发挥。王鸿一就说，"乡为亲者近者，国为疏者远者。其所亲近者薄，而其所疏远者厚，未之有也"，秦汉以后中国政治走入了歧途正源于此。他因此提出"国家根本大政在农村，治道之正当起点亦在农村"，因为必须以村为单位，才能真正"运用选举考试两权以为选材之方法，而谋治权之公开"，"政权始有真实之意义，治权始有正当之轨道"。[②]米迪刚也提出："无论你有多大学问，是什么大学毕业，都必先当村长，而更必把村长的事办好，才能做到县长，由县长而省长，而国长（即大总统），步步都是如此规定于宪法。这样位置愈高，经历愈多，民间的疾苦亦愈知其详，办起事来便不致胡闹。"只有大家重新体认中国的村治传统，才能保证"专制的皇帝便专制不了"。[③]

后来在乡治基础上提出"乡村建设"的梁漱溟进一步系统表述了这种看法。在1927年与李济深的谈话中，梁漱溟就提出，中国在近期仍然将不得不保持分裂的小局面，在此之前任何超越个人的"法"或者"党"都无法建立起来。"在每个小局面中握有权力者，下焉的便为祸于地方，上焉的或能作些个建设事业。"他因此寄希望于李济琛在广西能实行乡治，不仅为地方建设做出贡献，更"能替中国民族在政治上、在经济上，开出一条路来走"。[④]后来梁漱溟又总结说，由于中国文盲率高，只有在人数少、区域小的范围内办起事来，尚可以"略具民治精神"。"而建设民治的国家，尤其象［像］中国这样广土众民的大国家，直为不可想象之事。"他尤其提出，"中国人之不注意政治，并且没有国家观念"，就是由于"交通太不发达，而

---

① 梁启超：《中国文化史》（1927年），《饮冰室合集·专集之八十六》，第52～61页。

② 王鸿一：《建设村本政治（续）》，《大公报》1929年4月11日，第4张第14版。

③ 米迪刚讲演：《三十年来村治经验谈》，《乡村建设》第1卷第1期，1931年10月1日，第6～8页。

④ 梁漱溟：《主编本刊之自白》，《中国民族自救运动之最后觉悟》，第19页。

国土太大"。"大的直仿佛没有边，在内地人民的感觉上，实在不能不麻糊了，——他看不到国在那［哪］里。政治上无论怎样大事件，他亦听不到；或者听到，亦是不知过去好久了。"这样"目不及见，耳不及闻"，大部分国民"又是一个不会利用符号智慧，而专靠感觉的人"，"则试问将何从使他们知有国家，注意政治邪？"即使是其中有一些"有意见主张者"，"以国之大，人之多，交通之不便，其力量亦难有什么影响达于国家政治，不能有影响"，甚至要选举也会因为路程遥远甚感不便。因此这些人并非不愿意过问政治，"盖物质条件，实在教他无法过问也"。乡村建设，就是要从他们可以感受、影响到的基本单位出发。①

四、从乡村出发的国家想象

然而，与晚清以来地方自治的呼声伴随的，却是民族国家的一系列危机。外有列强窥伺，内有蒙藏自治的危险，使得不少人感到此时重要的不是"分"而是"合"，因此警惕于此时省权的扩张。刘师培在 1906 年即认为，春秋时期本属"封建之世"，尚有"晋用楚才"的故事；现今在"一统之世"，"不能合全力以御外侮，徒斤斤于省界之争"，只会使得"人心愈离，群力愈涣"，因此不宜过于强调省界之说。②康有为在民国成立后不久也认为，"自共和以来，外蒙叛，西藏失，各省自立"；"政府号令不出于京门"，已无力束缚各省之自立。这种局面无异于"坐视其五千年之国自杀自缢"。因此他一反此时联省自治的思潮，要求"铲除各省之境域"，以实现"中国自统一，政府自有力，而后行政可措施，危亡乃可望救矣"。他特别说明，自国体改为共和以来，众人羡慕美国制度，试图实行联邦制。但中国与美国不同，中国本

① 梁漱溟：《我们政治上的第一个不通的路——欧洲近代民主政治的路》，《中国民族自救运动之最后觉悟》，第 128 ～ 129 页。
② 汉：《论省界之说足以亡国》，《申报》光绪三十二年十月廿三日（1906 年 12 月 8 日），第 2 版。

有宗族的传统，如果再实行联邦制，易造成封建之势，尾大难掉。[①]

这一时期更有人感到，中国现在的问题不是如何分权，而是如何去组织起这"一盘散沙"。湖南的秋尘即感到，此时"各省对于中央，未尝有秉命承教之心。各省自相对待，亦有各自为政之势，且极其黑暗之内幕"。这样的趋势还在层层下移，"微特中央不能统治各省而已，即各省亦不能完全统治其所属之州县。……流风所蔽，各州县亦互相效尤，省政府亦未如之何也。使长此因循，必由今日之藩镇政治而陷入土司政治，而国且不国"。[②] 此时省权的伸张实际上只是一种"部落主义"："我国本为统一制之国家，端赖各省有团结之能力。利害相同，守望相助，始能维持国家建设之精神"，如果强调省籍，"排斥他籍，俨同敌国，何异同室操戈，自残其类"。更重要的是，秋尘注意到，"我国各省文化，渐染有迟早之差，故国民程度亦至有文野之判。此皆有赖于互相师资，促其进化"。如果强调省籍，只会加深各省之间的差距，"阻碍国家及国民之进步"。[③] 湖南本是联省自治说最盛之地，这样的反思值得注意。还有人指出，联省自治的想法多来自美国联邦制的启示，而中国国民、国情与美国不同，"民智不齐、风俗不一"，难以假借。[④]

类似的观感和批评并不少见。1919 年杜威来华即感到，此时中国各省之独立已经非常显著，十八行省几如十八个独立国。"海陆军备，租赋田税，以及风俗社会，靡不各自为政。"[⑤] 陈独秀在 1922 年也指出，"中国的政象已经是超联邦以上的地方专权，不用再鼓吹什么联省联邦制了"。鼓吹联省自治，只会导致武人专权，"上有害于国家统一，下无益于民权发展"。[⑥] 不过，必须说明的是，这一问题也常常受到时局的影响。正如阮毅成在一篇文章所说，"夫地方制度一词，在我国制宪

---

① 康有为：《废省论》（1912 年冬），《康有为全集》第 9 集，第 358 ~ 360 页。

② 秋尘：《对于民国六年之希望》（社论），《大公报》（长沙）1917 年 1 月 3 日，第 1 张第 2 页。

③ 秋尘：《浙江事变感言》，《大公报》（长沙）1917 年 1 月 6 日，第 1 张第 2 页。

④ 息盦：《上大总统国务总理请筹办下级地方自治书（续）》，《大公报》（长沙）1917 年 2 月 3 日，第 1 张第 2 页。

⑤ 杜威：《中国政治杂评》，炎炎译，《大公报》1920 年 7 月 16 日，第 1 张。

⑥ 独秀：《联省自治与中国政象》，《向导周报》第 1 期，1922 年 9 月 13 日，汇刊本第 1 集，第 4 页。

史中，实包有无数之争辩与复杂之内幕"。[①] 同时，反对联省自治的人，未必不赞成地方自治。如上文提到的康有为与陈独秀，均是反对联省自治而支持更小单位的地方自治。这正说明，虽然认定的自治单位有所不同，必须要以较小的自治单位来保证大一统国家的思路却为不同立场的人普遍接受。这也意味着，李大钊所批评的"统一癖"在此时已经成为问题，中国大一统这一传统也需要重新的体认。胡适在20世纪30年代即提出，论者虽然以为省界是统一的阻碍，但是"二十余年前，中国的省界何尝不比现在更深？何以那时的省界无碍于统一呢？何以当日建立帝国的政治家能造出科举的方法和回避本省的制度，使省界观念反成为统一的基础呢？"[②]

依照这样的思路进一步思考，论者虽然认为中国交通不便，政府的力量难以及于基层，但倒回一百年甚至一千年，交通不便的程度更甚于当日，而传统政治伦理更有"民与官相忘"的倾向，与现代国家讲究的"控制力"相去甚远。这样一个国家（虽然难以用现代民族国家的定义来理解）能够维持着"五千年之国"（前述康有为语）的认知，实在值得注意。可以说，在一定程度上近代出现的这种对于"广土众民"的焦虑，正是接受了一系列现代国家治理观念的产物。一个国家必须要有确定的边界、有效的治理，国民也要对于国家有清晰的认识与真实的情感——在这种观念的反照中，传统长期维持着的庞大"中国"反而成为虚假与过时的幻象。因此，只有先从最小、最基本的单位出发，才能逐步培养起真实的、整个的现代国家观念，可以说是一种"非小无以见大"的思路。[③]

因此，到北伐以后，随着南京政府在形式上的统一，"乡治"的要求也再次出现。在1928年的广州政治会议上，梁漱溟即提出了一份《请办乡治讲习所建议书》，其中说明，"乡治一名词，实沿用古语"；其名虽古，"实充分涵有今日所谓地方自治之意

---

①　阮毅成：《将来宪法中之所谓"地方"》，《时代公论》第2卷第23号，1933年9月1日，第12～13页。

②　胡适：《武力统一论——跋蒋廷黻、吴景超两先生的论文》（1934年1月7日），《胡适全集》第22卷，季羡林主编，合肥：安徽教育出版社，2003年，第10页。

③　值得一提的是，从前引梁漱溟的观点来看，虽然他常常被视作偏向"传统"一边的读书人，但在这个问题上他的立场却并不"传统"。这也提示出现代国家观念在不同文化立场的读书人中普遍接受的程度。

义在内"，不妨以此"建设一种中国化的地方自治"。梁漱溟针对此前已经有所讨论的县自治，认为二者之间同中有异，"且非乡村自治寻出路径，立有基础以后，亦断谈不到"。同时，他还特别指出，因为"都市与乡村情形不同，工商业与农业性质殊异之故，二者尤不可以同语。命曰乡治，又以示市自治非此所及也"。这一观察提示出中国此时逐渐凸显的城乡差别，值得注意。在梁漱溟看来，"今日中国之问题，看似在都市，而实在农村"，此后以乡村建设闻名的梁漱溟，其思路正是要"以是解决农村问题"。①

还可以考虑的一点是，人类学家吉尔兹（Clifford Geertz）曾经提醒研究者注意"地方性知识"的存在，以此作为理解不同文化的基础，以及对于现代实证科学背后普适假设的警惕。②然而近代中国对于地方自治的关注，却正是在实证科学的直接影响之下，试图以基本的，可以切身感知的单位出发，重新建立一种国家观念。其中更出现了某种淡化地方差异，而将"地方"作为可推广、可复制的基本单位的倾向，可以说是一种"地方的非地方化"。但梁漱溟即提出："试验场也不过是个研究改良的机关，研究改良之后，不能推广也是白搭。"否则，"全国两千多县，三十多万乡村，如何能把各地的情形弄明白？"③前述各种"以小见大"的思路，一方面是认为非小的、基础地方单位无以见更大的国家，另一方面则相信可以通过小的单位推而广之，以某种规律来重新建立整体的、现代的中国。对于这种思路的反思试图提出，如何理解各个地区的差异，如何在各个具体的差异性中重新体认整个中国，更重要的是，如何体认中国长时期内"大一统"这一独特的传统，这些问题仍然值得思考。

---

① 梁漱溟：《请办乡治讲习所建议书》（1928年4月），《梁漱溟全集》第4卷，第828～829页。

② 参见克利福德·吉尔兹：《地方性知识：阐释人类学论文集》，王海龙、张家瑄译，北京：中央编译出版社，2000年，第八章。

③ 梁漱溟：《乡村建设大意》（1936年），《梁漱溟全集》第1卷，第715～716页。人类学家对这一问题也有所思考，弗里德曼即曾经提出不能以村庄研究的数量来堆积出一个中国。参见王铭铭：《人类学讲义稿》，北京：民主与建设出版社，2019年，第445页。

第三章　新村运动与民国早期的乡村想象

> 在都市里漂泊的青年朋友们呵！你们要晓得：都市上有许多罪恶，乡村里有许多幸福；……青年呵！速向农村去吧！日出而作，日入而息，耕田而食，凿井而饮。那些终年在田野工作的父老妇孺，都是你们的同心伴侣，那炊烟锄影、鸡犬相闻的境界，才是你们安身立命的地方呵！
>
> 李大钊，1919年

　　五四前后的新村运动，受到日本无政府主义者的影响，试图以"另立新村"的方式实现社会改造。它试图在"恶浊的社会"之外去实践一种全方位的新生活，并以类似的小组织为基础，建设其理想的世界。按照《五四时期的社团》中的介绍，这一时期在北京、上海等地，各种小组织颇为流行。① 但这种带有空想色彩的小组织生活很快失去了吸引力，不少参与者也转为早期农民运动的实践者。

新村主义在思想史上活跃的时间虽然并不长，但作为一种改造社会的思路，却具有长期的影响力；其中以"新村"作为其理想的寄托尤其值得注意。城与乡在中国传统文化中，从来都是两个富于象征性的概念。对于传统士人而言，乡居生活既代表了耕读传家的正当生活方式，同时也是士人远离市井和庙堂的意愿。正是在这样的乡村意象中，不少趋新的读书人在对社会政治感到失望的同时，也开始生出另觅田园的念头。新村运动在这一时期的流行，集中体现了城乡分离过程中现代知识分子的田园想象。然而这一想象本身就是一种切割社会空间，有意将乡村特殊化的做法。可以说，这些停留和聚集在都市的新式读书人对于乡村的想象和向往，正是现代中国城市化在思想界上演的第一幕。

一、民初读书人的"另辟新境"

1917 年，李大钊注意到，学生这一"社会最近所自造之阶级身份"，"社会反与

① 张允侯等编：《五四时期的社团》（一），北京：生活·读书·新知三联书店，1979 年，前言第 3 页。以此书为代表，新村运动常常被研究者视为共产主义思想传播的前奏（参见吴雁南等主编：《中国近代社会思潮 1840—1949》第 2 卷，长沙：湖南教育出版社，2011 年，第 3 章）。在路哲《中国无政府主义史稿》（福州：福建人民出版社，1990 年，第 222～224 页）中也讨论到关于恽代英与新村、工读互助社等小组织的情况。关于新村运动的研究还集中在几个主要人物与团体之中，如钱理群：《周作人传》，北京：十月文艺出版社，2005 年，第 185～193 页。苏文瑜进一步将周作人对于新村运动的兴趣作为一种与同时代人有所不同的反应。（《周作人：中国现代性的另类选择》，康凌译，上海：复旦大学出版社，2013 年，第 66～69 页。）就社团的研究而言，王波在对于少年中国学会的研究中注意到类似"小组织"的建立在其社会改造中的意义。（《少年中国学会的成立及前期活动》，北京大学硕士学位论文，2008 年，第 126～134 页。）潘正文则关注于新村运动中的一战后社会思潮中的泛劳动主义与互助主义的成分，认为这一运动对于文学研究会的结社有重要影响。此后文学研究会的创作特色，及其转向阶级文学，与此时社会思潮的激荡有密切关系。（《"五四"社会思潮与文学研究会》，北京：新星出版社，2011 年，第 1 章。）

为冰炭之质，枘凿之势"。一方面社会感到学生"于中国社会为无用"；另一方面，学生也感到所学"社会皆不能消纳之应用之"，只能"万派奔流以向政治之一途，仰面求人讨无聊之生活"，以致"精神性灵，日陷于悲愤之囹圄中"。因此李大钊呼吁："吾侪既于今日之社会为无用，则宜自创一种社会以自用。此之社会，即清洁勤俭之社会也。吾侪既于今日之生活为不适，则宜自造一种生活以自存。此之生活，即坚忍耐苦之生活也。"①

这种学生群体与社会的疏离甚至对立，在一定程度上延续着十余年前科举制度的废除对读书人的改变。② 传统读书人被视为四民之首，而新教育体系培养出来的新学生，却感到与社会势成冰炭，以至于要另创一种社会，非常值得注意。类似的看法并非李大钊一人独有。梁启超在 1916 年南洋公学的讲演中即提醒听众，在校时学生尚可保持人格，"若在社会，则恐有难言者矣"。"以今日中国不良之社会，苟以其身投入其中，殆必丧失此节操而后止，鲜有能自拔者。"梁启超的这一反思，固与稍早复辟时期不少读书人的积极参与有密切关系，但这种"新界人物，受社会恶浊之空气，丧失其节操"的观察，却体现出此类人物自外于社会的一面。③ 此后梁启超在另一次讲演中，又批评目前教育只是造就"纸的学问"，"其结果纸仍纸，我仍我，社会仍社会，无一毫益处也"；因此受教育者"反与社会全然断绝，欲再学，则时不再来，又自谓地位较高，不屑与社会为伍，以致自暴自弃，一无所能"。

梁启超还特别提出这种学校与社会不相容现象可能导致的危险："顽固者以为学校无用，学校中人则自谓纸的学问已不少，社会上何以不用，因而愤世嫉俗"，甚至形成"学校与社会，互相仇视"的局面。④ 传统的读书人本当有澄清天下之志，这种与社会"不相容"、自居社会之外的想法，已经有了现代专业知识分子的倾向。

① 李大钊：《学生问题》(1917 年 4 月)，《李大钊全集》第 2 卷，第 86～91 页。
② 关于科举制度的废除在四民社会和城乡关系中造成的影响，参见罗志田：《权势转移：近代中国的思想、社会与学术》，武汉：湖北人民出版社，1999 年，第 53～71、81～108 页。
③ 梁启超：《在上海南洋公学之演说词》(1916 年 12 月 15 日)，《〈饮冰室合集〉集外文》中册，夏晓虹辑，北京：北京大学出版社，2005 年，第 647 页。
④ 梁启超：《在教育部之演说》(1917 年 1 月 9 日)，《〈饮冰室合集〉集外文》中册，第 668～669 页。

而这一现象的另一面，则是李大钊所谓的读书人试图在现在的社会之外另造一种社会。蔡元培所谓"不作官"的北大，在一定程度上也出于这种对社会"风俗日偷，道德沦丧"的感受：正是因为社会充斥着"做官发财"的思想，"非根基深固，鲜不为流俗所染"，所以必须要将北大建设为一个"研究高深学问"的场所，以与流俗对抗。①

然而，此时梁启超、蔡元培等人应对"恶浊社会"的方法，尚偏向于"不作官"，而提倡道德自律与学术研究的进行；李大钊的想法则有所不同。在稍后的一篇文章中，李大钊即认为"中国人今日的生活，全是矛盾生活；中国今日的现象，全是矛盾现象"；只有"打破此矛盾生活的阶级，另外创造一种新生活"，才能求得身心的安乐。他特别提出，这种"另外创造一种新生活"，有着空间上的意义："中国今日生活现象矛盾的原因，全在新旧的性质相差太远，活动又相邻太近。换句话说，就是新旧之间，纵的距离太远，横的距离太近；时间的性质差的太多，空间的接触逼的太紧。同时同地不容并存的人物，事实，思想，议论，走来走去，竟不能不走在一路来碰头，呈出两两配映，两两对立的奇观。"②

如马克思所谈到的，现代世界的一大特征，即为时间压缩了空间。李大钊的这一观察，将梁启超等人注意到的新旧之间格格不入的"社会"具体化为空间的关系，是一个值得注意的见解。也正是因为这一洞见，在其对于社会问题的讨论中，他特别着眼空间上的解决方案。在上述讨论学生问题的文章中，李大钊即鼓励学生学习美国早期的拓殖精神："吾人试侧身北望，若东三省，若内外蒙古，若甘、新、青海、前后藏，其广员肥沃，视彼新大陆何若？"青年积极到边疆去，不仅可以"开辟新利源"，同时也能"消除从来之误解，杜绝外人之离间"，"真吾侪青年雄飞跃进之好舞台，努力奋斗之好战场也"。因此他希望学生不要"万派奔流以向政治之一途"，"日向正阳门以内浊尘泥途之中，讨此高等流氓之生活"③。

---

①　蔡元培：《就任北京大学校长之演说》（1917年1月9日），《蔡元培全集》第3卷，高平叔编，北京：中华书局，1984年，第6页。

②　李大钊：《新的！旧的！》（1918年5月15日），《李大钊全集》第2卷，第196～198页。

③　李大钊：《学生问题（二）》（1917年4月5日），《李大钊全集》第2卷，第90～91页。

类似以拓殖解决社会问题的思路此时并不鲜见①，但李大钊所注意到的社会空间的拓展与改变，尚不止于边疆。他更注意到，新式教育体系造成了学生的集中城市，使得"正阳门内"俨然成了一个特殊空间。传统城市与政治，尤其是官场本有着密切联系，历代读书人也常常以"不入城"作为恬淡志趣的表达。②李大钊提醒读者，要想远离恶浊的社会、黑暗的官场，就应该远离与之相依的都市生活。在对于俄国革命的考察中，他就认为，当年俄国民粹派所找到的"青年志士活动的新天地"正是"俄罗斯的农村"。因此，中国的青年也应该"到农村里去，拿出当年俄罗斯青年在俄罗斯农村宣传运动的精神，来作些开发农村的事"。李大钊向"在都市里漂泊的青年朋友们"呼吁："都市上有许多罪恶，乡村里有许多幸福；都市的生活黑暗一方面多，乡村的生活光明一方面多；都市上的生活几乎是鬼的生活，乡村中的活动全是人的活动；都市的空气污浊，乡村的空气清洁。"只有回到乡村，"那炊烟锄影、鸡犬相闻的境界，才是你们安身立命的地方呵！"③在另一篇文章中他又呼吁，"都会为罪恶之渊薮，少年为光明之泉源"，青春少年不妨在都会之外另觅新生活。④正如同他眼中官场与都市的联系，李大钊所向往的"乡村"，可以说同样是一个半带虚悬，试图远离恶浊社会、实现其新生活理想的特殊空间。

这种思路意味着，当新旧悬隔使得中国社会中出现了"多个社会"，甚至"多个世界"的时候⑤，对于与"现社会"疏离的新式读书人而言，乡村更容易成为其想象

---

　　①　比如蔡元培在一战时提倡输出华工，即认为可以解决"内地人民多求工不得之患"："今于法国方面，辟一侨工之局，不惟国中可以减少无业之民，而他日殖产兴业，尤大裨于祖国。视南洋群岛及美洲之华侨，可为比例。"蔡元培：《致各省行政机关函》(1916 年 4 月)，《蔡元培全集》第 2 卷，第 417 页。

　　②　尤其在明清鼎革之际，"不入城"更具有了反思和悔罪的意义。参见王汎森《清初士人的悔罪心态与消极行为》(《晚明清初思想十论》，第 204 ～ 210 页) 一文。其中还注意到了这种"拒绝城市文化"在近代的影响。

　　③　李大钊：《青年与农村》(1919 年 2 月)，《李大钊全集》第 2 卷，第 304 ～ 308 页。

　　④　李大钊：《都会少年与新春旅行》(1917 年 4 月 7 日)，《李大钊全集》第 2 卷，第 92 页。

　　⑤　1917 年教育部在训令学生不得加入政党时即明谓"生徒社会实超然于现社会之上"。[《教育部整顿教育之三大训令》，《大公报》(长沙) 1917 年 2 月 17 日，第 1 张第 6 页。] 类似的例子极为常见。更学理性的表述参见罗志田：《新旧之间：近代中国的多个世界及"失语"群体》，《二十世纪的中国思想与学术掠影》，广州：广东教育出版社，2001 年。

和创作的空间。这一倾向最具体的表现即为新村运动。在 1919 年，周作人拜访日本的日向新村的报道，使得新村运动一词广为人知。周作人对其中提倡的"人的生活"大加赞赏，认为是"建立新社会的基础"。其访问记在《新青年》披露之后，这种通过购买一小块土地，聚集一批志同道合的同志来实现泛劳动主义新生活的做法，引起了不少人的兴趣。① 如前引李大钊文章中所示，不少对于新村运动有兴趣的人，都怀有在都会之外"另创一种新生活的愿望"。华林即认为，"少年要与旧社会奋斗，不可不另辟新境遇，以求藏精蓄锐之地"，并认为"二十世纪，都市组织，不能适用。将来新生活的新社会，必从乡村生活改良起。所以'新村落'的自由集合，不可不注意"。② 如华林所注意到，日向新村正是要新造一个社会，"重在建设模范的人的生活，信托人间的理性，等他觉醒，回到合理的自然的路上来"。稍后的王统照也认为，现时生活中只有"虚伪、狡诡、陷害、争轧、骄奢、病弱、痛苦、死亡"；"没一个字不是人生的自杀，不是社会大纷扰的导火线"，因此社会改造势在必行。然而各种改造手段都"不能即时赤裸裸地另造一个新社会"；只有组织新村，"在今日的恶浊社会里，跳出去另有个新组织以营真正生活"。③ 这种跳出"恶浊社会"，另造一个新生活、新社会的想法，正是此时新村运动流行的思想基础。

和李大钊同在少年中国学会的王光祈即对于这一思路有所自觉。他感到，中国此时犹如一位病人，"我们要想改造中国这个地方必先变换这种污浊的空气……造成一个适于卫生的环境，然后才有病愈的希望"。④ 这种"造成环境"的想法，为少

---

① 参见周作人：《日本的新村》，《新青年》第 6 卷第 3 号，1919 年 3 月，本段引文参见第 266～273 页。潘公展即认为，自从周作人的文章发表之后，"中国人的脑子中已经有了'新村运动'的印象，讨论的也一天多似一天"。他即撰文介绍了英国的"新村市"（潘公展：《英国的新村市》，《东方杂志》第 17 卷第 11 号，1920 年 6 月 10 日）。稍早李大钊也对美国的宗教新村有所介绍。[李大钊：《美利坚之宗教新村运动》（1920 年 1 月），《李大钊全集》第 3 卷，第 151～163 页。]

② 华林：《新村落》，《时事新报》1919 年 6 月 25 日，第 3 张第 3 版，《学灯》。

③ 王统照：《美化的新村谈》，《民国日报·批评》第 4 号（新村号），1920 年 12 月 8 日，第 2 张。

④ 王光祈：《"少年中国"之创造》，《少年中国》第 1 卷第 2 期，1919 年 8 月，第 1～2 页。

年中国学会中不少人分享；其时所设想的如租种菜园、创立工读互助团等小组织，均体现了他们要在现实社会的"污浊的空气"之外，另造"一个适于卫生的环境"的努力。左舜生认为，"要和恶劳力［或为'势力'］奋斗"，必须先"自家去找一个立足地"："精神的立足地、学问的立足地、生计的立足地，都是必要的"。王光祈更因此进一步提出应该求得一个足以"避苦寻乐"的"生活根据"，以避免"一面与恶社会宣战，一面要又向恶社会周旋"，造成"不澈［彻］底"的态度。他建议，可以先在乡下租种菜园。"这个菜园距离城市不要太远，亦不要太近，大约四五里路为最宜"。会员中"不愿在都市上鬼混的"，均可以加入这项团体，从事读书、著述兼种菜，身心合一的生活。

当时学会中的宗白华，最为积极地鼓吹着这种小组织的建设。他认为，小组织并非消极的"高蹈隐居"，而是要"跳出这腐败的旧社会以外，创造个完满良善的新社会。然后再用这新社会的精神与能力，来改造旧社会"。因此，此类小组织的目的是要"使旧社会看我们新社会的愉快安乐，生了羡慕之心，感觉自己社事［当作'会'］的缺憾，从心中觉悟"，以此来"渐渐改革我们全国社会缺憾之点，造成了愉快美满的新社会，与新国家"。他特别说明，这种对于"少年中国"的创造，并非从武力创造，也不是从政治上着手，而是要"从下面做起"。"我们情愿让了他们，逃到深山野旷的地方，另自安炉起灶，造个新社会。"因此他号召青年们"脱离这个城市社会，另去造个山林社会"，这样才能"用新鲜的空气，高旷的地点，创造一个'新中国'的基础，渐渐的扩充，以改革全国的窳败空气，以创造我们的'少年中国'"。[①]

无论是宗白华所谓的"山林社会"，还是王光祈设想的"菜园"，都有着"非城市"的一面。而此时各种泛劳动主义小组织的出现，虽然并不特别针对城市生活，但其所体现出来的思想逻辑，也同样具有"另辟新境"的意义。1919 年 12 月，蔡元培等人发起工读互助团的募捐，希望能够达到一种"教育和职业合一的理想"，同时也"免得新思想的青年和旧思想的家庭发生许多无谓的冲突"[②]，可见工读互助

---

① 以上两段的数条材料均已收入《讨论小组织问题》，见《少年中国》第 1 卷第 2 期，1919 年 8 月，第 37～49 页。

② 蔡元培：《工读互助团募款启事》（1919 年 12 月 21 日），《蔡元培全集》第 3 卷，第 370～371 页。

团这种泛劳动主义的思想，也与新村一样具有避开社会现实的意义。王光祈更认为，以工读互助团的实验为基础，只要青年学生能够养成"劳动互助习惯"，"所有一切简章规约皆可废止"；"日出而作，日入而息，凿井而饮，耕田而食，帝力——政府——于我何有哉！"①这一观点固然有着浓厚的无政府主义色彩，却提示出以工读互助团为代表的一系列泛劳动主义小团体，都与新村运动一样，是一种试图脱离现实社会政治的设想与实践。

大致而言，以"新村"的理想为代表，此时青年学生所向往的新生活倾向于在旧社会之外"另辟新境"。这既是征伐以礼乐、不欲实行直接暴力革命的想法，但也体现出有意区别社会空间的倾向。当自觉与"恶浊社会"格格不入的青年学生试图"另辟新境"时，不少人所想象的"乡村""山林"，正是一个富于象征，但同样也与社会有所疏离的空间。这种想象以新村运动作为集中的表达，更提示出乡村这一社会空间在文化意义上的变化。它既受到读书人长期以来田园思想的影响，也体现着现代城乡分离过程中乡村那日益边缘化的一面。

二、五四前后思想界的乡村想象

必须说明的是，乡村的边缘化几乎是现代世界范围内存在的现象。自启蒙时代开始，城市化的过程就同时伴随着对于"自然"的发现。卢梭（Jean-Jacques Rousseau）曾经痛感"城市是坑陷人类的深渊"，并要求到乡村去"更新人类"。②中国文化长期存在的隐逸传统更加深着这一感受。对读书人而言，乡村本是远离市井与官场，实践耕读生活的场所；而在民国早期读书人的乡村想象中，又加入了不少

---

① 王光祈：《工读互助团》，《少年中国》第 1 卷第 7 期，1920 年 1 月，第 51 页。

② 卢梭：《爱弥尔：论教育》，李平沤译，北京：商务印书馆，1978 年，第 43 页。关于这样一种城乡想象参见雷蒙·威廉斯的《乡村与城市》（韩子满、刘戈、徐姗姗译，北京：商务印书馆，2013 年）一书。该书在开篇部分即对于现代社会对于乡村生活，尤其是一种连续的、传统的乡村生活想象的批判。

似旧还新的观念，甚至构成一整套富于乌托邦意味的设计方案。这种对于乡村的想象与热望，在一定程度上也呼应着此时读书人自我认知的危机与转变，使得此时的乡村想象在思想史上具有了特殊的意义。

乡村在中国文化中本具有半带虚悬的象征意味，尤其与耕读生活在社会中的正当地位不无关联。然而，科举制度废除以后，学而优则仕的传统在理论上已经无以为继，前文梁启超、李大钊等人对于以官场为代表的"恶浊社会"的批判，一定程度上也是"政"与"学"的关系隔断之后产生的。当读书做官的上升路线不再具有正当性，读书人的身份认同也开始产生危机。①作为不生利的、无益于社会的群体，读书人必须变成一种有"职业"的人，开始成为不少人的共识。蔡元培甚至在十月革命之前即产生了一种以"工"赅括四民的想法："凡人以适当之勤劲，运用其熟练之技能，而所生效果确有裨益于人类者，皆谓之工。"因此，"农者，树艺之工也；商者，转运之工也；而士，则为教育之工"。"教"在传统中固然有着多重的含义，尤其与"政教"密不可分；蔡元培却特别要将"教"与"政"划清界限。他认为自孔孟以降的士人希望得君行道，"以政治家自见，既不见用，不得已而言教育，犹且自居于宾师之位，以大人之学自命，而鄙农圃为小人"，这样的士人只能说是从事教育，却非其理想中的"教育之工"。在蔡元培看来，他所谓的教育是"专门工业之一种，习之有素，持之有恒，量所任之职务以取其所需，与其他之工业同例"；因此不必谓之士，而谓之"教育工"。②两年后王光祈也提出，"二十世纪社会主义盛行的时代是讲究全国皆工"。那些如"当兵的沙场丧命"，或者如"做官的钻营奔走"，都不是正当的职业。③

这种"读书人职业化"的观念固然有着走向现代专业知识分子的意味，但蔡元

---

① 参见王汎森：《中国近代思想与学术的系谱》，台北：联经出版公司，2003年，第289～300页。这篇《近代知识分子自我形象的转变》以施存统的诗句为代表，特别注意到五四前后读书人这种"我很惭愧，我现在还不是一个工人"的思想对于日后知识分子自我批判与反智主义的影响。

② 蔡元培：《教育工会宣言书》(1917年7月15日)，《蔡元培全集》第3卷，第60～61页。

③ 若愚：《择业(续)》，《晨报》1919年2月11日，第7版，"自由论坛"。

培所谓"有裨益于人类",却又提示着读书人"不生利"的长期自我批判。王光祈曾经说,中国人缺乏"劳动习惯",以至于"只消费不生产的中国人恐超过中国人口全数之半"。在这种状况之下,无论实行何种主义都没有实现的可能。因此少年中国学会必须要先训练国人有"应用各种主义的能力","从事各种主义共同必需的预备工夫",其中的一项重要内容就是"提倡半工半读,使读书者必作工;作工者亦得读书,务使智识阶级与劳动阶级打成一片"。①

正是在这种思路的影响下,传统的耕读生活具有的泛劳动主义的意义,又引起了不少读书人的兴趣。所谓"耕读"本是象征大于实际,不少未能入仕的读书人以塾师为业谓之"舌耕",即为明证。②这一传统的正当性,即使是在科举制度废除以后仍然部分存在;不少读书人更出现了将"耕"的一面落实的想法。李大钊在五四运动后曾经说,虽然"现在家族制度渐就崩坏","耕读传家"的旧话有一半已经不能适用,但如果改作"耕读作人",仍然是"一句绝好的新格言"。③稍后不少青年在选择学科时都倾向农学,认为学农"进可谋社会上之幸福,退可以自守",体现出读书人试图通过"农学"来落实耕读传统的倾向。④

此时知识界关于新村运动与泛劳动主义的介绍,也呼应着这种将"读"与"耕"合而为一的想法。王光祈认为,现代学校生活将读书与劳动打成两橛,要求青年学生应当学习托尔斯泰"每年三季住在乡间从事农业生活及制靴的工作,其余一季往莫斯科从事有益平民的著作"的生活⑤;周作人更是极力宣传日向新村的"泛劳动,

---

① 王光祈:《少年中国学会之精神及其进行计画》,《少年中国》第1卷第6期,1919年12月,第2～4页。

② 山西举人刘大鹏即可作为一例。他长期担任塾师,晚年更经营小煤窑维生,但终生保持"老农"的认同。参见罗志田:《权势转移:近代中国的思想、社会与学术》,第165页。

③ 李大钊:《工读》(1919年12月21日),《李大钊全集》第2卷,第137页。

④ 《启良致昌绪》(1920年10月),张允侯等编:《五四时期的社团》(一),第174页。又如,按照顾颉刚的回忆,其甫入北大时希望读的实际是农科,觉得"学了农,既可自给自足,不靠人家吃饭,不侵入这恶浊的世界,又得啸傲云山,招邀风月,上与造物主为友"。(顾潮编:《顾颉刚年谱》,北京:中国社会科学出版社,1993年,第31页。)

⑤ 若愚:《学生与劳动》(四),《晨报》1919年2月28日,第7版,"自由论坛"。李大钊也认为他们的"少年中国运动",是要造成一种"物质和精神两面改造","灵肉一致的'少年中国'"。(李大钊:《"少年中国"的"少年运动"》,《李大钊全集》第3卷,第14页。)

提倡协力的共同生活"①。这种打破脑力劳动与体力劳动分工、平等互助的"人的生活"，成为五四前后各种泛劳动主义小组织的思想基础。

不少人更认为，以这种小组织为基础，现代社会中的劳动分工、阶级不平等问题也能够得到根本解决。高一涵即感到，现实社会中的劳动者"一天忙到晚，牺牲人格，牺牲自由康健，来供人家快乐"，算不上是"人的生活"。"人类必要的劳动"固然值得赞美，但"为了口粮不得不勉强去做的劳动，是应该咒骂的"。这种为食而劳动的现实"正是社会制度还未长成完全的缘故"。要实现人的生活，就要如日向新村一样，"实行劳动主义"，"使人人都没有衣食住的忧虑，让人好去求人生的究竟"，并渐渐推广，打破国界，在世界范围内造成这种"自然的，和平的，合理的，人的生活"。②蔡元培更提出，组织工读互助团（蔡元培名之为"工学互助团"）不仅是解决中国青年的求学问题，甚至"全世界最重大问题，也不难解决"。③

与这种一举解决"全世界最重大问题"的想法相应，当时不少关注新村运动的人都有着对整个社会组织的不满。李大钊曾经诅咒："现代的生活，还都是牢狱的生活啊！"国家、社会、家庭，"那［哪］一样不是我们的一层一层的牢狱，一扣一扣的铁锁！"因此，"介在我与世界中间的家国、阶级、族界，都是进化的阻障、生活的烦累，应该逐渐废除"。④黄日葵也感到，无论是美国的乌托邦，还是武者小路的新村，"他们发起这种组织的动机，要不外不堪压迫一句话，不过其对象有经济、政治、道德种种的不同罢了"。而中国"受了几千年积下来的旧道德，旧社会，旧家庭的压迫束缚，还不足。还要受强盗的劫掠，军队的淫杀，地方官的铲剥，军警的淫威。此外精神上所受的苦痛，更是百口说不完呢！"因此他感到，自五四以来，类似新村这样"一二人的理想"，"居然引起一般的注意"，"我以为叫他做思想

---

①　周作人：《日本的新村》，《新青年》第 6 卷第 3 号，1919 年 3 月，第 266 页。

②　涵庐：《武者小路理想的新村》，《每周评论》第 36 号，1919 年 8 月 24 日，第 2～3 版。

③　蔡元培：《工学互助团的大希望》（1920 年 1 月 15 日），《蔡元培全集》第 3 卷，第 377～380 页。

④　李大钊：《牢狱的生活》（1919 年 6 月 29 日）、《我与世界》（1919 年 7 月 6 日），《李大钊全集》第 2 卷，第 348、360 页。

活泼的表征，无宁说是旧社会旧组织压迫个人过甚的结果"。①

这样，"帝力于我何加"的农夫生活，似乎最接近趋新读书人此时打破一切"牢狱"的想法。傅斯年在赴欧之前曾经有对于家乡农民状况的调查，其中即认为农民尚能保持"甘其食，美其服，安其业，乐其居"的生活，"全不仰仗着法律、国家、城镇的文化"，其中虽然有讼案、盗窃等现象，"都由于在他们以上的阶级引诱他们"。②邰光典更认为现在的人受到"政治的支配""法律的制裁""经济的困迫"；要实现一种自由的"人的生活"，"除了农夫之外，无论什么职业都不可能"。不过，他也提出，"受那地主之掠夺，支配于旧制度下的农夫"，实际上也难以实现"人的生活"；必须要经过"世界大革命"，才可能人人享受。现阶段只能组织新村作为"改良生活环境的试验场"。他特别说明，新村是要"创造一种'劳动神圣'的组织"，"改造现在游惰本位掠夺主义的经济制度"。因此新村里的人，"人人都须工作；工作的人才有饭吃"；"那不劳而食的'智识阶级'，在我们'新村'里，应当与那些资本家受同样的排斥"③。

由此看来，类似新村的泛劳动主义小组织，从消极方面来说，提供了青年学生抵抗各种束缚与压迫的场所，从积极方面来说，则为感受到现代工业社会危害的人展示了另一种可能的生活方式，成为这一时期各种理想的实验场所。王光祈曾说，由于经受了一战以来的"世界潮流排山倒海直向东方而来"的刺激，中国青年"对于旧社会旧家庭旧信仰旧组织以及一切旧制度，处处皆在怀疑，时时皆思改造"。少年中国所提倡的菜园、工读互助团等"小组织"，皆为这种怀疑与改造思想的产物。④信仰无政府主义的华林即提出，在"新村落"中要"实行劳农和妇女的解放"，并且废除家庭、金钱制度，"将此种新思潮，普及于乡间。再把农民结合一个大大

---

① 武者小路实笃：《新村之说明》，黄日葵译，（北京）《国民》第 2 卷第 1 期，1919 年 11 月，第 69 页。

② 孟真：《山东底一部分的农民状况大略记》，《新青年》第 7 卷第 2 号，1920 年 1 月，第 149～150 页。

③ 邰光典：《文化运动中的新村谭》，《新人》第 1 卷第 4 期，1920 年 5 月 22 日，该文第 8～10 页。

④ 王光祈：《工读互助团》，《少年中国》第 1 卷第 7 期，1920 年 1 月，第 42 页。

的团体，实行社会革命"。① 邰光典则认为，组织"新村落"不仅可以实现劳动主义的"人的生活"、创造平等互助的社会，更认为其最终目的是要帮助人类实现经济、政治与宗教上的解放，并且"打破国界"，造成一个世界的"新村落"。② 即使并非无政府主义的信仰者，不少新村的提倡者也对于女子解放等理想的实现表示了相当的兴趣，体现出新村中充满乌托邦设计意味的一面。③

种种理想的加入使得新村呈现了超越于社会现实的虚悬特征。这样抽离了具体内容、带有一定的抗争意味，同时又承载着各种理想和可能性的新村，从一定意义上来说，也投射着青年学生在这一变动时代中的自我认知。早在五四前数年，高语罕便在后来的《新青年》上特别说明自己是要对"高尚纯洁之青年"发言，罗家伦也有"高尚纯洁志气拿云之新学生"的观察。④ 与之相较，在对于小组织新生活的向往中，王光祈提出："我们在乡间，半工半读，身体是强壮的，脑筋是清楚的，是不受衣食住三位先生牵制的；天真烂漫的农夫，是与我们极表示亲爱的。我们纯洁青年，与纯洁农夫打成一气，要想改造中国，是狠［很］容易的。"⑤ 这种纯洁学生与农夫联合改造中国的想象，正与以"新村"改造恶浊社会的思路相应。如当时宗白华所说，在这个"恶浊社会"中，"纯洁坦白毫无经验的青年要想保守清明，涵养我们天真高洁的根性，是很不容易的"。因此他要求"联合全国纯洁青年组织一个大团体"，"改造个光明纯洁人道自然的社会风俗"。⑥ 稍后，郭梦良虽然认为，"农人比工人不容易感化"，且中国社会现在也难以"广立新村"，因此不赞成以广立新村作为社会改造的手段，但却认为俄国民粹派的"到田间去"可堪效法。他特别提出，"农人再老实没有！农村社会再清净没有！"到田间去，可以避免学生"一到社会上就变坏了"的情况。"我们到农村去，只怕我们使农村变坏，农村绝对不

① 华林：《新村落》，《时事新报》1919 年 6 月 25 日，第 3 张第 3 版《学灯》。

② 光典：《组织新村落的商榷书》，《时事新报》1919 年 11 月 8 日，第 3 张第 4 版。

③ 参见东荪：《女子解放与新村》，《时事新报》1919 年 10 月 6 日，第 2 张第 1 版。

④ 高语罕：《青年与国家之前途》，《青年杂志》第 1 卷第 5 期，1916 年 1 月，该文第 2 页；罗家伦：《青年学生》，《新青年》第 4 卷第 1 期，1918 年 1 月，第 70 页。

⑤ 《讨论小组织问题》，《少年中国》第 1 卷第 2 期，1919 年 8 月，第 39 页。

⑥ 宗之櫆：《中国青年的奋斗生活与创造生活》，《少年中国》第 1 卷第 5 期，1919 年 11 月，第 4 页。

会使我们变坏。"①

前面所言及不少青年学生怀有的"另辟新境"的想法,正与这种自我认知相呼应。不过,他们固然希望以葆此纯洁作为社会改造的基础,但这一认知在一定程度上又造成了学生与社会的进一步疏离。在少年中国的建设计划中,除了要求"正受教育的青年学生"加入劳动阶级,与"天真烂漫的农夫"共同劳动之外,他们试图联合的力量还包括留法华工与属于"资产阶级"的华侨,认为"将来学生华工华侨三派人的联合,若能成功,改造中国的机会便到了"。这种考虑当然首先来自这些阶层接受新知的可能性,但仍然可以看出一种着眼现有社会边缘群体的倾向。换言之,他们所看重的一个方面即是在于"没有旧染",体现出此时青年学生对于现实政治的拒绝姿态。1920年,张国焘就注意到学生多不愿以"纯洁之身,卷入政治潮流"。舒新城在回忆中也提及当时的青年有鉴于"政治的黑暗","不愿把纯洁的心灵投入污浊的军政界"。在少年中国学会1921年南京年会上,邰爽秋更认为学会一大半人都是"愤于现今社会之黑暗"而来,并批评"我会友最大的缺点就是以纯洁的团体自相标榜,以人格的保险公司自命"。②

这种"纯洁学生"的自我认知,正与青年学生对于乡村的想象相类。从某种意义上来说,乡村成为此时"纯洁青年"自我意识的投射,是一个没有被恶浊社会污染的孤立、纯粹空间。但必须注意到的是,这种田园想象大致只是在一部分趋新知识分子中分享的,在一定程度上与整个城市化的社会风尚相抗衡。稍后一位《民国日报》的读者投书表示希望能外出读书以实现农村改良。邵力子对此表示,"说农村应改良,是不差的;不愿业农而'羡慕在外之乐',却是错了"。他认为这位读者"大概没有晓得都会里是充满着罪恶和苦痛的"。③另一位作者则列数了都市生活的种种弱点,但也承认,"田园生活尽管比都市生活强,人们竟有不满意于田园的寂

---

① 梦良:《新村批评》,《评论之评论》第1卷第1号,1920年12月,第41~46页。

② 《少年中国学会问题》,《少年中国》第3卷第2期,1921年3月;并参见王波:《少年中国学会的成立及前期活动》,第16~17、66~96、115~122页。

③ (通信)《农人觉悟中的烦闷》,《民国日报》1922年7月3日,第4张,《觉悟》第4版。

窦，反热情于都市的纷扰"，认为大概这只能解释为人性的奇异。[①]

三、新村运动中乡村形象的变化

事实上，随着科举制度的废除与城市文化的发展，这种"羡慕在外之乐"已经是大部分人的主动选择，梁启超、李大钊等人观察到的学生聚集北京谋求官职，即为一种表现。更重要的是，新式教育培养出来的读书人开始改变长期以来对于乡村生活的认同。五四前刘孟晋即观察到，新式学校与乡村社会存在着极大的差异。一方面是乡人称学校为洋学堂，将其视为"一种制造文人之场所"，甚至"群起非议，睹若畏途，相戒不入"；另一方面，读书人的行为也加深着乡人的这种认识。他特别注意到"人烟稠密如都市所在，犹稍得宣讲者宣讲之力，感化于万一。至此乡村僻壤，非势所能及，且亦不愿顾及"。他所观察到的"不愿顾及"二字，非常值得注意。至少到清代中后期，乡间宣讲圣谕的做法已经相当常见，但新式教育的提倡者却不愿顾及乡间，体现着新式读书人取向的变化。因此刘孟晋认为，普及新式教育，尚不在于私塾取缔，"根本解决，还在我教师自身而已"。[②] 由此可见，李大钊等人所观察到新式学生与社会的疏离，既有社会不愿容纳的一面，也有他们自身"不愿顾及"的一面。

此时，时人心中的乡村形象虽然仍不乏田园浪漫的色彩，但其中"黑暗"的一面也开始为人注意。五四之前王用予即注意到，"吾国村治，久已废弛……都门百步以外，俨然在黑幕之中"。[③] 与之相类，李大钊虽然呼吁青年离开都会，但同时也认为"中国农村的黑暗，算是达于极点"。他提出，青年们与其谋求"立宪的政治"，

---

① 刘晋藩：《都市生活与田园生活》，《民国日报》1922 年 7 月 15 日，《平民》副刊第 111 号，第 1 版。

② 刘孟晋：《答友人论乡村教育书》，《时事新报》1918 年 4 月 29 日，第 3 张第 1 版，"学灯"。

③ 王用予：《市村制度论》，《尚志》第 2 卷第 3 号，1919 年 2 月 1 日，该文第 1～2 页。

不如先积极去创造一个"立宪的民间":"你们若想有个立宪的民间,你们先要把黑暗的农村变成光明的农村,把那专制的农村变成立宪的农村。"这样一个"黑暗的农村"固然是受到了"都市中流氓的欺、地方上绅董的骗",但当李大钊在同一篇文章中又赞美"都市上有许多罪恶,乡村里有许多幸福;都市的生活黑暗一方面多,乡村的生活光明一方面多"的时候,其心中的"农村"与"乡村"已经显然有别。前者更接近于那亟须改造的现实,后者则富于想象的色彩。① 他所呼吁的现代青年要到"寂寞""痛苦""黑暗"的一面去活动,也可看出李大钊所设想的"到乡间去",并不仅仅是吟风弄月地归去田园,更有苦行和牺牲的一面。② 稍后杜亚泉曾经感觉,"知识阶级所以不能与产业阶级、劳动阶级结合",不仅是因为"知识阶级不肯断绝其政治生活之希望,不欲与之结合也"。他注意到,即使知识阶级中的部分人"倾向亦已渐变",希望投身实业界或者"欲得一劳动职业以糊口",但仍然会因为"感情不融洽、性质不适宜","形势终觉扞格"。③ 如果考虑到提倡"到乡村去"的李大钊也是将乡村看作"寂寞""黑暗"之地,杜亚泉所注意到的"感情不融洽"大概并非无据。

更重要的是,在城市化与工业化为代表的现代化发展思路之下,从乡村做起的"新生活",其基础就有可堪质疑之处。晚清就开始信奉无政府主义的吴稚晖在五四前即提出,"世间梦想大同世界的,就有两种"。一种是"爱好天然","在清风明月之下,结起茅屋,耕田凿井,做着羲皇之梦";另一种则是"重视物质文明","以为到了大同世界,凡是劳动,都归机器",个人因此能够有充裕的时间"快乐"和"用心思去读书发明"。他尤其提出,后者不是乌托邦的思想,"凡有今时机器较精良之国,差不多有几分已经实现;这明明白白是机器的效力"。因此吴稚晖认为不应该盲从老子、托尔斯泰一类"主持消极道德的贤哲",要呼唤"机器是替代人类劳

---

① 李大钊:《青年与农村》(1919年2月23日),《李大钊全集》第2卷,第304~308页。
② 李大钊:《现代青年活动的方向》(1919年3月14—16日),《李大钊全集》第2卷,第317~321页。
③ 杜亚泉:《中国政治革命不成就及社会革命不发生之原因》(1919年4月15日),《中国近代思想家文库·杜亚泉卷》,第492~493页。

动"。① 这一时期唯物史观的传播，更使得"以农立国"与"以工立国"的对立具有了社会发展阶段差异的意义。如李大钊所说，甚至"中国的学术思想，都与那静沈沈的农村生活相照映，停滞在静止的状态中，呈出一种死寂的现象"。恬淡的田园乡间生活已经成了值得批判的社会"停滞"，其正面的文化象征逐渐消散。②

到五四运动以后，刘仁静也对于恽代英等人要在乡村中实行新生活的想法表示反对。刘仁静认为，考虑到农民的保守性，"非实行大规模的发达实业，其余任何方法不足以改革乡村"。他提出，此时所谓的新生活应该是"实业交通大发达，完全应用机器生产的合作共享的社会主义"，而这种生活"非在城市中运动革命，而靠乡村运动是决无效果可收"；不仅"英国式的进化"不可待，希冀"靠模仿来普及"也是不可取的。恽代英也就此说明，"我们今天所说的，不是武者小路的新村，亦不是福利耶的大合居"，只不过是要借乡村教育工作，"为同志谋一个生活系累的减免，生活恐慌的避除，以便大家专心为社会主义奋斗"，且特别表示，"我的意思，仍注重将来都市大工业的运动，并不如一般'到田间去'者的思想"。③

在这样趋新世风的激荡之中，隐逸传统的正面价值已经大打折扣。④ 王光祈则曾对自己的思想有如下自白："我现刻最厌恶都市生活，急欲到农村与'自然的美'接近。我的思想还是从前的山林思想，但是与一般隐居先生却大不相同，因为我是主张积极的、奋斗的、生产的。我将来即或身居田间，还是要积极的奋斗、努力的生产。"⑤其中，虽然自称为"田园思想"，但又要以奋斗和生产（后者因应的正是五四时期为人熟知的"劳工神圣"）来与"隐居先生"划清界限的意图，非常明显。

---

① 吴敬恒：《机器促进大同说》，《新青年》第 5 卷第 2 号，1918 年 8 月，第 158～160 页。

② 李大钊：《由经济上解释中国近代思想变动的原因》（1920 年 1 月 1 日），《李大钊全集》第 3 卷，第 145 页。

③ 《会员通讯》，《少年中国》第 2 卷第 9 期，1920 年 12 月，第 61～67 页。

④ 蒋星煜在 40 年代写作的《中国隐士与中国文化》（上海：生活·读书·新知三联书店上海分店，1988 年重印本）一书中，即认为隐士是"中国文化的特产"，但又特别指出，"今日全世界的生产方式，显然从农业经济转变到工商经济的道路上"，这样的"政治是全民性的"，隐士一类的思想"自然是不合时代，并且落伍了"（序言，第 1～2 页）。这种认识正与当时乡村形象的变化相呼应。详后。

⑤ 《会员通讯》，《少年中国》第 1 卷第 2 期，1919 年 8 月，第 55 页。

郭绍虞在对于新村的介绍中也提醒说，一般人多将"社会主义"视为理想，但现在的"新村运动"，"就是从理想赶向实行的路上去"，因此它"并不是陶渊明的'桃源主义'，也不是穆尔的'乌托邦主义'，完全是实行的事业"①，有意要突出其积极与实践的一面。

此时，另一种与新村运动不无关联，但着重点不同的小组织已经逐渐发展，即稍后流行的"工读互助团"。到1919年12月王光祈论及"城市中的新生活"时便承认，这种半工半读的小组织应该比新村容易办到，因为"我们现在生活的根据"已经是在城市。随着蔡元培等人的支持，类似的工读互助组织也引起了不少人的注意。②如前文所述，工读互助团虽然偏重城市生活，但与新村运动一样，都是一种试图在"社会"之外另建团体生活的尝试。王光祈曾经认为，在乡村的小组织是要"避苦寻乐"，因为在乡村自给较易，不仅可以不与"恶社会周旋"，且"不受衣食住三位先生的牵制"。③此后在武汉组织利群书社的恽代英也认为，"从前的盼望在都市中实现共同生活，实在是错误"。"都市中生活程度既高"，即使组建了共同团体仍然不免"生活的恐慌"。而"乡间营业资本可以百元计，不比都市中必以千元计"，因此可以以乡村中的实业运动作为都市文化运动的补充。他还特别说，"我们自然不能都在乡村中做隐士"，但"共同生活断然要在乡村中实现"，"那里是我们的家庭，是我们最重要的利源，是我们最后的退步"。④总结北京工读互助团失败原因时，李大钊也注意到都市地价、房租的昂贵，"在都市上的工读团，取共同生产的组织，是我们根本的错误"。他并且提出，"有一部分欲实行一种新生活的人，可以在乡下购点价廉的地皮，先从农作入手。"⑤

由此可见，随着各种小组织的尝试，新式学生与城市生活的紧密联系已经显

---

① 郭绍虞：《新村研究》，《新潮》第2卷第1号，1919年10月，第59～60页。

② 王光祈：《工读互助团》，《少年中国》第1卷第7期，1920年1月，该文稍早曾发表于《晨报》。

③ 《讨论小组织问题》，《少年中国》第1卷第2期，1919年8月，第37～39页。

④ 代英：《未来之梦》（1920年10月），张允侯等编：《五四时期的社团》（一），第186～190页。

⑤ 李大钊：《都市上工读团底缺点》（1920年4月1日），《李大钊全集》第3卷，第179页。

现；其对于乡村的想象也逐渐转入较为实际的、关于生活成本的考虑。不少想到乡村去实现新生活的人，所取也是在其生活费用低廉的一面。这种考虑意味着，城乡生活的差距已经越来越为时人所注意。在讨论上海地区的粮价问题时，杨端六即注意到，"谷贱固然伤农，米贵又不得不伤民"，解决米贵问题应该在二者之间求得平衡。但他同时也认为，"我们中国在乡间的人的生活程度未免太低，所以生活费将来一天一天的加高，是万不能免的"。[①]杜威曾经在讲演中提出，"社会生活文明程度完全和经济生活程度作正比例"，甚至认为这正是"文明和野蛮的分别"。数年后杨荫杭观察到出现了"生活程度高谓之文明"的现象，即这种观念发展的后果。[②]换言之，乡间生活程度的低廉固然吸引了青年学生组建新村的热望，但这种差异更引起了不少人的忧虑。张东荪在湖南旅行以后感到，"中国人除了在通商口岸与都会的少数外大概都未曾得着'人的生活'"。[③]可以说，这种差别正是城乡分离的表现。此时"到乡间去"的读书人所看重的乡间生活较易，恰可看出其认同的转移。

1920 年 1 月胡适关于"非个人主义的新生活"的讲演，成为对于各种新村理想批评的集合体。在这次著名的讲演中，胡适将新村运动与各种宗教理想、传统的"山林隐逸的生活"作为"独善的个人主义"的代表，认为这些均为一种想要"跳出这个社会去寻一种超出现社会的理想生活"的想法。他尤其提出，虽然近代的新村生活是有组织的，也致力于在村外"著书出报"，但这种"离开现社会，去做一种模范的生活"，完全是净土宗的。如此"避开社会"的做法不应该为现代青年所崇拜。

新村运动一开始便以改造社会自任，胡适则根本否认了其改造社会的有效性。他不仅批评新村主义赖以立命的泛劳动主义是一种"不经济"的做法，更对周作人所谓的"改造社会还要从改造个人做起"表示"根本不能承认"。在胡适看来，这种认识"还是脱不了旧思想的影响"，与"近代的人生哲学"有着根本的冲突。他提出，"个人是由社会上无数势力造成的"，改造个人也应该从"一点一滴的改造那些

①　杨端六：《民食问题》，《东方杂志》第 17 卷第 15 号，1920 年 8 月 10 日，第 15、21 页。

②　《杜威博士讲演录》，《新青年》第 7 卷第 3 号，1920 年 2 月，第 118 页。杨荫杭：《生活程度说（一）》（1922 年 5 月 18 日），《老圃遗文集》，杨绛整理，武汉：长江文艺出版社，1993 年，第 582 页。

③　东荪：《由内地旅行而得之又一教训》，《时事新报》1920 年 11 月 6 日，第 2 张第 1 版。

造成个人的种种社会势力"做起，而非"跳出这个社会去"。

胡适还热切地呼吁"可爱的男女少年"去看看"旧村"到底是什么状况：

村上的鸦片烟灯还有多少？村上的吗啡针害死了多少人？村上缠脚的女子还有多少？村上的学堂成个什么样子？村上的绅士今年卖选票得了多少钱？村上的神庙香火还是怎么兴旺？村上的医生断送了几百条人命？村上的煤矿工人每日只拿到五个铜子，你知道吗？村上多少女工被贫穷逼去卖淫，你知道吗？村上的工厂没有避火的铁梯，昨天火起，烧死了一百多人，你知道吗？村上的童养媳妇被婆婆打断了一条腿，村上的绅士逼他的女儿饿死做烈女，你知道吗？[①]

胡适这一批评引起了不少人的反对。周作人在对于胡适讲演的回应中即认为，古时隐士的躬耕"只是他们消极的消遣，并非积极的实行他们泛劳动的主义"，新村运动则是有积极的宣传，试图用和平方法去达到一般人认为暴力革命才能达到的结果。"这主义与方法或者太迂远些"，但新村运动能够积极地提倡并实行这种主张，却与古代的隐士有着根本的区别。[②]郑贤宗则认为新村运动并非山林隐逸的生活，而是一种建设性的"根本改造社会的方法"，即不是以破坏旧社会为目的，"只将新社会盖上旧制度去，让旧制度抵挡不住，自然渐渐的融合消灭了"。郑贤宗尤其对于新村运动中的"著书出报"予以高度重视，认为"他们所著的书，出的报，既然都要向现社会来求销路，那么已经是不能算与现社会'隔绝'了"，足以证明新村运动与古代的隐士有着根本差异，并非"独善其身"。[③]这样的说法固然不乏自辩的意味，但是以"宣传"作为积极改造的第一步，却颇可见到时代风气的转变。邰光典也提出，新村的态度是积极的，乃是"另立一新社会之模型，以便世人的仿制；并且是和旧社会宣

① 胡适：《非个人主义的新生活》（1920年1月22日），《胡适全集》第1卷，第712～717页。

② 周作人：《新村运动的解说》，《晨报》1920年1月24日，第7版。

③ 郑贤宗：《我的新村运动观——质胡适之先生》，《时事新报》1920年6月15日，第4张第1～2版。

战的大本营，千万莫要误会是'避世庐'、'隐士窝'"。① 以上几位虽然不赞成胡适对于新村运动的观察，但却同样试图与隐逸传统划清界限。这使得新村运动中隐逸的一面逐渐被压抑甚至批判，与之相应的则是田园生活的正当性也开始受到质疑。②

科举制度后新式教育在都市的集中，也使得一些读书人意识到耕读生活难以为继。在其所提倡的"少年运动"中，李大钊虽然要求青年"投身到山林里村落里去"，但他同时也注意到村落在物质和文化上的"交通阻塞"。因此，他所理想的生活是"闲暇的时候，就来都市里著书，农忙的时候，就在田间工作"③。换言之，田园生活已经不适合著书立说——这显然不再是旧式文人所能想见。甚至通常被视为"东方文化"代表的杜亚泉在稍早时候也认为，"都市者，一切文化之中心点也"。"寓居都市"的人处于文化中心点，应该由都市向内地传播文明，以此"间接效力于乡里"。④ 到 1922 年，在讨论"学术独立"时，郑振铎曾想"淡泊自守，躬耕自给，弃都市之生活，专心去乡村去读书"。但他自己也感到，到乡村研究学术，在经济和研究工具上都会遇到问题。⑤ 常乃惪更认为，"'躬耕读书'是十八世纪以前的话"，"我们平素中了古人的书毒，故每每幻想田园的快乐，其实你若真正去那臭气熏腾的村落中住上一年，管保你一定要逃回城市来的"。⑥ 当"读"在乡间难以维持的时候，"耕读"的传统已经断裂，乡村生活的正当性岌岌可危。

---

① 邵光典：《文化运动中的新村谭》，《新人》第 1 卷第 4 期，1920 年 8 月，该文第 2 页。与之类似，沈玄庐也认为自己醉心于新村组织虽然有"厌弃都市"的意思，但也有意要"把局部造作改造的模范"，更逐渐意识到了新村思想的种种不足。见玄庐：《新村底我见》，《批评》第 5 号（新村号），1920 年 12 月 26 日，第 1 版。

② 德里克在对于中国无政府主义的研究中注意到，李石曾等人已经明确提出了"传统的政治逃避主义与现代革命政治之间的区别：一个寻求建立一个远离政治秩序的空间，另一个寻求并全部改变政治空间"。阿里夫·德里克：《中国革命中的无政府主义》，孙宜学译，桂林：广西师范大学出版社，2006 年，第 105 页。

③ 李大钊：《"少年中国"的"少年运动"》（1919 年 9 月 15 日），《李大钊全集》第 3 卷，第 12～13 页。

④ 高劳（杜亚泉）：《侨居都市者对于乡里之责任》，《东方杂志》第 15 卷第 11 号，1918 年 11 月，第 6 页。

⑤ 通讯，《教育杂志》第 14 卷第 5 期，1922 年 5 月，"通讯"栏，第 2 页。

⑥ 通讯，《教育杂志》第 14 卷第 6 期，1922 年 6 月，"通讯"栏，第 1 页。

四、走向农民运动

　　胡适的讲演对于新村运动背后"个人主义"的批评，也透露出这一时期"社会"的重要意义。不仅不存在社会之外的个人改造，新学生也不应该放弃"旧社会"与"旧农村"。这意味着跳出社会另觅乐土的做法逐渐受到质疑。早期"到乡间去"的青年，本既有以乡村为据点实现新生活的想法，同时也有到乡间实现社会改造的意图。随着乡村文化含义的转变，后者逐渐占据了上风。乡村不再是可以寄托耕读理想、自外于"恶浊社会"的特殊空间，而成为社会改造最基本，也是最亟须改造的单位。

　　对于胡适的批评，周作人即承认，新村运动是一种特殊的社会改造思想，其基础即为互助论。"他们相信人如不互相帮助，不能得幸福的生活，决不是可以跳出社会，去过荒岛的生活的。"因此，这是一种"不满足于现今的社会组织，想从根本上改革他"的观念，与其他的社会改造观念的区别仅仅是在手段上。"新村的人主张先建一间新屋，给他们看，将来住在破屋里的人见了新屋的好处，自然都会明白，情愿照样改造了。"周作人承认，这种主张"相信人类，信托人间的理性"，"实在是新村的特殊的长处，但同时也或可以说是他的短处"。①

　　这既是对于新村运动"另立模范"这一方法的辩解，同时也提示出此时倾心于社会改造的不少人尚怀有各行其是的想法。张东荪也特意说明自己不避"调和"之名，希望能够表明胡适的"非个人主义的社会改造"与周作人的新村主义是一种"莫须有"的辩论："好像我们既然开不动旧机器，我们不妨依着机器的原理，创造一架新机器。这个新机器虽则比旧机器小得多，但内部的构造却也件件具全，所以新村是一新社会，是一个连带的群体，不是个人，不是个人主义。"因此不妨各行

① 周作人：《新村的理想与实际》，《时事新报》1920 年 6 月 28 日，第 4 张第 1 版，《学灯》副刊。

其是。①

也有人尝试从"实验主义"的立场来为新村运动辩护。邰光典一方面特别要求注意到"新村"与各种"模范村"的差异——新村是要创造"新人"与"新生活"的，后者则"多从外表文明上着想"。"他们对现在社会的制度，不知道有不平等、不合理的地方"，因此只要求模范村"比现在社会少一腐败恶浊的空气"就心满意足了。另一方面，他也特别说明，"我们理想中的'新村'，要用试验的态度得来"。并希望组织新村的同志，"全要像主张文学革命的胡适之"；"我们并不必希望实现的速度，像今日文学革命的成绩；只希望我们的同志人人都有自己的一本《尝试集》，就可告无愧了"。②如研究者所注意，在很长的时间内和很大一部分人的言说中，整体改造与点滴改革并不存在矛盾。③因此这些对于新村运动的批评与辩解，也可见彼时思想界尚有较强的混杂性。

然而这一变化的过程也体现出某种趋势。当时武昌利群书社的胡业裕就曾经表示，自己以前对于社会改造的手段并不在意："大群众运动可，小组织的运动也可；总解决可，零碎解决也可；一步一步的改造也可，彻底的改造也可；激烈的革命也可，和平的引导也可；李宁［今译列宁］我既不反对，武者小路亦我所赞成"；现在却感觉需要"依经济学上的原则"，考察其实效。这样看来"从事于小组织的运动，不若从事于大群众的运动。与其一滴一滴的解决，不若总合的解决。与其一步一步的改造，不若就我们的理想彻底的改造。和平的引导，实在不如激烈革命"。

① 东荪：《胡适之与周作人》，《时事新报》1920年2月1日，第1张第1版，时评。

② 邰光典：《文化运动中的新村谭》，《新人》第1卷第4期，1920年8月，该文第4～12页。需要说明的是，这篇文章虽然也收入了《五四时期的社团》一书，但文末两句已被编者删去。参见张允侯等编：《五四时期的社团》（三），第242页。

③ 参见罗志田：《激变时代的文化与政治：从新文化运动到北伐》，北京：北京大学出版社，2006年，第92～117页。该书中即注意到，在不少人看来，俄国道路不仅与实验主义没有矛盾，甚至其可行性还得到了实验主义之助。同时这一时期的胡适也与后来世人的印象有所不同，以至于郑贤宗谓："胡先生！现在是二十世纪了！我们须要放大一些眼光，把'人类'两个字作我们尽义务的标准才是，不要牢牢的记着什么'国家'呀！"（《我的新村运动观——质胡适之先生》，《时事新报》1920年6月15日，第4张第1版。）这样一个被认为不够"世界"的胡适似乎是日后罕见的。

他同时承认，自己以前主张新村运动，"问良心确是受了厌世观的支配"。① 与之相类似，在少年中国学会成立之初，便曾经面对学会内部对于各种主义态度不一致的质疑，王光祈则答之谓，学会尚是努力从事于使国人有"应用各种主义的能力"的预备工夫，因此不妨各有主张，但到 20 年代中期学会仍然不免分裂。② 这些状况均可看出五四前后思想界的混杂状况正发生着变化。

这种对于社会改造方式的讨论也使得时人对于新村运动的效果有所反思。有人在 1919 年 8 月即感到，"现在一般社会革新家，终日在那儿鼓吹什么'改造'、'解放'，而实际上却并不发生什么影响，什么变动"，就是因为这种"纸上的革新运动"，社会上一般的人并没有领受的机会。"革新家所主张的、所提倡的、所鼓吹的，声浪随你怎样高，工商劳动者终没有听见的机会，那[哪]里叫他们响应得来，觉悟得来？"③ 这种"纸上的运动"并非一人的感觉。郑振铎也反思："现在所谓文化运动、社会改造运动，都是纸上、口头的文章，没有切实的做去的。你说一句旧家庭怎样的不好，他也做一篇家族制度应该倒翻的大文；他说了一套社会腐败的现状，我就写了社会改造的不可缓的论文来。"更重要的是，这些文章"都是编给知识阶级里的人看的"，"而普通一级的平民，则绝对没有受到这种纸上的文化运动的益处。他们还是没有一些的觉悟。什么改造，什么德莫克拉西，他们简直的不知道是怎样的回事。他们仍旧十分顽固在那里过他们的上古中古式的生活"。因此，"我们的运动，仍旧是阶级的"。④ 稍后在对现代的社会改造运动的总结中，郑振铎更认为新村运动"过于温和，偏于消极保守一方面"，不如"直接的社会革命"来得有

---

① 《业裕致代英》(1920 年 10 月)，张允侯等编：《五四时期的社团》(一)，第 167～172 页。

② 王光祈：《少年中国学会之精神及其进行计画》，《少年中国》第 1 卷第 6 期，1919 年 12 月，第 1 页。关于学会内部的争议及最后分裂，参见吴小龙《少年中国学会研究》一书的第三章(上海：上海三联书店，2006 年)。同时，在对于早期革命者的人际网络的考察中，研究者也注意到了 20 年代中期，革命过程的排他性逐渐加强。参见萧邦奇：《血路：革命中国中的沈定一(玄庐)传奇》，周武彪译，南京：江苏人民出版社，1999 年，第 243～244 页。

③ 何恒：《社会改造之先决问题》，《时事新报》1919 年 8 月 6—7 日，第 2 张第 8 版。

④ 郑振铎：《我们今后的社会改造运动(续)》，《民国日报》1919 年 11 月 26 日，第 2 张第 8 版，《觉悟副刊》。

效。但他同时也承认自己对于"中国社会改造运动的前途"感到很悲观，因为此时的劳动者既缺乏阶级觉悟，也缺乏宗旨和组织。[①]朱谦之则因此认为，"新村"与各种小组织，想要在现实生活之外"独善其身"是根本的错误。"新生活和现生活，必不能同时存在，须先将现生活推翻了，征服了，然后新生活才能一点一滴的创造起来。"[②]

类似的观察为不少人所注意。郭绍虞即认为，新村运动"于改造社会底进行，只处于旁观者底指导地位，而不是投入社会中间"，因此胡适批评其为"跳出现社会的生活"，也并非不当。他特别指出，"新村的人，虽也著作书籍、刊行杂志，以发表他们底思想，鼓吹新村事业底进行"，但其与社会的关系仅止于此。更重要的是，"现在的文化运动，只是对于知识阶级的运动，不是对于平民的运动"。他希望提倡或实行新村的人，能够注意平民知识的增进，因此新村"最好选择贫民区域邻近的所在，不必一定在乡间，亦不必一定是农作"，以有助于"贫民知识底灌输、贫民生活底改善"。[③]另一位青年也认为，此时上海、杭州所建设的新村，"完全是用感化法来改造乡村，这是做不到的"。因为这些地区固然"经济充足，独居一处"，可以"使人感其乐而效法"，但目前大多数的乡村都是"风俗衰颓，文化闭塞"，因此必须要谋求一个有效的改造方法。[④]

黄绍谷甚至认为，"竭力筹计新村的，不过几个学者罢了"，在现今"资本家之强盛时期"绝难实现。他还批评，如果建设新村而不先增高人民智识，"不过东边有几位知识阶级的建设一个新村，西边有几位知识阶级的建设一个新村罢了。这样，岂不是不但未达到人类全体得着幸福之目的，而先已形成社会之不平吗？"因此他提出："力谋新村实现的诸君！在新村犹未实现之前，你们总不要忘了你们也应做的一件大事——毁灭旧社会——不然，新村终归是理想的，与实际的改造无干！"[⑤]

事实上，在讨论工读互助团时，戴季陶即认为，工读互助团与新村、"共产

① 郑振铎：《现代的社会改造运动》，《新社会》第 11 号，1920 年 2 月 11 日，第 1～3 页。

② 朱谦之：《新生活的意义》，《新社会》第 16 号，1920 年 4 月 1 日，第 3 页。

③ 郭绍虞：《新村运动底我见》，《批评》第 4 号（新村号），1920 年 12 月 8 日（附于当日《民国日报》），第 1～2 张。

④ 干人俊：《改造乡村的建议》，《学生文艺丛刊》第 1 卷第 2 册，1923 年 11 月，第 17 页。

⑤ 黄绍谷：《新村的讨论》，《批评》第 5 号（新村号），1920 年 12 月 26 日，第 3～4 版。

村"，如果想要实现社会改造的目的，都必须要对于现实劳动制度有所改变。因此，他提倡青年们"舍去一切'独善'的观念"，"投向资本家生产制下的工场去"，以求得训练和实验。[①] 类似的批评都认为，新村运动跳出社会、另立模范的做法难以改变社会现状。虽然在具体措施上或有人强调破坏，或有人要求首先与社会接近，但这种对于"模范"作用的否定，均也是对于"恶浊社会"更悲观的认识，也暗示着更为激进的社会改造思路。

同时，这一时期还有不少人已经注意到，不仅维持新村不易，就是要实行半工半读、实现泛劳动主义的主张，对于城市中的学生来说也难以实现。一方面有人批评工读互助团偏重于"工"，并未实现工学并重的目的；另一方面，工读互助团的每日工作时间却由计划的四小时增加至六小时甚至更多，仍然无法维持。[②] 这种计划与现实的巨大差异，使得不少趋新学生对自身有所反思，也更加深了激进化的整体社会改造思路的吸引力。

夏汝诚即曾感到，除非去"做那消极的出家"，青年们都不得不与"万恶社会"中的"一般恶鬼夜叉鬼混"。在他看来，要想"要求精神上的愉快"，要想"改造现在的万恶社会"，就只有在新村中去找到。然而，劳动的分工到底能否打破，夏汝诚却不乏疑问。他注意到，讨论新村的诸位如果是要在乡村做教师固然愿意，"要他做胼手胝足的农夫，劳心劳力的工人，和琐屑买卖的商人，恐怕有点不愿"。即使愿意，也存在着经验和体力上的不便。那么，到底什么人可以成为"新村的分子"？[③] 缪金源也讥讽新村的办法，不过是一个"进化的许行"，提倡新村的人都是"一班穿长衫的劳工"。他还特别提出，"办新村的人，因为这旧村的恶浊，才去别寻桃源的"，但实际上却无法切断与旧村的联系。不仅新村中不少生活用品都需要

① 季陶：《我对于工读互助团的一考察》，《星期评论》第42号，1920年3月21日，第1～2页；并参见《工读互助团问题》，《新青年》第7卷第5号，1920年4月，该文第10～12页。

② 参见《"工学主义与新村"的讨论》，《工学》第1卷第5号（1920年2月，第5～15页）；胡适：《工读主义试行的观察》（1920年4月1日），《胡适文存》卷四，《胡适全集》第1卷。胡适在该文中更提出每日从事"谋生的工作"不可超过四小时，否则绝无法实现读书的主张（第706页）。

③ 夏汝诚：《新村的商榷》，《时事新报》1919年9月1日，第3张第4版。

在旧村购买，尤其"要到旧村里买书卖书，必乘恶浊的舟车，吸恶浊的空气，与恶浊的兄弟们谈话"；既然如此，"当初又何必去另寻乐土呢？"他因此认为："现在需要的，是这旧村里的'新人'，不是旧村外的'新村'！""我们要霸占住这旧村……教他们不得不抛弃了旧生活，来和我们同过新生活。"①

这种回到"旧村"的想法正如胡适讲演中的呼吁，为当时不少人分享。郭梦良也同意胡适关于新村是"退一步奋斗"的观察："中国农村社会虽有不好的地方，可是尚没到要脱离他去另立新村必要的地步。"他认为："照新村的理想，几几要另组织一个同样的社会，以代替旧社会，物质上自然也是很不经济的了。"因此，与其另立新村，不如"接近人家去直接劝诱"，甚至不妨"于相当机会实行革命，以使改造早日成功"。②叶楚伧即在表示了赞同新村之外，提出希望"组织新村的诸君，对于旧村，精细解剖一番，有可以维持旧村感情不违悖新村主义的地方，多少设法容纳些"。除了乡村旧有的组织情形可堪注意之外，叶楚伧还提出，村民思想保守，"要是不用阶级式的进行方法，去改良村制，是要到处与旧村发生冲突的"。③这里所谓的"阶级"，当作"阶段"解。以上两人的看法，虽然在"破坏"一方面的程度有所不同，但却均在"新村"与"旧村"的对立中，注意到旧村不可放弃的一面。日后曾经担任国民党农民部部长的谭平山即认为："在我国今日提倡新村，以促旧农村之改良则可，若只顾及提倡新村，而不顾及改造旧农村则不可。又拿组织的新村，去做改造旧农村的模范则可，若想全国的国民，完全舍弃旧农村，而另外组织新村，其势更万万不可。"④他特别强调自己并非"抱着那个人主义，和避地避世的独善其身主义而来的，是怀着那改造社会的热心，和改造社会的宏愿而来的"。因此，他感到"组织新村，未能满足我们改造社会的目的和欲望"，必须要进一步实行全面的农村改造。

事实上，"新村"本是趋新学生的想象，"旧村"才是现实里的乡村。然而在被

① 缪金源：《新村与新人》，《批评》第6号"新村号"，1921年1月11日（附于当日《民国日报》）。

② 梦良：《新村批评》，《评论之评论》第1卷第1号，1920年12月15日，第44～46页。

③ 叶楚伧：《新村与新市》，《新中国》第2卷第1期，1920年1月，第17～18页。

④ 谭平山：《我之改造农村的主张》（1920年4月1日），《谭平山文集》，北京：人民出版社，1986年，第107～115页。

冠以"旧"的名称之后，其否定的含义不言自明。也正因为如此，原本提倡新村的人所向往的"趋乐避苦"，逐渐被走向旧村实行社会改造的青年学生视为自我牺牲。1922年爱罗先珂在北京讲演了《知识阶级的使命》，特别讲到俄国知识阶级"投身到内地去做平民教育"之事。邵力子即此提出："中国的教员、学生、文学家，如果不把爱奢侈，求淫佚的心理革除，不肯丢去都市里的安乐，深入祖国腹地的地方去，不愿为民众牺牲掉自己，不努力排除文学和民众隔绝的困难，真要使中国在全人类中变成个可怕的地狱了。"[1]这种投身内地从事教育的呼声在当日并不罕见，然而邵力子所强调的牺牲一面，更可看出在读书人停留并习惯于都市生活之后与乡村生活的疏离，以及此时乡村形象的负面化的程度。

随着中共的成立和国共合作的展开，"到乡间去"的革命青年所进行的农民运动，已经与不过数年前新村运动的想象有了根本的差异。此数年内社会改造观念的震荡与分层，对于思想界的影响可谓微妙而深远。后来加入中共的查猛济注意到，提倡到民间去的"民间运动派"，"伹们太看重社会，以为社会可以离开政治而独立，只要大家到民间去，就可以济事"。实际上，这些人与"安那其派""纯粹学者派""超然派"一样，都是现代青年"和政治不十分接近"的表现。他希望青年能够认识到"政治不能离开社会而独立"，与其等待反应式的群众运动，"不如先从自动的组织运动着手"。[2]他的这段话，其中既可看出对于新村运动"另立模范"的这

---

① 邵力子：《智识阶级的使命》（1922年3月12日），《邵力子文集》，傅学文编，北京：中华书局，1985年，第654页；关于爱罗先珂的讲演并参见1922年3月3日胡适日记，《胡适日记全编》（三），曹伯言整理，合肥：安徽教育出版社，2001年，第568页。

② 查猛济：《青年与政治》，《民国日报》1922年9月19日，第4张，《觉悟》第1版。此后《觉悟》上仍有对于少年中国学会"以不做政治活动而干社会活动为宗旨"的批评，见芙薾：《读第三卷第八期的"少年中国"》，《民国日报》1922年10月17日，第4张，《觉悟》第1版。这样的批评也为日后的研究者所继承，参见张允侯等编：《五四时期的社团》（一），前言第3页。同时，关于少年中国学会内部对此问题的讨论，参见王波：《少年中国学会的成立及前期活动》，第85～94页。

到了30年代，在时人对于青年运动的追述中，也认为"五四运动虽为驱逐国贼曹章陆而起"，但却着重于"自身改革的运动"；"对于政治，一概不管。甚至于厌恶政治，鄙弃政治"。这一状况大致到1924年（即随着国民革命的开展）才有所改变。王慎庐：《中国今日之青年问题》，《东方公论》第9～10期合刊，1930年1月10日，第87页。

一思路的批评，同时亦可见"社会"与"政治"的紧张，已经为更激进的青年注意。不少新村的提倡者后来转入政治和有组织的农民运动，正是这种认识的直接后果。新村理想中在现实社会之外"另辟新境"的一面逐渐被压抑，也意味着一种以更激进的方式弥合被切割的社会空间的尝试。对于农民运动的信仰者而言，农村不再在"恶浊社会"之外，而成为改造社会的基础与起点。

更重要的是，正是那些早期醉心于新村理想的读书人，有意无意间制造了"新村"与"旧村"的对立。那富于理想性的新村中固然寄托了各种新生活的希望，但却抽空了实际乡村中的文化意义——不仅乡村中社会组织、生产生活都亟须改造，整个文化赖以存在的耕读生活也不乏可疑的成分。可以说，他们所想象的新村生活，正是"绘事后素"，要在白纸上绘图。乡村作为一个被剥离出来的社会空间，正是城乡对立形成与乡村边缘化过程中的第一步；日后趋新知识分子所设想和进行的各种社会改造与革命，均以这样的空间关系为基础进行。而在整个"乡村从属于城市，东方从属于西方"（《共产党宣言》）的现代世界中，乡村与文化传统的深切关联，又使得中国的乡村形象与读书人的自我认知有着复杂的牵连，也令其乡村形象的变化在此后文化史中具有了更重要的意义。

第四章 职业与阶级：以农立国的认识与农民运动的展开

> 吾之浮慕西方文明，捧心效之，才二十年以来，前举各弊，并皆无有，今吾之号为创巨痛深，亟须克治者，非吾已成为工业国而受其毒之故，乃吾未成为工业国而先受其习之毒之故……此愚所为鸟瞰天下，内观国情，断然以农村立国之论易天下，无所用其踌躇者也。
>
> 章士钊：《业治与农》，1923 年

与传统的精英取向不同，自晚清开始，中国社会就开始出现一种"目光向下"的倾向。[①]到民国初年，相对于政府，那代表了"下层"和"大多数人"的"社会"逐渐成为时人关注的重点；与之对应的"造社会"也成为政治思想中的重要议题。农村和最大多数的农民因此而开始为时人所注意。同时，近代以来读书人持续的自我批判，更使得他们有意识地去看到社会中的"劳动者"，甚至希望将自己变成这样的劳动者。最后，一战前后时人对于东西方文化的反思，使部分人开始试图重新

---

① 参见柯继铭：《走向中下层：清季十年对不同社会群体的认知与"民"的指谓变化》，《社会科学研究》2007 年第 2 期。

去发现一个足以抗衡物质文明的"中国文化"，并对当时的都市文化有所批判。

同时，对于劳动问题的关注，导致职业的因素得以凸显，将上述各有偏重的思虑暗中指向了一个或实或虚的"农村"。受到职业因素的影响，在民初思想界热议的东西方文化差异中，农业作为一种特定的生计方式引起部分学者的关注。章士钊的"以农立国"，即为其反思西方文明，重新思考中国社会特殊性的结果。同时，他将"农国"与"业治"并立的做法，也体现出对于政治改革路径之外的新思考。但这种将"农"作为东方文化组成部分的做法，又引起了趋新知识分子的一致反对。在此之外，受到俄国革命的影响，早期中共成员开始以阶级的观念理解中国社会，成为农民运动发生的思想基础。

一、改造社会的提倡与职业的观察

中国传统有"风行草偃"之说，又多说"上行下效"，大抵是一种"眼光向上"的文化。钱穆在小时候读过曾国藩的《原才篇》，印象最深的内容即在于"风俗之厚薄奚自乎，自乎一二人之心之所向而已"，直到晚年仍感叹"风俗可起于一己之心"[①]。钱穆在讲授历史研究法时就特别强调了历史人物的"志"，要求学生们也有"吹嘘成风"的志向。[②]这种对"风"的强调要求学生有志向去做那转移风俗的"一二人"。所谓"一言偾事，一人兴国"，传统中国未必那么看重现在必须讲究的那些"沉默的大多数"。对"民"的提倡则基本是近代以来出现的现象。1901年裘廷梁就认为，"古有亡天下之君，亡天下之相，亡天下之官吏"，但时至今日，"数者皆无"，只有"亡天下之民"。顾炎武所谓"匹夫有责"，本来就是说的"亡天下"而非"亡国"。这样一种对"民"的强调对应着的正是一个不同于此前的"亡天下"之局面。在此基础上，裘廷梁注意到了近代以来的一个重要转变："古之善觇国者觇其

---

① 钱穆：《八十忆双亲 师友杂忆》，北京：生活·读书·新知三联书店，1998年，第51页。

② 钱穆：《中国历史研究法》，北京：生活·读书·新知三联书店，2001年，第113页。

君，今之善觇国者觇其民。"①他所说的"民"包括了"士农工商"，若是认可钱穆关于传统中国是一个"四民社会"的说法，裘廷梁注意到的"民"已经涵盖了全社会。"民"开始取代"君"而成为国家的标志。

"民"的凸显更以梁启超在次年所作的《新民说》而为人熟知。程子在解《大学》时虽然就以"新民"解"亲民"，但解释的重点只是在"新"而非"民"。梁启超的"新民"则明言是"国民"，尤其非为"昔者吾中国"之人，而是可以组成新的民族国家的"黄帝子孙"。他所要求提升"四万万人之民德、民智、民力"，则更加具体。②四万万人民之说，当时也常为孙中山、章太炎等人提及，后来基本成为描述中国人民的通说，显示着这样数量庞大的"民"成为中国的象征。这样一种对于"大多数人"的重视尤其与自西而来的功利主义学说相关，即所谓"最大多数之最大幸福"。有人即以此为"民治"申说，认为"以四万万人公同之义务，使数十百人为之谋"，且不论这数十百人是否能够"竭忠尽智"，"即使能之，以数十百人为四万万人谋，孰若四万万人自为谋"。③政治要以"四万万人自谋"的方式来完成，才能保证最大多数人的最大幸福。同时，这"四万万人"也使得"民治"的观念有了更为具体的内容。

由于"民"对于国家的意义越来越重要，"开民智"也就成为晚清以来读书人的努力方向，并尤其因为这种数量上的比较而具有了意义。一位署名"云窝"的人注意到，即使是"至文明之国"，其国民也是"愚者十百而智者一二，贫者十百而富者一二"。贫愚者必然多于智而富者，"下流社会之人数必倍蓰于上流社会"。"苟无教育以范围之，则蠢陋庸劣皆吾国民类"。因此上流社会中那些至智、至富的人，要努力让多数人"默化而潜移"，"拔去其退化之病根，而灌输以进化之流质"。④

---

①　《论白话为维新之本》（1901 年），张枬、王忍之编：《辛亥革命前十年间时论选集》第 1 卷上册，第 38 页。

②　梁启超：《新民说》（1902 年），《饮冰室合集·专集之四》，第 5 页。

③　《论朝廷欲图存必先定国是》（1904 年），张枬、王忍之编：《辛亥革命前十年间时论选集》第 1 卷下册，第 946 页。

④　云窝：《教育通论》（1903 年），张枬、王忍之编：《辛亥革命前十年间时论选集》第 1 卷下册，第 555～556 页。

在对于民众、社会的关注之下，俄国革命所具有的社会革命意味，此时引起了不少读书人的关注。不仅有蔡元培、李大钊等人赞美其劳工神圣的一面，杜亚泉在 1919 年 4 月即注意到此时期世界范围内存在的"社会革命"。杜亚泉认为，中国历朝历代的革命，因为没有改变"社会组织"，"故此等革命，非政治革命，亦非社会革命，只可谓之帝王革命而已"。辛亥革命固然受到欧洲影响，"然欧洲之政治革命，既由财产阶级发生，而吾国之财产阶级，大都不解立宪共和为何物，初未尝与闻其事，提倡之者为过剩的智识阶级中之一部分，加入者为过剩的劳动阶级中之兵，事实上与从前之帝王革命无稍异，其模拟欧洲之政治革命者，不过中华民国之名称，及若存若亡之数章约法而已。"他尤其提出："若今后之智识阶级，犹不肯断绝其政治生活之希望，不置身于产业阶级、劳动阶级中以与之结合，而惟与贵族化之游民为伍，则贵族势力与游民势力，将日益膨胀而不可制，何政治革命、社会革命之可言？"① 杜亚泉不仅注意到了以俄国革命为代表的"社会革命"在组织变革上的意义，更提出了知识分子与产业阶级、劳动阶级合作的必要性，可以看出俄国革命在民初思想界的广泛影响。

按照王汎森的看法，这种对"全体人民"的重视是晚清以来形成的一种"社会有机体论"的重要原因。这一理论强调了对社会每一个成员的动员，并希望将其有效地组织为一个有机体。"全体人民"成为社会的基础。② 在 1902 年，《新民丛报》的编辑就预见到了"社会二字，他日亦必通行于中国无疑"。康有为和梁启超都特别从广东的乡自治传统出发，提倡以此为基础进行"社会"的组织建设。也正是因为对于作为"有机体"的社会提倡，不少人开始认识到传统中国是一个"无社会"的国家。

尤其值得注意的是，一种与"政治"相对抗的"造社会"的思路随着士人对于政治革命的失望而在五四运动之前开始出现。同时这种"造社会"的思路却也隐含

---

① 杜亚泉：《中国政治革命不成就及社会革命不发生之原因》（1919 年 4 月），《中国近代思想家文库·杜亚泉卷》，第 491～492 页。

② 此段与下一段内容的论述均参见王汎森：《傅斯年早年的"造社会"论》，《中国文化》第 14 期，1996 年，第 203～211 页；并参见 Wang Fan-sen, *Fu Ssi-nien: A Life in Chinese History and Politics*, New York: Cambridge University Press, 2000, pp.42-48.

着对社会中"群众"的悲观，而试图从最基层的组织开始努力。傅斯年在出国前就撰文认为中国的大多数社会只是"群众"，而非"有能力的社会，有机体的社会"。他在回到山东与"劳动者和农民交接一番"之后即认为"社会的旧组织死了"，要求"自下而上"的改造，"以社会的培养促进政治"。当他到英国以后，更要求青年"无中生有的去替中国造有组织的社会"，以监督、制衡政府。稍后毛泽东也有类似的思路，要求"解散中国，反对统一"，而各个致力于"下层组织"的建设，"二十年不谈中央政治，各省人用全力注意到自己的省，采省门罗主义"。毛泽东的这种观点虽然更多是在对抗"中央"，而非"政府"，但与傅斯年类似，他们都特别注意到了对下层社会的组织和建设，并以此作为整个国家建设的必要基础。

几乎可以认为，这样一种"改造社会"的要求到五四运动前后已经为大多数新式读书人所接受。张东荪在 1919 年的 1 月即提出要"改造一个新社会"，以此来刷新政治，这一说法立刻得到了王光祈的响应。这种改造"新社会"的努力成了建造好政治的必要条件，成为五四之后各种平民教育的基本理念。张东荪此后持续冀望于"下流社会"，号召做"向下的工夫"。在他所主持的《时事新报》上，有不少人也在提倡举办平民教育、通俗讲演，要"产出一个充满新空气的社会来"。①

余英时曾经注意到近代存在一个"知识分子边缘化"的过程。在此基础上，王汎森进一步考察了知识分子的"自我边缘化"，以及"近代知识分子自我形象的转变"。王汎森注意到，在近代"自然知识"的重要性逐渐超过"规范知识"之后，尤其随着科举制度废除造成的仕学合一的中断，士人逐渐被认为"无用"，甚至在道德上也变得令人失望。宋恕、林獬等人都曾不同程度地将希望转寄于下层百姓。如林獬便认为"现在中国的读书人，没有什么可望了"，希望应该寄托在"我们几位种田的，做手艺的，做买卖的、当兵的"等人身上。

民国时期虽然社会上还存在"士大夫文化的余荫"（余英时语），但读书人自我

---

① 王波:《少年中国学会的成立及前期活动》，第 87～89 页。关于张东荪对于"社会"与政治关系的讨论，参见高波:《共和与社会主义——张东荪的早期思想与活动(1885—1932)》，北京大学博士学位论文，2012 年，第 87～90 页。如两位研究者所注意，无论是少年中国学会的诸君，或者张东荪本人，其试图倚赖的实际都主要是"中坚社会"或"中等社会"，而非"平民"。这里想要强调的则是他们有意去"建设"和"改造"的那个"社会"。

边缘化的过程又进入新的阶段。王汎森认为这一阶段主要是"在俄国革命思潮影响
下读书人自我形象的转变"，"读书人"甚至不再成为理想的身份认同，不少人更希
望转变成为"劳工"。时任北大校长的蔡元培关于"劳工神圣"的讲演尤其具有象征
意义。不管是尝试"工读互助团"的王光祈，还是认为学术研究与"作工"没有区
别的顾颉刚，都有意识地在将自己读书人的身份向着"劳工"转变。王汎森认为，
与另一些强调"提高"的菁英主义者不同，这一批读书人是在试图主动"适应一个
以广大农村为主体的中国社会"。①

值得注意的是，"士"虽然是"四民之首"，但出于对"生之者寡，食之者众"
的警惕，社会上长期存在对于这样一个不能"生利"的士人阶层的批评。孔子便曾
经遭到"四体不勤，五谷不分"的讥讽，韩非更直接将儒生作为"五蠹"之首。到
晚清，"中国传统中的反智倾向也得到某种程度的'现代复兴'"。②梁启超便认为中
国的读书人基本属于"分利"的人群，"实一种寄生虫也！在民为蠹，在国为蟊"。
此外，梁启超还注意到其他"分利"之人，如教师、官吏，实际也属于读书人的范
畴。③当前文所述的"工业城市"眼光逐渐兴起之后，能否在工业与生产上产生价
值也开始成为对个人的要求。

这一时期，杜亚泉曾提出士人必须有"个人之改革"："吾侪不改革自己之个
人，而侈言改革社会，是实吾侪之大误也。"杜亚泉的想法是"依动物学之公例"
看来，"社会中之苦痛与罪恶，大半为吾侪失其求食与防御本能者所酿成"。尤其
"吾侪个人，或袭祖父之余资，或托权贵之庇荫，终日晏息，无所事事"，"甚至自
己之服食起居，亦赖仆役之给奉"。"从社会之经济上观之，如此个人，实不如无之
之为愈。"因此，"所谓个人之改革者，非改革之使别成新造之个人，亦改革之使完
成固有之个人而已"。杜亚泉提出如果要"每日得衣得食，则每日必出若干之劳力
为酬"；"除老幼以外，无论何人，当随其年龄职业，日治事，以六时至八时为率，

①　王汎森：《近代知识分子自我形象的转变》，《中国近代思想与学术的系谱》，第
257～301页。

②　罗志田：《知识分子的边缘化与边缘知识分子的兴起》，《权势转移：近代中国的思
想、社会与学术》，第231页。

③　梁启超：《新民说》（1902年），《饮冰室合集·专集之四》，第89～90页。

方为不虚生于世"。① 读书人本有"耕读"之理想，杜亚泉虽然基本不曾质疑士人的地位，但这种读书人也必须自求衣食的观念，与王汎森观察到的读书人"遗憾自己不是一个工人"的现象，却暗中互相关联，互有影响。

到 1929 年，北平佛教会"因为受环境的压迫，打算组织各寺农禅工禅，让和尚们去自食其力"。其宣言便认为，和尚出家本是"为满足人类向上的要求……以求解决生老病死的问题，替社会尽了一分很大的义务"，但是"到了今日，人类所谓向上的要求，变了方向。只求物质上的满足，遂发生了经济的竞争"。因此"爱国保种的人，要教国人都站在生产的一条战线上，以图生存"。在这样的情况之下，和尚"若不自食其力，就算对不起社会了"。"所以本会同人就各寺的相宜，或组织农禅，或组织工禅。"计划"以半日作工，半日习禅"，"一则免负累社会，二则使向上的一条路，不至断绝"。② 这种"向上的要求"由精神转向了物质，使得和尚也不得不转向生产，鲜明地体现了一个讲求全民"作工"和"生产"的时代的到来，隐隐回应着那正逐渐凸显的"工业眼光"。

二、"农"的因素：基于职业立国的新认识

在五四前杜亚泉已经提出，西洋文明与"吾国文明"的性质之异，除了社会民族的构成来源不同，一个重要的差异即在于前者的自然环境宜于商业，后者宜于农业。③ 与杜亚泉形成论争对手方的李大钊也承认，"东方之生计以农业为主，西方之生计以商业为主"。④ 虽然两人对于文化演进的态度不同，但均注意到农业生产对

---

① 《个人之改革》（1914 年 6 月），《中国近代思想家文库·杜亚泉卷》，第 175～178 页。

② 《和尚向上　组织农禅工禅》，《世界日报》1929 年 10 月 19 日，第 6 版。

③ 杜亚泉：《静的文明与动的文明》（1916 年 10 月），《中国近代思想家文库·杜亚泉卷》，第 316 页。

④ 李大钊：《动的生活与静的生活》（1917 年 4 月 12 日），《李大钊全集》第 2 卷，第 96 页。

于社会文化的基础意义。杜亚泉固然可以因农业生产生活方式而发展出一整套关于"静的文明"的观念，李大钊的考虑则在于，既然不同的生计方式造就的不同文明已经有了新旧之别，对于支撑旧式东方文明的农业生产应该做何理解就成为一个问题。在著名的《由经济上解释中国近代思想变动的原因》一文中，李大钊不仅初步尝试运用唯物史观叙述近代思想史，还特别说明，中国的"以农业立国"造就的文化制度在此时受到动摇，正是"西洋的工业经济来压迫东洋的农业经济"的结果。"应该研究如何使世界的生产手段和生产机关同中国劳工发生关系"，换言之，要使中国传统的经济生活也必须适应"现代的世界经济关系"。①

事实上，在稍早的《东西文明根本之异点》中，李大钊已经提出，"守静的态度，持静的观念，以临动的生活，必至人身与器物，国家与制度，都归粉碎。"②梁漱溟认为这是"从根本上下解决的意思"，"从前很少有人谈及"。如梁漱溟所论，这一时期对于中西文化的讨论，已经逐渐深入到"西方化对于东方化，是否要连根拔掉"的问题。③李大钊此时持有的文化整体论，也从根本上要求中国传统"以农立国"经济生活的变革。值得注意的是，一般被认为文化观点上偏于"东方文化"的杜亚泉，一方面认为此时的国人不妨"励行社会主义"，另一方面也认为农工团体虽然人数众多，但"范围甚隘，并不抱有若何改革之思想"，对农业生计方式下的农工团体，持有相对消极的认识。④注意到李大钊"从根本上下解决"的梁漱溟，此时也和杜亚泉一样，基本没有考虑农业与中国文化发展前景。这一点与此后的论者形成了鲜明差别。⑤

章士钊"农国论"的主张，正是在这一背景之下提出的。其中既有此前中西文

①　李大钊：《由经济上解释中国近代思想变动的原因》（1920年1月1日），《李大钊全集》第3卷，第144～146页。

②　李大钊：《东西文明根本之异点》（1918年6—7月），《李大钊全集》第2卷，第216页。

③　梁漱溟：《东西文化及其哲学》，北京：商务印书馆，1987年，第7～8页。

④　杜亚泉：《大战终结后国人之觉悟如何》（1919年1月），《中国近代思想家文库·杜亚泉卷》，第483页。

⑤　"东方文化派"对于当时与之后的研究者来说都是一个相对方便的标签，但其中被视为"东方文化派"的人物差别甚大，不能简单以某派视之。参见罗志田：《异化的保守者：梁漱溟与"东方文化派"》，《社会科学战线》2016年第3期。

化讨论中引入的生计问题，也受到此时西方思潮变迁的影响。杨铨在《中国近三十年之社会改造思想》一文中，将章士钊的"农村立国"之说，与"安纳其主义""基尔特社会主义""共产主义""国民党""研究系""好政府主义""江亢虎之社会主义"等"社会思想"并立，并认为这些社会思想"几于完全为中西文化接触之产物"。他注意到章士钊是在 1921 年自欧洲归国后开始力倡农村立国之说的，并认为"其说实本英国潘悌（Penty）之农村基尔特社会主义"。[1]按照《章士钊先生年谱》中的记载，在 1921 年 6—7 月间，章士钊确实在伦敦访问过潘悌，并有所请教讨论[2]；因此同为留学生的杨铨的观察大抵有据；章士钊这样一种看似是以中国针对西方的言论，"其实仍本西说"，是根据某"主义"而提出的社会改造思想。

　　按照杨铨的观察，章士钊此说的"第一次发表主张"即为"代赵恒惕捉刀之宣言"，其中认为"欧洲以工业立国……资本家立于社会之颠［巅］，恣情挥斥，故其规模壮阔，举止豪华"；"我国以农立国……尚简朴"。现今"以工业国之政制来相运用"，结果即为"朴愿者丧其所守，狡黠者无所不为"。此文未能觅得，仅见于杨铨引文。1922 年 10 月 8 日，章士钊在湖南教育会讲演，也表达了此意，并因此认为"近有人向工业上宣传社会主义，殊为错误。我以为应该向农业方面去做工夫，因为中国尚无所谓工业，向以农立国"。他在这次讲演中提出了一套"改良农村"以改良湖南的办法，要求以村为单位，将村内农产物"由公共管理，以资调剂"，甚至自行发行纸币；"由村而县而省，均以本地之出产，维持本地人之生活"。章士钊尤其说明，只有这样的"文化运动"，"才与欧洲文化运动的精神相合"，"欧洲重在解放工人，我们重在解放农民"。[3]如杨铨所观察，这样的一套办法有着明显的基尔特社会主义色彩，是有意在向"欧洲文化运动"学习的表现。

　　此后十数日内，章士钊在湖南学术研究会等机构均有演讲，提及"以农立国"这一基本事实对于解决中国现实问题的意义。他在湖南学术研究会的讲演中即认

---

　　① 杨铨：《中国近三十年之社会改造思想》，《东方杂志》第 21 卷第 17 号，1924 年 9 月 10 日，第 53 ～ 55 页。

　　② 袁景华编：《章士钊先生年谱》，长春：吉林人民出版社，2001 年，第 135 页。

　　③ 《文化运动与农村改良》（1922 年 10 月 8 日），《章士钊全集》第 4 卷，北京：文汇出版社，2000 年，第 144 ～ 146 页。

为"三十年以来，因为和欧化接近了，一般人并将欧洲的制度死死的搬到中国来运用"，却并未考虑这套制度"对于以农业立国的中国，到底适用不适用"。因此要解决现在大部分人的"饭碗问题"，必须从"农村自治"来下手。① 在论及社会主义问题时，章士钊也认为现在谈社会主义的人"不把中国的情形看清，也只管把欧西关于社会主义的书本翻译出来给人们看"。西欧多为工人，"欲实行社会主义自然要从工人着手入才可"，"我们中国人民既有百分之八十五为农人，那么谈社会主义的，自然要从农人着手才可"。就是因为这些人没有注意到中国"以农业立国"的实际，"所以把社会主义一件很好的事情，就弄得难于实现了"。② 因此，章士钊关于社会改造的思考，均是以"农"为基础。在长沙第一师范的讲演中章士钊提出，"中国本以农立国，我们仍当务农为本"，并特别说明"什么联省自治，什么社会主义，通通不适用于我国"，"因为这些制度都是工业社会的产物"，并不能适合"农业社会的中国"，"好像将欧洲数层的高大房屋，移植于中国茅房草舍之上，终久要倾倒的"。③

在上海暨南大学商科的讲演中，章士钊特别说明他是在此次欧游"始悟根本上吾国与欧洲各国有一大不同之点"。"吾国以农立国"，因此"人民尚节俭，以恶衣食、卑宫室为美德"。"自尧舜禹汤文武直至清季，治国者以端拱无为不至扰民为能事"。欧洲各国则"皆以工业立国而产生"，因此"事事皆积极进行"。他还特别针对商科学生，要求他们注意区分"工业立国之商业"与"农业立国之商业"。前者"所志仍为竞争市场，经济侵略"；后者"其志俱在贸迁有无，沾什一之利，并以利人而已"。④ 这种区别明确表现在章士钊的"以农立国"论中，"农业"不是仅仅作为一种职业，而是作为"立国"的根本旨趣。

章士钊的"农国论"与其欧游的经历确实有着密切的联系。在《业治与农》中他正式提出，他正是由于见证了一战后欧洲的"思境翻新"，因此要以"以农立国"

① 《农村自治》（1922 年 10 月 13 日），《章士钊全集》第 4 卷，第 148 页。

② 《注重农村生活》（1922 年 10 月 14 日），《章士钊全集》第 4 卷，第 151 页。

③ 《记章行严先生演词》（1922 年 10 月 21 日），《章士钊全集》第 4 卷，第 157 页。

④ 《在上海暨南大学商科演讲欧游之感想》（1923 年 1 月 23 日），《章士钊全集》第 4 卷，第 159 ～ 160 页。

和"联业自治"作为"国是"。其中"以农立国"为其"文化治制","一切使基于农";"联业自治"则是针对"政治二字，已归腐烂"而提出的政治组织方式。① "以农立国"作为章士钊所提出的"国是"，正是在五四前后时人试图从文化上根本理解和解决中国问题的一种思路；同时，这种思路也是在"西与西战"中"迎拒取舍"的产物。正是在看到了一个"以工立国"的西方之后，"以农立国"的问题才会出现。事实上，近代以来对于中国"以农立国"的论述，也是在一个"以工（商）立国"的对手方出现以后的自陈。

作为五四前著名的文化调和论者，章士钊特别说明，"这一段话，若在数年前讲，诸君必以我为顽固，现在我却有勇气说此顽固话了"。② 这一时期，以梁启超《欧游心影录》为代表，关于东西方文化的讨论再次展开。与梁启超等人对于哲学、文化的关注不同，章士钊的关注更偏于制度层面甚至社会经济的层面。这种对于社会经济基础的重视或与章士钊在欧洲接触到的基尔特社会主义有关，在当时尚未引起其他东方文化论者的关注。③ 不过，1922 年 8 月《东方杂志》特别作了"农业及农民运动号"，篇首为吴觉农《中国的农民问题》一文，其中特别强调"中国的国民性，完全是以农民来作代表的"④。这种对于农业与国民性的理解，与章士钊所论具有相似之处。

章士钊这一主张在当时引起不少批评。其中不少人的看法是，"以农立国"固然可以被接受为中国的现实，但这一现实未必具有指导未来的意义。如杨铨即认为

① 行严（章士钊）：《业治与农（告中华农学会）》（1923 年 8 月 12—13 日），《章士钊全集》，第 4 卷，第 201 ~ 203 页。

② 《记章行严先生演词》（1922 年 10 月 21 日），《章士钊全集》第 4 卷，第 155 ~ 158 页。

③ 这反而是在稍早的"社会主义大论战"中被不少人注意到。江亢虎在稍早的一次讲演中，即认为将中西文化的差别理解为新旧之别并不确切，仍应视作"农业文明"与"商业文明"的对立，而"工业文明"正可以为二者的过渡，并对当时西方社会提倡的重农主义加以介绍。（江亢虎：《农业与社会主义》，《民国日报》1920 年 12 月 31 日，第 4 张，《觉悟》第 3 ~ 4 版。）当时提倡基尔特社会主义的徐六几亦提及以农业的复兴解决西方社会面对的问题（《地方的基尔特社会主义》，《民锋杂志》第 3 卷第 3 号，1922 年 3 月）。

④ 吴觉农：《中国的农民问题》，《东方杂志》第 19 卷第 16 号，1922 年 8 月 25 日，第 2 页。

"今世之立国，农业与工业不可偏废者也"，并讽刺章士钊是将"二百年前欧洲之重农旧说"，当作了"中国今日救世之福音"。换言之，将以农立国作为国家目标，不啻时代误置。① 章士钊因此而调整自己的观点，说明自己所论的"以农立国"并非"斥一切工事不务"，换言之，并非简单的复古，而是要从立国之本上加以考量：国家"取义在均"，有余与不足相去不远，"谓之农国"；与之相反，"资产集中，贫富悬殊，国内有劳资两级，相对如寇雠者，谓之工国"。他并因此提出欧洲革命与第三国际等反资本主义运动，"所言虽不离工，而考其用心，固隐然有逃工归农之意"。② 这一观察实际上很值得注意。在章士钊看来，此时欧洲共产革命的目的，正是要解决"工国"中的社会问题，回归较为公平的"农国精神"；与自己"以农立国"的主张可谓殊途同归。

然而，早期中共成员对于章士钊的以农立国论也并不抱同情，而更多视其为一种复古、倒退的言论。早期共产党员杨明斋就明确提出："五千年的历史循环在今大变动之所以然是由于农化为工。"值得注意的是，杨明斋实际上同意章士钊关于"建国之本源既异"的说法，甚至赞赏其为罕见的，"从经济上着眼判断中西文化之所以分及改造社会之根源一文"。但他又认为章士钊并未看到自然演进中"人类生活分了渔猎、畜牧、农业、工业四个接连不断的阶段"，因此主张有误。他尤其批评章士钊并未理解社会主义："据我所知社会主义者因为生产不足民用，极力主张发达生产……做梦也没想到弃工；更没有隐然逃工归农之意"；他们是要"打倒资本帝国主

① 杨铨：《中国能长为农国乎》，《申报》1923 年 10 月 28 日，第 3 版。吴稚晖也批评提倡农村立国的章士钊等人是"忌了时代了"。（《敬答胡晔先生》，《晨报副镌》第 246 号，1923 年 10 月 9 日，第 1～3 版。）不过，在杨铨看来，英、日等"本部地小"、不得不偏重于工商之国，也非其意所属；他真正欣赏的是美国："地大物博、农工并重，进可以战，退可以守，遂执世界经济之牛耳。"
② 章士钊：《农国辨》（1923 年 11 月 1—2 日），《章士钊全集》第 4 卷，第 267～272 页。稍早张君劢亦注意到共产国际是为了解决工商立国导致的财富集中与对外侵略，并提醒读者注意潘梯的重农主义。见张君劢：《欧洲文化之危机及中国新文化之趋向》，《东方杂志》第 19 卷第 3 号，1922 年 2 月 10 日，第 118 页。

义的侵略","可是并不想闭关自守长为农国"。①恽代英也认为，从国际局势来看，"中国亦必化为工业国然后乃可以自存"。这些讨论着眼未来，强调了社会进化的趋势性。②如孙倬章所说，农业"为保守的，少进化的，与现社会之进化潮流，常相反"。他承认农国论者是"就中国国情，以为改良中国的主张"，但无论从理论或事实上来看，皆是一种"反抗进化潮流的主张"。③三人在当时均不同程度地信仰社会主义，在对于农工问题上也均偏于社会进化论观点，认为工业化才是社会发展的未来

稍早一点瞿秋白更直接指出："东西文化的差异，其实不过是时间上的。"瞿秋白认为"人类社会之发展有共同的公律"，"东方和西方之间亦没有不可思议的屏障"；现在各国各民族文化"呈先后错落的现象"，"是时间上的迟速，而非性质上的差别"。要讨论文化，就要看到"一切所谓'特性'、'特点'都有经济上的原因"。相反，"若是研究文化，只知道高尚玄妙的思想"，无异于本末倒置。因此瞿秋白认为，现在大家所谓的东方文化，一是"宗法社会之'自然经济'"，二是"畸形的封建制度之政治形式"，三是"殖民地式的国际地位"。这些特征"已不能适应经济的发达，所以是东方民族之社会进步的障碍"；只有实现世界革命，才能为东方民族求得生机。④相较于李大钊的论述，瞿秋白更明确地将中国社会的经济形式、政治组织形式与国际地位统一起来；而文化发展需遵从"共同的公律"这一认识，更毫无疑义地将包括农业在内的"自然经济"视为发展的障碍。

综上所述，五四前后关于东西文化的讨论，不仅对于空间上的东西方做了时间

---

① 杨明斋：《评中西文化观》，合肥：黄山书社，2008年（据1924年初版影印），第155～183页。

② 戴英：《中国可以不工业化乎》，《申报》1923年10月30日，第3版。罗荣渠已经注意到，杨明斋等人"在这里所表述的通俗的马克思主义的社会进化史观，实际上就是关于从农业社会向工业社会进化的现代化理论的最基本观点"。参见罗荣渠主编：《从"西化"到现代化：五四以来有关中国的文化趋向和发展道路论争文选》，北京：北京大学出版社，1990年，第11、24页。

③ 孙倬章：《农业与中国》，《东方杂志》第20卷第17号，1923年9月10日，第17～21页。

④ 瞿秋白：《东方文化与世界革命》（1923年3月），《瞿秋白文集·政治理论编》第2卷，北京：人民出版社，1988年，第14～25页。按，此时列宁与共产国际关于"封建制度"的讨论已传入中国，"封建"逐渐成为一个特定的社会发展阶段概念。但此文中瞿秋白仍然注意"封建割据"的意义。参见冯天瑜：《"封建"考论》，武汉：武汉大学出版社，2006年，第231～240页。

的处理，即认为东西方的文化差异具有进化论上的意义①，这种线性进化的时间观念还辐射到对于社会经济与社会文化的理解。"农国"，或者更直接地来说的农业，不仅仅是一种产业或者生活样式，它同时代表以此为基础的社会发展阶段。中国的过去固然与农业有着密不可分的关系（即所谓"以农立国"），但在面向未来、面对一个工商立国的西方时，"以农立国"是否还具有方向和政策上的意义，成为各方分歧所在。杨明斋、恽代英等人明确主张"化农为工"；稍早的杜亚泉虽然对于西方的工商业社会不乏批判，但并未明确提出对于国家经济政策的讨论。章士钊所提倡的"以农立国"，看起来是最彻底与最具根本性的东方文化政策，但其中却深受西方现实与重农学派的影响，也不乏对于唯物史观与共产革命的回应。但从另一个角度来看，他的"以农立国论"同样是从文化的整体性出发，强调文化的体用必须具有一致性，似乎是进一步完善了东方文化的主张。②这其中体现民初社会思想的混杂程度值得注意。

三、农民作为一个阶级的认识

不过，这种对于"职业"的强调，包括章士钊提出的"农国"与"联业"主张，还有一个重要的意图，即说明中国社会并无阶级差异，而仅存在职业差别。与之相关的正是此时知识界对于俄国革命的兴趣。对于在中国农村是否能够发生俄国式的劳农革命，时人尚多有怀疑。早在清末《民报》与《新民丛报》在对于"平均地权"的讨论中，已经部分地涉及这一问题。③在中共创建前后，中国乡村，甚至整个中

---

① 参见罗志田：《国家与学术：清季民初关于"国学"的思想论争》，北京：生活·读书·新知三联书店，2003年，第258～260页。关于近代以来对于线性进化史观及其社会进化图景的接受与理解，参见王汎森：《近代中国的线性历史观》，《新史学》（台北）第19卷第2期，2008年6月。

② 关于五四后学界对于东西方文化的讨论参见罗志田：《无共识的共论：五四后关于东西与世界的文化辨析》，《清华大学学报（哲学社会科学版）》2017年第4期。

③ 其中部分资料收入张枬、王忍之编：《辛亥革命前十年间时论选集》第2卷，并参见该书序言第7～15页。

国社会是否存在阶级、是否适用阶级斗争的理论更引起了不小的争议。① 张东荪即认为中国多小农，且"地主与佃户多是平分收入，甚至于佃户得六成地主得四。所以农民对于所受地主的痛苦，没有十分深刻的印象"。张东荪还认为："农业在现在没有速成的改良法，而只有以教育的力量救济农民的无知病，有了知识以后自然能开发地利。"因此对于农民而言，最重要的不是革命，而是"取得教育与改良生活"。② 阎一士也提出，"我国工业既在草昧时期，资本尚未集中。劳动虽多，十之九属农民。田原数亩，多系自有……且农民散处，无产阶级遂不成群而有组合"。要提倡在资本集中、物质文明发达的欧洲所出现的社会主义，无异于无的放矢。③

对于这样的观点，作为上海共产主义小组机关刊物的《共产党》发表了《告中国的农民》一文，针对张东荪的观点，提出中国大部分农民都要"靠着耕人家底田，分得一点以自赡"；佃户与田主之间的分配也极不公平。加之土地集中的倾向日益突出，"可见中国农民困苦，并不减革命前俄国底农民的"；"我们要设法向田间去；促进他们这种自觉呀！"④ 然而这一反驳也提示出，两者之间的差距重在农村贫富差异与改良农村的意义上，而并未对阶级的形成加以注意。

李季在对于张东荪的批评中即提出，"我们湖南的农民大多数是租人家的田地耕种的"，并不承认张东荪对于中国以自耕农为多数的提法。但他同时又认为，如果说农民多数均自己有田产，"我们便不能说他的田地，不多不少，刚够他自己耕种。他的田地如果不足，必定向别人租地，则他便是一个被掠夺的人。他的田地如果有余，则他处置剩余田地的方法，不出两途：一将田地租给别人耕种，二雇人耕种。他若用第一个方法，则他成为一个掠夺家……他若用第二个方法，他也成为一个掠夺家"。因此，李季进而提出："我们中国虽没有很多的大资本家，却有无数的小资本家。大资本家所掠夺的数目很大，如像在五年之内赚一千万元的中兴公司

① 这一讨论与"社会主义大论战"关系颇为密切，参见丁守和、殷叙彝：《从五四启蒙运动到马克思主义的传播》，北京：生活·读书·新知三联书店，1963年，第297～319页。

② 东荪：《现在与将来》，《改造》第3卷第4号，1920年12月15日，第31～32页。

③ 阎一士：《社会主义与中国物质文明之关系》，《时事新报》1922年4月9日，第1张第1版。

④ 《告中国的农民》，《共产党》第3号，1921年4月，第3～6页。

是，小资本家掠夺的数目很小……他们的掠夺在数目上虽有差别，然在性质上是绝对没有差别的。我国既有一种资本主义的制度，既有一种掠夺的事实，那么，一种大公无我的社会主义去救正他，应当受每个有理性和有良心的人之欢迎和赞助。我国当着这个时候，小资本主义已经根深蒂固，大资本主义正在勃然兴起；现在才谈社会主义，已经是缓不济急，怎么叫做'无的放矢'呢？"[1]

谭平山则更试图对阶级对立的观念做出解释，他提出："中国以前的农村，仍是特殊的封建社会，所以他的组织也是很复杂，阶级的区别也分做许多。但自从外资进入把特殊的封建社会破坏后，新兴的地主与旧地主既把土地集中在少数人管理之下，如是农村阶级的分化也便由复杂而趋于简单，把整个农村止分成两个阶级——地主阶级与农民阶级。"[2]换言之，农村的阶级分化是外资破坏了旧有组织的后果。

事实上，当时与张东荪怀有同样想法的大有人在。胡愈之亦认为，"吾国土地集中，不如欧美诸国之甚"，同时"吾国农业向多小农制度，农民中之一部分，皆自己拥有土地。故地主掠夺之惨酷，不若他国之甚"。因此，土地革命并非当日急需，要"谋农民生活之改造"，应以教育为先。"吾国内地农民，殆全系不识字者，其智识之蒙昧，尚未脱半开化时代，因此吾国一切文化事业，与大多数之农民阶级，竟若全不相关。"因此智识阶级应该"献身于山林田野，躬任指导佃农之责，或足以遂其造福民众之抱负"。[3]其对于乡村社会阶级状况的认识，与张东荪无二，因此也同样将农民生活改善的希望寄托在教育。

必须注意的是，如前文所述，到乡村去的社会改造本与新村运动有紧密关系，此时也有不少人因为各种不同的原因注意到农民在社会改造中的意义。内藤湖南即曾经撰文，认为中国读书人阶级不能肩负改造之重大责任，商业阶级亦因为贵族阶级之衰灭而逐渐衰灭，因此只有依靠农民阶级崛起来实现中国的改造。张东荪虽然认为军阀不能铲除，新工业不能发达，农民还是不能崛起，但也想起"古来贤哲多

---

① 李季：《社会主义与中国》，《新青年》第8卷第6号，1921年4月，该文第6～8页。

② 谭平山：《农村的政治斗争》（上），《中国农民》第2期，1926年2月，该文第14页。

③ 罗罗：《农民生活之改造》，《东方杂志》第18卷第7号，1921年4月10日，第4页。

从事于躬耕，可见农业生活确能养人的浩然之气。所以近来社会运动中有一种归田运动，我推论到此，觉得内藤的话确是不差"。这种认识尤其与读书人的自我批判有关："友人周伯勋君尝对我说，中国的士大夫若都死完了，对于中国没有多大影响。若是农民死完了，就灭种了。"因此，张东荪虽然不认为中国的农民能够在短期内崛起，却仍然对于内藤湖南的想法表示了欣赏。①

同时，不少人所关注的内容，仍多偏重于教育的意义。余家菊即认为乡村教育涉及全国的"大多数农民"，必须加以重视。而他所谓的教育，还特别从西洋学来了"以学校为社会底中枢"之意："乡村学校的教员，除学校以外，也当注重社会教育，学校不但应当教育学生，也当教育社会"；不仅应该承担通俗教育、农业示范，甚至不妨倡导家庭工业。他特别提出，"教师不能以教育家不是万能为借口，就不负社会教育的责任"；"乡村教育与各方面都有关系；不只是乡村问题，乃是社会问题。"事实上，传统的私塾老师本非仅仅教书，在地方社会地位也甚高；反而是新式的教师才会有"教育家不是万能"的新观念。这篇文章发表时，左舜生更特别响应，认为"中国在五年或十年内，将有一种绝大的运动要起来，便是'乡村运动'"，因此希望少年中国学会的诸君多加注意。②这里所论及的乡村运动，意在纠正乡村教育中存在的，仍然偏重传统教化的一面，与稍后农民运动中阶级革命的意义大有不同。

陈友荀则将农民运动视为现代的产物，"我国从前农业上支配土地的制度，虽是从古代传到现在，不免有兼并的事情，尚可以说是无大害于农民"；对于农民有害的是现在资产阶级制度的剥削。与沈玄庐相似，他也援引了俄国革命的成例："我国和俄国是同样的国家，都以农立国的，俄国底农民这样，我国底农民何尝不是这样？"他尤其提醒道："我国向来是农业底国家。靠着田产生活的人们，至少有十分之七八，而每年所产出之原料，尤以五谷为大宗，只要参观历年海关底出口货调查，便可明白。所以我国农民底安宁和幸福，影响于一国经济力，实在有非常

①　东荪：《农民与中国之前途》，《时事新报》1921年1月7日，第1张第1版。
②　余家菊：《乡村教育的实际问题》，《少年中国》第3卷第6期，1922年1月，第30～34页。

重要的关系。"因此，针对青年学生多空言社会改造的情况，他积极呼吁："高唱改造调子的先生们！盼望你们把视线移射到农村运动上面去，共同研究，救农民于水深火热之中，这实是大慈善的事业呵！亦是我国起死回生的药石呵！改造中国只一条路可走，农村运动！农村运动！"[①]

正因为这样的认识，农民运动一开始就对于动员工作给予了充分注意。（考虑到前文对于新村运动偏重"文字鼓吹"的批评，文字动员恐怕也是当时激进的知识分子最擅长的工作。）到中共三大召开时，共产国际已要求中共必须"把占中国人口大多数的农民，即小农吸引到运动中来"，中国革命才能取得胜利；中国当时的反帝反封建斗争，"全部政策的中心问题就是农民问题"。同时，这项指示也强调了共产党作为工人阶级的政党，应当力求实现工农联盟，并且积极通过土地革命的方式加以实现。[②]在此基础上开展的农民运动，意义已经与此前的乡村教育、农业改良等含义有了显著差别。到20年代中后期，世风已经相当激进。不仅军阀的电文要求对"有产阶级"有所限制，一向被视为恬退的周作人也相信"阶级争斗已是千真万确的事实"。[③]而对于农运的参与者而言，他们对于阶级理论的认识和调适，也正是农民这一社会群体重新得到认识的过程。

1924年1月，国民党一大召开，确定了联俄容共、扶助农工的政策，海丰、衡山等地的农会组织与农民运动逐渐开展。此时，农民运动与稍早时候读书人"到民间去"的乡村教育，虽然仍有千丝万缕的联系，但已经开始呈现不同的意义。在湖北黄冈从事乡村教育的林根即认为他们的工作是"农民运动第一步"。林根还特别回忆了自己从事这一工作的过程：1919年他们即为了"开通乡村的风气"在黄冈乡村办了一所小学和通俗演讲社，后因经费困难停顿。1921年因为"梦想'新村'的实现"，"又复卷土重来，以小学为根据，从事宣传"。但因为经费问题，以及不少人感到"工人运动较农民运动为急要"，"相率离田间而赴都市"，再次遭遇挫折。

---

① 陈友荀：《改造中国的惟一路径——农村运动》，《民国日报》1922年8月5日，《平民》副刊第114号，第1版。

② 《共产国际执行委员会给中国共产党第三次代表大会的指示》（1923年5月），中央档案馆编：《中共中央文件选集》第1册，北京：中共中央党校出版社，1989年，第586页。

③ 参见罗志田：《权势转移：近代中国的思想、社会与学术》，第78页。

两年后他们"悟到在军阀和外力宰割之下的中国问题,不仅是工人运动可以解决的;农民运动亦有同样的重要",又重新回到田间进行乡村教育的工作。^①这种反复的经历虽然有个体性,但趋新青年对于乡村社会的游移可见一斑。此时为发动农民而开展的乡村教育,已经带有鲜明的国民革命的色彩。

当然,这一认识在很大程度上来自阶级理论的影响。早在分析浙江萧山的抗租风潮时,陈承荫就认为这一事件是由于农民生活"受资本家的摧残而陷于困苦"。"万恶的资产阶级,只知掠夺农民的剩余",同时,随着"资本家的生活程度","资产阶级的欲望"日益增加,"农民的生活程度一天天的增高",但"农民的生产力却没有一些增高","由忍苦而至的奋斗哪里能免呢?"^②这一结论中所谓的"资产阶级"大致是指田主,但其试图运用阶级分析的方法来解释农民抗租行为的想法已经颇值得注意。胡愈之在提倡地方自治的时候也认为,必须"使占我国人口百分之九十有零的无知农民","都明白自己所站立的地位,都了解自身所应有的权利义务"。农民要"自动的团结起来","干涉地方政治,推翻'绅士'阶级",才有希望实现"真正的地方自治"。^③他们所论及的"资产阶级"或"绅士阶级"与农民的对立,虽然有别于后来的阶级理论,但农村中阶级对立的存在,却是陈承荫和胡愈之的共同观感。

随着农民运动的开展,阶级对立的感受进一步普及化,但如何理解农村中的阶级关系也因而成为问题。邓中夏在1924年即提出,"中国纯粹农民劳动者(雇工)究不及自耕农佃农之多",因此宣传活动要注意"农民私有观念极深",不能陈意过高。"我们的宣传口号只能用'限租','限田','推翻贪官劣绅','打倒军阀','抵制洋货','实行国民革命'等。"^④到1926年农民运动席卷了广东、湖南等地,中共开始提出,"农民的政治觉悟及其在政治生活上的地位,必是一天一天地发展,

① 林根:《黄冈的乡村教育运动》,《中国青年》第20期,1924年3月1日,第7页。

② 陈承荫:《农民合作的需要》,《民国日报》1922年1月14日,《平民》第86期,第1版。

③ 化鲁:《地方自治与乡村运动》,《东方杂志》第19卷第6号,1922年3月25日,第2页。

④ 中夏:《中国农民状况及我们运动的方针》,《中国青年》第13期,1924年1月5日,第6~10页。

将成为民族解放运动中之主要势力"，但同时也对农运的组织提出了以下要求："现在农民协会的组织，尚不能带有阶级色彩"；同时"农村中阶级关系极复杂，故不必提出'农民阶级'字样"。[①] 在湖南北伐的过程中，当地的读书人则认为，农民的参战固然有"党人宣传的效果"，但仇视北兵也是重要原因，尤其"两方军纪比较，使农民仇视更深"。同时他还感到："农民的经济和政治要求，可说都还是非常幼稚。县长民选等口号农民固然没有感到，就是乡村的政治要求，也还只有消极的；至于反动派所造的'没收土地''组织工农政府'这类谣言，更是连影子也没有。"[②]

必须指出的是，作为农运最基础的理论，阶级理论在此时的言人人殊，恰恰折射了其所引起的广泛注意。知识分子固然希望通过阶级理论证明农运的必要性，并发动农民参与其中（这一目的虽然未必能够落实）[③]，但阶级理论对于认识乡村社会的意义却日渐突出。更重要的是，他们对于阶级理论的认识和调适，正是农民这一社会群体重新得到认识的过程。阶级理论所着重考察的土地集中与农民破产问题，也改变着时人对于乡村社会的认识。即使是偏向文化保守主义的"以农立国"，也将农业作为一种特定的生产与职业加以理解；有着强烈社会经济进化论色彩的农民运动理论，更在生产资料与生产方式的基础上，建立起了阶级观念与社会分析的方法。在这种双方无意识的合谋中，"农"的因素成为理解中国社会的重要内容；传统文化中更偏于生活方式的乡村，逐渐向着有着特定社会经济意涵的"农村"转变。

---

① 《农民运动议决案》（1926 年 9 月），中央档案馆编：《中共中央文件选集》第 2 册，第 206～210 页。并参见郑建生：《国民革命中的农民运动——以武汉政权为中心的探讨》，第 178～179 页。

② 湘农：《湖南的农民》（十一月三十日长沙通信），《向导周报》第 181 期，1927 年 1 月 7 日，汇刊本第 5 集，第 1903～1904 页。

③ 罗志田注意到，北伐靠宣传取胜的迷思在北伐结束时即已出现，但宣传的实际功效，尤其对于发动民众支援战争的情况都相当有限。各种宣传的力量更多是在战场之外的城市知识分子之中，造成了一种"有道伐无道"的思想势力。参见《乱世潜流：民族主义与民国政治》，第 193～204 页。

第五章　农民运动及其与思想界的互动

> 农民问题乃国民革命的中心问题，农民不起来参加并拥护国民革命，国民革命不会成功；农民运动不赶速地做起来，农民问题不会解决；农民问题不在现在的革命运动中得到相当的解决，农民不会拥护这个革命。……所以经济落后之半殖民地的农村封建阶级，乃其国内统治阶级国外帝国主义之唯一坚实的基础，不动摇这个基础，便万万不能动摇这个基础的上层建筑物。
>
> 毛泽东，1926 年

如前文所述，在五四前后读书人"到乡间去"的呼声中，所谓乡间尚有强烈的虚悬意味。其中对于"农人"或者"纯洁的农夫"的想象，也具有隐逸出世的象征意味。然而，随着社会改造走向农民运动，作为一个被压迫阶级的农民，开始独立出现趋新读书人的视野之中。检视 20 年代的报章杂志可以看到，当时的社会舆论对于农民运动有着密切关注。他们即使未必对农民运动的理论表示赞同，也并不反对其对于农村状况的负面判断。部分有着"起而行"的想法的读书人，更开始将自己对于社会问题的关注落实在农村。可以说，国民革命与农民运动开展的过程，同时也是不少革命者重新认识乡村社会，甚至中国社会的过程。[①]

胡绳等学者已经注意到，西方一战后反思资本主义文明的思潮在中国思想界出现了两种回响：一则偏于激进，主张社会主义；一则偏于保守，试图从传统文化中寻找解决资本主义社会问题的方向。[②]按照这一思路，前者所影响的中国共产主义革命逐渐走向农民运动，而后者则不妨以章士钊的"以农立国"论为代表。两者立意截然相反，却有些殊途同归的意味，均将目光放在农村，体现出这一时期思想界呈现的某种共相，值得进一步考察。

固然，中国社会以农立国的特征很早就为人注意，但在较长时期内，时人在未来社会的发展方向上，更多地憧憬着城市化、工业化的一面。在早期的东西方文化论争中，主要也是以文化类型的差别来区分、认识中国文化，与之对应，对于农民运动的认识多在于其消极救助"最大多数的国民"的意义。随着农民运动的发展，在中共内部，农民运动逐渐具有了反帝反封建的积极意义。按照革命史的叙述，对农民运动认识的深入就是对中国革命与中国社会特殊性理解的深入。[③]而在更广泛的思想界，其对于农村的逐渐重视，同样关乎此时对于中国文化与中国社会特殊性的理解。对于知识界而言，即使他们未必赞成中共的革命主张和理论，却因此逐渐关注到农民、农村与农村经济等问题。更有不少知识分子因此而注意到"农村破产"的现象，农村本身也成为理解中国社会文化特殊性的重要因素，体现出农民运动理论那广泛的社会影响力。

特别需要说明的是，农民运动本为中共党史研究的重要内容，但在既有历史叙

---

①　关于农民运动的研究，曾宪林、谭克绳主编的《第一次国内革命战争时期农民运动史》（济南：山东人民出版社，1990 年）是对于这一时期农民运动较为全面的整理。另有梁尚贤《国民党与广东农民运动》（广州：广东人民出版社，2004 年）、郑建生《国民革命中的农民运动——以武汉政权为中心的探讨》分别从不同的角度进行的讨论。

②　参见"从五四运动到人民共和国成立"课题组著：《胡绳论"从五四运动到人民共和国成立"》，北京：社会科学文献出版社，2001 年，第 111～124 页。

③　关于农民运动理论与中国革命发展道路的研究参见梁尚贤：《共产国际、中共中央论中国革命发展不平衡问题》，《近代史研究》1988 年第 2 期；何志明：《一九二七年的中共中央长江局研究——兼论土地革命初期中共党内对于自身发展道路的探索》，《中共党史研究》2017 年第 3 期；金冲及：《五十年变迁》，北京：中央文献出版社，2004 年，第 392～407 页。

述中，较多注意到的是其对于中共革命理论的探索。然而从现代思想界对于农民问题的认识来看，中共农民运动理论并非一种孤立的力量，而是在社会思潮中始终有所发声并能发挥作用的一方。其对于中国革命特殊性理解的深入，也与此时的思想界对于中国社会特殊性的思考有着密切关联。因此，有必要将这一理论放回此时的思想文化史加以考察，以窥见农民运动造成的"荡激"效应，与因此产生的波澜壮阔的历史。[①]

一、消极的"大多数"：中共成立初期对于农民运动的认识

五四运动前后"新村运动"的流行使得不少新式读书人产生了"到乡村去"的念头，但在这些"新村"的憧憬与实践中，尚多充斥着对于乡村生活的浪漫想象。随着讨论与实践的深入，不少人开始意识到改革"恶浊的旧村"的重要性。以1921年沈定一、彭湃等人开展的早期农民运动为标志，知识分子关于"新村"的想象逐渐走向了真正的农村。然而此时农民运动先行者的想法，多将农民运动作为更广泛的社会改造的一个部分，甚至不少早期的中共成员也倾向于认为，革命并不能在农村爆发；对于农民的革命性颇有怀疑。这样的认识与此时思想界对于农业的理解有关。在社会经济发展阶段论的影响下，农业被视为社会发展中一个较为初级的阶段。就更广泛的思想界而言，"化农为工"是一个较为普遍的社会经济发展构想，农民也因此被视作较为保守与消极的社会群体。

早在五四运动前后李大钊即提出，中国作为一个"农国"，"大多数的劳工阶级就是那些农民"，"他们若是不解放，就是我们国民全体不解放"；对于农民解放有了充分重视。[②]后来青年党的党魁、当时准备赴法留学的李璜也提出，"我们中国既

①　这里借用的是梁启超在《中国历史研究法》中的说法："史之为态，若激水然，一波才动万波随。……其发动力有大小之分，则其荡激亦有远近之异。"《饮冰室合集·专集之七十三》，第101页。

②　李大钊：《青年与农村》（1919年2月），《李大钊全集》第2卷，第304～305页。

然是个农业国，平民里头自然是农民占大多数"，因此计划学习农学，"将来回国好
与农民亲近"，实现社会改造。[①]谭平山则提醒那些有志于社会改造的青年，中国作
为一个农业国，全国农民占人口的绝大多数，"所谓实际上改造社会，所谓根本上
改造社会，和所谓最大多数之最大幸福那方面着手改造社会，岂不应该先向那现在
的农村着手吗？"[②]相对于较为浪漫化的新村想象，这种对于农民解放、农村改造的
关注，已经体现出较为务实的面相。同时，三人不约而同地强调农民群体作为国民
中"大多数"这一特征，可以说，他们对于农民的关注主要在于其数量的巨大。

　　曾任中共一大代表的周佛海则对农民的革命性有着较为消极的看法，他提出：
"农民习于私有制度，最初是不肯赞成社会革命的，要他们不来妨碍社会革命，放
弃土地私有，就非用狄克推多制不可。"[③]萧山农民抗租风潮发生后，与国民党浙江
党部关系颇密切的《民国日报》虽然表示了关注和同情，但又怀疑农民运动"能否
继续下去"。更有读者来信表示："农人在这半世纪以内，可谓无望。……其实工人
方面如能普遍觉悟了解，为有力的运动，即使丢开农人，也不要紧。"对此，邵力
子虽然感觉"未免太看轻劳农"，但他也只是强调"有志改造社会者在农人方面也应
多多努力"，要积极到乡间去感化农人。[④]张国焘更认为，"农夫没有政治上的兴趣，
简直是全世界的通例"。在中国资产阶级势力尚有限的情况下，只能依靠知识阶级
作为"革新势力的先锋"。[⑤]对于农民革命性的质疑可以说是这一时期一个较为普遍
的看法。

　　因此，早期中共关于国民革命的论述并未强调农民在其中的特殊意义。稍后中
共三大的《农民问题决议案》虽然提出要"保护农民之利益而促进国民革命运动"，

　　①　李璜：《留别少年中国学会同人》（1919年3月1日），《五四时期的社团》（一），第
289页。
　　②　谭平山：《我之改造农村的主张》（1920年4月1日），《谭平山文集》，第121页。
　　③　佛海：《狄克推多制与农民》，《新青年》第9卷第5号，1921年9月，该文第2页。
　　④　通信，《改造社的一个商榷》，《民国日报》1922年2月5日，第4张第4版。
　　⑤　国焘：《知识阶级在政治上的地位及其责任》，《向导周报》第12期，1922年12月6
日，汇刊本第1集，第98页。

但更多强调的是其人数众多，有着辅助革命的意义。①1923 年，邓中夏在论及农民运动现状时承认，"农民的思想保守，不如工人之激进；农民的住处散漫，不如工人之集中。在理论上讲，农民革命似乎希望很少"。不过，从农村抗税、罢租运动的现实来看，邓中夏又认为"中国农民已到了要革命醒觉时期"，因此提倡青年们"到民间去"；"这样一个占全人口绝对多数的农民群众"绝非"我们青年革命家所可忽视"。② 可以说，邓中夏一方面重视农民作为"大多数国民"参与革命的重要性，但对于其革命性也不持乐观的认识，因此希望通过"青年革命家"的教育与组织加以动员。稍后他还说，"中国农民运动在现时只可说是萌芽时期，当然不能像工人运动一样可有编成数十万言专书的资格"。③

邓中夏的观察提示出，此时对于农民革命性的理解，存在一个对比方，即工人群体的存在。作为新兴的无产阶级，工人的革命性是毋庸置疑的。比较之下，代表了落后生产方式的农民，其革命性也就相对较弱。这一认识与思想界此时对于工农关系的讨论有一定的关联。如前文所述，以李大钊《由经济上解释中国近代思想变动的原因》一文为代表，受到社会经济进化阶段论的影响，不少学者均主张"化农为工"，改变中国长期以来农业国的面貌。在这样的思路之下，农业不仅仅是一种产业或者生活方式，它同时代表了以此为基础的社会发展阶段。陈独秀此时对于农民运动的看法即为其代表。在 1923 年的《中国农民问题》中，陈独秀说中国农民已经成为"国民革命之一种伟大的潜势力"，既然是潜而未发，显然尚有所保留。稍后《中国国民革命与社会各阶级》一文更提出："中国农民运动，必须国民革命完全成功，然后国内产业勃兴，然后普遍的农业资本化，然后农业的无产阶级发达

①《中国共产党对于时局的主张》（1922 年 6 月 15 日），《中共中央文件选集》第 1 册，33～35 页。《农民问题决议案》（1923 年 7 月），《中共中央文件选集》第 1 册，第 151 页。

② 中夏：《论农民运动》，《中国青年》第 11 期，1923 年 12 月 29 日，第 2～3 页。

③ 中夏：《中国农民状况及我们运动的方针》，《中国青年》第 13 期，1924 年 1 月 5 日，第 5 页。

集中起来，然后农村间才有真的共产的社会革命之需要与可能。"①换言之，农民运动即使能够发生，也需建立在农业生产方式的改变之上。实现了农业资本主义化，才能产生"农业的无产阶级"，成为革命的力量。陈独秀的观点后来被批评为"二次革命论"，更引起了革命领导权等诸多争议。②然而结合前面的讨论可以看出，这一观点在20年代的中共内外均具有某种代表性。

必须注意到的是，被称为"农民运动大王"的彭湃，早在1921年就提出了农民运动的重要性。③他甚至认为农民运动相较于"都市的劳工运动"，存在一些独具的优势，如佃农"和田主的距离很远，凡怎么运动，田主都不知"；农民虽然缺乏团体训练，但"有忠义气，能老老实实的尽忠于自己的阶级"等。④若与邓中夏、陈独秀等人的观点比较，彭湃所看到的优势，正是前述诸人理解中的缺点。这固然体现出彭湃在这一问题上的独特远见，而彭湃屡次感叹"少同志""同志不来"的状况⑤，也不难看出其作为先行者的寂寞。到1924年阮啸仙给团中央的报告中，即特别说明"粤地农民运动自然磅礴起来"，并非如第三国际认为"完全是C.P.的工作"，"区委已极力使担任农运的同志们尽量去找青年农民而组织训练之"。⑥这也体

---

① 陈独秀：《中国农民问题》（1923年7月1日）、《中国国民革命与社会各阶级》（1923年12月1日），《陈独秀文章选编》（中），北京：生活·读书·新知三联书店，1984年，第312、367页。关于早期陈独秀对于中国革命的认识及共产国际的影响，参见杨奎松：《陈独秀与共产国际》，《近代史研究》1999年第2期。

② 陈哲夫在《第一次国内革命战争时期陈独秀的右倾机会主义剖析》（《历史研究》1960年第1～2期）中即提出不能简单认为陈独秀轻视农民运动。陈独秀对于中国社会的半封建性，对于农民运动的重要性均有了相当的认识，但"在实际工作中，我们所看到的陈独秀却执行着机会主义的农民运动政策"。这种矛盾的态度与其"二次革命论"有着密切关系。较近的研究参见朱洪：《陈独秀"二次革命论"的来龙去脉——早期中共党史问题研究》，《学术界》2013年第5期。

③ 参见曾文：《彭湃年谱》，政协广东省海丰县委员会文史资料研究委员会编：《海丰文史》第10辑，1993年，第44页。

④ 《彭湃给李春涛》（1922年11月18日），《彭湃文集》，中共广东省委宣传部编，北京：人民出版社，1981年，第11页。

⑤ 《彭湃文集》，第32、39页。

⑥ 阮啸仙：《给团中央的两个报告》（1924年10月5日），《阮啸仙文集》，《阮啸仙文集》编辑组编，广州：广东人民出版社，1984年，第146～147页。

现出此时中共对于农民运动的领导尚缺乏足够的重视。

　　雷蒙·威廉斯（Raymond Williams）曾经注意到，大部分社会主义者（他称之为"欧洲的城市社会主义者"）在很长时间内都不假思索地重复着"农村生活的愚昧状态"这样的说法，并心甘情愿地将资本主义社会中的现代化与都市化理解为某种进步性。[①] 这一状况在中国革命史同样存在。作为国民革命"潜势力"的农民固然因为数量众多而受到重视，但由于农业本身在社会经济进化中被认为具有落后性，当时不少革命者对于农民运动的认识也相对消极。此后农民运动的意义在国民革命，乃至在共产国际长期成为聚讼所在，也正是因为如此。到1926年，后来组建的第三党的谭平山尚认为"农民群众的普遍心理，是小资产的心理"，农民不仅不能成为革命的领导者，甚至还有成为反革命的危险[②]，可见这一消极理解方式的持续程度。

二、农民运动理论的形成与发展

　　从农业国进化到工业国固然是近代以来社会发展理论的重要内容，但在1920年代初，另有一条与之相关又更为复杂的线索，即共产国际关于殖民地和东方国家的民族革命运动理论。在共产国际第二次代表大会上，列宁提出：在帝国主义的经济侵略之下，东方国家的民族工业发展受到阻碍，同时土地迅速集中，造成了大量的无地农民。因此其民族革命运动应当积极与农民运动发生关系，并在实际上支持农民运动。[③] 列宁帝国主义理论对于经典马克思主义的补充与发展自不待言，更重要的是，它实际上也修正了此前从传统农业国进化为现代工业国的单一路径。东方

----

① 雷蒙·威廉斯：《乡村与城市》，第53页。在此后的一次访谈中，威廉斯更认为将社会主义等同于城市化与工业化"是对马克思主义有关城镇与乡村关系的复杂思想的一种彻底稀释"。参见《政治与文学》，樊柯、王卫芬译，开封：河南大学出版社，2010年，第320页。

② 谭平山：《国民革命中的农民问题》，《中国农民》第1期，1926年1月，第12页。

③ 《共产国际有关中国革命的文献资料》第1辑（1919—1928），中国社会科学院近代史研究所翻译室编译，北京：中国社会科学出版社，1981年，第20～21页；并参见杨奎松：《马克思主义中国化的历史进程》，《近代史研究》1991年第4期。

国家的农民（这里提到的无地农民已经是一个阶级概念）不再是落后生产方式的消极代表，在帝国主义时代的世界图景中，他们还具有积极支援、甚至参与革命的能力。这一认识对于稍后中共农民运动理论的形成有着重要意义。

1923 年从莫斯科回国的瞿秋白即有连续数篇文章，讨论帝国主义时代中国革命的问题，并提出，帝国主义"紊乱了中国旧时经济基础之宗法社会的农业"，使得"手工业工人和农民等小生产者渐渐失掉了他们的生产资料"，"一天一天失掉了他们生活的保证"。[①] 廖仲恺在第一次农民运动讲习所上的讲话也特别说明，"帝国主义一出，……我国数千年之安定生活及以农为本之国情亦随之根本摇动了"；廖仲恺还提醒听众："今日之农民运动，其根本原因为国际问题、国民革命问题，非只为对付地主之内部问题。"[②] 相较于此前救助"大多数国民"的看法，走向国际的农民运动理论体现出了国共合作时期共有的新认识。

受到上述认识的影响，1925 年中共四大通过的《对于农民运动之议决案》，其中即说明"农民问题，在无产阶级领导的世界革命，尤其是在东方的民族革命运动中，占一个重要的地位"。[③] 按照其中的解释，"自国际（资本）帝国主义以武力强迫中国销售外国工业品以来，农民破产和失业的速度异常猛烈"，义和团运动亦被界定为"农民对于国际（资本）帝国主义的第一次大反抗"。这里言及东方国家，既注意到其在帝国主义时代经历的改变，更赋予此时正在展开的农民运动以不同的意义。可以说，中国作为农业国的特征，在帝国主义时代具有了新的意义。农民运动不仅仅是东方国家因地制宜的选择，不仅仅是对某一部分国民生活的救济与改良，更具有直接反抗帝国主义的积极意义。

因此，中国农村与帝国主义的关系在此时引起不少关注。[④] 吴芳亭注意到，现

---

① 瞿秋白：《中国共产党党纲草案》(1923 年 6 月)，《瞿秋白文集 政治理论编》第 2 卷，北京：人民出版社，1988 年，第 114 页。

② 廖仲恺：《农民运动所当注意之要点》，《中国农民》第 1 期，1926 年 1 月 1 日，第 4～9 页。

③ 《对于农民运动之议决案》(1925 年 2 月)，《中共中央文件选集》第 1 册，第 358 页。

④ 毕玉华在《建构与调适：中共革命意识形态中的"帝国主义"概念》(《近代史研究》2018 年第 8 期) 一文中，已经提及中共成立以后使用的"帝国主义"概念与早期单纯强调侵略、扩张的意义有所不同。

在有人以为"我们国内，有农民不受外国资本主义者的压迫、剥削；唯有农民还没感受着外国资本帝国主义者所赐给我们的痛苦"；"他们见着中国的农民和外国资本帝国主义者没有直接或间接的关系"。对于这样的看法，吴芳亭以山东的蚕农为例，说明国际关税壁垒对于中国蚕丝价格的影响，从而阐明农民与帝国主义的关系。① 稍后《中国共产党告农民书》更详细分析，"自从外国资本家把他们的洋货潮水般的输入中国以来"，乡间男耕女织的传统难以为继，生活费用上涨，农民面临着"各方面的压迫"，承担了"国家的损失和危险"，因此足以成为重要的革命的力量。② 在农民运动讲习所教授的科目中，"关于中国国民革命之基础智识者"也包括了"什么是帝国主义""帝国主义侵略简史"等内容。③ 传统对于乡村的认识，均偏于其相对较少与外界交流的一面，正面的说法是"自足""隐逸"，负面来说则是封闭与缺乏变化。上述论者所关注到的直接受帝国主义影响的农村，已经体现出对于农村乃至中国社会现状的不同认识。

同时，这一时期阶级观念与阶级分析法的逐渐普及，也使得对于农民群体的认识呈现了不同样貌。早在中共创建前后，中国社会，尤其是乡村是否存在阶级即已在思想界引起不小的争议。随着国共合作与国民革命的开展，农村中的阶级状况更成为一个突出而敏感的问题。不过，汤普森在对于英国工人阶级的研究中曾提出，阶级并非固定的社会结构，更多地表现为一种发生于人际关系中的历史现象。④ 与这一思路相似，早期农民运动的实践者，也主要是从农民受压迫的程度加以注意。沈玄庐在萧山宣传"农民自决"时即认为，"中国底农民，形式上虽是自由农民"，

① 筱轩：《中国农民与资本帝国主义》，《中国青年》第 90 期，1925 年 8 月 25 日，合订本（第 76 ～ 100 期）第 593 ～ 595 页。并参见《广东省第一次农民代表大会的重要决议案》（1925 年 5 月），《第一次国内革命战争时期的农民运动资料》，北京：人民出版社，1983 年，第 263 ～ 264 页。

② 《中国共产党告农民书》(1925 年 11 月)，《第一次国内革命战争时期的农民运动资料》，第 24 ～ 27 页。

③ 《本部一年来工作报告概要 第三章 农民运动讲习所》，《中国农民》第 2 期，1926 年 2 月，第 4 页。

④ 参见 E. P. 汤普森《英国工人阶级的形成》一书的前言，第 1 页。

遭受的压迫却甚于俄国农奴。^① 邓中夏则承认中国农民不能与俄罗斯的农奴相提并论，但即使如此，"农民所受经济上政治上的痛苦"也已经够了。^② 这些论述尚未涉及经济结构，而更看重实际状况与感受，以避开理论上可能的困境。^③

1923 年国共合作之后，关于阶级理论与中国社会阶级状况的理解也逐渐有了新的发展。1924 年国民党一大的农民运动宣言称，"中国以农立国，而全国各阶级所受痛苦以农民为尤甚"，但又说"国民革命之运动，必恃全国农夫、工人之参加"才能取胜。^④ 这里提到的"农夫"与后来通行的"农民"一词存在着微妙差异，至少尚不强调其阶级的意义。1925 年的《中国共产党告农民书》，开篇明言"我们人民自古就分为士农工商四个阶级"：士是"知识阶级"，商是"资本阶级"，只有农、工"是以劳力谋生的，本是四民中的劳动阶级"^⑤；这一基本叙述显然尚与后来的阶级分析有不小的差异。以广东农民运动闻名的阮啸仙则认为，"农民和工人，本是同一阶级的，不过形式上所受的压迫不同"，^⑥ 其所说的"被压迫阶级"，与前述"劳动阶级"相似，均是相对简单与含混的认识。

到了毛泽东《中国农民中各阶级的分析及其对于革命的态度》一文，开始将农村中的人群分为"大地主、小地主、自耕农、半自耕农、半益农、贫农、雇农及乡村手工业者、游民"八种阶级；"其经济地位各不同，其生活状况不同，因而影响

① 玄庐：《农民自决：在萧山山北演说》，《新青年》第 9 卷第 5 号，1921 年 9 月，该文第 1～4 页。关于这一时期沈玄庐在农村的活动及其组织的衙前抗租运动，参见萧邦奇：《血路：革命中国中的沈定一（玄庐）传奇》，第 87～105 页。

② 中夏：《论农民运动》，《中国青年》第 11 期，1923 年 12 月 29 日，第 4 页。

③ 不妨比较的是，在稍后的土改中这种通过贫富差距来激发阶级感受与阶级意识的方式表现得更为突出。参见李金铮：《土地改革中的农民心态：以 1937—1949 年的华北乡村为中心》，《近代史研究》2006 年第 4 期。

④ 《中国国民党第一次全国代表大会对于农民运动之宣言及政纲》（1924 年 1 月），《第一次国内革命战争时期的农民运动资料》，第 16～17 页。

⑤ 《第一次国内革命战争时期的农民运动资料》，第 24 页。

⑥ 阮啸仙：《在省港罢工工人代表第二十三次大会上的报告》（1925 年 9 月 12 日），《阮啸仙文集》，第 149 页。

于心理即其对于革命的观念也各不同"。① 毛泽东的这一区分，标志着对于农村人群的认识，从此前的职业差别转向了阶级的分析。在稍后著名的《中国社会各阶级的分析》一文中，毛泽东还明确提出，农村中的半自耕农和半益农、贫农"乃农村中一个极大群众，所谓农民问题，一大半就是他们的问题"。② 李大钊更以《土地与农民》一文揭示出土地作为生产资料的意义，使阶级分析从贫富差异的感性认识进一步发展，并提出，革命的土地政策即需要建立在这一方法的基础上。③

同时，帝国主义概念的引入也使得农村社会的阶级关系有了进一步解释的空间。彭湃在对于海丰农民状况的描述中即说明，"自耕农兼小地主及自耕农这两种农民本可自给自足"，但受到"帝国资本主义侵入"，不得不走向变卖土地，"遂至零落变成佃户——逐渐无产阶级化"。④ 特别值得注意的是，彭湃的这篇报告，讲述的虽然是 1922—1923 年间的海丰农民运动，但因在"七五农潮"中被毁，实际完稿时间约在 1925 年前后；其中对于农民运动的记录固然是较早时期的情况，而对于农村阶级状况的分析，却或多或少地表达出帝国主义时代的意义。稍后，有人提出，农村中的地主与农民同样受到帝国主义压迫，反帝斗争中是否还需要反对地主？谭平山对此的解释是，"过去的很多事实，都可以证明大地主常做帝国主义的工具"。农民运动是"为大多数被压迫最重阶级的群众利益去奋斗"；"真正反对帝国主义的人，同时亦必反对地主"。⑤ 由此可见，同样依托于农业经济的农民与地主，

① 毛泽东：《中国农民中各阶级的分析及其对于革命的态度》，《中国农民》第 1 期，1926 年 1 月，第 13 页。

② 毛泽东：《中国社会各阶级的分析》，《中国农民》第 2 期，1926 年 2 月，第 8 页。按，该文在收入《毛泽东选集》时做了修改，将"半益农"这一阶级去掉，后文对应部分也改作"绝大部分半自耕农和贫农是农村中一个数量极大的群众。所谓农民问题，主要就是他们的问题。"（《毛泽东选集》第 1 卷，北京：人民出版社，1991 年，第 6 页。）这里说的"半益农"，当指来自日语的"分益农"，即"佃农对于地主不支付租地费，而以收获物之一定分量交给地主的制度"（高希圣等编辑：《社会科学大词典》，上海：世界书局，1929 年，第 105 页），这"在法律上则认为永佃契约之一种，在经济上又认为劳动契约之一种"。（张受均编述：《农业政策》，上海：泰东图书局，1929 年，第 90 页。）

③ 守常：《土地与农民》，《中国农民》第 5 期，1926 年 5 月，第 4～5 页。

④ 彭湃：《海丰农民运动报告》，《中国农民》第 1 期，1926 年 1 月，第 54 页。

⑤ 谭平山：《国民革命中的农民问题》，《中国农民》第 1 期，1926 年 1 月，第 10～12 页。

其作为对立阶级的意义在这一时期逐渐被辨析清楚。① 而帝国主义因素在农村阶级关系中的影响，使得农民反对地主的行动不仅是对于自身利益的维护，也具有了反帝革命的积极意义。

此时对于农民运动的认识差异，在河南等地红枪会暴动所引起的讨论中可见一斑。陈独秀此时仍然认为，红枪会不免于"落后的农民原始暴动之本色"，必须"引导他们在反帝国主义反军阀的革命旗帜之下"，与其稍早时期对于农民革命性的认识基本一致。② 李大钊则提出，红枪会的发生是由于"帝国主义者和军阀扰乱中国"，致使"中国全国的农民生活不安定，以急转直下的趋势，濒于破产的境遇"，说明了"中国的农民已经在那里觉醒起来"。李大钊认为"这样的农民运动中形成一个伟大的势力"，与前述陈独秀的"潜势力"形成了明显的对比。李大钊亦承认，"落后的农业经济反映而成一种农民的狭隘的村落主义、乡土主义"，致使各地之间红枪会的活动易为军阀所利用，但他进而提出，这就需要"农村中觉悟的青年们，乡下的小学教师们，知识分子们，以及到田间去的农民运动者"加入其中，"使一般农民明了其阶级的地位，把他们的乡土观念渐渐发展而显出阶级的觉悟"。③ 罗绮园也认为，农民运动的宣传若能"用千百倍力的显微镜把他们眼光放大"，激发农民的国家观念与民族思想，"国民革命的可能性遂即孕育长大于此新现象之中"。④

综合以上观察，在帝国主义时代的东方国家革命理论影响之下，农民运动的意义从对于"大多数国民"的消极扶助，转而成为"国际问题"，提示出中国革命可能形成的独特道路。在一次讲演中瞿秋白提出，当今中国，"一面工业不能发展，农

---

① 最近王先明在《地主：阶级概念的建构与现代中国历史的展开》[《清华大学学报（哲学社会科学版）》2021 年第 1 期] 一文中对于"地主"一词从物权概念向阶级概念的转变这一过程有详细梳理，值得参考。

② 陈独秀：《红枪会与中国的农民暴动》（1926 年 6 月 16 日），《陈独秀文章选编》（下），第 233 ～ 235 页。

③ 李大钊：《鲁豫陕等省的红枪会》（1926 年 8 月 8 日），《李大钊全集》第 5 卷，第 128 ～ 133 页。按，新版作"这样的农民运动中【将】形成一个伟大的势力"，因无其他说明，仍从旧说。

④ 罗绮园：《国民革命与农民运动之关系》，《中国农民》第 1 期，1926 年 1 月，第 27 ～ 28 页。

业却又日益破产"，"这是农民问题中的重要问题，也是国民革命中的重要问题"。在这种情况下，只有通过农民运动"革地主买办的命"，才能真正破除帝国主义与军阀的经济基础，从而完成中国革命。因此，农民运动具有了"社会进化过程"的意义。① 毛泽东在阐述"农民问题乃国民革命的中心问题"时则提出，"经济落后之半殖民地的农村封建阶级，乃其国内统治阶级国外帝国主义之唯一坚实的基础"，因此依靠"都市的工人、学生、中小商人"固然重要，"然若无农民从乡村中奋起打倒宗法封建的地主阶级之特权，则军阀与帝国主义势力总不会根本倒塌"。② 建立在阶级分析之上，农民运动的重要意义得到了更为清楚的凸显。③

更重要的是，在帝国主义理论与阶级分析法的影响之下，时人对于农村的理解也因之发生了微妙转变：不仅农村正在被卷入世界市场，其中的居民也根据占有土地状况的差异，呈现出不同的阶级特征。此前与"工"对应的"农"，逐渐分化为后人更为熟悉的农村中农民与地主的阶级对立。当农民运动逐渐注意到农村与农民都并非铁板一块的时候，更为具体的雇农、贫农等阶级划分标准成了革命真正可靠的理论。这样，帝国主义时代的农民运动成为中国革命的特殊内容，阶级观念之下的农民也就与农民运动一道具有了革命的正面、积极意义。④ 这一认识不仅影响着国

---

① 瞿秋白：《国民革命中之农民问题》（1926 年 8 月），《瞿秋白文集·政治理论编》，第 4 卷，第 384～385 页。关于瞿秋白与共产国际的关系，参见杨奎松：《瞿秋白与共产国际》，《近代史研究》1995 年第 6 期。

② 毛泽东：《国民革命与农民运动》（1926 年 9 月 1 日），《毛泽东文集》第 1 卷，北京：人民出版社，2001 年，第 37～39 页。

③ 稍早一位身处北方的学生即已注意到此时"劳动阶级的急进的革命运动"正在从工人扩展到农民。他虽然认为农民中的自耕农甚至佃农很难参与到"无产阶级作中心的革命运动"，但亦可见时人对于国民革命中的"农民"的兴起这一现象的注意。刘治熙：《劳动阶级与国民革命》，《现代评论》第 2 卷第 49 期，1925 年 11 月 14 日，"通信"栏，第 21～22 页。

④ "农民"一词在《礼记·月令篇》《春秋谷梁传》中即有出现，尤其在后者中作为四民之一，是一个长期既存的名词。后来的研究者如王立达（《现代汉语从日语中借来的词汇》，《中国语文》1958 年第 2 期）、实藤惠秀（《中国人留学日本史》，谭汝谦、林启彦译，北京：生活·读书·新知三联书店，1983 年，第 333 页）将其作为外来语，主要基于日语中农民作为社会经济学的专门词汇。孔迈隆更提出，从较早时期较为随意的"农夫""农人""庄户"等词到相对固定的"农民"（peasant），如同此时从"传统"到"封建社会"，"习俗"到"迷信"的转变一样，是现代中国政治与文化的一个"发明"。（Myron L. Cohen, "Culture and Political Inventions in Modern China: The Case of the Chinese 'Peasant'," *Daedalus*, Vol.122, No.2, Spring, 1993, pp.154-167.）如果从农民一词逐渐成为特定甚至固定的概念来看，确实有着将旧有含义"发而明之"的一面。

民革命的理论，其对于中国农村社会的叙述与解释还造成了对于社会现实的感受，重新塑造着人们对于这一时期中国社会的理解。

三、国民革命中农民运动对于思想界的影响

自 1924 年开始，农民运动逐步在广东、湖南等地展开，对社会造成不小的震撼。在农民运动高涨时期的武汉即有人感觉，"未学稼或不在党的人们，在这个世界，遂感觉无地自容了"。[①] 有人更乐观地认为农民运动可以一举摧毁乡村封建制度。这一认识固是世风激进的产物，但农民运动对于社会文化的整体影响也值得注意。林祖涵在对于湖南农民运动的观察中，即感到"乡村中因农民变［运？］动，已将一切旧的文化动摇，如神权族权等，均已失其效力。……实际产生了种种的新文化"。[②] 乡村中的"新文化"是否实际产生可另论，但这种对于"旧的文化"的动摇恐怕确实不小。这样一场声势浩大的社会运动，其影响并不仅限于一时一地，而是逐渐波及社会文化的方方面面，对于不同的人群形成了或强或弱的震荡。

在农民运动最为激烈的湖南，除了打倒土豪劣绅，有人开始讨论废止祀孔的问题，意图以此"打破封建思想的大本营，毁灭反革命派的护符"。"打倒家族主义""打倒旧艺术"等类似这些在五四前后即已出现的讨论，均挟农民运动的声势卷土重来。[③] 当时中共湖南区还提出了农民运动对于建设民主政治的意义，认为只有通过农民运动"推翻乡村的封建制度"，才能实现"由过去的乡村到将来的乡村，由土豪劣绅专政的乡村到民主政治的乡村"。[④] 这些新文化运动前后出现的诉求，此

---

① 《汉口归客一夕谈》，《大公报》1927 年 6 月 11 日，第 2 版。

② 林祖涵：《湖南的土地问题》，《中国农民》第 2 卷第 1 期，1927 年 6 月，该文第 7 页。

③ 陈子展：《论废止祀孔》，《湖南民报》1927 年 3 月 1 日，第 8 版；觉心（谢觉哉）：《打倒家族主义》，《湖南民报》1927 年 3 月 9 日，第 2 版；犀燃：《打倒旧艺术》，《湖南民报》1927 年 3 月 29 日，第 8 版，"短棍"。

④ 《中国共产党湖南区对湖南农民运动宣言》，《湖南民报》1927 年 3 月 12 日，第 7 版。

时在湖南农民运动的激进空气之下重现，既是运动本身的所向披靡，也可视作较长时期内社会运动深入文化领域的努力。甚至据说有湘绮弟子以诗言志："忽然抛卷披衣起，决计磨刃向左倾"，颇可想见农民运动影响的广度与深度。①

在此浪潮的荡激之下，一般被认为较为保守的北方思想界也开始重新思考农民问题。正是在农民运动发展逐渐至于高潮的 1925—1927 年，思想界出现了又一次的"以农立国"论，尤其以章士钊的旧事重提为代表。章士钊 1925 年在《甲寅》杂志发表《农治翼》一文，所谓"翼"，是要呼应段祺瑞提出的"力田而食，以农立国"。② 章士钊将段氏所论视为"立国大本"，还特别说明，农治之说，"国人能洞明其义者殊尠。间有撰述，辄遭驳诘"。稍早章士钊已在《甲寅》上重申农国、工国的差别：前者在于"力田以自取给而无不足"，后者则是"不恃己国之地力，而恃世界之商场"。③ 这里所说的"工国"，已与章士钊"五四"前后所论的"工国"中，强调机器化工业生产的意义不同，而开始偏向资本主义世界市场的含义。在一次讲演中章氏也认为中国"徒慕伪工业国之文明"，以致"沈于半殖民地之境"。这些措辞上的差异，均显示出章士钊"以农立国"论因应外部思想气候而发生的改变。

此后在《何故以农立国》一文中，章士钊更说明，自己之所以重提五年前的旧说，就在于"时"的变化，以农立国确实"已成议题"。此时"工业本身之痼疾"已经显现，而"现未如无产阶级专政"等解决方案，却不过是"投瞑眩之药"。只有依靠"全国之农村组织，大体未坏"这一优势，"力挽颓风，保全农化"，才是中国应有的发展道路，并可以此完成中国文化对于世界独有之贡献。④ 这既是在重申自己对于东西方文化比较的观点，也是对于时下农民运动的批评。梁漱溟曾回忆，自己

① 《决计磨刃向左倾》，《湖南民报》1927 年 3 月 1 日，第 8 版。

② 《农治翼》（1925 年 8 月 15 日），《章士钊全集》第 5 卷，第 152～153 页；段祺瑞电文亦见该文。有研究者已经注意到了章士钊此论与段祺瑞政府的关系，认为这是章士钊重提"农国"的原因。参见《五四以来政派及其思想》，陈旭麓主编，上海：上海人民出版社，1987 年，第 338～345 页。

③ 《农国》（通讯），《甲寅周刊》第 1 卷第 2 号，1925 年 7 月 25 日，第 22～23 页。这里重申的是章士钊在之前《农国辨》里提出的观点。

④ 章士钊：《何故农村立国》（1926 年 12 月），《章士钊全集》第 6 卷，第 316～318 页。

在 1923 年虽曾有"农村立国"的想法，却"怕是主观上的乌托邦，无用的长物，而不敢自信"，要到大概数年之后才有了自信。[①]这种对于数年间思想气候变迁的感受，与章士钊也有相似之处。

章士钊此时的农国论仍然受到不少批评，如刘大钧即认为其对于经济史发展趋势缺乏了解，因此无法说明"究竟怎么算是以农立国，怎么用农业的精神，去办工业"。[②]批评者的论点大致不出此前范畴，但章士钊的旧题新讲，在此时获得的呼应却与数年前和之者寡的状况大有不同。也是在 1925 年，长期在山东从事地方建设的老同盟会员王朝俊（鸿一）与米逢吉、尹仲才等人提出《建国刍言》，要求"毅然摆脱模仿欧式之缚束"（这里所谓欧式实际多是针对"新俄"立言）。其中提出以"传贤民主国体"与"划一村治""农村立国"作为治国途径，重新弘扬"国性"。梁漱溟后来评论《建国刍言》"很有些伟异的识见与主张"，尤其说王鸿一，"他能标揭主义；他能建立名词；他能草订制度"[③]。上述主张与章士钊相类，也同样有着建言献策的色彩。[④]而"以农立国""农村立国"等策论在此时的出现，尤其提倡者所作为"对手方"的"无产阶级专政"或"新俄"，均可看出农民运动的荡激效应，及其对于思想界潜移默化的影响。此时同样转向农村的还有关注平民教育的陶行知。在这一时期，他所关心的教育改进问题开始从都市平民转向乡村，试图通过乡村教育的改造，使得"个个的乡村都有充分的新生命，合起来造成中华民国的伟大新生命"。[⑤]学习农学的吴觉农更提出，中国若能"打倒都市中心的文明"，

---

① 梁漱溟：《主编本刊之自白》（1930 年 6 月 1 日），《中国民族自救运动之最后觉悟》，第 14 页。

② 刘大钧：《中国经济发展之趋势：大规模工业与社会主义》，《现代评论》第 2 卷第 40 期，1925 年 9 月 12 日，第 12 页。吴稚晖亦说："那种敦诗说礼、孝弟力田式的人生，止在半开明的专制帝王下，才能稳定。……如何再能在社会主义发生后，出现于活人世界呢？"《章士钊 - 陈独秀 - 梁启超》，《京报副刊》第 393 号，1926 年 1 月 23 日，第 4 版。

③ 梁漱溟：《记十八年秋季太原之行》（1945 年），《忆往谈旧录》，北京：中国文史出版社，1987 年，第 111 页。

④ 北京中华报社研究部著：《建国刍言》，北京：中华报社，1925 年，第 1、2、41 页。

⑤ 陶行知：《中国乡村教育之根本改造》（1926 年 12 月 12 日讲演），《陶行知全集》第 1 卷，方明主编，成都：四川教育出版社，2005 年，第 85 页。

"维持农村的经济"并且"创造农村的文明",就是贡献了"救济世界的一条康庄大道"。①

上述观点虽然从"以农立国"的政策到乡村教育,内容不一,但均是农民运动之后对于农村的新关注,农村在中国社会的基础作用因而逐渐显明。因此在对农民运动的批评中,也出现一种思路,即认为农民运动实际上是对于中国社会特殊性的忽视。1925年章太炎在湖南之行的一次讲演中即批评,"自教育界发起智识阶级名称以后,隐然有城市乡村之分"。他注意到此时"城市自居于智识阶级地位,轻视乡村",但实际上"吾国阶级制度向不发达","何必多此智识阶级之名称,为文化之中梗"。认为中国向来并无阶级观念,本是晚清思想界开始的议题,而将此一问题放入城乡差别,可见太炎对于时局的敏锐。他在讲演中又表彰晨光学校"以养成农村人才为宗旨,化除阶级,镕合城野,最为适用之教育",虽然是对于主办方的奉承,"化除阶级,镕合城野"却也说出了这一时期不少人思虑所在。②

到1927年,颇可代表北方舆论的《大公报》提出了两层观察:首先,农村问题的出现是中国社会失衡的表现:中国号称"四千年之农国",但由于年来时局动荡,以至"仿佛重农为俄党之发明,而非中国所夙知者然",可谓"中国之耻也"。③因为对于农工大众,"于可能范围以内,改善其生活,保护其利益。此皆天经地义,凡文明之国无不行之,无所谓赤白也"。④换言之,"重农"本是中国的传统,改善农民生活应是政府分内之事,却在苏俄影响之下的农民运动中才集中出现,是一个值得反思的社会问题。然而,它虽然肯定了农民运动的"重农"要求,却并不认可其做法,谓之"一读即可知其为仿行苏维埃制度者是也",⑤并进一步批评,"苏俄之主持东方政策者,其心理上或视中国等于高加索,或中央亚细亚诸民族,或侪之于

① 吴觉农:《农村文明的创造》,《中华农学会丛刊》第59期,1927年12月,第11~12页。
② 《章太炎在湘之两演讲》,《申报》1925年10月11日,第3张第9版。
③ 社评,《明耻》,《大公报》1927年1月6日,第1版。
④ 社评,《唐生智与湖南》,《大公报》1927年6月18日,第1版。又,社评《农村救济与农村合作社》(《大公报》1928年2月6日,第1版)等篇亦表达此意。
⑤ 前溪:《农民问题案评论》,《大公报》1927年4月11日,第1版。

布利亚特，外蒙之流"，对于中国社会文化的特点缺乏了解。[①]如果暂时搁置政治立场所造成的偏见，这一批评也涉及农民运动理论本身面临的问题：首先是对于中国社会状况深入认识的要求；其次则是对于社会发展规律性的进一步思考。如前所论，农民运动的发生本已是东方革命论的因地制宜，批评者犹嫌其不够了解中国，足见思想界对此问题的敏感程度。

1927年1月，《东方杂志》第一次定期征文活动，题目即为"农民状况调查"；当时编辑是通常被视为东方文化派的钱智修，但在刊首提要中，他对于农民运动时期"激进的土地政策"却不乏澄清，并特别说明："农民问题乃是中国的谜。把这个谜猜透了，中国的将来，也就决定了大半了。"[②]可以说，到了国民革命后期，即使是在没有直接受到农民运动冲击的地区，其荡激效益也如涟漪一般，扩散到了更大的人群与论域。无论是否赞同农民运动理论，这场运动都激起了更多知识份子对于农村的关注。既有人因此重新体认了东西文化讨论中，中国文化"农"的因素，提出了"以农立国"的策略，也有人更具体地关注于农村教育、农民生活改良等问题。这一过程与中共党内关于中国革命特殊性的理解也遥相呼应，体现出农民运动在文化思想界产生的深远影响。

四、后果：从农村理解中国

随着国共合作的破裂与国民党的"分共"，各省农民运动被陆续停止。到1927年4月南京国民政府成立之后，甚至"农民"二字也为国民党讳言，如农民部被改

---

① 社评，《鲍罗廷归国》，《大公报》1927年8月1日，第1版。

② 《农民问题与中国之将来》，《东方杂志》第24卷第16号，1927年8月25日，第3～4页。

称为农人部，农民运动改称为农人运动等。①浙江省党部编订的《十六年以前的国内农人运动状况》，则径将国民党二大提出的《农民运动决议案》里的"农民"全部改为了"农人"，可见是把农民运动视作"联共"的产物，有意区别。②但即使如此，农民运动提出的问题仍然在社会思想界持续发挥着影响力。不仅在曾经的国民革命同盟内部存在着对于农民运动及其经验的讨论，本以反思甚至反对农民运动为基本思考的乡村建设运动，也逐渐成形，在30年代风靡一时。更重要的是，农民运动时期关于农村状况与农村阶级关系的探讨，随着马克思主义的传播，也微妙地改变着时人对于农村的认识，形塑了一个不同于传统乡村的农村形象。

　　就中共而言，在检讨第一次大革命失败原因的过程中，对于农民运动意义的认识成为一个重要内容。瞿秋白在1928年给共产国际的报告中提及"工人与农民革命运动发展的不平衡"，意味着中共对于农民运动与中国革命道路特殊性的进一步探索。蔡和森也提出，"中国革命的中心问题是农民问题"，并且认为农民在中国革命中的地位应该比在俄国更加重要。他还特别批评了陈独秀农民运动必须待"农业资本化"的观点，认为这是误认了革命性质、忽视农民。③这一时期，"八七会议"确立的实行土地革命与武装斗争的总方针，"六大"提出的扩大农村根据地等要求，以及此后农村根据地土地革命的开展，至毛泽东关于"农村包围城市"理论的提出，均可看到中国革命的新道路正在形成。④

　　同时，以改组派为代表，国民党内部对于国民革命中"错误"的反思，也以农民运动为主。陈公博即认为，中国是一个"帝国主义直接统治下的小作农业社会"，因此不能照搬"工业社会当中极强烈的工农运动"；国民革命的错误正源于对中国

---

① 《中央特委会第四次会议纪》，《新闻报》1927年9月29日，第2张第1版；《农人运动大纲案》（1927年11月16日），《中国国民党历次代表大会及中央全会资料》（上册），荣孟源主编，孙彩霞编辑，北京：光明日报出版社，1985年，第489页。

② 《十六年以前的国内农人运动状况》，中国国民党浙江省党部农人部出版，出版时间不详，第1页。

③ 和森：《中国革命的性质及其前途》，《布尔塞维克》第2卷第1期，1928年11月1日，第21～22页。

④ 但即使在1930年，仍有不少中共成员坚持应以城市无产阶级为革命主力。参见中共中央党史研究室：《中国共产党历史》（上卷），北京：人民出版社，1991年，第219～279页。

"农国"性质的忽视。①陈公博并不赞成农民运动，但其反对的方式却来自"小作农业社会"的观察，这在陈公博本身或许是入室操戈的手段，却表现出背后社会经济观念的深刻影响力。顾孟余也承认农民问题为"中国革命的中心问题"，认为"中国虽然没有封建制度，多数农民的生活，却与农奴没有很大的区别"，因此提出应当实行保护佃农与减租的政策。②

这一时期被陶希圣称为"对于国民革命事后回想的时期"③，社会思想复杂多变，但在不同党派、政见的言论中，也可以看出一个重要的共同倾向，即通过农村理解中国。在农民运动的洗礼下，此前被视为天经地义的农村，开始得到了思想界广泛的正视甚至重视。这不仅体现在具体的政策措施，更涉及对于中国社会文化特殊性的理解。相较于此前中西文化论争中主要关注的哲学、心理学等层面而言，到了30年代，对于中国文化的理解，开始具有了较多社会经济的因素，而其中对于中国社会经济状况的追根溯源，则落实在了农村。

五四前后被视为"东方文化论"的梁漱溟，在此时提出的乡村建设即可作为这种变化的代表。1929年，梁漱溟承认自己受到"革命理论"洗礼之处颇多，并评论："三数年来的革命，……亦有其不可磨灭的功绩"，即"大大增进了国人对所谓世界列强和自己所处地位关系的认识与注意，大大增进了国人对于'经济'这一问题的认识与注意"。④梁漱溟所说的"三数年来的革命"，正是国民革命。其中所谓"大大增进了"的两点，前者涉及对于帝国主义时代国际关系的认识，后者则是

① 陈公博：《国民革命的危机和我们的错误》，《贡献》第2卷第2期，1928年3月15日，第15～16页。
② 愈之：《中国农民问题》（1928年7月16日），陶希圣编：《中国问题之回顾与展望》，上海：新生命书局，1930年，第257～275页。
③ 陶希圣：《中国封建社会史》，上海：南强书局，1930年再版，第1页。这一说法后来被王宜昌在《中国社会史论史》概括为"回想时期"，成为对于社会史论战分期分派的常见用语。见《中国现代哲学史资料汇编续集》（第13册 社会史和社会性质论战 上），钟离蒙、杨凤麟主编，沈阳：辽宁大学哲学系，1984年，第79页。
④ 梁漱溟：《敬以请教胡适之先生》（1930年6月3日），《中国民族自救运动之最后觉悟》，第384页。文中"经济"作"经验"，据《村治》第1卷第2期（1930年6月16日，该文第3页）改。

社会经济观念。这样一个积极回应革命理论的梁漱溟，与五四前后的"东方文化论者"已体现出不小的差别。在 1921 年出版的《东西文化及其哲学》中，梁漱溟虽然注意文化的生活面向，但基本不涉及社会经济的内容。到了此时，梁漱溟对于乡村建设理论的介绍却是以社会经济的分析作为开篇，并特别说明，"经济问题是牵全中国社会为一身的问题，非求总解决不可"。①对于后世学者而言，乡村建设固然仍可以被视为一种"以农立国"论，不出文化保守主义的范畴，但其与此前文化保守主义者的差异以及其对于革命理论的回应，皆有值得注意的地方。②

当然，从社会经济角度分析社会乃至历史现象，应该说是早期马克思主义唯物史观传播的后果，然而梁漱溟的这一分析使得东西比较从文化乃至心理学，转入了社会经济的领域，并将其落实在中国社会的城乡差别，从而提出乡村建设理论，却是"后农民运动时代"才会有的主张。③这一时期的梁漱溟明言："现在中国社会，其显然有厚薄之分、舒惨之异者，唯都市与乡村耳。"他承认城乡差异固然早已存在，但"自西洋式的经济、西洋式的政治传入中国，更加取之此而益于彼"。所谓"西洋式"与中国的对立，显然是在回应此前的东西文化论争，但此时梁漱溟论及城乡差别，又有着不少着意立异的地方。他特别说明，自己之所以强调城乡差别而不用"封建主义""帝国主义"来描述中国社会，之所以使用"乡村居民"而非"农民""农工""被压迫民众""无产阶级"等词，并非不懂"社会科学"，而是希望体现出与阶级分析法不一样的思路。④这一颇具苦心的腾挪着眼仍是在中西文化的差

① 梁漱溟：《答马儒行君来书》（1930 年 7 月），《中国民族自救运动之最后觉悟》，第406 页。

② 艾恺已经注意到在 30 年代梁漱溟对于中西文化的分析中，其方法和观点"从哲学转向了社会学和史学"，但艾恺认为梁漱溟是希望"将中国排除在马克思的分析之外，要论证中国确实不能套进那个常规的分析框架"。本文则希望注意到梁漱溟此时社会理论更具有建设性的一面。参见艾恺：《最后的儒家：梁漱溟与中国现代化的两难》，王宗昱、冀建中译，南京：江苏人民出版社，1996 年，第 182～187 页。

③ 梁漱溟：《〈东西文化及其哲学〉第八版自序》，其中并提及自己"十五年（1926 年）以来，心思之用又别有在"，其所说的正是稍后提出的乡村建设主张。（《东西文化及其哲学》，第 1、3 页。）

④ 梁漱溟：《中国问题之解决》（1930 年 10 月），《中国民族自救运动之最后觉悟》，第215～216 页。

异，但若不考虑到此前农民运动对于农村阶级关系的讨论，梁漱溟的这番苦心孤诣恐怕就有些失落了。

斯金纳（Quentin Skinner）在对于思想史的讨论中提出，研究者不仅需要了解这些作者提出的观点，"而且还有他们论述和试图回答的问题，以及他们在多大程度上接受和赞同、或质疑和驳斥，或者说不定甚至出于论战目的不去置理政治辩论中盛行的设想和规范"。①农民运动产生的深远影响，正是形成了在此后十数年间不得不应对的农村问题，无论是赞同、质疑或是故意"不去置理"。中共固然进一步实现了对于中国革命新道路的探索；诸如国民党内部的改组派，一般被视为具有社会改良主张的乡村建设派等，这些具有不同政治主张的个体与组织，也不得不面对农民运动所提出的诸多问题。在这一过程中，不仅农村作为中国社会经济的基础地位得到了确认与重视，农民运动中提出的农村衰败、阶级分化等问题，也使得时人对于农村的认识有了新的视角与方法。

还需要注意到，在章士钊的"以农立国"中，一个重要的前提即中国的农村"大体不坏"。而此时在梁漱溟看来，中国农村的衰败已经相当明显。农民运动中对于农村衰败状况、农民生活困苦的关注，随着国际经济环境的恶化，到1930年逐渐演成了"农村破产"之说。②《大公报》社论即认为，"农村与城市的不均衡"已经成为现代社会的常见病症。"中国虽然没有产生资本主义式的大工业，也没有偏袒工人的社会主义；但是却有外国的工业品大批贩来，一样会使农村破产，人口集中于城市。"③这里关注到的农村问题集中在城乡差别一面，与农民运动理论判然有别；但却延续了此前对于农村的关注。其中所谓"农村破产"，作为社会危

---

①　昆廷·斯金纳：《近代政治思想的基础》，奚瑞森、亚方译，北京：商务印书馆，2002年，"前言"第7页。

②　尤其到1930年前后，面临着国内战乱与国际金融危机的双重困境，"农村危机"引起了舆论界的广泛注意。参见薛暮桥：《旧中国的农村经济》，北京：农业出版社，1980年，第9～10页。最近的研究者已经注意到此时期对于乡村危机的讨论应置于城乡背离化的进程中加以认识，并认为此时的乡村问题存在着事实与表述的两重面向。参见王先明：《试论城乡背离化进程中的乡村危机》，《近代史研究》2013年第3期；马俊亚：《用脚表述：20世纪二三十年代中国乡村危机的另类叙事》，《文史哲》2016年第5期。

③　芸：《农村城市的不均衡》，《大公报》1930年8月25日，第1张第4版。

机的程度显然又甚于此前。甚至在世风偏于保守的东北，也有报人批评中国作为"农业古国"，却长期忽视农业改良，尤其"社会知识阶级，及大资本家，不作舍'农业国'一跃而为'工业国'之奢梦，即直接以租界商埠水陆要邑，仅谋垄断农产物及农业制造品之输入输出"，致使"农业破产，亦即不啻国家经济基础沦于颠覆"。①

可以说，作为农民运动对于社会现状的判断，"农村破产"的看法已经逐渐扩散至整个社会舆论，影响到此后对于中国现状的认识。一个具有破坏性的革命主张在数年间即成为基本的社会共识，提示出北伐后思想界特殊的激进气象。有人甚至提出，农民问题固然是以土地问题为著，但"解释得宽大一点，无论是道德的、政治的、经济的，以至于社会的，整个的文明问题，都可以包括在农民问题之内"。②可以说，农村在此时已经成为广泛关注的社会问题，而农民运动正为其滥觞。

简言之，五四前后初见端倪的"以农立国"，到30年代初期已经成为一种"从农村理解中国"的认识倾向。这一倾向有三个层次。首先是正视农村问题在中国的广泛存在。这直接受到此时城乡关系的改变、尤其城乡差距扩大的影响，因而注意到农村生活中出现的种种问题。相较于农民运动较为激进的革命主张，这种正视得到了社会最广泛的接受，也可以说是"从农村理解中国"最基本的意义。在此基础之上，思想界亦出现一种自觉，即将中国的"以农立国"视为一种与西方不同的文化类型，并由此出发讨论中国文化的特殊性。另一个影响到思想方法的重要因素，即从社会经济的角度来理解文化，也与农民运动中逐渐流行起来的阶级分析法密不可分。③最后，部分知识分子对于农村尚持有较为乐观的认识，无论是在东方国家革命论影响下的共产革命者，还是相信中国可以走出一条"以农立国"独特道路的

---

① 小天：《哀农业古国》，《盛京时报》1930年2月8—9日，第1版。

② 茅仲复编著：《中国社会五大问题》，出版者不详，1930年，第4、100～101页。

③ 罗荣渠已经注意到，中西文化之争在20年代后期虽在国民革命中趋于沉寂，但到30年代关于"全盘西化"与"现代化"等问题的讨论中，对于中西文化的比较与对于中国出路问题的讨论均已延伸到了经济领域。参见罗荣渠主编：《从"西化"到现代化：五四以来有关中国的文化趋向和发展道路论争文选》，第399页。

社会改革者，他们对于农村的理解均最为正面。他们不仅承认中国"以农立国"的过去与现实，更积极从农村寻找中国社会文化发展的未来方向。

这种从农村理解中国的倾向成为社会的共识，亦不妨视为中国文化自我解释的一种可能性。早期中西文化的差异被具体到工农、城乡的问题上，其所具有的社会进化论色彩，使得农业生产与乡村生活方式具有了落后的意味。对于有着农耕传统的中国来说，这一后果更使得其自我认同出现了某种危机，影响至为深远。同时，随着帝国主义世界格局的形成与 20 世纪世界革命的发展，以共产国际对于东方国家革命形式的探索为代表，这一相对单线的社会进化理论也不断受到挑战与修正。在这一过程中，不仅中国文化所面临的外部挑战更为复杂化，其自我解释的必要性也变得更为紧迫。阶级分析法在这一时期的发展，固然来自马克思主义与共产革命理论在中国的传播，但就其最宽泛的影响力而言，也体现出重新阐释中国社会与文化的长期努力。[1] 如果承认世界文化多元发展的基本价值（或罗荣渠所谓的"多线发展的现代化"），这一时期开始的"从农村理解中国"，至今仍有值得思考之处。

---

[1]　关于近代中国如何面对"文化失语"的讨论，参见罗志田：《文化表述的意义与解释系统的转换——梁漱溟对东方失语的认识》，《四川大学学报（哲学社会科学版）》2018 年第 1 期。

第六章　农村调查与农村形象的负面化

> 近来政局发展，百端待举。凡政治、经济、文化、社会各方面，俱有彻底改造之必要。而在着手改造之先，必须搜求实际的材料，征集一般之意见。本志因此特举各项问题，分期征文，借备从事建设事业者之采集。……要当注意于农民疾苦实际情形之说明。如能附带说明作者对于改良农村之意见，振起农民生活之方案，尤为欢迎。
>
> 《东方杂志》，1927 年

农运理论的一个根本概念，即共产国际对于"东方国家"的认识。这一认识强调了诸东方国家作为农业国的特征，也与时人关于中国文化的基本特征相吻合。随着唯物史观的传播，不少人接受了这种以生产方式来界定社会文化的理论。对于农业与农村经济的认识成为理解中国社会历史与现状的关键。大革命后出现的社会史论战，逐渐聚焦在中国农村性质上，更反映了"农业"这一因素在当时中国自我认知中的重要意义。有研究者已经注意到，正是通过此时期一批社会学家、经济学家对中国农村的调查与研究，中国社会半殖民地半封建的社会性质得到了公开论证，产生了重大的影响。如李景汉这样并非马克思主义者的社会学家，也开始承认农村中阶级问题的存在，并认为"农村问题之解决的最大障碍是现有的土地制度"。他们所进行的实证研究和因此形成的学术著作对于理论皆有着较强的说服力，此后中共关于中国革命的论述正是在其基础上展开和进行的。[①]

在这一过程中，社会调查起到了重要的作用。当近代读书人把关注的目光从"贤士大夫"转向"妇人孺子"，从在上的"君"转向在下的"民"，与之相伴的是一个重要的判断，即上下之间存在着严重的差异。不管是在朝的大夫还是在朝的士人，对于百姓日用都并不了解。晚清士人即已承认的"上下之隔"，到了民国时期同样被视为重要的社会问题。在社会科学的影响之下，以科学的方式记录、呈现中国基层社会的基本样式，并以此作为社会变革以及政府举措的参考，这一现实与学术的双重要求，使得社会调查，尤其是农村经济的调查引起了不少学术机构的兴趣。[②]

这种对于农村的关注还体现出一个重要的问题，即对于作为中国基层社会的农村有着重新了解的必要。社会调查，尤其是农村调查作为一种新的文类[③]试图通过现代社会科学的研究方法重建起关于中国社会状况的基本知识，此外文艺界也出现了描述乡村社会的热潮。在二者之间，还存在着大量的随笔和报道，既非纯粹的虚构文学，也不太符合现代学术的要求，但这些文章同样出于了解与披露乡村状况的

[①]　参见雷颐：《"中国农村派"对中国革命的理论贡献》，《近代史研究》1996年第2期。

[②]　民国时期的社会调查已有李文海主编的《民国时期社会调查丛编》及二编出版（福州：福建教育出版社，2004—2014年）。同时，对于这批社会调查的意义，有学者从社会学、经济学、人口学、民族学等方面进行了探讨。参见黄兴涛、夏明方主编：《清末民国社会调查与现代社会科学兴起》，福州：福建教育出版社，2008年。并参见李金铮、邓红《另一种视野：民国时期国外学者与中国农村调查》，《文史哲》2009年第3期。江勇振则以燕京大学社会学系、南开大学经济研究所和中央研究院的社会科学研究所等机构为例，讨论了民国时期的社会科学的发展，其中特别注意了美国的社会科学研究方法及其基金运作方式的影响。（Yung-chen Chiang, *Social Engineering and the Social Sciences in China*, *1919-1949*, New York: Cambridge University Press, 2001, pp.5-9.）

[③]　修辞学的研究到1980年代逐渐涉及文类研究（genre study），强调注意其在分类学意义之外具有的社会与历史的面相。参见 Carolyn R. Miller, "Genre as Social Action," *Quarterly Journal of Speech*, Vol.70, Issue 2 (May, 1984). 关于文学批评对于史学理论及实践造成的冲击及其可能的回应，参见林·亨特：《新文化史》，江政宽译，台北：麦田出版，2002年，第四章。

目的，也与前述各种类型的文章一样共同塑造了这一时期的农村形象。这些不同类型的文本既是读书人调查乡村实际的成果，同时也塑造着时人心中的农村形象。可以说，在南京国民政府建立的前后几年，知识界也建立了对于农村的全新理解。如研究者所注意到，到 1930 年代，农民生活状况的贫困已经成为时人的共识。[①] 在重新理解农村这一过程中呈现出的是一个出了问题的乡村，也体现出对于农村、农业甚至中国传统重新发现的过程。从一定程度上说，民国时期农村调查的大量出现本身就表现着"都市眼光"与农村问题的凸显。

一、社会调查与研究农民的要求

民国初年，除了政府主持的统计调查，新式学术团体也在进行社会调查的提倡。到 1918 年，当时的《新青年》杂志上开辟了"社会调查"栏目。主持者陶孟和回顾，在计划编纂一部关于中国社会生活的书籍时，自己本认为，"凡是中国人，都生长在中国社会里，每天所经验的，所接触的，自然都是中国社会里所发现的事，把他写出来，当不觉有何困难"，但实际写作中才发现，"我们生长大都在一个地方，我们关于生长地的情形知道的已极不详细，更不必论全中国了。我觉得我们中国各地方人，互相隔阂。所有一知半解，亦不过一小方面，却不是社会之全体"。如果要依赖既有著作，又感觉"中国关于社会生活的书籍又非常的稀罕"，"不是陈旧套语，就是失之简略"。陶孟和因此提出了社会调查的要求，并特别说明，"现在中国的社会调查我以为乡村调查最为重要"。"要是不研究乡村里生活的状况与技术的情形，分别他们的好处坏处，引导他们向进步的方面发展，成为能自治之国民，

[①] 韩孝荣认为，虽然早期的共产党员多对乡村怀有乌托邦式的想象，尤其乡土文学运动在一定程度上形成了纯洁的乡村形象，但到 1920 年代末期，文学作品中更多地描述了穷困农民的生活状况，甚至沈从文这样并无明确政治立场的作家也在其间。他还特别注意到了左翼艺术家还以木刻等视觉艺术的方式创造贫苦农民的形象。（Xiaorong Han, *Chinese Discourses on the Peasant*, 1900-1949, pp.24-25, 38-40.）

而只盼望生在都市里的人受特殊教育，专去治理这些乡村的人，那就是'贤人政治'的思想。这种办法是无益于民，与今日民治的观念凿枘不相入的。"①

在当时《新青年》上发表的第一篇社会调查，是张祖荫的《震泽之农民》。这篇调查一开始，即将当地居民分为"富者"与农民两个群体。前者"非工非商，纯以剥取农民之脂膏为业"，后者才是作者调查的主体。张祖荫着重调查了当地农民最以为苦的两事，即"还租"与"借债"，并说明："以上所述，震泽农民之实在情形也。人人知之，人人见之，人人不以为奇而视为当然！乃仆不幸，其脑筋不能同于人人，见此情形，辄不知不觉而有不可思议之感触。"陶孟和也在附记中感叹："观此篇所述之佃户，与欧洲昔日之农奴比较，亦不见有何分别。……一七八九年法国大革命以前的时代法国贵族对于一般农民就仿佛震泽的田主对于农民的样子。"②

虽然有陶孟和的提倡，相较于当时《新青年》上热烈讨论的文学革命、贞操问题等，"社会调查"这一栏目并没有太多内容。第二篇已经是一年以后，编者从《时事新报》《国民公报》等报刊上摘录了一篇《长沙社会面面观》。值得注意的是，杜威来华以后做了一系列讲演，在当时影响甚大。他就曾经提出要将"社会哲学"作为科学来研究，要求"调查观察各种社会政治的情形"，"指导人类行为"。③在五四运动爆发之后，胡适也提出了注意社会调查的要求。他批评，不少学生都有着"不注意事实的习惯"，以至于一方面从事社会运动，另一方面却对社会状况了解甚少。要打破这一习惯，就必须"注重观察事实与调查事实"，以此作为"科学训练的第一步"。④

到了1920年，傅斯年在《新青年》发表了《山东底一部分的农民状况大略记》一文，接续上了此前的"社会调查"栏目。与前一篇张祖荫的文章不同，傅斯年首

---

① 陶孟和：《社会调查》（1918年3月15日），《孟和文存》，第107～112页。这里体现出社会调查与社会生活史发展的关系，已由学者论及。见赵晓阳：《寻找中国社会生活史之途：以燕大社会调查为例》，《南京社会科学》2016年第2期。

② 《震泽之农民》，《新青年》第4卷第3号，1918年3月，第4卷合订本，第224～228页。

③ 《杜威博士讲演录》，高一涵记，《新青年》第7卷第1号，1919年12月，第132页。

④ 胡适、蒋梦麟：《我们对于学生的希望》（1920年5月4日），《胡适全集》第21卷，第223页。

先从当地的地理、交通状况出发，描述了一般农民的生产生活样态，并说："据我推测他们的心理，除去富户和被都市生活引诱了心思的，大多数的农民心中，以这样阶级的人家为公道、自给、可以满足的生活。"这体现出一种与描述"苦况"截然不同的倾向，即承认"他们的大部真能'甘其食，美其服，安其业，乐其居'"。同时傅斯年特别注意到，"中国的社会向来上级和下级不接气，城镇和乡村不接气。上级的人，城镇的生活，虽然有时侵入农村，但农村终能维持他们的无治的自制"，并认为"他们的不受外治的想［思］想是该保留的"。①

在当期的《新青年》上还附有"社会调查表"，其中列出"农业""工业""商业""人口""风俗""教育""自治组织"七个题目，并说明这些项目可以"听便选择，白话文言，各任其便"。显然这份表格更接近一份调查题目的目录。此后的"社会调查"栏目题目也相对集中。如周建人的《绍兴的结婚风俗》即一例。但也有如《山西底正面一部分的社会状况》，文中区分了农业、土地和人口、宗教、风俗等题目，但其总结当地人有三大缺点："（一）因勤俭的过度，生出一种不讲卫生的习惯，所以死于非命的人很多；（二）因储蓄的过度，生出一种不办公益的心理；（三）因交通不便的情势，结果是民智未开。"并说，"这几种坏习惯，全盼望有志改良社会的人出来剔除洗刷他"。②其中所体现的仍然是一种移风易俗的思路。

1920年5月1日出版劳动节纪念号时，《新青年》较成规模地登载了南京、唐山、长沙等地的"劳动状况调查"。这批针对工人进行的"劳动调查"，内容也相当不一样。在南京劳动调查中，调查者认为工人当指"用'体力'（physical activities）去换报酬这种工作说的"，因此"南京的劳动家，就是贫苦的工人，把他们计算起来，连男带女和小孩，总共有十五万以上"。这十五万人中包括了从事织绸、织布等行业的机工，也包括了成衣匠、鞋匠等手工艺人，同时女佣、"西崽"等亦被归入了"工人"的行列。③而另一位作者对于唐山劳动状况的调查，则是严格限制在

---

① 孟真：《山东底一部分的农民状况大略记》，《新青年》第7卷第2号，1920年1月，第141～150页。

② 萧澄：《山西底正面一部分的社会状况》，《新青年》第7卷第5号，1920年4月，"社会调查"栏，第11页。

③ 莫如：《南京劳动状况》，《新青年》第7卷第6号，1920年5月，该文第1～10页。

大工厂的范围内，调查内容也是在工时、工价等问题上，有着强烈的工人运动色彩。① 然而，这种目的明确的社会调查在当时的报刊中并不常见；包括《新青年》自己，以及《晨报》《京报》《时事新报》上所相对常见的，仍然多为青年学生对于自己家乡状况的描述性调查报告，目的上也偏重于移风易俗的内容。

此时，这种具有社会科学色彩的调查报告固然出于了解社会的需要，不少人也会在特定的时刻感到自己对于中国社会的不了解。

1920 年 11 月 6 日，张东荪在陪同罗素（Bertrand Russell）去了湖南之后发表了一篇名为《由内地旅行而得之又一教训》的时论。此文开篇即提出，"有一部分人住在通商口岸，眼所见都是西洋物质文明的工业状态"，因此也学着西方人去攻击西方物质文明，"而忘了内地的状态和欧洲大不相同"。他在这次内地旅行中深感"中国的唯一病症就是贫乏"。"中国真穷到极点了"，甚至"现在中国人除了在通商口岸与都会的少数外大概都未曾得着'人的生活'"。因此目前救中国只有一条路，即为"增加富力"，此外空谈什么"欧美现成的什么社会主义什么国家主义什么无政府主义什么多数派主义"，都只是好高骛远。② 类似的观感不仅在张东荪心中存在，章士钊在两年后回到湖南也不约而同地感到"现在我国人的生活，简直不是人的生活"，并进而慨叹："这同野蛮人有什么区别？"③

这两位知识分子在到达湖南之后，都感受到了某种程度上的冲击。章士钊稍后即提出"以农立国"的主张，与他所感受到的这个"野蛮人"式的乡村生活之间，有着密切的联系。张东荪的言论更是如同导火索，引发了后来持续数年的"社会主义大论战"，此不赘述。不过，邵力子即批评，张东荪作为一个新闻记者，对内地情形的不了解是令人惊讶的。"难道住在通商口岸的时候，眼光只注射到高大的洋房、宏敞的商店，而对于民穷财尽的景象，一定要旅行内地以后方才明白么？"《新青年》上更有《跑到内地才睁开了眼睛么？》一文，讽刺张东荪素来不关心贫民

① 参见熊秋良：《寻找无产者：五四知识分子的一项社会调查》，《近代史研究》2020 年第 4 期。

② 此段与下段内容部分参见高波：《共和与社会主义——张东荪的早期思想与活动（1886—1932）》，第 258～270 页。

③ 章士钊：《农村自治》（1922 年 10 月 13 日），《章士钊全集》第 4 卷，第 150 页。

生活,"一定要跑到了内地才看见"。①

当时有不少从事社会主义宣传的读书人都认为张东荪是"变节",然而,即使是稍后从事农民运动的早期共产党员,也常常反省自己对于农民生活的不了解。恽代英即认为,青年人因为"未能十分明了农村的真状,所以我们说的话做的事,总未能对于农民抓到痒处"。他注意到,当时不少农民运动的参与者都着意于"打菩萨""放小脚",或者"一味引他们去作反抗的运动",反而容易引起农民的恶感。因此他建议作农村运动的青年"不要忙着同他说甚么打破迷信,改良风俗,亦不要忙着劝他们反抗地主恶绅"。且先与农民接近,"就他们所认承的办法,引他们实行起来"。②他已经注意到,"青年们的生活与农民悬隔得很,想假装得与他们一样,不是容易的"。因此青年必须"到民间去","研究他们的言语与思想,把他们组织于我们的训练与教育之下,耐耐烦烦的做几年功夫"。③恽代英甚至感到,当时"农民不知渴望革命,甚至厌恶革命",因此,今日从事"农村运动",不应该急于"鼓吹宣传",尤其"不要说革命、反抗,乃至一切新奇可怕的名词",首先应该去"研究农民",以此作为"中国革命最重要而且必要的预备"。④

这种"研究农民"的要求,即提示出从事农民运动者对于农民实际生活状况的不了解。1927年《中国青年》提出"怎样才能'到民间去'"的问题,李求实即认为"这个问题对于我们的读者已经不是新的一个"。"这个呼声似乎表现着我们的青年都注意到了排在面前的重要工作",但由于青年"耽于空谈,怯于实行,好理论,恶实际","不少曾经高叫'到民间去'的青年们,此时恐怕都到'民间去'寻了一块清净安适的所在,过那'夏日炎炎正好眠'的生活哩!"对于这样的情况,李求实提出了一些"到民间去"的具体工作要求,包括"地方调查与研究","进行本地和平的改良事业"以及"参加地方斗争的工作"。只有做到了这些工作才能算真正"到民间去"了,"否则,永远只是站在离'民间'不知几千万里的地方而空嚷着

---

① 《随感录》,《新青年》第9卷第1号,1921年5月,该文第1~2页。

② 《农村运动》(通讯),《中国青年》第29期,1924年5月3日,第13~14页。

③ 代英:《预备暑假的乡村运动》,《中国青年》第32期,1924年5月24日,第7~9页。

④ 代英:《农村运动》,《中国青年》第37期,1924年6月28日,第9~11页。

'到民间去'呵！"①

类似的认识在当时为不少试图"到民间去"的知识分子所分享。顾颉刚在民俗调查中即感到，"我们若是真的要和民众接近，这不是说做就做得到的，一定要先有相互的了解……现在我们所以不能和他们接近之故，正因两者之间的情意非常隔膜"。② 稍后彭湃在海丰发动农民的经历，即可以看到这种"生活与农民悬隔得很""情意非常隔膜"的认识并非虚言。到 1930 年代，从乡村建设学院的学生下乡服务公约来看，当时学生阶层疏离于传统礼俗社会更甚。③ 可见类似的问题有相当的持续性。

罗绮园曾认为，"农村调查是国民革命的入手工夫"。这种调查"第一要注意人口，第二要注意农民生活状况"。罗绮园尤其注意到，这种调查不仅能够提供关于农村的资料，更重要的是"可给我们以很有用的指导。我们即知怎样向群众宣传，而博得群众之信仰"。④ 但邓演达则认为，解决土地问题"不能用一种迂远的、官僚式的调查方法"，而要"应用一种革命的、敏捷的手段，定出确实的方案来"。"因为农民对于土地的要求，已经迫在眉睫了，等不得我们从从容容去调查统计。"⑤ 不过，罗绮园所看重的"知道如何向群众宣传"，大概也并非"迂远的、官僚式的调查方法"，而更强调"运动"的一面。

然而，在农民运动的发动过程中，如何向农民宣传实是一个重要问题。彭湃在海丰发动农民运动的时候就被农民误认为是来"收捐"的。当他表明是要和农民

---

① 求实：《怎样才能"到民间去"？》，《中国青年》第 6 卷第 3 号，1926 年 7 月 24 日，第 6 卷合订本，第 65～69 页。

② 顾颉刚：《妙峰山进香专号引言》（1925 年 5 月 5 日），李文海主编：《民国时期社会调查丛编·宗教民俗卷》，第 54 页。

③ 其中包括"凡到人家去，须有人引导，至庭中稍立，不宜径入室中"；"凡过庄村，骑马须下马，乘车须下车，问路问事时，亦当如是"等，几乎应该为基本礼仪的内容。《山东乡村建设研究院学生下乡服务公约》，《乡村建设》第 1 卷第 21～30 期（乡农学校专号），1932 年 7 月 21 日，第 1 页。

④ 罗绮园：《国民革命与农民运动之关系》，《中国农民》第 1 期，1926 年 1 月，第 26～27 页。

⑤ 邓演达：《土地问题的各方面》，《中国农民》第 2 卷第 1 期，1927 年 6 月，第 2～3 页。

"做朋友"之后，农民则一边"请茶"一边表示"不得空和你闲谈"，大致也是佃农对待地主的态度。在他对农民表示恭敬避让，并且"专找在农民往来最多的十字路中去宣传"了之后，才有村民告诉他，农民不愿与之交谈，一是不得空闲，二是说的话"太深"，三是没有熟悉的人带领。"至好是晚间七八点钟的时间，农村很得空闲"，由熟人带领着去。①

恽代英也注意到如何开展农村运动的问题。他认为："什么人最便于做农村运动？——假期回乡的学生们，与乡村的小学教师。"因为农民运动需要"乡村中比较重视的人"，才会得到农民的重视。他认为，"农民不知渴望革命，是宣传的材料与方法不合当"。很多人在宣传中"不顾乡村风俗习惯，每以态度言语等细故，惹起农民的反感"；或者"不顾农民心理，专好说些打破迷信、改革礼俗的逆耳之言"；又或是"不娴熟农民的语言，用了许多他们不易了解的名词与成语"。②必须了解"乡村风俗习惯"、"农民心理"和"农民语言"才能够有效地进行宣传。

如恽代英所意识到，宣传者与农民使用的实非一种语言，这是一个重要的问题。后来研究者在对北伐战争进行考察时已经注意到了"关于宣传作用的迷思"，即在农村宣传队到底能够起到多大的作用。宣传队所习于使用的"军阀""贪官""打倒"等词语都需要"反复解释"，显示了"双方的心态和思想言说根本不在一个时段之中"。尤其"贪官"这样在通俗戏文中经常出现的词语尚需解释，恐怕透露出了"河南民众自觉或不自觉地抵制北伐军宣传的消息"。③而彭湃所了解到的农民感觉其说话"太深"，恽代英注意到的"逆耳之言"，大致也是因为"不在一个时段之中"的缘故。

此时农民运动的宣传，仍在一定程度上以通讯报道的方式出现。在《告中国的农民》一文中，为了驳斥"中国农民底生活，并不是痛苦的，也不是受十分压制"的说法，即表示"我现在只要把农民底状况记述出来，就可证明这一说底理由不充足了"。从题目上看，此文宣传的对象是农民自身，通篇所论却显然是针对"到乡

① 彭湃：《海丰农民运动报告》，《中国农民》第 3 期，1926 年 3 月，该文第 1～5 页。

② 代英：《农村运动》（1924 年 6 月），《中国青年》第 31 期，1924 年 6 月 28 日，第 13～14 页。

③ 参见罗志田：《乱世潜流：民族主义与民国政治》，第 200～201 页。

间去"的青年学生。文中更大声疾呼："谁说他们不能觉悟？谁说我们去宣传，他们不肯来听？同志们呀！我们要设法向田间去，促进他们这种自觉呀！"①

但同时，农民运动开展过程中面临的一系列争议，尤其是对于阶级理论的运用，使得社会调查与由此获得的统计数据逐渐受到重视。当时在国民党农民部的机关刊物上，陈克文在论及"中国农民是不是一个阶级"时，即据1916、1917年的农商部统计，认为"全国农民占最大多数的实在是有田百亩以下的农民，而且照上表的趋势看来，田地不独无集中的倾向，而且有分小的倾向。换句话来说，百亩以上的地主是日见减小的，因此我们即勉强承认有百亩以上田地的地主为农民，也并不至于打破农民是在同一的阶级的结论"。这样，地主"只可算为农民阶级中的例外份子"。②前文所述，李大钊关于当前农村阶级状况的分析，也是依据农商部的统计材料作出的。

1927年1月，著名的《东方杂志》第一次实行定期征文，题目即为"农民状况调查"，足见编辑对于这一问题的敏感。在征文说明中，开篇即言："近来政局发展，百端待举。凡政治、经济、文化、社会各方面，俱有彻底改造之必要"，因此有必要"搜求实际的材料，征集一般之意见"，"借备从事建设事业者之采集"。其所论及虽然并非社会革命，但要求"彻底改造"，也很有北伐时期的特色。在接下来对于征文题目的解题中，还要求应征者不妨说明本地"地主、自作农、佃农、雇农之多寡比例"，"农民生产收入及纳租情形"，"佃农与地主间之关系"等等，在在皆是农民运动中关注的重要内容。③这次征文"因来稿过多"，到8月才结集发表。从其发表的调查来看，范围包括了华北、江南乃至云贵川等广泛地域。这些调查者的立场与结论未必同于农村运动的提倡者，但从其使用的知识框架来看，仍然具有极大的相似性。

相较于较早一个时期的新村想象，农民运动时期的"到农村去"更为鲜明地体

① 《告中国的农民》，《共产党》第3号，1921年4月，第3～6页。

② 陈克文：《中国农民是不是一个阶级》，《中国农民》第9期，1926年11月，该文第5页。

③ 《东方杂志第一次定期征文》，《东方杂志》第24卷第2号，1927年1月25日，无页码。

现出此时知识分子与乡村社会的隔阂，农村调查因此具有了重要意义。同时，在这一过程中，早期社会调查所提出的各项问题也具有了更为具体的实践意义，成为论证农民运动理论与政策的重要支撑。这既进一步促进了调查、了解农村的学术兴趣，也影响了此后农村调查的形式。尤其青年学生在农村运动的发动中面临的种种问题，在此后也长期存在，并对于农村社会调查产生了重要影响。事实上，也正是在这一时期，稍早时候戴乐仁等在华外国人所主持的调查材料，开始被翻译为中文。可以说，虽然社会调查统计在晚清即已开始，但却是在国民革命与农民运动的冲击之下，才引起了思想界和学术界的兴趣，产生了广泛的影响。

按照李景汉的回忆，"'到民间去'，'回乡村去'，'乡村自治'，'耕者有其田'，'增进农人生活'，是北伐成功后所常引用的新成语"，他正是在 1928 年夏天，"正当这类口号喊得很响亮的时候，实行'下野'"，开始从事农村社会调查。① 陈高傭在数年后曾回忆，"民国十六年后，随国民革命之发展而社会科学的运动勃兴……一时青年群趋此途，俨然成为一时风尚"。然而流弊所至，"足不履农村而大谈农村经济，身未入工厂而乱讲劳工生活，研究经济学者不愿参加生产，学习社会学者不能深入社会，一若所谓社会科学者即清谈诡辩之工具"。② 这一观感当然不算好，然而国民革命对于社会科学普及的推广程度却可见一斑。

此时不少社会科学的研究者也开始注意社会调查的进行。李景汉于 1927 年 6 月介绍了中国社会调查工作的进行状况。③ 1929 年，中华职业教育社对江苏十七县进行调查。其中，调查员由各地社员担任，"往往偏于一乡，每县又只调查数十户，故所得结果，恐不足以代表全省，即各县情形，亦容有与之不甚相合者"，"然农民生计之困苦，当可由是推知其大概"。④ 同时，供职于中央研究院的陈翰笙也在无锡、

① 李景汉：《住在农村从事社会调查所得的印象》，《社会学界》第 4 卷，1930 年 6 月，第 1 页。

② 陈高傭：《怎样使中国文化现代化》，罗荣渠主编：《从"西化"到现代化：五四以来有关中国的文化趋向和发展道路论争文选》，第 299 页。

③ 李景汉：《中国社会调查运动》，《社会学界》第 1 卷，1927 年 6 月，第 80 页。

④ 中华职业教育社编：《农民生计调查报告》，上海：中华职业教育社，1929 年，第 9 页；并参见江恒源：《调查江苏十七县农民生计状况后的感想》，《教育与职业》第 108 期，1929 年 10 月，合订本第 1377～1381 页。

保定及广东数县进行了社会调查。已经在河北定县从事平民教育的平教会，更凭借其在当地已有的基础进行了全方位的社会调查。梁漱溟当日在考察中即感到："我认为平教会所替社会作的事，要以请李景汉先生到外县乡间去办社会调查为最大功德。"①此后定县调查出版，至今仍被认为是了解中国乡村社会的重要资料。北伐前后这一系列社会调查的进行，与大革命后重新了解中国社会性质的要求相呼应，形成了农村社会状况讨论的热潮。

二、解决土地问题的呼吁

所谓"有土斯有财"，土地问题对于农业国家的重要性不言而喻；且这一问题从晚清开始就侧重平均的问题。孙中山关于"平均地权"的理论即已提出地权不平的问题，北伐时期的农民运动更使得"分田地"成为一种可能。然而，对于土地问题是否应当以分配为重，时人却不乏讨论，也使得此时中国的土地状况引起了研究调查者的兴趣。

外国学者汤烈即认为中国农村问题既缘于"天然的或遗传的缺点"，如"土质瘠薄，雨水缺乏，人口稠密"，也有经济组织和"社会风气"导致的问题，包括战争、交通、耕种方式等。他尤其重视"商人及债主剥削"的因素，"对于甚嚣尘上之土地分配问题"反而不甚重视。对此董时进表示了赞同，认为"近年来解放农民，均分田地之呼声"，"与其谓系起于国人感觉到自己的问题，毋宁谓其系欧洲土地分配潮流所引动"。汤烈注意到，中国农村存在着"农民耕种土地太少，与其田地分散破碎之事实"，可能只能通过"使一部分农民改业"才是解决土地。②

这里涉及的实际是对于中国农村一般土地状况的理解。陶行知曾经提出"有田三十亩的自耕农"的主张，大意谓此种程度的农民方可保证生活与受教育的权利。

---

① 梁漱溟：《北游所见纪略》，《中国民族自救运动之最后觉悟》，第 308 页。

② 董时进：《汤烈论中国农业及农民问题》，《大公报》1933 年 6 月 2 日，第 3 张第 11 版，《科学周刊》第 14 期。

这一主张遭到了当时左派知识分子的猛烈批判。署名子钵的作者根据戴乐仁对于南北五省的调查指出，能达到"有田三十亩的自耕农"标准的农民不到总数的一半，"独那 8% 到 32% 的人们方是中国的大众！"而据金陵大学对于江苏的调查，"陶知行主义者"认为的"大众"在江苏亦仅占 36.7%。如果根据福林与约尔克（Volin and Jolk）对广东耕场分配的研究，这部分人群甚至仅占到农民人口的 4%。[①]如前述余家菊的观点，自耕农可算是长期以来理想的农人形象，但在子钵看来，这部分人群在当时的中国农村事实上甚至不及半数。

但在对于土地状况统计的讨论中，邹枋也承认了，"我国农村统计中之最不足凭者，厥惟土地分配情形之统计"："倾向于社会主义者，则云我国土地大都集中于地主之手"，如果不加以遏制必将引起土地革命与农民暴动；而反对者则认为"我国仅有大贫小贫之别，而无地主阶级之足惧"。在邹枋看来，现存的土地分配情况调查"往往与土地之经营单位相混淆"。佃农可以耕种若干土地而"己则可无寸土尺田"，地主则仅耕数亩土地但是"以其余之百亩分佃于人"。此外，土地分配问题的调查必须"在耕地面积有确实统计以后"。但邹枋承认"大地主在各地确实存在"，只不过"土地分配问题，在北方不甚严重"而已。[②]对于这样的描述，梁漱溟即认为不符合乡村社会的实际。他曾专门说明了自己"为什么不用'农民''农工''被压迫民众''无产阶级'等词"，而特标出"乡村居民"一词，就是因为感到"'有产''无产'是不适于拿来分别中国社会的"。[③]

事实上，乡村中的阶级状况如何区分一直是一个并不简单的问题。邵履均在对自己家乡的调查中特别区分了"半自耕农"和"兼佃农"。前者指"自耕兼佃田给人耕种的农户"；后者则是指的"自耕兼佃耕的农户"。之所以需要做出这种区分是因为"有些农户自己所有的土地虽然很少"，但由于"自己没有人力，或是碍于亲族的关系"，不得不将自己的一部分土地佃给他人耕种。"他们所有的土地甚或有

① 子钵：《陶知行主义是中国教育的出路吗？（续）》，《大公报》1934 年 11 月 12 日，第 3 张第 11 版，《明日之教育》。

② 邹枋：《中国农村经济统计之认识》，《商学期刊》第 8 期，1934 年 1 月，该文第 4～8 页。

③ 梁漱溟：《中国问题之解决》，《中国民族自救运动之最后觉悟》，第 215 页。

少至四五亩以下的"，如果把这样的人"称作地主"，"就会觉得有点过分"。[①] 这种区分与现行所知相差甚大，但也体现着乡村中各种人群的复杂性。《大公报》记者即认为，"中原诸省，大多数为自耕小农"，佃农与地主的关系也是"家族的、温情的"。[②] 但复旦大学的顾循在江南的观察则是地主与佃农之间的关系已经缺乏信任。"现今之地主与富农，惧佃户之欠租"，普遍采取了押租制，"即佃农须以一定数量之金钱财产作租田之保障，欠租时由其中扣除"，到退租时方"以其剩余数归还"。他更感到"自一九二四年以来，农村经济之崩溃愈速"，地主富农因为收租屡屡不得，"押租之百分率显有巨量之增加"。"惜无统计以兹证明"。这一变化将加重"农产物之成本"，"于是更加速农村经济之崩溃"。[③] 其观点特别强调了地主与佃农之间关系恶化造成了农村经济问题。

什么样的人才能算作这样一个有着特定政治、经济意味的"地主"也引起了赵梅生的注意。针对农业统计中常常误用"地主"的情况，赵梅生认为，在中国"至少要有若干亩（约五十亩）以上的地主，才能以剥削他人劳动为目的而出租土地"。但在实际的统计中，"所有地的统计尤其缺乏"。"一般人都把土地所有关系和土地使用关系弄混同了，或是以阶级关系代替了土地所有的关系。"有些统计标题为"耕种权"，但内容却是"自耕农""半自耕农""佃农"，这种"将所有权与自耕农、半自耕农、佃农混同的最多，到处都有这种例子"。赵梅生特别指出，"其实'自耕农''半自耕农''佃农'等名词，本身并没有包含着严格的经济意义"。比如"有土地极少的贫农，因为贫困离开土地，才将土地出租"。这种出租土地的原因"是为了贫困，缺乏资本和农具，出外雇工等，而不是依赖地租生活"。这样的情况在陕西和山西都非常普遍。即使是以地租为主要收入的地主，也要考虑其所有地多少的问题，否则就有"将地主与工资劳动者混同的危险"，"掩蔽土地集中的真象，蒙蔽了农民的分化与对立"。此外，所谓自耕农，与其耕种土地的多少并无关系，他

---

① 邵履均：《山东莒县邵泉乡社会状况调查》，《村治》第2卷第1期，1930年12月1日，该文第4页。

② 社评，《勿利匪勿弃民》，《大公报》1931年6月10日，第1张第2版。

③ 顾循：《中国农村经济崩溃之原因》，《商学期刊》（上海）第8期，1934年1月，该文第13页。

"可以是富农，也可以是中农和贫农，其所有地可以在百亩以上，也可以是十亩以下"。因此他可能是"兼雇用工资劳动者的资本家"，也可能是"除耕种自己的一小片土地外，以其他副业为主要生活的贫农"。赵梅生在上海附近的农民调查中，还遇到过"耕种一百亩以上的佃农"。"这种佃农必须雇用工资劳动者，而且有较多的资本、较好的耕畜和比较完备的工具。"赵梅生根据经验总结道，"在封建的生产关系巩固的地方，是贫农租入土地"；而"在资本主义发达的地方"，则多为富农租入土地。此外，"贫农多以劳役或现物的形态支付地租，富农则多以货币的形态支付地租"。[①] 贫、富的区分未必与土地占有状况相关。

前文所述的"田底田面"等状况虽然不能代表全国的土地状况，但却反映出相对简单的阶级划分实际难以描述农村中实际存在的土地状况。1950年代江苏土改时，有不少调查者都注意到田底、田面的区分，但也有人指出，将地主、佃户区分为"底面地主、底面佃户、田底地主、田底佃户，以及底面地主的地租、田底地主的地租"，因为"缺乏明确的阶级分析"，是"不科学"的。这种分类法"对研究租佃双方的具体情况是有一定好处的"，但却必须在"总的阶级情况分清的前提下"，"这种具体的分类，才不至于使人发生误解"。[②]

稍早，吴鼎昌即特别注意了"农民中大农中农小农"的比例。"据全国已开辟土地之数，与从事农业人口比计，每户平均仅约合二十六亩，每人平均仅约合五亩零"，这样的现实"与古制一夫受田百亩，一夫作一户论，相差甚远"。如果考虑到大农、中农、小农的区别，"其生活困难情形，与夫其力有余而地不足情形，更可概见"。按照农商部的统计，小农（每户土地数量在三十亩以下者）的数量占到了42%，如果按照每户五人来计算，"每人至多者摊种耕地不到二亩，少者或数分数厘"。吴鼎昌认为，虽然小农的农田数量不足，但大致全国自耕农的数目尚在佃农之上，且中国本来缺少"大地主阶级"。"耕农中除长年短工外，无论土地为自有，或佃有，皆与土地发生利害关系"，佃耕者虽然要向地主缴纳地租，但"土地所入，

---

① 赵梅生:《关于中国一般农业统计方法的商榷》,《益世报》(天津)1934年9月22日,第3张第11版,《农村周刊》第29期。

② 《吴县租佃情况调查》,华东军政委员会土地改革委员会编:《江苏省农村调查》,第199页。

皆为己有","不能认为专取佣金之阶级"。因此在中国，能够"完全压倒佃农，听其支配"的地主，"除地方上少数土豪劣绅之地主，假借特殊势力者外，一般普通地主实不可能"。他因此感叹，"试问其收入，能否供其生活。试问其人力，是否等于废弃"。即使"假定其土地全为自有"，"已难维持生活"；"若为佃耕，其困难更不可言喻"。因此，"今日中国农业情形，以社会的眼光观察，救济小农，实为社会的经济政策上，唯一大问题"；而根本问题则是在于"已开辟土地过少"。[①]

在这些讨论之外，国民政府亦有着解决土地问题的立法尝试。不过，1929年国民政府立法院提出《土地法原则》时，即有报纸批评，"该案原文发表以来，已逾旬日，颇少注意及之者，更少言论及之者"，甚至不如"杨小楼之到津，梅兰芳之莅沪，能引动社会上下多数人之注意与批评"。记者认为这说明了当时社会人士"对于自身之生计问题，与夫国家社会之经济问题，观感之薄弱，常识之缺乏"，因此是"莫大之遗憾"。记者还想象了"若此种法案，发生于欧美国家中之任何一国"的状况，认为"此旬日间，社会人士，经济学者，必有种种批评议论"，甚至"街谈巷议，酒后茶前，大约均不能在土地法外别有重大关心之言论"。[②] 不过，自1927年以来政局变化之诡谲，也可能是土地问题在此时不太为人注意的原因。到1930年土地法正式颁布时，《大公报》的记者仍然感觉因为"战事久延，人心萎敝，一般社会研究国家重要问题之兴趣，为之锐减"。这部土地法虽然承认土地私有，但"地方政府制限私有土地权之范围，殊为广泛"；"至于中央政府对于私有土地所有权之干涉，权力尤大"。记者的关注集中在了对于私有土地权力的保护问题上，但同时，这部法律没有特别对"都市土地与农村土地"这两种"性质不同"的土地作出区分也被认为是一大问题。记者要求制定佃农法采取措施保护佃农，限制土地兼并。[③] 对于抽象的"土地问题"的关注，与对具体法律的漠视，体现着当时读书人讨论社会问题的特殊视角。

在政府的关注之外，还存在不少解决土地问题理论方案。如高一涵曾提出

① 吴达铨讲演：《中国农业土地问题》，《大公报》1929年6月4日，第1张第3版。

② 社评，《评论土地法原则》，《大公报》1929年1月9日，第1张第2版。

③ 《土地法之重要性》，《大公报》1930年6月22日，第1张第2版。

的"和平的逐渐征收"，以及吴景超所提出的以土地债券的方式来收买地主土地。1935 年，阎锡山提出的土地村公有办法，特别引起了不少人的关注。《大公报》即认为阎锡山能够"不兢兢于农业技术之改良及农业合作运动之扩大，而率直的大胆的提出农业根本之土地所有权及佃租制问题"，"对于农村复兴问题的把握，实有过人之处"。① 但丁文江则认为"这种方法在都市不发达的山西，在村公所，村长制比较完善的山西，或者有实行的可能"，如果是在其他省份"一定无法着手"。② 甚至即使在山西，也有人认为"阎氏如果一意要实行'土地村公有'，结果不是激起民变，做共产党的先锋，就是引起农民的反抗，使他无法推行"。③ 此前加入过共产党的李紫翔则将阎锡山的土地村有提议视为"'土地革命'运动"与"农村技术改良运动"之外的第三条道路，认为其"很巧妙的默认了十余年来努力完成的'村治'制度之破产"；并评论土地村有论，"较之流行的'农村建设'运动"可以说是"百尺竿头进了一步"。④ 李紫翔的阐释虽然未必能得到阎锡山的认可，但确也提示出从土地所有权这一根本问题上解决农村问题的思路，在当时得到的普遍重视。

三、"数字中的农家生活"

在社会科学与社会调查的推动之下，时人对于农民生活的状况已经有了不同的叙述方式。如果将五四前后读书人"到民间去"的社会调查与之比较，即可清楚地看到这种文类的转变。特别值得注意的是这种叙述方式中存在的农家收支状况的

---

① 社评，《农村复兴与土地公有》，《大公报》1935 年 9 月 11 日，第 1 张第 2 版。

② 丁文江：《实行耕者有其田的方法》，《大公报》1935 年 10 月 13 日，第 1 张第 2～3 版，"星期论文"。

③ 李庆麐：《"土地村公有"办不到》，《大公报》1935 年 10 月 14 日，第 2 张第 7 版，《经济周刊》第 135 期。

④ 李紫翔：《按劳分配的土地村公有之批判》，《益世报》（天津）1936 年 1 月 11 日，第 3 张第 12 版，《农村周刊》第 97 期。

计算，而由此观之，大部分农家都存在着收支不平的状况。这一思路也由来有自，相传李悝就曾经设想了一户五口之家，"治田百亩"。其收入在除去了"十一之税"、"食"、"社闾尝新春秋之祠"以及"衣"之后，收支相比较"不足四百五十"，尤其"不幸疾病死丧之费，及上赋敛，又未与此"。李悝认为这正是"农夫所以常困，有不劝耕之心，而令籴至于甚贵者也"，因此需要实行平籴之法。① 现代经济学的观念与传统的重农思想暗中呼应，使得民国时期类似计算也常可以见到，只不过不同人计算的结果有着不小的差别。

如前所述，在论证农村阶级关系的时候，不少人使用的资料都是农商部的统计材料，但得出的结论却迥然不同，就是一个值得注意的现象。在农运高潮中《大公报》记者即提出，"左派之最大标榜，为农工政策。然于中国土地分配之现状，与夫地主佃户之关系，未根本调查以前，而遽定方案，倡言解决土地问题"，"可谓凌乱，不得谓急进也"。② 纵观这一时期的统计材料，类似的数字差异与结论差异也是相当明显。

按照卜凯在芜湖地区的调查，当地一年内"最奇异的事情，就是自耕农不独得不到赢利，而且还要损失十五元"，相比之下"半租农有一百五十六元的入息；佃户亦有一百零五元"。这一方面是由于自耕农土地实际面积不大，但又需要负担田赋；同时，当地"地主只得其产物四分之一的酬还"，"佃户自己得了大部的产物，所以其入息比自耕农的入息大"。③ 布郎在成都平原的调查显示"各田户平均之利，每月有 32.59 元，每日为 1.08 元"，这一数字为纯利润，"可用为家人购衣服，及往来、教育，及其他增进生活情形之用"。布郎不乏深意地写道："此乃四川最富裕之区，田户之所得。四川之富裕以'中国的花园'称，此其富裕之度也。"在成都平原仍然"自有农是三级农夫之最优者"，"租户"的平均收入尚低于此。④

---

① 《汉书》卷二十四上《食货志》，北京：中华书局，1962 年，点校本，第 1125 页。

② 《党祸》，《大公报》1927 年 4 月 29 日，第 1 版，社评。

③ 白克（卜凯，J. L. Buck）：《安徽芜湖附近百零二个田区之经济及社会调查》，李锡周编译：《中国农村经济实况》，第 99～124 页。

④ 布郎：《四川成都平原五十个田区之调查》，李锡周编译：《中国农村经济实况》，第 199 页。

毛泽东在对佃农生活举例的时候，假设了这样一个"典型佃农"：

> 一个壮年勤敏佃农，租人十五亩田（一佃农力能耕种之数），附以相当之园土柴山，并茅屋一所以为住宅。此佃农父母俱亡，仅一妻一子，妻替他煮饭喂猪，子年十二三岁，替他看牛。这个佃农于其租来之十五亩田，可以全由自己一人之力耕种，不需加雇人工。因穷，田系贩耕，没有押租银可交，所以田租照本处通例要交十分之七。

这样一个佃农家庭生活中的支出要包括食粮、猪油、盐、灯油、茶叶，另有用于生产方面的支出，如种子、肥料、牛力（考虑的是需要租牛的情况）、农具消耗，以及"季节庆吊通情送礼，人客来往烟酒招呼"等杂用。毛泽东尤其在"支出之部"中考虑了"工资一项"，因为"此农人如不租田耕种，可往人家做工，一年可得工资 36 元，今不做工，便损失此项工资了"。此项内容大约完全是出于经济学的计算，多少有些脱离"佃农"的想法。而此佃农的收入来自种田，喂猪，"冬季或砍柴，或挑脚"，以及"工食省余"——因为在农闲时"出外砍柴挑脚，不在家里吃饭做事"，故此项花销可以省下。按照这样的计算，农民"收支相抵，不足 19 元 6 角 4 分 5 厘 5"。且在毛泽东看来，这样的收入状况还必须在"绝无水、旱、风、雹、虫、病各种灾害"，"绝无妨碍工作之疾病"，精明算计，"所养猪牛不病不死"，冬季天气晴朗可以外出砍柴挑脚，以及"终年勤劳，全无休息"的情况下才能实现。而实际上，这些条件都难以实现。尤其最后一条，"表示中国之佃农比牛还苦，因牛每年尚有休息，人则全无"。"这就是中国佃农比世界上无论何国之佃农为苦，而许多佃农被挤离开土地变为兵匪游民之真正原因。"但毛泽东也承认，许多佃农实际上"还觉得可以勉强遮敷不甚感亏折之苦"，之所以如此，就是因为"工资一项全不计算之故"。[①]

尹良莹则是根据 1923 年无锡地方物价，通过对农村收入支出的计算，认为当时实际是"农村衰微，农民贫窘"，"终岁勤劳，而五谷之收入，尚有不敷糊口之

[①] 毛泽东：《中国佃农生活举例》（1926 年），《毛泽东农村调查文集》，第 28～34 页。

虞！"在他所设想的五口之家中，支出项目包括饭食、衣服、居住、子女教育、亲戚朋友间的应酬、医药卫生、婚丧、赋税等费用，共计274元；收入项目则包括耕种作物、菜蔬，饲养牲畜，养蚕以及经营副业，做短工等，共计234元。尹良莹尤其指出，各地情况虽然有所不同，"唯生活程度低降之处，费用虽可减省，而收入亦随之减少"，因此各地的"农民生计情形"大概可以依此类推，"则收入已大不敷支出矣。若再遇水旱病虫诸灾害发生，则生活当更难维持"。因此"多弃农改业"，导致民食出现了困难。^①尤其值得注意的是，尹良莹设计的婚丧费用也是以十年百元再均分到年度费用中，以体现其"年均收入"的用意。

郑廷泰在对福建营前模范村的调查中特别设计了一个一夫一妻一子的农民家庭，认为其"最低限度"的生活需要为：每年谷六担、薯米六担，菜费、杂用四十八元，衣服添置费用五元。郑廷泰认为这一设计假定"他们以薯米来和白米混食"，木材"由山中砍伐而来"，且杂用"一月仅合四元"，而租税皆需从其中支出，"已极其俭之能事了"。要实现这个最低生活限度，佃农"一定须耕种五亩以上的田地"，因为正常情况下，五亩地在地租之外的收入二十担，实际上尚不够抵销生活的支出，"但佃农在农事之外的工作的收入，假是认为可相抵的"。即使如此，有五亩田的农家，"在现在这个农村里，是很难的"。同时考虑到"有五亩田的佃农，一定有三担的种籽，和其他相当的农具"，这样一些成本的增加，以及"天年不利"的可能性，那最低限度的生活"更不必说，是不能有'满足'的可能的"。^②王益涛的设想相对接近，他认为"就吾国目下之大多数农家言"，如果"每家年有二三十元乃至五六元与以融通，一家之衣食，即有所赖，家庭经济，即见活动"。^③

职教社江恒源在调查了江苏十七县农民状况以后提出了"一种理想上的假定"：

---

①　尹良莹：《中国民食问题之研究》，《农学杂志》第5、6合号，特刊第3种，1929年12月，第118~120页。

②　郑廷泰：《福建营前模范农村农民生活概况》，《农学杂志》第5、6合号，特刊第3种，1929年12月，第218~219页。

③　王益涛：《救农刍议：建设水利经济（续）》，《大公报》1932年11月7日，第1张第4版。

一位农民，年在三十以上，四十以下，妻年亦相若，上有不能胜操作的老父老母，下有未尽能任操作的子女三四。已正如古人所说的"八口之家"，可算是一种标准农民。他所种的田，在北方则百亩左右，在南方则三十亩左右，一年之间，所有收获的农产，除去所用资本及一家生活费外，如是自田自种的，可以净余三百元至四百元，佃种租种的，可以净余一百五十元至二百五十元。

在这样的标准之下来看这十七个县的农民生活，"一般农民的穷困，已是无可讳言"。即使是他所说的"标准农民"，"一年所收入，能合前文所悬的理想，恐怕真是凤毛麟角，不可多得"。在这十七县中，甚至在江苏六十个县中，只有无锡农民收入稍多，"大约如标准农民，一年间净收入可及一百元以上至二百元"，其原因则是在于使用了新式农具，有蚕桑副业以及"农隙之暇，可以到工厂做工"。[①] 若与毛泽东所构想的标准佃农相比，江恒源设想的"理想农民"收入无疑高了很多。当时调查者也提出，由于当地农副业"皆自谋衣食之计"，虽然其每人收入仅66元左右，但"赖此辅助之力"，生活费能降到37元，"每年犹可有余"。[②]

由于这一区域租佃制度发达，有调查者特别注意了自耕与租佃的不同。若是"己田"就"只需纳漕粮赋税，虽各县不等，然最多者（最少者每亩约2角许）亦仅一元左右"；田租则要高达四五元，甚至八九元；佃农也需将收获的半数分与田主。因此"己田与租田佃田每亩净收入，必有数元之差"。但在无锡、泰县等地，因为"副业收入又较大"，或者可以通过"养牲口获大利"，"租种田每亩净收入，反较自种田为大"。调查者尤其注意到在江北各县，虽然净收入不满十元，"然以种田较多，其总收入，亦不弱于江南各县"，尤其"生活程度较低，又极耐苦，故入不敷出者实较江南各县为少"。[③] 按照其调查的情况，反而是"生活程度较低"的农家在

① 江恒源：《调查江苏十七县农民生计状况后的感想》，《教育与职业》第108期，1929年10月，合订本第1379～1381页。

② 吟阁：《农村经济之调查》，《教育与职业》第108期，1929年10月，合订本第1389～1390页。

③ 中华职业教育社编：《农民生计调查报告》，第36页。

"入不敷出"方面稍好。

这种对于收支平衡的关注在不少学者的调查中都有存在。孙枋在南京汤山调查时也注意了农家的收支问题。其统计"农家进款"包括"主业进款""副业进款""其他进款"。所谓"其他",包括"出卖产业所得之款,与其他各种特殊或零星收入,如嫁女所得之聘金,家族人员在外做工或经商寄回之款,出租产业之租金,放债之利息,以及代人买卖所得之佣金等等"。这样计算下来,总进款平均约195元。而在考察农家支出时,孙枋注意到"每户家计之总支出,以自耕农为最巨,兼佃农次之,纯佃农又次之"。这里的支出包括"消费"与"农场支出",平均数量为223元有余。这样当地农家平均亏本即为28元有余。①

钱北能在江苏北部农村调查的时候则计算了一个有着14口人的农家的收支情况。其中收入包括了二麦、大豆、高粱、杂粮、柴草等项;支出则包括食用、纳税、衣履、肥料、种子、牲畜饲养、添置修理、亲友往来、捐款和灯油炭火等。前者共320.28元,后者为393.20元。钱北能特别说明,"这里并未算及人工,及婚嫁丧葬一类的事情,已经每年要净亏银七二.九二元了",尤其"这还是富农呢!至于佃农是可想而知的了"。②家庭收入方面,牲畜和副业均被认为"数量无几,共值不过六元左右(即以6元计入收入数字)",其所计算的农家亏损状况最为突出。

对于农田状况亦有类似的方式予以计算。当时担任立法院统计处处长的刘大钧曾根据全国人口数量计算了需要的农田面积。"假定每人每日食粮一斤,每年共需三百六十五斤。"这样,在北方"一亩六分有奇"的农田"可生产一人之食料",在南方则需要"农田九分有奇",但因为"各处农田,瘠薄者究居多数,且水旱不时,常多荒歉",全国平均来看,"平均一亩五分田之产量,可供一人"。"全国人口以四万八千五百万人计,则必须有农田七万二千七百五十万亩,始能供给全国之食粮,而无虞饥饿也。"同时,在食粮之外,还需要燃料、饲料,"油盐、菜蔬,以及

---

① 孙枋:《南京汤山二百四十九农家经济调查》,《教育与民众》第6卷第1期,1934年9月,第189~204页。

② 钱北能:《江苏北部农村经济现况》,《益世报》(天津)1936年5月23日,第3张第12版,《农村周刊》第115期。

衣服、祭祀、应酬等之所费，亦甚不赀"。这些费用，"甚少之限度，亦必比其人食料之所费，多出一倍"。这样计算来看，"以全国人口四万八千五百万人计，至少须有耕地十四万五千五百万亩，始能维持其生存"。若再考虑到"每年输出之农产物"，如丝、茶等作物需要占用的耕地，"农商统计全国农田十二万万亩，诚不为多"。①

类似的计算宋作楠也做了一次。他根据农田总亩数与农民总数估算出现实中农民平均耕作的土地为 4.7 亩。他进一步提出："假使 4.7 亩这个平均数是可以相信的话，中国农民是否要感觉到耕种田亩不够？"在考虑各地土质的差别，以及不耕种的人数之后，宋作楠认为，即使"全国人民过着最低的生活，也需要十四万五千万亩田地的生产去维持他们"。再加上出口的农产品的情况，"中国人民，就是过着最低的物质生活，十七万万左右农田的生产去供给他们，已经差不多了"。如果还想要"增加农产物的消费，提高物质上的享受"，这个数字就不够了。他还特别参考了欧美各国农民的人均耕种数量，为 8.5 亩至 11 亩，认为："虽然或许中国的土地与气候，受上帝的恩惠特别的丰厚，但是我们不相信像法国那样注重农业的国家，她的农田生产力，会比我们薄弱！所以中国农田的缺乏，是无可辩解的。"②他同时认为，"中国大部分农民"之所以"过着很苦的生活"，"我们觉得不在地主的压迫"，因为现行农佃制度"虽然不是狠［很］理想，可是也不见得怎样的苛酷"。其困苦的原因，是在"生产不够消费，而生产不够的原因，是平均每个农民所种的田太少了"。③

正是基于这样的考虑，"平均地权"究竟能否解决农村中的土地问题，时人也不乏疑虑。何廉认为即使将全国土地平均分配，"每人平均所得土地只五亩至十一亩不等"，其中还包括了"山林水泽"等"不尽可耕"的土地，"实际耕地当远低于

---

① 刘大钧：《中国农田统计》，见中国经济学社编：《中国经济问题》（中国经济学社社刊第 1 卷），上海：商务印书馆，1929 年，第 57 ～ 58 页。

② 宋作楠：《中国农民经济状况蠡测》（目录页作《中国农村经济的蠡测》），《教育与民众》第 1 卷第 6 号，1930 年 1 月，该文第 5 ～ 6 页。

③ 宋作楠：《中国农村经济的蠡测（续）》，《教育与民众》第 1 卷第 7 号，1930 年 2 月，该文第 8 页。

此数"。再加上土地分配情形的"恶劣","农场面积之狭小,平均仅及二十一亩",兼有"地形畸零,斜整错杂","在此种情形之下,不特机器耕种无法实行,即一家劳力亦难尽量利用"。在这种"土地之分配及利用状况"之下,"农业生产之短绌自在意中"。何廉认为,"土地问题不解决,则农业现代化绝无可能,而农民之生计亦终无昭苏之望"。①

吴鼎昌在北平大学农学院的讲演中专门讨论了"农业土地问题"。他认为,考虑到中国已开辟的土地数量和全国人口的数量,"人口数与土地数比较,每人不过分配三亩半强",且"肥浇不等"。"平均所生产者,供人口全数之需要,当然不裕。"这一点虽然没有"精确统计,以资证明",但从海关贸易册来看,"近年来输入米麦等民食,每年约二三万万元,即可作为不足之反证"。同时,"地方一遇荒年,毫无蓄积情形;下级社会,食物粗恶不敷情形,皆可为事实上之证明"。只不过因为国家缺乏"统计机关"也就无法"举出数字",因此提出开辟土地为全国人士必须注意的大问题。吴鼎昌还认为,从农商部统计中看到的从事农业的人口并不多。那些没有从事农业的人,"亦不能尽从事于工商业及其他职务",大部分人必定是"因不得土地作农民,致成失业游民者","惜无数字以证明之耳"。总之,"现在农业土地,不敷全国人民之需要,因而失业者甚多",这是"举国人士,所不可不注意之大问题"。②

与强调分配的学者不同,在吴鼎昌看来,土地总量相对人口数量的不足,才是农民平均耕地过少的主要原因。提出了"农业革命论"的陈宰均也将"吾国农民之所以岁入微而生计艰"归结于"耕田面积过小,不足以事经济之生产","不讲科学方法,不习经济原理,仅为副因"。根据农商部的统计,农户耕田面积多在三十亩以下。陈宰均认为,"美国普通农庄,领地百六十英亩。我国古时,夫亦授田百亩",如此比较看来,"吾国农户耕田之不得不扩充也"。③金陵农学院的乔启明认为要想谈"增加生产的方法",必须"先知其现状"。而据农商部调查,现状是"平

①　何廉:《中国经济现象之解剖》,《大公报》1936 年 1 月 12 日, 第 1 张第 2 版,"星期论文"。

②　《中国农业土地问题》,《大公报》1929 年 6 月 4 日, 第 1 张第 3 版。

③　陈宰均:《工化与农化》,《甲寅周刊》第 1 卷第 29 号, 1926 年 1 月 30 日, 第 11～12 页。

均每农场不过耕地二十四亩，若按人数计算，每人仅只摊三亩四分"。如果考虑到农作物平均每年两熟的情况，产量不过四石，"不过只可糊口饱腹，那里说得到什么宽裕的生活？"因此在中国，"农场之小，收入之微，真达极点。无怪我国农人，贫苦特甚"。[①]

此前在浙江，农民运动的调查者注意到"照近年生活程度，每家至少须耕田十四亩，而又能十分勤俭者，方可维持生活"，而且如果遇到"死丧疾病"需要举债，农民家庭必然会"终身受困"。[②] 浙江大学农学院在旧属杭嘉湖二十县的调查中，就听一位老农讲，一农家夫妇，有一二小孩，"若得十亩田，可以过去。若得十亩自己田，便可以舒舒服服过去"。调查者则从其统计中看到"有地不满五亩者，尚占百分之四十五，耕地不满五亩者，尚占百分之三十八"，因此知道"必有一部分人还不容易过去"。[③] 这次调查中关于耕地面积的统计，表格数字本有抵牾，且已说明"本表所称田地面积指一人所经营之面积言"，到底能否代表一户情况尚可存疑。另外，即使同样是在浙江，不同人对于"过得去"的生活是什么样子也有不小差距。但在调查者看来，大部分农民所耕种的土地都无法达到"过得去"的程度大约是没有疑问的。

恰亚诺夫曾经要求研究者"从'某某省农业统计与经济资料集'中的数字堆里哪怕是暂时地摆脱出来而接触农场的具体的、实际的工作"。他认为农民在着手进行经济活动时，"其有利无利都不是由对收入与耗费的计算决定的"，"而是出自对经验的沿用和效法，出自经年累月并通常是无意识的对成功的经济活动方法的选择"。[④] 然而，在民国时期关于农村经济的研究中，"科学"的权威所带来的恰恰是对于数字的偏好。类似上述对于农家生活收入支出的计算，造成了不少"不解之谜"。[⑤] 农家经济生活中特有的节约与合作方式被经济学的方式落实到了数字之中，

---

① 乔启明：《中国乡村人口问题之研究》，《东方杂志》第 25 卷第 21 号，1928 年 11 月 10 日，第 25 页。

② 《浙江省之农民政治经济状况》，《中国农民》第 8 期，1926 年 10 月，第 59 页。

③ 《西湖博览会与职业教育》，《教育与职业》第 110 期，1930 年 1 月，第 55 页。

④ 恰亚诺夫：《农民经济组织》，第 98～100 页。

⑤ 李宏略：《数字中底农家生活》，《东方杂志》第 31 卷第 7 号，1934 年 4 月 1 日，第 95 页。

不仅婚丧费用要平均为每年的"支出"，没有去做工而未曾获得的工资也被归入了"支出"。在这种观点的观察之下，虽然不同的学者计算的农家盈亏状况差别不小，但却越来越倾向于达成"入不敷出"的共识。这种共识正是农家经济"破产"的最基本含义，一种"又亏了"（毛泽东语）的状态越来越成为时人对于农村经济生活的基本认识。

四、"愚、贫、弱、私"的农村形象

"数字化"的理解方式，既是现代社会科学的产物，也体现出一种全新、外来，并且不乏对象化的认识方式。如马克思所说，资本主义按照自己的面貌改造了世界。作为资本主义世界的突出代表，将"资本主义"替换为"现代都市"，此一判断同样成立。换言之，这一时期形成的农村形象正是一种外来眼光观察的结果。这个观察者不仅重新评价了农村生活的各个要素，更重要的是，它还确定了评价的基础和标准。如前文所述，这种城市的眼光意味着工业生产和消费社会的正当性，同时也带来了政治学、经济学等现代社会科学。当读书人关于世界、国家、经济与社会的认识发生着剧烈变化的时候，农村的形象也受到这些概念和知识的影响，被重新审视和描述。

其中最具代表性的，可能是以平教会的定县实验为代表的"愚、贫、弱、私"之说。类似的说法此前严复、胡适均有提及，但更多是作为对于中国社会的整体叙述。[①]到1930年代，随着平教会在定县的工作，其所认定的中国农村"愚、贫、弱、

---

① 1902年严复在《与〈外交报〉主人书》中即说"今吾国之所最患者，非愚乎？非贫乎？非弱乎？"（《严复集》第3册，第560页。）到1930年，胡适则曾以贫穷、疾病、愚昧、贪污、扰乱作为中国社会的五大仇敌[胡适：《我们走那条路》（1930年4月10日），《胡适全集》第4卷，第458页]。

私"四大病象逐渐为人所了解[①]，甚至形成了某种共识。到1935年有人即说，在评价定县的县政建设时，"'愚''穷''弱''私'四种现象，是大家所公认的，似乎没有再引申的必要"；需要进一步探讨的是如何解决。[②]

值得注意的是，农村调查本是出于了解农村的要求，但在知识分子下乡调查的过程中，固有的农村印象却转而加强。"愚"是晏阳初及其主持的平教会中关于农民"四大病症"的第一条，也基本成为到乡间去的读书人所获得的第一印象。"愚贫弱私"的解决都被落实到了"教育"中去，这既体现了传统观念中教化的力量，也凸显了现代农村那"失教"的形象。当时在定县从事卫生护理工作的周美玉对于"智识阶级"之"笑骂乡民的愚蠢简陋"颇有微词。周美玉感觉在这其中"智识阶级"应该"下自责自省的功夫"。"中国素称以农立国，而对于农民之种种多事忽略"，只知道"说农民愚，农民蠢，给中国人丢脸"。周美玉认为智识阶级需要"反躬自问是谁叫他愚，是谁叫他蠢，是他自愿如此吗？是他拒绝近代文化之输入吗？

---

① 李景汉在《定县社会状况调查》的序言中即说明平教会运动"根据中国社会的事实，深知'愚''穷''弱''私'为人民生活上之基本缺点"，因此定县调查也是在此立场上"以有系统的科学方法，实地调查定县一切社会情况，特别注意愚、穷、弱、私，四种现象"，并且要通过整理、分析，"发现愚、穷、弱、私等现象之原因，试下相当的结论"（序言第1页）。晏阳初在报告《中华平民教育促进会定县工作大概》（1933年7月）中也说："在定县，我们研究的结果，认为农村问题是千头万绪。从这些问题中，我们又认定了四种问题，是比较基本的。这四大基本问题，可以用四个字来代表它，所谓愚、贫、弱、私。"（《晏阳初全集》第1卷，第247页。）稍后千家驹的《中国的乡村建设》即将"平教会晏阳初先生的'愚、贫、弱、私'论和梁漱溟先生的乡村建设哲学"并提，作为其基本特征（上海：大众文化出版社，1936年，第20页）。

② 金风：《纪定县之县政建设运动》，《国闻周报》第12卷第3期，1935年1月24日，该文第4页。平教会的这一提法基本为不同立场的读书人所接受，虽然接受的程度有所不同。曾经接受过美式教育的一批知识分子大致接受"愚贫弱私"作为"中国人民的四大毛病"。[涛鸣（吴宪）：《定县见闻杂录》，《独立评论》第4号，1932年6月12日，第15页。]邹平的乡村建设研究院大致接受"愚""贫""弱"的观察，却不太接受"私"的提法。（参见梁漱溟：《山东乡村建设研究院设立旨趣及办法概要》，《中国民族自救运动之最后觉悟》，第242～243页。）相对左倾的知识分子虽然承认"愚贫弱私"的现状，但却强调了要去"探讨起'愚穷弱私'的社会经济基础"。[钱磊：《定县的试验运动能解决中国农村问题吗？》，《益世报》（天津）1934年5月19日，第3张第11版《农村周刊》第12期。]

是他反抗一切合乎科学的设备吗？"①同样在定县工作过的傅葆琛更感觉到，"我们一谈到乡村的人，便觉得他们是一种不同的人，不能与城市的人相提并论的"，"我们"自然是"以城市的人自称的'我们'"。②这些为"乡村的人"所做的辩护有某种政治正确的意味，但其中体现出的城乡对立也非常尖锐。

更重要的是，这种比较不仅存在于城乡之间，还有着"城市的人"背后一整套现代的世界观念。不少乡村工作者均批评农民科学观念的缺乏。王拱璧即认为农民都是"不识不知，自生自灭"的："副业与正业的如何调剂，时间与资金的如何利用，生产与消费的如何合作，以及其他的新技术新组织，尤其谈不到了。"③秦国献在考察了法国农村以后感叹，"中国乡村之衰落不振，实因居乡村者，愚蠢庸碌之人太多"，但实际上"农业为极繁复之事业，绝非庸人所可尝试"。欧洲本来也是小农制，与中国相似，现在却能转变为"变为大农"，"原因即在能应用科学原理"。④改变中国的小农制，是当时不少人设想的中国农村发展方向。而秦国献的关注不在于土地制度而着眼于"应用科学原理"，也别有一番思虑。

当时的"乡村中心团"也关注于识字问题，但其对于识字的用途与观感与上述几位恰恰相反。他们感到，农民"写信要请测字先生，看条要请村塾老师，凡是用文字的事，件件都要请叫［教］他人"，这样的现象表明"确是十分需要文字"。否则农民则是"钞票不敢收受；广告不会阅读；因不懂记账，而致一家经济入不敷出；因不识字，而处处受愚，事事上当"。因此，"在我们中国乡村里，不识字的民众的旧观念，对于识字有学问的人，终是另眼相看，起敬羡之心"。应该利用民众

---

① 周美玉：《乡村卫生状况的介绍》，《大公报》1932年11月2日，第2张第8版，《医学周刊》第163期。

② 傅葆琛：《乡村社会人才问题的研究》，《大公报》1933年6月24日，第3张第11版，《社会问题》第10期。

③ 王拱璧：《中国农村的病状》，《河南中山大学农科季刊》第1卷第2期，1930年6月，第8页。

④ 秦国献：《观察巴黎附近农村情况以后》，《教育与民众》第1卷第7号，1930年2月，该文第2～7页。

的这种心理开办中心团，"让他们因敬羡学问的心理，而自然地来受教"。① 认为农家需要记账以免入不敷出可能有些夸大了文字的用途，但"敬羡学问的心理"恐怕比功能主义的理解更适合乡村社会。

尤其在农村调查的过程中，这种知识上的差异体现得最为明显。当时尚在立法院统计处工作的黄应昌就感觉到"农民以知识之缺乏，终日浑浑噩噩，或作或息，其对一切问题向无统计之观念"。因此如果"执途人而询其每年日常开支"，"鲜有不瞠目不能置一辞者"。② 张稼夫去调查山西中部"一般的农家生活"时也感到，"中国人之所谓'马马虎虎'的精神，着实是高出一筹"。他在农村调查收支情况时发现，即使农民肯"诚心诚意地要告诉你"，"他们也是绝对答不出一个比较正确点的数字来"。"究竟每亩什么农作计需工人若干？肥料若干？他们是不知道的。至于要是问到他们的衣物油盐酱醋米面等实际消费的数字时，那就是苦死了他们也是答不出来的。"③

而这样一种"愚贫弱私"的形象，又自觉不自觉地被放大到了整个农村乃至中国基层社会。乡村中的卫生状况常常令"投身于乡间"的人留下"深刻的印象"，认为："农民的苦家庭，恐怕是久住城市的人们所梦想不到的！"不仅房屋中的光线与通风皆不合"卫生"，周美玉还发现"屋里住的生物也怕是城市人所不易猜到的"，即"牛马驴也是常和人同寝一室"。周美玉认为，"在这种环境之下我们能希望不伤眼吗！我们能希望夏天没有苍蝇吗！"甚至"死于肠胃病，例如痢疾、伤寒、霍乱等症的人数能少吗"？④ 这种现代卫生的缺乏成为农村形象中的一个重要方面。在黄尊生的描述中，整个中国乡村都是一片"芜秽不治"的景象。"没有所谓道路，没有所谓建筑，没有所谓公共设备，没有所谓公共卫生，到处都是鸡犬猪牛，到处都

---

① 徐旭：《乡村中心团的理论和实施》，《教育与民众》第 2 卷第 6 期，1931 年 2 月，该文第 4 页。

② 黄应昌：《调查经验谈》，《统计月报》第 1 卷第 4 期，1929 年 6 月，第 71 页。

③ 稼夫：《山西中部一般的农家生活》，《益世报》（天津）1935 年 7 月 13 日，第 3 张第 11 版，《农村周刊》第 71 期。

④ 周美玉：《乡村卫生状况的介绍》，《大公报》1932 年 11 月 2 日，第 2 张第 8 版，《医学周刊》第 163 期。

是鸡粪狗粪猪粪垃圾泥土。"他特别注意到，农民的住屋都是"土墙败瓦，圭窦筚门，污秽而不通风，湫隘而昏黑"，尤其"厅堂寝室，厨房厕所，牛栏鸡栅，往往混而一之"，其中甚至还有"在欧美虽犬马亦不能居"的"草棚茅舍"，"虽繁华如天津上海，一出郭外，便有此种茅草的窟穴"。

对于黄尊生而言，"芜秽不治"不仅是中国农村的基本面貌，甚至也代表了那个远远落后于"欧美文明国家"的中国。在他的眼中，"欧美文明国家"的乡村都有着"干净的街道，整齐的房屋，利便的交通，每隔若干里，有洁净的市场，有邮政局、电报局，有学校，有会堂，有汽车、电车，有电灯、电话、自来水，或者还有种种电机，可利用电力来耕田，来灌溉，更加以种种人工，使到乡村有绝好的天然美景，成为都市人民的避暑公园"。而中国即使都市也不过"几百年前中世纪时代的都市"，"其污秽，其黑暗，其鄙陋，其荒凉，实在与乡村无多分别"。①他所描述的"芜秽"的农村几乎成为那尚处于"几百年前中世纪时代"的中国的代表，其中所蕴含的时空观念颇堪玩味。农村生活的种种弊端，一方面体现出新的社会生活标准，另一方面又被警惕为整个社会乃至中华民族的问题，使得此时的城乡差异有了更广泛的意义。

1925 年，胡适在为张慰慈《市政制度》作序时，谓"在过去的历史上看来，我们可以说，我们这个民族实在很少组织大城市的能力"。而所以造成"我们的大城市的市政上的失败"，在胡适看来，"有一个根本的原因，就是我们虽住在城市里，至今还不曾脱离农村生活的习惯"："农村生活的习惯是自由的、放任的、散漫的、消极的；城市生活所需要的新习惯是干涉的政治、严肃的纪律、系统的组织、积极的做事。"这两种生活有着根本的差别，因此，"我们若不彻底明白乡间生活的习惯是不适宜于现代的城市生活的，我们若不能彻底抛弃乡下人与乡村绅士的习惯，中国决不会有良好的市政"。②"一盘散沙"本是近代以来对于中国社会的习见描述，胡适则将当时中国缺乏市政的根本原因归结为"农村生活的习惯"，最可看出其心中城乡与新旧、中外之间的象征性意义。同样在美国接受教育的冯锐也认为"农村

---

① 本段及上段引文见黄尊生：《中国问题之综合的研究》，第 91～92 页。

② 胡适：《〈市政制度〉序》（1925 年 8 月 9 日），《胡适全集》第 3 卷，第 843～845 页。

社会最大之问题，即为农村互相隔离，不能常常聚集"，这造成了"社会组织与精神，非常散慢"。他同时指出，这样"离群索居"的农村生活会养成"守旧""团体观念薄弱""不合作""不奉公守法""偏见""不整洁""空泛""麻木不仁""互相讥诮""无领袖"等缺点。① 虽然冯锐并没有特别强调"城市"的一面，但与胡适的观察相类似，冯锐也将近代以来对于中国社会的批判归结于农村的生活方式。

农村生活的这一特点还体现在了对政治的态度上，而这种态度同样被放大为整个中国的特色。王士荣认为中国人由于一直受到"'不在其位，不谋其政'的传统思想熏陶"，"自来都是少问政治"。"尤其是文化落后、智识低下和具保守性的农民"，他们除了"天天劳苦"和"对县官纳粮"，其他事情都是"让'在其政者'包办去"。"他们那〔哪〕里晓得他们自己是民国的主人，那〔哪〕里知道什么民权不民权。"即使有痛苦也只是"迷信'天爷'能够替他解除"，"他们那〔哪〕里知道自己觉悟起来可以谋他的幸福"。② 与之类似，梁漱溟在实施"村政"的山西看到的也是农民并不热心参加村政，甚至也许并不愿意参加。他并对杨开道表示，"这不是山西农民的缺点，实在是中国全国人民的缺点"。③

因此，王士勉甚至认为，"土地国有"并不能解决农村中的问题，因为"生产不过是农民的生活的一部分"，而人民"积着几千年遗传下来的私德"，"对于公共社会，多不知其重要"。"中国有多大，他们不知道；中国是有大总统，大总统是谁，差不多都答复不出来。"这样的人民好像"一盘散沙"，无法表现"社会的力量"；"虽有丰富的生产，未必就能团结人民"。他尤其分析了农村生活中的"散"，认为"散乃是乡村社会的一种特征"，因为农业生产都是"各人每日往各人的田里工作"，结果"除了家庭以外，很少团体生活，如公共娱乐、教育、道路等公共事业，差不多没有"。这样的农村生活"太觉散漫，没有团结的精神，没有合作的力量"，农民也就不能有"良好的组织，如合作社等，以增加工作的效能，提高生活的标

---

① 冯锐：《乡村社会心理之分析》，《社会学界》第 2 卷，1928 年 6 月，第 210～212 页。

② 王士荣：《从解除农民痛苦说到村治运动（续）》，《大公报》1929 年 5 月 2 日，第 4 张第 14 版。

③ 杨开道：《中国农村自治的现状》，《农学杂志》第 5～6 合号，特刊第 3 种，1928 年 12 月，第 3、15～21 页。

准，及保障利益的安全"，导致其"获利愈薄"，"进取心愈弱"，甚至"放弃本业去营他业"。"这样一来，小则影响于一乡或一县，大则影响于一省或全国了。"①

如前文所述，与"新村"和"农国"对于乡村整体、虚悬的想象不同，这批意在概述社会实况的作品既试图运用较为科学的调查统计资料，但其涉及的又并非具体的个案研究，而更偏于整体化的概述，甚至着力发现乡村生活的特异之处。更有人以外来者的角度，观察到了乡村生活中那特殊的意趣。在邹平，有人注意到各村中"民众放纸鸢的颇多"。"放纸鸢者翘首静望，乐趣似纯在欣赏纸鸢的飞展悠扬状态，一种怡然自得神态，甚难绘画。"他感叹于"中国农村尽管日趋破产，农夫还是这样的过着一种优游的生活"，认为"这恐非极端唯物论者所能解释罢"。②在江苏也能看到"农人三五成群，且歌且作，煞是有劲"。③在广西，当地农民虽然"住则破屋一椽，衣则鹑衣百结"，但似乎仍然"安之若素"，"且男子仍多负手闲行者"。④这样一种生活情态恐怕也是外来的观察者所难以理解的。

因此，乡村固有的时间观念，在都市生活的比较之下呈现了某种特异性。乡村的时间相对缓慢，在当时已为人注意。山东的农村市集通常要隔五天才有一次，杨庆堃认为这是因为"在都市中职业种类纷杂，需求繁复不一，各种人物活动的时间也不一样"，因此有各种市集的存在；反而在乡村，"人口职业成分，都一律的是农业，各人的生活程序和需要都是大同少异，同时乡间需要简单，故可以共同在一定时间内赶集"。⑤在讨论乡村报纸时，也有人批评，现在的报纸"都是一模一样的采用都市报的日刊的方式"，但这些报纸"因为实际环境的限制"，都只能三份、五份一起的送到读者手里；尤其"因为乡下人整日劳碌没有大量的时间去读报，结果形成篇幅的浪费"。这位作者主张，要"适应乡村的实在情形"，根据"乡村镇的集期

① 王士勉：《乡村教育的研究》，《农学杂志》第5～6合号，特刊第3种，1928年12月，第62、81～83页。

② 徐锡龄：《邹平乡村建设研究院印象记》，《教育与民众》第5卷第6期，1934年2月，合订本第1136页。

③ 《调查日记》，行政院农村复兴委员会编：《江苏省农村调查》，第65页。

④ 行政院农村复兴委员会编：《广西省农村调查》，第103页。

⑤ 杨庆堃：《一个农村市集调查的尝试》，《大公报》1933年7月8日，第3张第11版，《社会问题》第11期。

以每三日一集为多"的情况，发行三日刊，"按'集'达到读者的手里"。这种三日刊"在时间性上，新闻的报道比较的慢些"，但日刊其实也是要等过集时才能到达读者手里的，而且"农民对时间感觉的比较都市迟钝些"。[①]

这一时期的中国本经历着内外局势的重要改变，这一过程又伴随着对于农村甚至农业的重新认识，使得传统的农村形象也发生了微妙的改变。长期以来的上下之隔使得农村成为一个需要重新进入的特定领域，而知识分子在进入农村时，又带来了一整套现代社会的文化标准与科学观念。作为定县人，同时又去美国吃过"洋面包"的燕树棠就对于平教会所宣传的"愚贫弱私"四大病症非常不满。他认为定县作为晚清以来的模范县，在生产和教育上本来就有很大的成绩，"平教领袖们"所谓的"除文盲，作新民""救愚""救穷""救弱""救私"等等口号，简直就类似"外国的牧师到中国来传教，把中国人看作可怜虫，前来拯救"，但是"即使他们怀抱着真正大慈大悲的善心，中国人也不愿自居可怜虫"。[②]

稍后梁漱溟即曾反思，乡村建设运动"走上了一个站在政府一边来改造农民，而不是站在农民一边来改造政府的道路"，"譬如定县从贫、愚、弱、私四大病，而有所谓四大教育；很显然地贫、愚、弱、私是在农民身上，我们要用教育改造他。这怎能合而为一呢？"这样，被改造的农民和要去改造的"我们"将不得不"与农民处于对立的地位"。[③]费孝通更尝试从文化人类学的角度对类似的说法加以反思。他注意到"不少提倡乡村工作的朋友们，把愚和病贫联结起来去作为中国乡村的症候"，但这一认识不无可议。他认为所谓"愚贫弱私"等问题，都只是以城市的标准看待乡村社会的结果。他甚至提出，"乡土社会中的文盲，并非出于乡下人的'愚'，而是由于乡土社会的本质"，在这种社会没有改变的情况下，"开几个乡村学

---

① 康健：《论乡村报纸——提供一个具体办法》，《益世报》（天津）1937 年 7 月 1 日，第 3 张第 11 版，《报学半月刊》第 4 期。

② 燕树棠：《平教会与定县》，《独立评论》第 74 期，1933 年 10 月 29 日，第 7 页。

③ 梁漱溟：《乡村建设理论》（1937 年），《梁漱溟全集》第 2 卷，第 582 页。

校和使乡下人多识几个字，也许并不能使乡下人'聪明'起来"。[①]

五、对于农业的重新理解

如前所述，五四前后开始关于农业文明与工业文明的讨论，逐渐成为中西文化论战的支流。这一差异的呈现，显然受到了唯物史观对于社会生产方式的强调，同时也引起了部分论者对于农业状况的认识。虽然从当时的讨论来看，时人对于中国农业状况的认识，尚存在较大的差异（这在一定程度上也形成了社会调查与社会经济研究的要求），但不少论者均意识到了现代化与工业化的强烈联系。与这种发展理论相应的是一些农学研究者开始提出人口压力与边际效应对于农业生产的限制，试图以更科学，并且采取了规模化生产经营的现代农业，来解决农业生产本身可能遇到的问题。这一思路与经济学界对于农业经济的认识相应，至今仍然为研究者注意。

在此前对于以农立国的讨论中，一个重要的前提即农业尚可立国。事实上，杜亚泉在五四运动前一年就注意比较了德国农田产量与中国的差别。当时传言中对于中国农业状况评价尚佳，认为"中国农民，用力甚勤，故农产亦丰。即使改用西洋新法，其农利亦不能大增"。但杜亚泉在读农学书时即发现"德国近年应用人造肥料，产额日增"。江苏上等稻田的收获量较之德国约差 3/8，"可知我国农田之利，尚有未尽"。但他也提出，"农产之增，不仅赖于方法之改良，资本亦为重要之原素"。投入肥料所需要的资本亦需要加以考虑，尤其是化肥价格日高，投入资本也必将与之俱增。"而全国交通机关，既未普及，农产之输出良难。出产增加，价值或反因而低落。"因此，如果采用新法，农业产量固然会增加，"而农利之增进，能

---

① 费孝通：《乡土中国》（1948 年），《费孝通文集》第 5 卷，第 321～327 页。事实上，在大约同时期美国学界对于苏俄的观察中，农民的落后性也成为一个重要的批判因素，以至于忽视了苏俄在工业化过程中付出的巨大代价。参见 David C. Engerman, "Modernization from the Other Shore: American Observers and the Costs of Soviet Economic Development," *The American Historical Review*, Vol. 105, No. 2（Apr., 2000）, pp. 383-416.

有几何，殊未可必"。①从此后乡村建设中推行化肥的成果来看，杜亚泉的考虑实不为无见。此后他更认为："用学理以增多出产，借机械而节省人工，惟土地有限劳力缺乏之国乃为适合。中国荒地尚多，劳力过剩，目前要务，宜先调剂人地，使土地无旷废之患，人力有致用之途，然后徐图革新，方收美满之效果。"否则，"东南人稠之地，益将无工可作，亦易发生动乱"。②

在民国初年"道出自西"的风气之中，来自外人的观察也加深着社会对于农业的重视。1921年秋，随中国教育调查团来华的美国农学专家白德斐（K. L. Butterfield），在进行了六个月的调查之后，发表了《改进中国农业与农业教育意见书》，对于中国农村的租佃制度、荒地开辟、组织合作等问题均提出意见，并强调"中国之经济及社会之发达，大半须仰仗于乡村经济，及乡村社会之发达"。③这一篇意见书引起社会各界的广泛注意。在1922年在中华教育改进社、中华事业教育社和中华农学会发起的全国农业讨论会上即提出："吾国托业于农，约计当逾三万万人以上。奈无农业新智识，徒泥守成法，一切种植畜牧之事，有退化无进化，致所入不敷事畜。"这不仅关系到业农者的生活，对于"全国实业之振兴""全国各种事业之发达"，均有重要影响。"一国之内，凡百待兴，其尤大彰明较著者，如国家税所出，则教育有费，行政有费，海陆军有费；地方税所出，则省与县之教育有费，警察有费，市政有费。顾田赋实居国税额之半，地方税直接取于农者，占百分之八十以上者。若不为农民谋幸福，驯至收量日绌，则影响于税源甚大，而公家所赖以进行之事，遂致无从发展。"如果再不切实改进农业，"惟目睹农业之衰败，有江河日下之势，以病农而病工、病商，直至于病国，设非合全国之力急起直追，则社会国家之经济愈趋穷蹙，永无活动与发展之希望"。④

① 伦父：《中国农田收获量与德国之比较》，《东方杂志》第15卷第3号，1918年3月，第11～12页。稍后中国科学社的过探先虽然对其中的错误有所指陈（见《论农田之收获》，《东方杂志》第15卷第6号，1918年6月），但其重点在于国家农业经济，而从使用化肥需要增加投入这一点来看，杜亚泉所担心的也正是不少农家日后并不积极于使用化肥的原因。

② 杜亚泉：《中国兴业之先决问题》（1919年5月），《中国近代思想家文集·杜亚泉卷》，第497页。

③ 《傅焕光文集》，第542～549页。

④ 《发起全国农业讨论会宣言》，《民国日报》1922年6月1—2日，第2张第7版。

陈宰均则提出要将朴陋的、劳力的、自给的"中古之农业"革命为科学的、资本的和企业的"近代之农业",其中即特别注意到,"吾国人口之增加,非常迅速;新垦之田极有限。而原有耕地,又必依报酬渐减之法则(Law of Diminishing Returns),不能因劳力资本之加多,而增获同比例之生产。是故现今国内所产衣食原料,已有不足供给本国消费之现象"。陈宰均认为:"吾国每农户所耕之地,平均约三十亩,所行为小农制。小农制之利益,在减少租田而耕之佃户,而增多耘己耕之田之小地主。"因此,实现农业革命需要"由政府强迫收买个人主有面积过大之田地,分贷诸无田之小农",再由农民自动组织生产合作社,实现机器化和规模化的经营。他还特别批评:"古云重农,已成纸上空言。政府既不提倡,人民又不推重。清时曾设农学堂、试验场等,此不过为粉饰新政而已,非真有意提倡农业也。民国以来,执政者方弄兵敛财、争权夺利之不暇,又何遑顾及农事。国中优秀之士,有愤中国政治之不良,工商业之窳陋,社会之堕落,文学之陈腐,而倡导政治工商业,暨社会文学诸革命者矣。惟农业上则受外国之刺激较少,于是即所谓优秀之士,亦多漠视之。"提倡对于农业生产改良的研究。[1]吴觉农也认为:"我国农民,生活简单,经营方法还是因袭着几千年以来的古法,与近世科学,差不多还不曾接触着。所以现在应该注意的,在撤换古代式的农业,而易以近世科学的农业。"[2]

稍后,在对于章士钊"以农立国"说的意见之中,陈宰均还提出:"吾国农民之所以岁入微而生计艰者,耕田面积过小,不足以事经济之生产,实为最重要之原因。不讲科学方法,不习经济原理,仅为副因。"因此,要谈"农化","一为减少农民之数目,一为垦拓边陲之荒地";"否则吾国业已农矣,更何必叨叨论农化?"然而,要解决农民数量减少造成的大量失业人口,"惟有工化"。"欲减少农民之人数,以期农化之实现,舍广立工厂,多雇佣工外,实无他术。……欲图利用剩余之农产,提高人民之生活,则又非工化不为功。"虽然其结论在于"吾国非工化无以农化,非农化无以工化。吾国宜农化,亦宜工化",但其中工业生产与集中经营的

---

① 陈宰均:《中国农业革命论》,《东方杂志》第18卷第24号,1921年12月25日,第17~26页。

② 吴觉农:《中国的农民问题》,《东方杂志》第19卷第16号,1922年8月25日,第3页。

意义，显然极为重要。① 这与陈宰均对于农业的理解有关。在他看来，"农业中所必需的自然富源——日光、大气和土壤都是社会共有的，而不是专属于农人一己的"，因此农人实际上是"社会委托他来开发共通富源的"。农人既要对此有所自觉，社会也要对其"尽力辅助"，甚至予以"监察纠正"，只有这样才是"农化"。② 但这样的"农化"与《击壤歌》代表的传统中国可以说相去甚远了。

除了生产方式，对于中国农业状况的评价也在改变。近代以来中国粮食逐渐转为进口，这一现象被认为是农业衰落的重要标志。尤其经过民国初年的内战，以农立国的能力正在逐渐减退。到北伐前即有人提出，在一般人固有印象中，中国"工业物品，虽不足自给，而农业物品，固不待他求"。但"近年以来，农业凋敝"，尤其"一读海关贸易册"，便可以为之证明，"足令吾人丧魂失魄，莫知所措"。此文作者认为，中国农业不振的原因在于"土地不改良""种植不进步""荒野不开辟"，直接的原因则是战事的影响。因此中国为"保存以农立国之资格"计，也必须着手"改良土地，变易种植，开辟荒野"。③ 到北伐战争时期，《大公报》更有社论认为，"中国本是农业国。近年来因为种种原因，粮食不能自给，吃饭都靠外国输入"。此外，因为"战事延长，交通破坏，捐税繁苛"，中国的"出产减少"。如"江浙本是丝业最盛的地方"，但在目前这个"养蚕季节"却正在发生战事，"这宗出口收入，当然要大大减色"。因此进口增多，出口减少，"两头受损"。"若是对于工业农业没有积极的增长生产效率的办法"，将来中国将"只见有工潮农潮，不见有工业农业"；"国民生计，更不堪问，恐怕弄到大家常吃外国食粮，打中国仗，那才更不成话了"。④

外国人对此时中国农业生产的产量评价也不乐观。1931 年英国人汤烈来到上海，此后有著作专门讨论中国的农业劳动。其中便认为中国的农业虽然不无领先西方的时候，但却不思改进。在欧洲使用木器时就以铁器耕地，但直到欧洲开始使用

---

① 陈宰均：《工化与农化》，《甲寅周刊》第 1 卷第 29 号，1926 年 1 月 30 日，第 11 ～ 12 页。

② 陈宰均：《农化解》，《现代评论》第 3 卷第 68 期，1926 年 3 月 27 日，第 7 ～ 9 页。

③ 社评，《注意来年民食之大恐慌》，《大公报》1926 年 12 月 20 日，第 1 版。

④ 社评，《杞忧》，《大公报》1927 年 3 月 14 日，第 1 版。

钢制工具时，中国的农民还使用着同样的铁器。中国农民虽然将这种经济社会组织发展到了很高的程度，但却无意于改进。[1]董时进评论此书时即感觉到，虽然其对中国农业"有赞有否"，但总评价仍"似倾向于否之一面"。汤烈认为中国的农业生产由于"耕种方法不良"，不仅人均产量较低，每亩地的产量亦低，并有中国生产量与各国生产量的比较。对此，董时进认为首先不可忽视中国的生产统计"绝难认为正确"，且"产量之少"有诸多原因，"不能尽归罪于农法之窳劣"。"北部各省常苦旱灾，收获较少"，且由于人口压力，"劣等地多已开垦"。若将这些自然条件不够好的地区拿来平均，是无法用于"断定耕种方法之优劣"的。"若单以江浙诸省与外国比较，其情形必不相同。"尤其从习惯上来说，"农民报告产量，喜少报而不愿多报"，这种情况也足以降低统计的产量。不过董时进承认，这绝非说"中国农法精良"，因为虽然产量未必低，"但人力之耗费则未免太大"，即"在劳力之使用上为精细，然在器具及科学发明之利用上则为不精细"。汤烈认为，中国农业"以西方标准绳之，于人力为过多，于资本为过少"，董时进对此表示"信服"，基本也承认中国农业存在着生产不足。[2]

此外，作为一门学科的农业知识也影响到了时人对于农村的理解。如前所述，除了直接指导社会调查的进行，社会科学的流行还带来了社会学、经济学等现代科学的模型甚至标准。在此影响之下，农村的生活方式、农家的经营模式等等内容都被归入各自的学科标准，北伐前的"以农立国"论也逐渐变化。董时进曾经赞赏"农业国之社会，安定太平，鲜受经济变迁之影响，无所谓失业，亦无所谓罢工"，不太会导致"贫富悬殊之弊"[3]，几年之后其观点已经有所改变。在《理想的东亚大农国》一文中，董时进仍然提倡农国论，但其提倡的农业却与前述"鲜受经济变迁之影响"的农业有了明显差异。他批评，"中国农业之仅有的优点是农民的耐劳，耕耘周到"，但"数千年传下来的农业仍是自足经济的农业。这种农业无利可获，只能供一家人糊口"。其理想的农业样式则是"获利的农业，即是生产量要多、能率

---

①　R. H. Tawney, *Land and Labour in China*, London: G. Allen & Unwin, 1932, p.11.

②　董时进：《汤烈论中国农业及农民问题》，《大公报》1933年6月2日，第3张第11版，《科学周刊》第14期。

③　董时进：《论中国不宜工业化》，《申报》，1923年10月25日，第3版。

要大，所生产之物不必全供自用，可以一部或全部当货物售出"。因此，"我们现在的问题，是如何能把中国的农业，由仅供糊口的家庭生产事业，改为有利的生产事业，把我们的农民，改为实业家"。①

以今日经济学的眼光视之，董时进所提倡"获利的农业"已经带有了市场化、商品化的特征，他也承认"现今农业与工商业，立于同一的经济原理上，有利则人趋之，无利则人舍之"。②因此，对于农工关系问题，董时进改变了自己稍早的主张，认为"是农业国，并非一定不是工业国……农业国之所以为农业国，是因为它的农业发达，不是因为它的工业不发达"；自己主张建设理想的农国，也是出于农学的本分，"不含有反抗或抑制工业的意思"。同时，董时进的农国也并非自给自足式的封闭国家。对于"近年来输入工艺品甚多"的状况，他认为不能一味抵制外货，"只要我们有东西输出交换，效果也是一样"。国家若是出于"塞漏卮"的目的，禁止农产品出口，"不啻以人为的方法压迫农业，减少农产的销路与价值，而抑制其生产。请问农业何以能振兴？"

特别需要注意的是，在这样的理想之下，董时进对于中国农村的现状也有着极为不同的理解。为了论证"中国农业至今还未脱自足经济的状态"，董时进批评，"农民所生产的东西，除供自己糊口而外，所余无几"，不仅农民生活贫困，"别的货品没有东西可以去兑换进来"，"他们对于城市的人民，亦不能有多大的贡献"。这恐怕就是信口一说了。因为这不仅否认了农民的租税，更不啻认为城市食粮完全来自进口，而非来自当时的中国农村，也与这一时期屡次出现的"谷贱伤农"相矛盾。究其原因，正在于其理想的农国需要以"获利"为目的。董时进亦自觉到这一目的与中国传统农村生活的差异，导致了这样的"有为之言"。

较之董时进提倡的"获利的农业"，吴景超更认为中国农业必须采取美国式的农场制度。在对比中国与美国农民的生活状况及农场大小差异之后，吴景超感到，美国农民的家庭设置，"不但中国的农民办不起，就是中国的上流阶级，也没有多

---

① 此段及下两段引文见董时进：《理想的东亚大农国》，《东方杂志》第24卷第11号，1927年6月10日，第1～3页。

② 叶世昌在《近代中国经济思想史》（上海：上海财经大学出版社，2017年，下册，第352页）中已经注意到了董时进的这一转变，认为其是受到美国农学的影响。

少能与美国的农民比拟的"。而导致这种差异的重要原因，即在于两国农民农场大小的差异。"所以中国人的农场，如不设法扩大，那么别的地方，无论如何改良，中国农民的生活程度，也不能加增许多。"吴景超因此提出，"我国的农民，如想步美国农民的后尘，享受他们那种愉快的生活，非扩大农场利用机器以生产不可"。在此基础上还要辅之以"生育制裁"，中国农民的生活程度才有提高的可能。①

这里提及的生育制裁，正是马尔萨斯（Thomas Malthus）对于人口压力与农业边际效应的理解。竺可桢在 1926 年即注意到，江浙两省已经出现了人口过密的问题。但他同时也提出，在人口问题上不能专注意于人口密度，而须考察该地的"人口饱和点"。比如，"山东、直隶人口密度小于江浙，而两省之过剩人口反多于江浙，凡移民殖边，或招揽工人，取资于直鲁者多于江浙，即其明证。即以江浙而论，淮河流域与浙江上游，人口较疏，而殷富反不及苏常嘉湖一带"。竺可桢提出，一个地方人口的饱和点由以下因素决定："（一）能供给食物地亩之多寡，（二）每亩之生产量，（三）工业化之程度，（四）生活程度之高下。"江浙两省人口远高于全国平均水平，同时又能保持富庶，即缘于此。"上海、无锡、南通固已工业化，即杭嘉湖苏常之蚕桑为业者，亦可谓之工业化，以其能以人工制造品销行于外，取良好之代价，以购饮食起居之必需品也。是故苏常杭湖之所以向称富庶者，实以其工业化之程度甲于全国也。"

但马寅初同时也提出："江浙两省之人民如欲达到人人均享欧西之生活程度，江苏之农田必须增加五倍，而浙江之农田必须增加十倍而后可。江浙虽不乏荒地，然农田之不能增进如许倍，则可断言。如以江苏而论，苟农田增进五倍，则农田之面积，将超出江苏全省之面积两倍有余。是故江浙两省，依现在之人口密度，苟不振兴工商业超轶欧美，则欲提高生活程度至欧西各国之平面，实为难能之事也。"甚至随着人口的增加，不但不能保持现在的生活，"大多数人均将过一种柯克司所谓'种马铃薯吃马铃薯和死去'的生活"。"江浙两省，富庶甲于我国尚如此，则他

---

① 吴景超：《中国农民的生活程度与农场》（1930 年 10 月），《第四种国家的出路》，北京：商务印书馆，2010 年，据 1937 年版排印，第 18 ～ 23 页。

省更可知。"①

这一理论在现代中国思想界产生的影响不可谓不小。正因为马尔萨斯人口论的广泛影响，甚至长期从事职业教育的陶行知也开始提出人口控制的重要性。在陶行知看来，由于土地数量的有限，"这享有三十亩地的自耕农的命运是跟着他的孩子跑"；如果"大家仍旧抱着多福多寿多男子的迷信，闭起眼睛来生孩子"，不必考虑天灾人祸、帝国主义，"中国的农村便是这样的崩溃"。陶行知不仅依据该社及华洋义赈会等机构的调查资料，说明了工业的发展及其所能吸收的工人数目，远不及人口增长的数量，更根据各国的土地统计资料，强调了人口问题的世界性，提出"少生主义是世界各国惟一的出路"。②这一理论带有强烈的马尔萨斯人口论色彩，当时即已有人表示反对。③而陶行知从提倡职业教育、乡村教育到将农村问题归结于"教人少生孩子"，新式社会科学的影响显而易见。

这一时期不少农学家也试图以农业商品化作为中国农业改良的途径。虽然此时部分学者对"农业生产商品化"理解不一，有人承认农业生产已经或即将走上商品化的道路，也有人将农业商品化作为与现实相去尚远但足可期待的远景，但无论其具体的观点如何，对于这一问题的重视，均体现出此时农业经济学家对于生产领域的关注。而其所讨论的生产，也与传统农家的劳作有着一定程度的错位，乃至对于此时的农业生产状况，出现了"完全商品化"与"几乎无贡献于都市"两种截然不同的理解。④

杨开道曾对当时各种"现代农村社会"有如下评论："中国农村不用说了，没

① 竺可桢：《论江浙两省人口之密度》，《东方杂志》第23卷第1号，1926年1月10日，第107～111页。

② 陶行知：《中华民族之出路与中国教育之出路》（1931年9月），《陶行知全集》第2卷，第491～525页。

③ 参见子钵：《陶知行主义是中国教育的出路吗？》，《大公报》1934年10月29日—11月26日，第3张第11版，《明日之教育》。

④ 参见恰亚诺夫：《农民经济组织》，第8～9、28～29页。萨林斯曾以经济人类学的角度考察部落经济与现代经济生活的差别，即将资本主义生产方式及对其的理解视为一种特定的文化，其思路也可以参考（见《石器时代经济学》，第97～100页）。

有一个有现代的意味，完全是中古的遗风。就是日本的农村，俄国的农村，也只能接受一部的现代思想、现代文明，而仍然保守住不少的旧日陈迹。推此而上，意大利的农村，还是多么保守，法国的农村，德国的农村，也还脱不了历史的束缚、习俗的束缚。"在杨开道看来，这些国家的农村社会都不足为中国效法。"比较的说起来，那几个新兴国家，像美国、加拿大、澳洲联邦习俗势力还小一点，现代色彩还浓一点。英国为工商业先进国，亦为农业先进国，土地革命虽然还没终结，农业革命久已完成，所以现代空气自然也浓厚一点。"或许有些令人意外的是，杨开道所最为推许的实际上是丹麦："丹麦为世界农业王国，农业改进已经登峰造极，完全运用现代科学；土地主权也有九成以上，落到农民自身；而农村整个生活，也表现一种新的气象，活的气象，成为现代农村社会最好标本。"[1]可以看到，在杨开道看来，真正的"现代农村社会"不仅需要科学，还需要在平均地权的基础上建立新型的社会生活。这样一种来自世界各国经验、实现了工业化和土地改革的新农村，正是不少从事乡村建设人士的热望。[2]他们所向往和想象的，也已经不再是传统的乡村。

简言之，这一时期对于农业经济的新认识，与近代中国在新潮冲击之下造成的学术、思想转变有密切的关系。不仅唯物史观所论及的社会发展阶段理论，使得农业与社会文化的发展有所关联，马尔萨斯人口论及其所注意到的报酬递减规律，也已经引起不少对于农业经济发展的悲观看法。这些理论在农民运动的刺激之下，激起了更多的注意和讨论，最终形成了对于中国社会性质的整体观念。此后费孝通曾经专门区别了社会学的实地研究与"现在中国社会科学'问题式'的方法"，即"在我们的立场上看来，是没有所谓'人口问题''家庭问题'"；"我们的

---

① 杨开道：《现代农村社会鸟瞰》，《教育与民众》第 6 卷第 3 期，1934 年 11 月，合订本第 501 页。

② 必须承认的是，这种既试图通过农村生活保存传统，同时又积极向往工业化的情绪在许多第三世界国家均有所表现。参见德斯福瑟丝、莱维斯克编：《第三世界的社会主义》，复旦大学国际政治系译，北京：商务印书馆，1983 年，序言以及关于坦桑尼亚的第九章。

责任并不能解决问题而是在叙述事实"。[①] 从学术发展的角度来看，费孝通的这一区别固然重要，但同时亦可注意到，自晚清以来的社会调查，一直就有着"叙述事实"和"解决问题"的双重意图。在此基础之上，思想界对于农村的重新理解，综合了社会科学的各种新知，既构建了一个新的农村形象，更使得"农村问题"逐渐成为一个重要话题。

---

① 费孝通：《伦市寄言》（1937 年 3 月），《费孝通文集》第 1 卷，第 405 ～ 406 页。

第七章 "农村问题"的形成与普及

> 吾人单觇冀南数县调查报告,实已不胜
> 文明衰亡之痛,盖冀南在全国中犹为较完好无
> 事之区,而其穷且乱如此,人民失教如此,社
> 会风俗之蒙昧退步如此,……吾人敢大声疾呼
> 于政治家实业家学者等之前曰,中国文明在那
> 里?主义政策在那里?
>
> 张季鸾,1930

大约在"科学与人生观"论战的影响之下,周谷城提出:"人类生活,是否就只是一些问题。"他说,"乡下的农人,……日出而作,日入而息;耕田而食,凿井而饮;倘得丰收,各人养活一家人,他们固然不知道生活上有些什么问题",由此可见,人类生活中总有些"不成问题"的时候。[①] 这一问题尚需要经过论证才能承认,最可以体现民国时期那在在皆是问题的时代风气,而乡村生活与这种时代风气的疏离亦可见一斑。这里提到的"问题",不必是前述农民运动中所讨论的阶级矛盾与社会革命,但也是一种对于社会状况的负面观感。在这种"问题意识"之中,

---

① 周谷城:《生活系统》,上海:商务印书馆,1928年,第1~2页,收入《民国丛书》第1编第3册,上海:上海书店,1989年。

农村形象也随之发生着改变。

因此，在 20 世纪 20 年代的后半期，农民运动中关于"农民破产"的讨论更广泛地扩展为"农村问题"，甚至"农村破产"。同时，这一认识在 1929—1933 年之间的形成和普及，又呼应着这个国内国际局势动荡的时代。就国内局势而言，此时国民政府在形式上实行了全国的统一，似乎即将进入一个充满希望的建设时期，然而，现实却又不容乐观：甫一进入 1930 年代即有中原大战的爆发，和平的期待因此打破。1931 年长江下游的水灾灾情惨重，尤其这次水灾发生在向称富庶的江南地区，引起了时人极大关注。就国际局势而言，1931 年九一八事变的发生，更加重了这种天灾人祸的印象，"破产"之说在国中上下无不行。

更重要的是，此一时期正是首次世界性经济危机发生的时间。虽然中国经济当时尚未完全进入资本主义世界经济体系中，其独特的银本位金融体制却在这场经济危机中经历了严重的冲击。白银既是国际贸易商品，同时也是中国货币制度的本位货币。按照日本学者城山智子的看法，由于银价相对金本位货币的严重下降，中国在大萧条的最初两年反而经历了一定程度的繁荣。然而，1931 年日本、美国等国家放弃金本位之后，国际银价抬高，"中国只能眼睁睁地看着净白银外流和商品价格下跌"。尤其到 1934 年美国通过《白银收购法案》之后，"中国陷入了严重的通货紧缩之中，而此时世界其他地方的经济却在复苏"。[1]

正是在这样一种观念变化与外部危机的合力作用之下，那基本已经负面化的农村逐渐被认作国家问题。[2] 当社会基层意义上的"农村破产"与全国性的经济危机联系起来之后，农村经济在新兴的民族工业和金融市场中的作用也逐渐引起了时人的重视。同时，越来越集中于城市中的读书人在这样的内忧外患中，也试图重新回到农村来解决自己的出路问题。以后见之明观之，当时的农村经济区域研究极为集

---

①　参见城山智子：《大萧条时期的中国：市场、国家与世界经济（1929—1937）》，孟凡礼、尚国敏译，南京：江苏人民出版社，2010 年，第 4～5 页。关于这次大萧条对于农村的影响，城山智子在一个小节中恰当地将其总结为："农村的崩溃：一个城市问题"，见该书第 113～114 页。

②　不少经济学家和人类学家已经注意到观念和情绪对于社会经济的影响，类似的影响直到 20 世纪末年都持续地发生着。参见罗伯特·J. 希勒：《非理性繁荣》（第二版），李心丹、陈莹、夏乐译，北京：中国人民大学出版社，2008 年，第五章。

中，这些个别农村中出现的问题却被放大为全国农村甚至全国的问题。"都市眼光"所凸显出来的农村也就成了一个需要全国力量去救济的场所。

一、背景："破产"的中国

北伐以后，国民政府在形式上完成统一，与之相应国家建设也逐渐提上日程。但在这样一种希望之中，自民国成立以来的不断失望感却持续存在。这种失望是长期以来"今不如昔"的老生常谈，同时也是西潮冲击之下中国"失其固步"的感叹。不少人感到，整个社会的"民穷财尽"愈演愈烈，以至于形成了全国上下、各个方面的全面"破产"。这种失望的情绪，成为"农村问题"的形成过程中那不可忽视的时代气候。

1928 年《大公报》的一篇社评即提出，"今日何日乎？曰北伐已成功之时也"，但北伐成功却并不代表革命的成功。因为"革命之功，以破坏始，以建设终"。此前既为"革命破坏之期"，"今日以后，为革命建设之期"，要求从裁兵开始建设事业。[①] 裁兵是北洋时期就开始的常见主张，但此时社论强调的，却是国民政府带来了一个与"破坏之期"不同的"建设之期"，裁兵正是建设的前奏。这一时期不仅是名目不同，也要从"做破坏的工夫"，"另换一套把戏"。因此"破坏时代，浪漫空疏的人，或者还可用得"，而"到了建设时代，便非脚踏实地，有真主见、真本领"，否则"断断解决不了实际问题"。[②] 这样一个"建设时代"不仅应该解决实际问题，同时也"已超过'应当办'之时代，而入于'如何办'之时代"，因此"不贵有概念的宣传而贵有具体之规划，不贵有任事之热心而贵有办事之效率"。[③] 从这一系列对于"破坏时代"到"建设时代"过渡的解说中，可以看到时人对其充满的热望。

---

① 社评，《全国商民速发起裁兵协会》，《大公报》1928 年 6 月 26 日，第 1 版。

② 社评，《严防腐化》，《大公报》1928 年 7 月 7 日，第 1 版。

③ 社评，《兵工政策与河北治河问题》，《大公报》1928 年 7 月 21 日，第 1 版。

　　同时，孙中山在《建国大纲》所规划的军政—训政—宪政国家建设程序，也让时人看到了跳出治乱循环的现代政治色彩。张慰慈在回顾了各国革命的历史之后就认为，孙中山的这种规划"确是防止守旧与激烈两派得势的一种方法"。只要按照《建国大纲》去做，"我们或者能于最短期限内进入宪政时期，制定将来的根本法律"。张慰慈并期待民国历史"从此以后一帆风顺，早早由军政变为训政时代，再由训政变为宪政时代"，尤其提出要"于最短时期内制定我们国民想望了十七年的根本宪法，使政治走上正轨"，并且"使一切情形恢复常态，使全国人民能安安稳稳的过日子"。①

　　不过，虽然蒋介石在当年10月即宣布结束军政进入训政，但建设的希望很快就被内战的阴云所打破。不仅进入和平建设成为空言，与军政时代相比，训政时代似乎也并不令人满意。有人即感到，近年来的"革命潮流"带来的多为口号、标语，其实"愈事革命，去革命之本而愈远；愈言建设，而破坏愈凶"。不仅事实上的建设屈指可数，连旧有的铁路通车都不能保证。② 1930年代重新讨论宪政问题时回望，北洋时代似乎也令人有今昔之感。季廉即尖锐地提出："中国民智是否较十二年前进步，交通是否较十二年前发达，政风是否较十二年前良善，应当加以研究。"而他自己看到的情况则是，"近年学校风潮之多，停顿之多，远过十二年以前，交通情形不但十二年前的状态不能维持，并且日愈破坏"，以致"十二年前，简直成了黄金时代"。他甚至讽刺，此时"政治修养，破坏法纪，贿赂公行，更非十二年前所能梦想"，在这样的环境中实行民主宪政，"一定要演比十二年前还要丑的滑稽剧"。③

　　此时正在进行国民政府是否应该早日结束训政，实行宪政的讨论。季廉此文固然属于"悲观的论调"④，然而这种悲观在一定程度上为当时的读书人分享。蒋明谦也感觉到，在面对西方文化入侵的问题上，"以前反应虽不澈［彻］底，然而努

①　张慰慈：《革命》，《东方杂志》第25卷第18号，1928年9月25日，第11～13页。

②　芸：《夸大狂》，《大公报》1930年3月24日，第2张第7版。

③　季廉：《宪政能救中国？》，《国闻周报》第9卷第18期，1932年5月9日，该文第4页。

④　参见胡适：《宪政问题》，《独立评论》第1号，1932年5月22日，第5～7页。

力的精神还可佩，现在这种精神也销沉了"。以前还想"自强雪耻"，后来却养成了
"依附外人的心理"。蒋明谦特别批评，"兵战失败了简直就不谈国防，商战失败了
简直就不谈交通实业"，甚至"三十年来已不想练兵向外，二十年来已不建筑铁路
了"，可谓每下愈况。①

　　类似的情绪与看法当然不能穿凿读之，这样的观察也直接与今日经济史的叙述
相悖。今天，南京国民政府建立以来的十年被部分学者视为"黄金十年"，但这十
年同时也是充满政争和战乱的十年。尤其在希望与失望交织的心态中，时人对整个
社会的观感似乎远没有后世的学者那样好。不少人都感觉到整个社会处于"民穷财
尽"的地步，甚至这种"民穷财尽"也不知伊于胡底。在这样一种观察之中，时人
看到的不是"黄金十年"，而是整个社会生活在各个方面的"破产"。

　　"民穷财尽"这样的话自晚清便开始出现。薛福成就有过"民穷财尽，有岌岌
不可终日之势"的观感。②进入民国以后，孙中山仍然感觉"中国此刻是民穷财尽"，
一般人"谋生无路"，因此要继续革命。③值得注意的是，到北伐胜利、建设时期开
始之后，这样的观感仍然存在于时人的印象之中。天津《大公报》的记者就评论，
虽然"'民穷财尽'，为数十年来论政之口头禅"，"然实犹未穷未尽，或虽穷虽尽而
犹未达极点也"，今日则"完全做到矣"。记者有鉴于当日"荷枪之士，乃亦到无食
无衣"，匪盗"逼命索财"也不过要求"烧饼三枚"的状况，认为"则为良民之更不
能生活，又可反证矣"。记者因此感叹，"长此以往，惟有率全国为乞丐耳。吾故曰
今日乃完全做到'民穷财尽'矣"。④北伐后的北方社会本对于时局不够乐观，而当
时身在上海的邹韬奋也感到，"全国百分之八十的国民，以劳工过活的国民"，都还
"住处如猪栏，苦工如牛马"，过着"非人"的生活；同时"一般有志服务的青年"

① 蒋明谦：《西方文化的侵入与中国的反应》，《独立评论》第22号，1932年10月16
日，第18～20页。
② 转引自李侃：《五四运动以前五十年间中国知识分子所经历的道路》，见《中国近代史
散论》，北京：人民出版社，1982年，第86页。
③ 孙中山：《在陆军军官学校开学典礼的演说》（1924年6月16日），《孙中山全集》第
10卷，北京：中华书局，1986年，第292页。
④ 社评，《民穷财尽》，《大公报》1927年12月27日，第1版。

在毕业之后却找不到一个"唻饭地"。不过，邹韬奋认为，"现在军阀倒了，南北统一了，我国便须积极建设，准备实力"，因为统一局面而看到"一线曙光"。[①]

1930年的《盛京时报》首版"论说"栏，更认为"近世以来，社会之不安与危险，无如今日之甚者"。该文作者以"京津沪汉粤五大都会"为代表，认为这五个"中国富力之集中地"中，北京已"如破产巨室，萧索欲绝"，天津租界也是房产跌价，住户日减。"平津为华北最大都会，而其穷苦如此，可知华北已无富都会，更无富地方。"武汉与广州则是"数年之间，几经兵事，愁苦之甚，不问可知"。上海虽然为"举国所羡慕者"，"然上海繁华，实只表面。……出口商无土货可卖，入口商有磅价可赔。丝茶各帮，一落千丈。华商纱业，奄奄图存"。在盘点了这五大都会的状况之后，"夫都会既然，内地可知。"作者更讽刺道，如此惨状，"望清末如唐虞，民元如三代，即民十五六以前，亦如汉唐盛治之不可得"。[②]因为特定的原因，此时《盛京时报》对于国民政府的评价一直都相当负面，此不待论，但这里提及的社会感受，与上文"民穷财尽"的印象，却是相似并且持续的。

类似的印象到了1930年代不仅没有停止，反而因为内外交困，愈演愈烈。腾霞在1932年又说"中国今日确至民穷财尽"。不过此时，他注意到的是"全国食粮几尽仰给外人"，同时"内地十八省无地无灾"，以致四万万人口中"半数有被赈之资格"。此外，"国民经济，中央地方财政，均濒破产"。腾霞尤其感到，虽然全国形式上实现了统一，"国民政府号令之不出都门，俨同民国十三四年时之北京政府"，"而历年政府发行公债之多，公私财政枯竭之甚，国民经济破产之巨，远过北京政府时代。"他因此感到"中国社会革命，为期殆将不远"。[③]此后刘大鹏在日记里也写道，"'民穷财尽'四个字，自民国十九年阎锡山由河南被蒋中正战败而归"开始便提出，但四年以来，"民穷财尽年甚一年"。到现在甚至是"到处民穷已不聊生"："经济荒芜不见现洋及乎铜圆，市面所周行者皆是纸票，然纸票亦形缺乏"。刘大鹏并感叹"时局若斯，焉得不生意外之变故乎。言念及此，不禁悚然恐惧予言

① 心水（邹韬奋）：《民穷财尽中的一线曙光》，《生活》第3卷第36期，1928年7月22日，第3卷合订本，第408～409页。

② 《全国惨状》，《盛京时报》1930年1月28日，第1版，"论说"。

③ 腾霞：《民穷财尽之前途》，《国闻周报》第9卷第5期，1932年1月25日，该文第1页。

之中也"。①

　　在这样一种持续"民穷财尽"之中，"否极泰来"的希望似乎一直没有出现。因此，1920、1930年代，各种"破产"已经在社会的各个领域被观察到。杨荫杭在1923年的时候就感受到了"有政府破产，有人格破产，有代议政治破产，而孰知更有所谓'教育破产'者"。②稍后则不仅有"教育破产"之说，乃至还有"生活破产""学术破产""国家破产"。③到1932年，章元善甚至说，中国就是一个"灾国"，"西方人提起中国，立刻就要联想到匪祸天灾二事"。④这样一个"全面破产""遍地是灾"的国家成为时人理解和讨论社会问题时的基调。卢逮曾更认为"中国社会现在正处在总崩溃的环境里，人们多是穷奢极颓的只图享乐"。"什么国难严重、农村破产、共党得势，在坐在剧院里欣赏旧剧的人们脑子里是不成问题的。"⑤农村破产也只是整个"总崩溃"的中国社会中的一环。

　　特别值得注意的是，此时对于社会问题的理解，又呈现出进一步整体化的趋势。傅斯年在1932年即认为中国经历着"有史以来的最大危机"：内部是"文化的崩溃，社会的分裂"；外部则是"若干倍危险于一九一四年的局面"。在他看来，"中国现在政治没有有力而稳定的重心，国民经济整个分崩，而技术程度不及世界潮流者数百年。"⑥稍后他颇具争议的"教育崩溃"说，也延续了这样的观感。然而，傅斯年并非仅仅警醒教育界，更希望唤起国人看到"中国现在正在全部社会的总崩溃状态中积极进行，教育不过是一事"，教育的崩溃也"不能不看做这是中国社会整个崩溃的状态中之一面，而与其他面分不开"。⑦这种"总崩溃"的认识，甚至弥散到了更广泛的领域。1935年，后来的东方学家顾立雅（Herrlee G. Creel）在中国旅行时即惊讶于西部僻远山区的小道士预见了世界大战的到来，因为此时的英国人

　　①　刘大鹏：《退想斋日记》（民国二十三年四月初六），第482～483页。
　　②　杨荫杭：《教育破产（一）》（1923年2月3日），《老圃遗文集》，第711页。
　　③　《确定学生会之组织及其法律关系》（1928年），转引自蔡元培：《关于青年运动的提案》，《蔡元培全集》（第5卷），第266页。
　　④　章元善：《国难中的救灾问题》，《独立评论》第12号，1932年8月7日，第15页。
　　⑤　卢逮曾：《改革旧戏问题》，《独立评论》第14号，1932年8月21日，第11～12页。
　　⑥　孟真：《中国现在要有政府》，《独立评论》第5号，1932年6月19日，第6页。
　　⑦　孟真：《教育崩溃的原因》，《独立评论》第9号，1932年7月17日，第2页。

仅仅将希特勒看成一个笑话。① 然而这种"天下大乱"的说法，恐怕只是将几成套话的"崩溃"推而广之，并不出奇。

稍后曾有日本学者认为"这次中国农业恐慌是从一九二九年开始的"；但其主要契机，却"并不是中国社会内部所酝酿而成，而是受着世界市场影响而促成的"。因此中国的农业恐慌，"可说是一般的世界农业恐慌的一支脉"。② 然而，这一观察仍是在经济学的考量之中。如果从上述从民国前期就已经开始，且愈发全面、负面的社会认知与情绪，再来看时人对于农村问题的讨论，恐怕会有不同的观感。

1929 年经济危机尚未开始的时候，《大公报》的一篇社评即认为"中国今日之大患在民困"。在天灾人祸的影响下，"惟都会可住人，乡间大抵不能安居"；"中上流人家勉强生活，下级农民则不能生活"；甚至估算当时的中国只有"四分之一之居城及较富有者"可以"勉强谋生而已"。③ 王拱璧则注意到在当时，"中国农民的生活状况，就一般人囫囵的传说，像'民不聊生''十室九空''哀鸿遍野''老弱转于沟壑，壮者散之四方'等词句，要算是最通行了"。④ 虽然王拱璧也承认"最近又最精确的统计"尚未见到，只是"就一般人囫囵的传说"，农村已经是整个"破产"的社会里那更加等而下之的部分，可以说是时人相对共同的感受。

二、视角：上海眼中的农村破产

梁漱溟在总结自己的乡村建设理论时曾经谈到，"救济乡村的呼声，不发于乡

① Supplementary notes by Herrlee G. Creel, Ping-ti Ho & Tang Tsou eds., *China in Crisis Vol.1, China's Heritage and the Communist Political System*, Chicago: the University of Chicago, 1968, p.69.

② 盐谷统一：《中国农业恐慌现阶段的分析》，张渤译，《益世报》（天津）1937 年 2 月 4 日，第 1 张第 3 版。

③ 社评，《中国今日之大患在民困》，《大公报》1929 年 7 月 27 日，第 1 张第 2 版。

④ 王拱璧：《中国农村的病状》，《河南中山大学农科季刊》第 1 卷第 2 期，1930 年 6 月，第 1 页。

村而发于都市"。他注意到乡村出现问题，是由上海金融界"最先感觉到问题而着急说话"的，其次则是教育家，政府还在其次，且常常"有心无力"。"倒是身在局中的乡下人，苦痛也苦痛惯了；有苦痛也不会说，……所以正有待于启发。"[①] 到了晚年，梁漱溟则用新的话语回忆了其从事的乡村建设工作。他说，自己作为"一个在都市生长的人"之所以想去搞乡村运动，除了自己的"主观认识"，还有"客观原因"即农村破产。而农村破产这一社会经济的大变化，是由银行业最先感觉到的，尤其是"在中国银行民国21年或22年的年度报告"出来之后。[②]

梁漱溟这里提及的是张公权主持之下的中国银行自1931年开始公布的年度报告。到了第二年，报告更说本年度不仅"遭民国以来未曾见之国难"，还有一个重大问题，"其影响不亚于国难，即所谓农村之衰落也。"报告分析说，农民因为生产衰落，收入减少，而日用必需"仍须求之于市"，乡间富户又多迁至城市，"不再投资田亩"，"结果农村对于市镇，市镇对于都市，都市对于通商大口，均立于入超地位，现金纷纷流出"。[③] 报告还特别提及此时农民遭受的"金融窘困"："中等农家之储蓄，不逾一二十元，其下者竟至求一元之现金而不可得。"这样，占人口总数百分之八十的农民"尚何购买力之可言"，不仅国货销路因此受到影响，"不自然繁荣之上海，恐亦不能长保其繁荣"。最后，报告声称："国民经济之病态，既如是其严重，财政政治将无一不受其波荡，恐非全国上下有绝大觉悟，无以挽此危机。"[④]

这份报告出台之后，上海不少报纸均有所报道评论，可谓轰动一时。《时事新报》"得快先睹"，感到其论断虽然"或未逾于国人平时之观感"，"然真凭实据所在，应更知病根之既深、问题之严重，非努力求挽救，绝无假借时会，自然消弭之理"，尤其希望国民以节俭为先。[⑤] 《新闻报》也感到，在此"世界空前不景气"之

① 梁漱溟：《乡村建设理论》（1937年），《梁漱溟全集》第2卷，第478～479页。

② 梁漱溟：《我从事的乡村工作的简略回顾》（1984年口述记录），《梁漱溟全集》第7卷，第564页。

③ 《中国银行民国二十一年度营业报告书（上）》，《银行周报》第17卷第13期，1933年4月11日，第15～27页。

④ 《中国银行民国二十一年度营业报告书（下）》，《银行周报》第17卷第14期，1933年4月18日，第31～32页。

⑤ 社评，《国民经济之检视》，《时事新报》（上海），1933年4月8日，第1张第2版。

际，"所恃以最后挣扎者，唯旧有农村之基础，与多数刻苦之劳农耳"，因此需要"亟图农村之救济，以预防社会病态之发生"。[1] 另有《晨报》《新中华杂志》等，虽然认为这份报告书未及国民经济问题的"病根"（即帝国主义在华势力问题），但均承认其中提及的农业衰退问题值得注意。[2]

正如《时事新报》所说，事实上此前不少人已经谈到了农村问题的严峻，该报告所论"或未逾国人平时之观感"，然而作为日本庆应义塾经济学的高才生，张公权从国民经济全局给出的解读，或许有些令人耳目一新的地方。在 1932 年的一次讲演中，张公权就谈到，"最近一年来最特殊的现象，就是内地现货陆续集中通商口岸，尤其是集中上海"。这种状况固然是因为内地的不稳定，使得"稍有财产的人家，由乡而镇，由镇而城，由城而市"，都把钱"存在都市的银行"。与之同时，内地不仅要向上海、天津、香港等地购入"洋货"，甚至"最切要的必需品，如煤油，香烟甚至米、面，亦须向上海购买"。这种钱的集中造成了上海一地的"入超"。张公权要求人们注意，"上海一埠，去年入超要五万五千万两，差不多就是全国的入超"。因此可以说"全国内地对于上海，当然都是入超"，结果国内资金现货偏聚通商口岸，只有进口贸易资金而无生产资金。[3]

张公权用"入超"这样一种为近代国人所熟知并且敏感的术语来解释此时城乡之间的金融关系，既提示出问题的严峻性，也显示出城乡之间存在的巨大隔阂，不啻今日俗语所谓"不是一国的"。此后他更以"内地与上海"作为比较，认为"目前内地情形的不景气，上海的产业界和金融界亦将有随之衰落的危机"，必须通过"送钱、送人才"救济内地。"关键便在于我们上海人的目光是否能即刻注意到内地去！"[4]

---

① 天放：《读中行年报后》，《新闻报》（上海）1933 年 4 月 11 日，第 4 版，"社论"。

② 参见《各界对于本行二十一年度报告之评论》，《中行生活》第 13 期，1933 年 5 月 15 日，其中还收入并翻译了《字林西报》《大陆报》等报道。

③ 张公权：《中国经济目前之病态及今后之治疗》，《银行周报》第 16 卷第 36 号，1932 年 9 月 20 日，第 3～4 页。

④ 张公权：《内地与上海》，《银行周报》第 18 卷第 14 期，1934 年 4 月 17 日，第 13～15 页。

　　然而，与其说是农村问题，不如说张公权及其主持的中国银行所注意到的"上海入超"更引起时人的注意。马寅初既看到农村破产引起的"经济凋敝"，但他更关注的则是乡间地方的盗匪横行。这不仅使得"稍有资产的富农，……搬到租界去"，内地的资本因此完全流入了租界银行；而银行在吸收了农村来的资本之后，"因为工商业不发达而不能放款，怕盗匪抢掠的危险，又不肯投资到乡间去"，只能从事投机事业，"结果中国经济中心的上海，只成了一个投机市场"。① 当时一位农科学生也观察到，"农村内的资金，因资本家的榨取，商品的侵入，日向都市集中，而且极难回流"。因此，上海金融界的"游资堆积"非常明显。"金融界无法利用，只好买卖地皮，翻造洋房，以及干不正当的投机交易"，但农村经济却是"窘迫万分，而形成贫血的状态"。②

　　因此梁漱溟后来才解释，1930年以后因为"全国农业生产力大被破坏，乡村购买力随以降低，国际贸易出口进口相牵的急剧减退"，足见农业的状况"影响百业，牵动全国"。但他也意识到，"最先感觉到问题而着急说话的，实是上海金融界"。因为"上海为全国经济总枢，而金融机关又像分布在全国的神经网系"，因此可以"对于全国经济从农业这一根本点而动摇崩溃的线索关系，知之最清"；又因为"其本身的利害甚切，所以前途的可怕看得最明"。③农村资金向城市的流失，同时也是整个内地向着上海的金融流失。它不仅造成了农村经济的"贫血"，更重要的是作为"中国经济中心的上海"，也因为只能从事投机活动而日益衰落。到了晚年他则补充道，"原来中国出口靠农村（农产品），进口也是为农村（农村需要的煤油等）"，因此30年代的"农村破产"使得"国内社会经济有了大变化"，这也是"乡村运动在国内开展普遍的一个原因"。④

　　作为后来乡村建设运动可能是最著名的提倡者，对于乡村运动开展的原因，梁

　　①　《马寅初谈复兴农村新途径》，《大公报》1933年8月31日，第2张第6版。
　　②　秦翊：《江苏省农业金融机关概观》，《国立浙江大学农学院农村社会研究会讲演集》第1辑，出版者不详，1933年，第166页。
　　③　梁漱溟：《乡村建设理论》（1937年3月），《梁漱溟全集》第2卷，第478页。
　　④　梁漱溟：《我从事的乡村工作的简略回顾》（1984年口述），《梁漱溟全集》第7卷，第564页。

漱溟的解说基本上承袭了张公权等人的思路，并带有典型的现代经济学色彩。从某种意义上来说，银行界所首先感受到的"农村破产"，正是以上海为代表的"都市"在感觉到自身的不便时，回头审视的结果。而常常被视为代表了传统乡村，甚至传统文化的梁漱溟及其乡村建设运动，也未尝不是站在都市的一边。他晚年特别说明自己"生长于大城市北京"，"并不是在农村破产刺激之下从事这一运动"，实在是一个诚恳且别有深意的自述，不宜轻轻放过。

还需要注意到，前述"上海眼光"不仅体现在金融领域，在更为直观的流通领域，也有着相当程度的写实。上海商业储蓄银行曾经就米的运销做了调查：

> 上海需要米，如果向外洋采购，早上发电论价，下午就可回电成交，第二次装货，三礼拜后即可在上海交货。其间水脚，包括运费、保险费、关税，及其他杂费，每担自仰光起运，不过五角二分五厘；自盘谷起运，不过五角一分六厘；自西贡起运，不过四角五分一厘。要是向内地产米最丰富的湖南去采购，发电到长沙，不一定有存米，还得向衡阳、湘乡、常德等处去收集，运到长沙至少要五天。由长沙到汉口，春夏水涨，需时四天，秋冬水浅，需时七天。汉口到上海，用轮船五天，用帆船十天。总计湘米到上海，需时十三天到二十二天。其间水脚，仅以运费一项而论，长沙到汉口每担须三角六分四厘，汉口到上海，每担须五角八分八厘，两共九角五分二厘。内地到长沙的水脚尚不在内。[①]

以上海为中心的商业体系，对于农产品已经提出了不同的要求。与"外洋"比较，内地农村的运输不便已经成为一个显著的问题。此后民族资本家穆藕初在农复会上也提出"内地运输不便及运费过昂"造成的问题。他注意到，即使那些"交通便利""铁道四达"的省份，也因为苛捐杂税造成运费高昂，致使"内地鸡蛋虽廉，而蛋厂仍不易得廉价之原料"，"甚至内地农产品运至上海，其运费高昂，超过由美

---

① 转引自符致逵：《从中国农产商品化谈到中国农民应有之觉悟》，《大公报》（天津）1937年5月5日，第3张第11版，《经济周刊》第216期。

国芝加哥运至上海之数"。结果一方面是各通商大埠需要"购入大宗外国农产品",另一方面则是内地农产品反而无法销售。①

穆藕初本来已有建厂经验,他虽未举出具体数字,其中言及的"大宗农产品"也提示出对于这些民族资本家而言,农业生产已经有了不同的意义和要求。当乡村中的居民仅仅步行到附近的集镇出售自家的鸡蛋时,上海以及"通商大埠"中的工厂考虑的却是如何获得"大宗"而"廉价之原料"。无论是"内地"还是"农村",其与上海以及以上海为代表的现代工商业世界的距离,都相当遥远,甚至比"外洋",或者"芝加哥"还要远。

需要注意到的是,这种"上海眼光"不仅出现在工商业的考量中,也成为影响时人日常生活感受的一个重要视角。一位燕京大学毕业、力行"到民间去"的学生所居住的城镇,距北平160里,距天津180里。这样一个"按地势说在交通上应当很方便的"村镇,在她看来却"很不方便":因为"普通几十里地内的行程"只能"坐大车或骡车",富有的人家则可坐"轿车"(指坐轿)。但即使如此,一天最快也"只能走上90里路",完全无法和汽车比较。"若是拿汽车的速度与之比较,那么轿车要用一天所走的路,汽车只要一小时就能走完了。"②另一位在都市求学的青年在回乡之际也感叹,"科学的神力,不过几个钟点的时间,便把我带到本乡的城市车站",但要"从这车站走到我家乡的镇上",却是需要用"一辆推着的小车子","足足走了三个钟点"。作者还写道,"其实这件事在三年前也是司空见惯",现在却"觉得它实在迟钝",因为它"比不上汽车,比不上火车,连人力车也比不上啊"。③

因此,当现代的工商业者从商品流通的角度感到内地不若外洋之近的时候,形成(常常也停留)于都市的知识分子,也在汽车、火车、人力车等现代交通工具之中看到了乡镇的僻远与"不便"。这一状况甚至为当时在华的天主教神父雷鸣远所感知。他批评说,现在的青年甚至已经不愿意步行七十里,"我们前代上代的祖宗

---

① 穆湘玥:《复兴农村提议四项》,《农村复兴委员会会报》第1号,1933年6月,第58页。

② 潘玉梅:《一个村镇的农妇》,《社会学界》第6卷,1932年6月,第267～268页。

③ 刘焕林:《家乡(上)》,《大公报》1933年6月7日,第3张第12版,《小公园》第2871号。

绝不以七十里为忧"。作为一名 24 岁来华、7 年前刚加入中国国籍的传教士，雷鸣远在讲演中提及的祖宗，既富于策略，又令人深思。雷鸣远还进一步讽刺说现代学校都提倡运动，结果学生们反而"把腿运动没了"，"这乃是新教育的残废"。① 这一讽刺也不无道理。正是由于新教育集中在城市，惯于城市生活的知识青年已经不再习惯乡村的交通状况。

以"上海"为代表，来自都市的这些观察，既体现出此时少数"通都大邑"与内地交通状况的巨大差异，又因为对这种差异的敏感，有意无意间采用"执其两端"的方式，在论说中不无夸张地将两者并立起来。如有人感到"欧美不景气之狂潮，近年竟致打入中国西北部乡僻之牧畜社会"，因为西北皮毛贸易多赖出口，一旦"出口杜绝"，"虽穷乡僻邑，有受其害者"，并因此感叹"今日国民物质精神，两种生活，无不全部卷入世界潮流之中，为历史上任何人物所未尝经验。"②

三、扩散："社会问题"中的农村

梁漱溟在其乡村建设理论中，曾经特别总结了各种外部力量对于乡村的破坏：

> 频年兵祸匪祸是破坏乡村、偏迫着人离开乡村散荡在外觅食的；数十年来与此乡村社会全不切合的西式学校教育，是专门诱致乡村人于都市、提高他的欲望而毁灭他的能力、流为高等乞丐的；轮船火车的交通，新式工商业的兴起，都市文明的模仿，皆是诱致人离开乡村而卒之失其简易安稳的生涯的。更其有间接而致之于此的普通形势，则自欧人东侵以来，一面以他们对我之侵略，一面以我们对他之模仿，经济上、政治上、教育上，内外两重一致的朝着

---

① 雷鸣远讲演：《救济农村与青年的出路（下）》，《益世报》（天津）1934 年 5 月 4 日，第 1 张第 3 版。

② 社评，《如何渡此空前国难？》，《大公报》1932 年 7 月 16 日，第 1 张第 2 版。

侵渔乡村摧抑农业的方向而猛进，乡村乃日就枯落凋敝。[①]

按照梁漱溟的说法，数十年来各种势力同时从事着"乡村破坏"，这必须以"乡村建设"来挽救。然而，梁漱溟的表述也暗示着乡村与乡村以外的都市、政府、世界的全面对立。他后来更总结说"中国近百年史即一部乡村破坏史"，其所谓"中国近百年史"，既包括了后来常说的帝国主义侵略，也包括了"一切维新革命民族自救"的行为。[②]梁漱溟这里是希望突出城乡关系在中国近代社会问题中的重要意义，但也体现出，他所关注的乡村集中承载着中国社会变迁的种种负面后果，因此其乡村建设也是一种整体社会建设的规划。

梁漱溟的乡村建设理论在 30 年代风靡一时，而即使在此之前，农村作为中国社会负面问题的整体呈现这一想法，也为不同的知识分子所感知。郑廷泰在 1929 年对福建营前模范村的调查中就认为，虽然"这一个农村的农民生活，不能够代表整个中国农民的需求"，但在现实中国，这个"由'封建社会'推到半殖民地中国特有的畸形发展的目前错综社会，与最近的将来所谓'不可知道'的社会"，营前村可以作为其"唯一的'模特儿'"。"模特儿"固然是在说其典型性，但具体来看，它所反映的却都是负面的内容："人口向城市的密集，生活指数的日高，工资——自然是指一切农民在货币形态上的收入——比例地低落，金融资本的超过从前一切地主的势力，政治的腐败，土匪盗贼的蜂起，整个建立于农村业封建社会的伦理的崩坏……"总之，"受帝国主义者，无敌的武器——商品——所轰坏的中国农民的一切一切"，都可以在营前村"得到整个无缺的凭据，或已和'化石'似的遗迹"。[③]虽然使用的术语判然有别，其与梁漱溟所观察到的现象却有相似之处。

事实上，无论是此时已经为人所习言的帝国主义侵略，还是梁漱溟认为内外兼具的破坏，都是在说中国现代转型中所面临的负面后果。这种检讨伴随着中国现代

---

① 梁漱溟：《山东乡村建设研究院设立旨趣及办法概要》，《中国民族自救运动之最后觉悟》，第 239～240 页。

② 梁漱溟：《乡村建设理论》(1937 年)，《梁漱溟全集》第 2 卷，第 150～151 页。

③ 郑廷泰：《福建营前模范农村农民生活概况》，《农学杂志》第 5、6 合号、特刊第 3 号，1929 年 12 月，第 200 页。

化的进程，此时更体现在城乡差别之中。1927年虎疫（虎列拉疫，即霍乱）流行时即有人指出，中国本为"文明旧族"，"亦自有其普及的卫生思想，虽现代各国，无以加其右"。"中国最普通习惯，曰不饮生水，曰不食生冷腐败，曰眠时防受风"，就是"虽穷乡僻壤，莫不熟知"的常识。如果能切实照此行之，霍乱未必能有如此之烈。作者尤其转而批评，现时社会"工商增盛，而教育不讲，人口集中，而市政不兴"。城市也不过"徒具辉煌外表，实则藏污纳垢。无量恒河沙数之病菌，日杂于十丈红尘中"，以致疫病流行，可见"中国人民之失教久矣"。① 到1932年虎疫再次出现，又有人认为虎疫的猖獗是一种"又可痛，又可耻"的现象。因为中国"本有防疫之道"，只要能"不吃生冷、腐败，不饮生水"，"就不怕染疫"。但"中国现在既不能学西洋的公共卫生，又不能普遍励行固有的简单防疫方法"，导致现在"各地成千成百的人染疫丧命"，"这是旧文化丧失新文化未兴的暴露，岂但痛心，并且可耻"。②

正因为如此，原本集中在社会经济领域的"农村破产"，也被赋予了文化的含义，具有了更广泛的社会教化含义。1934年江南大旱时，《大公报》的记者即感叹"这一两月以来，号称文化中心的江浙，顿时倒退了半世纪"。在旱灾面前"所有现代的观念，都失了权威，只见到处求神、乞雨、设坛打醮、抬龙王"，甚至还出现了"农民自溺求雨之悲剧"。记者感叹，"假若报上去掉现时的外患新闻，党政消息，单看关于旱灾的记载，人们一定感觉又回到科学未兴闭关自娱的十八九世纪之中国！"这种"冥顽固陋的复活"，在记者看来，"表现出中国农民经济危到万分"，也表现了"一般农民，对政治悲观怨愤，到了无可复加的地步"。记者进一步指出，"中国今日最危急问题，不是外患，不是赤化，就是这农民破产问题！"③ 当时杨振声也注意到"最近江南旱灾，农民只知求神打醮，抬龙王，断屠宰，甚至投身龙潭"。这种"为迷信而作悲壮之牺牲"只能说明"中国兴办学校已三十余年，农民未

---

① 《论公众防疫》，《大公报》1927年9月2日，第1版，社评。

② 《虎疫》，《大公报》1932年7月12日，第1张第4版，短评。罗志田曾在对于读书人的自我反省中感到"当年的城乡对立在一定程度上也是中外之争的内化"，参见《近代读书人的思想世界与治学取向》，第202～204页。

③ 《哀农民》，《大公报》1934年7月22日，第1张第2版，社评。

受教育如故，未能利用丝毫科学知识如故"。^①晚清以来新式教育的失败，直接导致了农民经济的危机与日常生活困难，亦可见长期以来教化观念的影响。

传统的防疫之道逐渐废弛未必即与城市的兴起有关，但在《大公报》的记者看来，新兴城市中的乱象正体现出旧有文化的丧失。1930年11月，在读过记者在冀南地区旅行报告之后，《大公报》主笔张季鸾感到"不胜文明衰亡之痛"。他感叹于冀南地区本应为"历史开化最早"的小康之区，读来却"仿佛已到世外之蛮乡，或恍如置身上古之乱世"："冀南非战地，非灾区"，这些"中原文明之民"，却"群迷信归依于所谓红枪会、白枪会、黄沙会、黑枪会、绿枪会……"。但对此张季鸾也提出，"吾侪万勿笑此辈同胞之愚也"。因为农民的"迷信神权"，"乃出于不得已及无聊赖，非其果愚也"，是近年政况使得"民不能保其生"。他因此感叹："冀南在全国中，犹为较好无事之区，而其穷且乱如此，人民失教如此，社会风俗之蒙昧退步如此"，实在令人"不胜文明衰亡之痛"；"吾人敢大声疾呼于政治家、实业家、学者等之前曰，中国文明在哪里？主义政策在哪里？"张季鸾此文虽然是时评，与梁漱溟较为持续的思考未必直接相关，但以近代史为一部破坏史的感受却是相当接近的。更重要的是，本为"历史开化最早的冀南"，在此时仿若化外之地，对此张季鸾直接将传统的文野关系化为了城乡关系，痛切提出：

> 凡都会居住之有支配权者，反躬自省，对同胞大众，曾扶助否？曾教导否？让一步，曾不加剥削摧残否？且政治上社会上之浪费，对于生产者之农民生活，影响若何？……再退一步自省，都会人之思想行动，生活样式，其去同胞大众者若何之远，对于改革及建设之努力若何之微……^②

《大公报》此前的河北各县考察，明言是要"亲历农村"，"调查河北各县民生疾苦"，"俾当局作为改善农村社会之考证"。^③其中最引起张季鸾注意的，实际上是

① 杨振声：《救济农村破产与现行教育》，《大公报》1934年7月29日，第1张第2版。
② 本段及下段，见《中国文明在那里？》，《大公报》1930年11月2日，第1张第2版，社评；收入张季鸾：《季鸾文存》（一），天津：大公报馆，1946年，第5～7页。
③ 《河北旅行第一信 由静海到石庄》，《大公报》1930年10月25日，第1张第4版。

其中所说的"冀南社会现已变成一武侠小说式之局面",指地方不安、迷信流行。①
这些直接与政治、教化相关的问题,都被张季鸾视为"都会人"的责任。这不仅包
括那些对于民众加以"剥削摧残"的军匪(这是旅行通信的记者描述的重点),更涉
及读书人的"自省"。或因为如此,因为旅行通信而引出的这篇报道,开头即检讨
说:"中国政治,为都会政治。一切主义政策,皆都会之主义政策,而政治家、实
业家、学者等,所经营、擘画、研究、思索,举不出于都会。"换言之,"中国之政
治家、实业家、学者等,并不知中国事,不理解中国人生活,与最大多数同胞精神
上并无接触"。这被张季鸾认为是"中国改革多年失败之根本",并要求"都会人"
自我反省,"恍然于都会奢侈享乐生活之为罪"。

作为"都会人"的一员,张季鸾的反思有着传统"反求诸己"的自觉,而看到
乡间乱象就马上质疑"中国文明在哪里",既是此前东西文化论战已经形成的乡村
与中国(传统)的联系,又呼应着时人对于时局的不良观感,进而呼吁"知耻而后
勇"的社会建设。而对于大多数读者而言,《大公报》主笔张季鸾的社论,或五四后
即已成名的梁漱溟的文章,恐怕也比起社会科学色彩强烈、形式规范的调查表格更
具影响力。因此,这一时期对于社会问题的探讨,尚有一类文体值得注意,它以暴
露"社会病状"的方式,言若痛心疾首,但并不主张破坏式的革命,而是主张建设。

20年代末以"社会问题""社会病状"等为标题的书籍已经相当常见。他们多
以叙述的方式,部分借鉴社会调查的成果,也引用报章杂志的报道,以示自己"以
事实为根据";再加上作者的评论,试图提出社会的"救济之方"。②这种社会病理
学的譬喻在近代颇为常见,再加上孙中山建国理论对于民生问题的强调,类似的作
品具有强烈的改良色彩。但另一方面,在警醒世人的意图之下,其中表现的社会整
体状况又相当负面。在为张振之《目前中国社会的病态》一书所作的序言中,刘芦
隐即认为,"这一切社会的病态,无一而非说明中国今日的大患,只是一个贫字做
了总因。中山先生说中国患贫,而非患不均,本书实不啻为此说供给了一个惊心动

---

① 《河北旅行第二信 顺德与南和》,《大公报》1930年10月31日,第1张第4版。

② 张振之:《目前中国社会的病态》,上海:民智书局,1929年,"本书内容提要"第
1～2页。

魄的真实凭据"。① 稍后李敬穆的《贫穷论》，更将此观念大加阐发："凡明瞭中国社会情况者，莫不知目前中国一切社会病态，只贫穷二字为其总因，政治上一切不安不满之现象，皆为贫穷而起之社会病态之反映。"②

相较于"帝国主义""封建主义"等概念，这种对于社会问题的分析与叙述既有"中山先生"背书，也更直观而切于日用，更易为普通读者所接受，得到不少知识分子的欣赏。如胡适即对当日思想界讨论的"帝国主义""封建主义"等概念颇不以为然，但却赞同中国社会的"贫"，并将其总结为中国社会的"五大敌人"之一。③ 前述平教会对于"愚、贫、弱、私"的阐发中，也不难看出类似的痕迹。这样，知识分子在农村所见的社会"失教"与整个社会的"病态"彼此共鸣，又转而加深并且扩大了此时农村的种种问题。

1930年茅仲复注意，"农民问题"在当日已经言人人殊："有的人以为农民问题，便是农业经济问题，所应当要做的，就是救治农业的薄利和农民经济的困难这几桩事。有的人以为农民问题，便是农业社会问题，所应该要做的，就是解决佃农争端和农村中各项纠纷这几桩事。有的人更以为农民问题，便是农民生活问题，所应当要做的，就是把农民的日常生活，像教育、卫生、娱乐、社交等等，一一去改善它，或创造它。"而在他看来，农民问题固然是以土地问题为著，但"解释得宽大一点，无论是道德的、政治的、经济的，以至于社会的，整个的文明问题，都可以包括在农民问题之内"。在他看来，这种广义的农村问题映射的正是更广泛的社会状况："现在，中国的社会，自家族以至于国家，没有一种制度不是受严酷的批评，或分崩解纽的。"④ 到十几年后有人评价乡村建设运动，就说他们"不但是看见乡村被破坏，农民受痛苦，需要救济；更是发见整个国家民族都有缺点，需要重新

① 张振之：《目前中国社会的病态》，"刘芦隐先生序"第1～5页。
② 李敬穆：《贫穷论》，北平：光华书局，1930年，自序（无页码）。
③ 胡适在《我们走那条路》中提出中国社会要铲除打倒的五大仇敌为贫穷、疾病、愚昧、贪污和扰乱。（《胡适全集》第4卷，第458页。）按，该文作于1930年4月13日，发表于《新月月刊》第2卷第10号（该刊发行时间写作1929年12月10日，实际推迟出版，参见胡颂平：《胡适之先生年谱长编初稿》第3册，第865页）。
④ 茅仲复编著：《中国社会五大问题》，出版者不详，1930年，第4、100～101页。

改造"。①

这种"解释得宽大一点"的农民问题，既可以具体到农业生产、农民生活，又可以扩大到"整个的文明问题"，甚至"整个国家民族"，可谓"致广大而尽精微"，却又不能不说有些抽象。它折射出弥漫于整个社会的那动荡不安、充满危机的感受，更试图为这种难以触及的感受寻找一个落脚点。"农村破产"正是在这样的社会情境中逐渐形成的，且有着愈演愈烈之势。稍早时候董汝舟曾将中国现时的危机归结为："决不是因为民族的精神不振，也不是因为国民缺乏礼义廉耻，种种的美德"，而是因为"农村经济的基础，已逐渐的动摇，且有濒于破产的趋势"，②这危机尚是在不远的将来。1934 年一位署名"晶平"的研究者则感到"农村破产的狂涛，已普遍了全中国"，甚至认为"中国农村经济，的确已走上溃崩的途径，而且是在继续着在那里崩溃下去没有停止"。③到 1937 年，梁漱溟更断言，"近年来农村经济日趋于崩溃，这是很显明的事实"，只要"稍一留心"，"就可看到许多杂志都在大出其农村经济专号，开头没有不谈农村经济破产的"。④

四、困惑："谜一般的中国"

对于这样的"农村问题"，不难注意到，时人更多看到的是农村之外的因素。"农村破产"首先是国内政局动荡的产物，也是社会矛盾发展的必然结果；更有人将其归咎于"帝国主义"，或认为这是中国在进入世界市场中遇到的问题。从这两

---

① 余牧人：《基督教与中国乡村建设运动》，出版地不详：基督教联合出版社，1943 年，第 11 页。

② 董汝舟：《中国农村经济的破产》，《东方杂志》第 29 卷第 7 号，1932 年 12 月 1 日，第 14 页。

③ 晶平：《广西土地问题发展的趋势》，《中国经济》第 2 卷第 7 期，1934 年 7 月，该文第 1 页。

④ 梁漱溟：《乡村建设理论》（1937 年 3 月），《梁漱溟全集》第 2 卷，第 149 页。

种观点来看,"农村问题"都是内外时局发展的必然后果,但也暗示出农村本身未必有问题。因应这样的观点,有人就在农村看到了"崩而不溃",甚至局部"畸形繁荣"的状况,让时人眼中的农村显得更加扑朔迷离。

曾经留学日本的土壤学家蓝梦九参加1931年中华农学会年会时,即承认中国现在的内部问题"在政治方面已集中于农民,在经济方面已集中于土地",因此"不外是一个农村问题"。但对于这样重要的农村问题,他却感到大多数人是在隔膜状态中:"农业者对中国的农业隔膜,农学校对农村隔膜,学生对农人隔膜,甚至对教员都是隔膜。"在这样一种彼此隔膜的状况之下,难以实现"改良中国农业,救济目前的农村"的目的。蓝梦九在这里,既是重复着几十年来关于上下暌隔的说法,也是在婉转表达出对中华农学会工作的批评,尤其针对其会员"大都集中于农事机关及农业教育界"的状况,因此发言之后询问者有之,"与愚争辩者亦颇有人"。①

农学家董时进更认为,中国的农村问题不必外寻解决之道。现在"政府找到几位外国农业经济专家,来替我们想法救济农村破产",实属不智。虽然他自己就是在美国学习的农学,但董时进认为,"中国农村所害的病症,在外国是亘古不曾有的";另一方面,对于如何解决,"我们自己并非不知道,也并非想不出医治的法子"。在董时进看来,此时的苛捐杂税才是农村问题的关键。他讽刺说:"不但外国专家,连神仙也想不出一个法子,能够一面教农民不破产,一面又可以使军阀无限制的括地皮。"②

这两位学者均有留学经历,但对于农村问题的观察却有着传统的一面,即从"在上者"进行检讨,与前述梁漱溟等人认为农村问题在外而不在内有些相似的地方。而此时农村出现的某些变相,也进一步加深了这种印象。1932年秋收以后,"谷贱伤农"与"丰收成灾"成为报纸上常见的话题,使得不少人感到,农村问题

---

① 蓝梦九:《本院参加中华农学会第十四届年会之经过》,《乡村建设》第1卷第1期,1931年10月1日,第10页。按,蓝梦九此时在邹平的山东乡村建设研究院任职。参见东畅整理:《我所知道的抗战前山东乡村建设派的活动》,中国人民政治协商会议全国委员会文史资料研究委员会编:《文史资料选辑》第37辑,北京:中国文史出版社,1963年,第181页。

② 董时进:《如何救济农民》,《独立评论》第24号,1932年10月30日,第16页。

未必即是农村本身的问题。

在北方，《大公报》9月的一篇社评即提及河套地区的旅行者"目击谷贱伤农，甚至以米谷作燃料"的状况，感叹虽然"绥包丰收，粮食山积，然不能救其地居民之贫，亦不能供给他省灾区之用"。[①]10月，《大公报》的"杭州通信"又谓"今秋全省农村，收获尚称丰富，但米价惨跌，佃农反多亏本"[②]；11月，《申报》"济南通信"称"本省今年谷类丰收，为数十年所未有，而经济衰败，民生困苦，亦为数十年所未有"，甚至"乡间一般中产阶级农户，岌岌有破产之虞"。[③]《大公报》来自江苏省的报道也说"今岁苏省江南北均丰收，而米市反不流通，供过于求，影响农村社会经济至巨"；并认为，这是因为"年来洋米入口太多"，可见"米业黄金时代已过"。[④]

各地的"丰收成灾"引起了广泛关注。当年的12月，《东方杂志》对这一现象进行了集中报道。当期封面印有"农业恐慌"四字；刊首的"东方画报"附有《中国农村之破产》图片5幅；内页有数篇文章讨论农村问题。到1933年，已经出现了数篇集中描述"丰灾"的文艺作品，包括了茅盾的短篇小说《春蚕》《秋收》、叶紫的《丰收》、叶圣陶的《多收了三五斗》，以及白薇的独幕剧《丰灾》。阿英对这数篇作品进行了总的评论，认为在这一年"由于客观上的事实是如此"，"丰灾的描写，是成为作家们的主要题材之一了"。[⑤]当时的行政院院长汪精卫也承认"荒年固成荒灾，如今丰年亦成丰灾了"。[⑥]

"丰灾"此时成为一个新的流行词，本身就体现出时代的变化。至少在清代即有"熟荒"的说法，"谷贱伤农"更是《汉书·食货志》中就已经注意到的现象，

---

① 社评，《开发河套之前提》，《大公报》1932年9月8日，第1张第2版。

② 《浙省农村危机》，《大公报》1932年10月27日，第2张第5版。

③ 《鲁省经济衰败原因》，《申报》1932年11月23日，第2张第9版。

④ 《苏省食粮过剩　实厅拟定救济办法》，《大公报》1932年11月1日，第2张第5版。

⑤ 凤吾：《关于"丰灾"的作品》，《申报》1933年7月28日，第5张第17版，《自由谈》。并参见《二月号的文学　描写农村的占过半数》，《益世报》(天津)1934年2月24日，第4张第14版，《别墅》副刊。

⑥ 《汪院长报告一周间政情》，《申报》1933年10月3日，第2张第7版。

体现出农业生产早已存在的商品化特征。① 然而时人对于"丰灾",却更多将其作为此时中国农村经济的变相。借用当时一篇文章的标题,"丰收成灾"正体现出了"一九三二年中国农业恐慌底新姿态"。这位作者既痛切宣称"近年来中国的灾荒,……差不多已成为'司空见惯'的事",又认为这属于"发生于那些殖民地及半殖民地经济比较落后的国家中的农业恐慌",因此有着特定的社会经济特征。② 更有人说,这种丰收亦成灾的状况"只证明中国农村经济已陷于东不是西不是的走投无路的状态中"。③ 吴觉农虽然注意到当年的丰收仅限于长江流域,也同样感到"中国的农民,外受帝国主义的压迫,内被封建势力的支配,因此不能不使农村自然到崩溃的一途"。④

即使不使用"帝国主义"这样的词汇,近代开始的粮食进口也是不少人关注的一个问题。山东省实业厅长的发言即认为,"今年谷贱伤农,为全国之普遍现象"是源于"衣食住三者,吾国人喜用外货。除食而外,殆全为外货销场。"因此要救济农民"惟有提倡改良国货,增加生产"。⑤ 北平商会亦认为面对此种危机,必须"防止舶来食粮进口","免致农村破产,国本动摇"。⑥

这种来自外货的影响自然不限于食粮。并不热衷讨论社会问题的张元济在20年代一篇未完成的文稿中也看到了"农村破产"的存在。不过张元济持有的,是一种更加传统的"反求诸己"。张元济从自己的书桌说起,看到以前用的"紫毫、羊毫、狼毫、鸡毫"现在已经变成了"自来墨水笔、铁笔、铅笔","松烟、油烟"变

① 参见陈支平:《试论康熙初年东南诸省的"熟荒"》,《中国社会经济史研究》1982年第2期。陶希圣就曾经批评当时学者"只注意到农民与地主的关系即地租问题",反而忽视了长期以来"谷贱伤农"的说法,是未能注重"农民与都市市民的关系"(陶希圣:《中国社会与中国革命》,上海:新生命书局,1930年第4版,第90～95页)。

② 姜解生:《一九三二年中国农业恐慌底新姿态——丰收成灾》,《东方杂志》第29卷第7号,1932年12月1日,第8～13页。

③ 有心:《谷贱伤农乎?》,《东方杂志》第29卷第6号,1932年11月16日,第1～2页。

④ 吴觉农:《我国今日之食粮问题》,《东方杂志》第29卷第7号,1932年12月1日,第3～7页。

⑤ 《鲁省经济衰败原因》,《申报》1932年11月23日,第2张第9版。

⑥ 《平市商会电请停签二批美麦合同》,《申报》1932年11月6日,第4张第14版,"本埠新闻"。

成了"红、蓝墨水",甚至笔筒、笔架都变成了英国、德国的制造品。他因此反思,"谁破这农村的产?不是别人,是我们破的"。乡下人辛勤劳动,我们却要"吃外国货""穿外国货""用外国货",致使这些东西"换不了钱","农村自然要破产"。①

然而张元济这里反思的"我们",尚是身处都市的读书人。此时不少人看到的"用外国货",其主体却在悄悄移转。当时身在山西的马儒行在给梁漱溟的信中就感叹:"二十年来,吾乡人家,洋火柴、洋油、洋布,无家不用之。"不仅男人吸"洋烟卷",妇女喜"洋袜",近年又有"洋面"进入,甚至自从"洋车汽车通后","轿车无乘者矣"。马儒行尤其注意到,"凡此均自然流行,无待宣传,而输入日盛,然无留意及之者",其中"有危机存焉"。因为"乡下生产之术,依然如故,而外来之诱惑日多",这样"消费因而数倍于前","入不敷出,如何得了"。②

马儒行所说的"乡",或可解为"故乡";此后一位自称是"一个破产的小地主的子弟,受着都市学校式的诱惑不得不来到都市而研究农学的一个闭门造车的人",就直接将类似的现象称之为"乡村逐渐奢侈化"。他批评,"农民以守旧的技术耕种田地,生产力非常的薄弱,无富裕之可言",却因为"外货之诱惑——妇女尤甚——每竭其终年辛劳所得之财力,以求满足虚荣之欲壑"。在他的笔下,当时的农民消费水平令人惊叹:"自行车、手表电棒、毛布、洋线布,为旧历年节之时男子装饰品。毛围巾,毡帽,手绢,服饰无一处而非洋货。"③

同样是研究农学的学生,翟克也批评,现在的农村,"外国之肥皂代替了中国农村固有之皂荚,煤油与洋烛代替了柏油烛,海味之输入代替了中国农民用膳最经济而有益之豆腐与豆腐干,卷烟代替了老熟烟,火柴之输入代替了农民从前用以取火的经济东西——火刀与火石"。这些商品都"足以使中国农民在日常生活上新增加了一笔的开支",并且"已实无法减少了"。再加上"洋瓷用具,针线,纸料,药料以及日常用具",这些"洋货之势力日益兴盛","中国旧日固有之手工业制造品"

---

① 张元济:《关于农村破产》(未完稿,成稿时间由编者推算),《张元济全集》第5卷,北京:商务印书馆,2008年,第212页。

② 《马儒行君来书附答》,《村治》第1卷第4期,1930年7月16日,该文第8页。

③ 谭锡纯:《从各方面检讨北方农村破产的因素》,《益世报》1934年1月20日,第3张第11版,《农村问题专页》第3号。

也就渐渐为之排斥。这样"中国之农村经济则只有每况愈下的崩溃下去呵！"①

虽然程度有所不同，这两位农学学生都关注到外货深入农民日常生活的现象。然而，谭锡纯自己也检讨说，这一现象主要源于"旧历年节"，"自都市归来的""都市装束的青年男女招摇满市"，"演成农民互相效尤的风气"。作为在都市读书的青年，谭锡纯回乡之时作何装束我们不得而知，但他所注意到"奢侈化"，无疑有着都市的影响，只是这种影响的后果却发生在农村。他因此预言："农村破产之际再加上'奢侈''堕落'，将来农村前途，令人心悸。"②农复会在广西的考察也注意到，"不但缙绅之家竞尚豪华，即农民之富庶者，亦效为淫佚"；"农民本身之生活，无形中受城市生活之影响而亦高"。③

上述观察究竟是否如实或可再做讨论（如实的话当时农民生活水平实在不低），但无论从人情来说，还是就逻辑的分析，"奢侈"与时人"民穷财尽"的印象都存在一定的矛盾。或因为如此，天津《益世报》就曾经感到，虽然"大家都说中国农村经济破产"，但究竟是何情况、到何种程度，还需要"拿实际证据来"。稍后更要求"身在民间之智识份子与农民本身，尽量向本报陈诉其痛苦状况与破产情形"。④但在这次征文一个月之后，该报又称，"本报以过去所发表之文字，大部分偏重于农民'自诉式'之报告"，对于"中国农村'问题'之真实性及其'症结'之所在，挽救之方法，尚缺乏综核之研究，具体之调查，科学之分析"，因此邀请北平社会调查所陶孟和开辟《农村周刊》。⑤

前述关于"乡村奢侈化"的检讨，正是来自"身在民间之智识份子"。但在编者看来，这些来自民间的陈述是不具有"真实性"的，而要真实地了解"中国农村

---

① 翟克：《中国农村问题之研究》，广州：国立中山大学出版部，1933年，第146、165～166页。此时翟克尚为农学院三年级学生。参见《农学生翟克著农村问题一书获奖》，《农声》（国立中山大学农学院）第164期，1933年4月30日，第107页。

② 谭锡纯：《农村经济调查之一瞥》，《益世报》（天津）1934年2月24日，第3张第11版，《农村问题专页》第8号。

③ 行政院农村复兴委员会编：《广西省农村调查》，第25～26页。

④ 广告，《益世报》（天津）1934年1月3日，第1张第3版。

⑤ 《本页重要声明》，《益世报》（天津）1934年2月24日，第3张第11版，《农村问题专页》第8号。

问题"，必须要有现代社会科学的手段。这份《农村周刊》的第一期，就刊出了一篇对于农村问题的乐观观察。专门研究经济学的曲直生感到"农村破产"此时几乎成为套话："随便一个商人，都会说句'农村破产'作一切营业不振的解释"；甚至"现在报馆里排字的工人，一见'农村'就有急找'破产'两个字的暗示"。他反其道而行，专门撰文要"从乐观方面观察中国的农业及农村问题"。他所提出的两点"乐观"的论据是：第一，"一部分农产品的需要增加，价格增加，一部分农民很得利益，同时促进了中国农业的商品化"；第二，则是作物的改良。曲直生并补充说："在近年以来，中国的农产品，很多由自足的生产，渐渐变向商品化的生产。"即使目前丝茶在国际市场中渐为不利，"但是最初与外国通商时，中国农民确曾得过利益"。①

曲直生的分析在当时也不乏实例。《益世报》的记者注意到，近年来"凡百农产品莫不生产低落，呈不景气的悲惨现象"，但棉花生产却"非但不受恐慌的袭击，反有欣欣向荣之发展"，因此农民纷纷改种棉花。不过作者感到，这种"棉田面积增加的真相"，实际却"隐藏着中国农业恐慌之深刻化的事实"。因为这种棉田的增加是"其他农产品生产恶化及金融资本流入所招致"，"我们对于各地推广棉种及棉产增收的事实是不十分乐观的"。②

赵纪彬在冀南也发现了类似的现象："十五年来（1920—1935）我村在全国农村破产浪潮中一帆风顺地走上了畸形的经济繁荣的境界"。这个地处濮阳县辖北隅的村庄，自从1920年"花生油忽成为国际商品"，"每值冬春，附近十里内外的中小贫农，及远来的商客，攘来熙往，充斥街衢"，使得"冷落的农村，完全变成了县镇风光"。纪彬却感到，这种"商品化"只会使得村庄越来越多地受到"世界经济

① 曲直生：《从乐观方面观察中国的农业及农村问题》，《益世报》（天津）1934年3月3日，第3张第11版，《农村周刊》第1期。按，曲直生（1901—1968），河北邢台人，1948年当选第一届立法院立法委员，传记暂阙，可从他担任蠡县县长时的简历对其早期经历略知一二。其中记载："出身：国立北京大学经济系毕业，英国伦敦经济政治学院研究生；经历：曾任河北省教育厅视学、北平大学区督学，中央政治学校专任教授、国防设计委员会专员兼社会调查所研究员、河北省教育厅第三科科长，及省立农学院讲师。"冀察政务委员会秘书处编：《冀察调查统计丛刊》（北平），1936年第1期第1卷，第133～134页。

② 社论，《中国棉花产销的前途》，《益世报》（天津）1935年3月2日，第1张第1版。

的不景气"影响,再加上"商品发达的结果,提高了农民消费欲望",他断定,"我村畸形的经济繁荣,已至末期,在不远的将来,便要和华北一般农村,同踏入破产的前途"。①

所谓农业生产的商品化,是近代经济史持续关注的主题。② 在这一过程中,农业生产、农民生活的变化有着复杂的层次,难以一言蔽之。或因为如此,有人就专门写了回乡印象记,以"贡献给都市里的同胞",尤其是那些"坐在皇宫似的大学里的教授而说中国农村经济尚未破产的大人先生们"。③ 所谓"皇宫似的大学",听起来不无夸大,却形象地表达出此时日趋专门化的学术界与大众的距离。不可忽视的是,近来研究者已经注意到20世纪30年代"某种朴素的阶级意识在一般人的日常表述中已相当普遍"。④ 生活在都市的大学教授,使得传统的"书中自有黄金屋"的观念变得更加具象。而不在其中的人读到报端的"乐观",不免生出别种感受。

同时,以此时农业生产的商品化为"乐观",本身也体现出特定的学术理路与政治倾向。曲直生的见解显然有着自由主义的色彩;赵纪彬所提出的"畸形繁荣",则既有重农抑商的传统色彩,也可以看到此时左翼经济学者已经有的关注。中国农村经济研究会的李紫翔因此批评曲直生的研究忽略了"更有一大部分农民因丝茶糖以及副业的手工业之破产而演出绝大的悲剧",甚至认为这不啻"帝国主义侵略半殖民地中国的最好的说教者"。固然此时的农村存在某些"改良",但"在量上既不及其所'摧毁'的多,在质上更不过只是为适应帝国主义的一时的需要",因此只

---

① 纪彬:《农村破产声中冀南一个繁荣的村庄》,《益世报》(天津)1935年8月17日,第3张第11版,《农村周刊》第76期。作者赵纪彬,中共党员,曾因组织农运被捕入狱。生平资料参见张怀恩:《沙区第一个共产党员赵纪彬》,中共安阳市委党史办公室编:《中共安阳党史人物》,开封:河南大学出版社,1989年,第30～33页。

② 关于清代中后期开始棉花、花生等经济作物的种植状况参见李文治主编:《中国近代农业史资料》(第1辑 1840—1911),北京:生活·读书·新知三联书店,1957年,第417～426、436～440页。

③ 轮秋:《废历新年乡间印象记》,《益世报》(天津)1934年4月2日,第3张第11版,《社会思想》第72期。

④ 罗志田:《无名之辈改写历史:1932年清华大学入学考试的作文题争议》,见《近代读书人的思想世界与治学取向》,第203页。

是"帝国主义侵略政策之矛盾的产物而已"。[①]

李紫翔并且推而广之,"我们可以常常在刊物上和人的谈话中,听到说'谜样的中国''谜样的中国农村问题'的话句"。在李紫翔看来,之所以有这样的印象是因为有人"或者抓住几个孤立的特殊事实,而下武断全体的结论,或歪曲事实,而成为某种别有作用的说教",以致"形形色色,光怪陆离"。"于是一切客观的具体问题,反映到言论界时,每每成了一个'谜'。"中国农村问题亦是如此,"大多数的人,尚在不顾事实,曲解事实的把它当'谜'猜"。

李紫翔所说的"谜样的中国",从早期传教士不乏偏见意味的观察,早已成为知识青年的习语。[②]这种"谜"的诞生,固然有着强烈的东方主义色彩,但李紫翔认为不妨从方法论的角度加以解决。"谜样"的感受,本身也体现出此时中国社会文化转型的状况。梁漱溟在 1930 年就曾感叹,"我们的中国问题大概就是这样复杂难言的一个问题,原不如别人家的问题之简单决定"。他认为"中国问题",一方面是"不一",另一方面则是"不定"。不仅"外面内部以至种种都有",更是关系"含混模棱不定"。比如此时知识界对于中国社会性质的讨论,"在封建社会与资本社会之间,谁亦说不清是个什么社会",甚至只能名之为"半封建"。梁漱溟半带戏言地提出,"大概遇到中国事加一'半'字都颇适当"。[③]然而,即使是这个"半"字,也并非轻易得出。如何理解中国社会,在此时也逐渐集中到了对于农村社会性质的理解和解释,使得农村问题具有了更加深刻的现实和理论意义。

对于农业本身的理解也开始有了现代经济学的意义。提出"中国本位文化建设宣言"的"十教授"之一孙寒冰则认为,"中国农业的商品化程度"已经成为讨论农村经济不可忽视的要素。他虽然承认,"目前,因自然环境的差异,中国各部分

---

① 本段及下段引文见李紫翔:《中国的农村问题是什么——质曲直生先生》,《益世报》(天津)1934 年 5 月 5 日,第 3 张第 10 版,《农村周刊》第 10 期。到 40 年代李紫翔即使在国民党"训政"的背景之下,仍然认为"改良的或节制的自由经济,实是我国经济的唯一可循之路",其所谓的"改良的或节制的"一语不可忽视。(李紫翔:《中国与自由经济》,《东方杂志》第 44 卷第 2 期,1948 年 2 月,第 25 页。)

② 比如,在同样写成于 20 世纪 20 年代末 30 年代初的茅盾的《蚀》三部曲、周楞伽的《炼狱》中,主角均有过类似的感慨。

③ 梁漱溟:《中国问题之解决》,《中国民族自救运动之最后觉悟》,第 204 页。

的经济发展自未能均衡一致",但从农村在金融活动中的货币化程度,以及对于市场的依赖程度来看,或多或少均已进入这一"商品化的漩涡"。因此,当前中国农村经济的问题已经由单纯的增加生产改变为需注意到市场需求。[①]一位中国本位文化论者,较之孔雪雄这样的早期农民运动实践者,对于此时"农业商品化程度"的理解还要激进,这也是相当值得注意的。

稍后,农学专家符致逖更提出,"我国之农业,已由自给生产而趋于商品生产,且已趋于高度的商品生产矣"。他甚至要求农民对此有所自觉:"农业的生产者,且为农业的售卖者,不但须注意于生产技术之改进,且须留心于市场价格之变动,其与自给自足经济状态下之农民,专以农产自给量之生产为事者,大不相同矣。"不过符致逖也承认,对于农业发展而言,农产品的商业化固然"为经济进化之必然结果",但对于现时的中国而言,"农产商品化,不过为居间商人造成剥削农民之机会而已"。[②]事实上,符致逖这里所说的觉悟更类似于今日常言的"拥抱市场",是一个非常具有前瞻性的观点,对于当时的农民而言完全是空中楼阁。

事实上,从"谷贱伤农"的老话即可看出,农产物并非完全不需要进入交换领域,经济作物的种植也并非近代资本主义的产物。[③]与"洋货流行""风俗奢侈"相比,中国农业生产要实现"商品化",其需要的金融、交通等条件更为欠缺,完全不能视作此时农村生产的常态。然而,上述学者对于种种"农业商品化"的现象的发掘,背后还有一个重要的关怀,即社会经济发展的阶段性。即使是批评了曲直生"乐观观察"的李紫翔也说:"每一个有社会进化观念的人"都会同意,"由自给自足经济进到商品经济,在人类经济发展史上是一个进步的阶段"。正是在这样的认知之下,少数地区出现的"风俗奢侈",乃至刘大鹏认为末世之征的"百物腾贵",却被另一些人视作自然而然。

---

① 孙寒冰:《论中国农村建设之本质》,《东方杂志》第32卷第7号,1935年4月1日,第60~62页。

② 符致逖:《从中国农产商品化谈到中国农民应有之觉悟》,《大公报》1937年5月5日,第3张第11版,《经济周刊》第216期。

③ 参见冯和法:《中国农村经济研究会漫忆》,《文史资料选辑》第84辑,第64~65页。

五、农村经济性质的讨论与社会影响

借用何干之的说法:"中国社会性质问题的论战,是在中国民族解放暂时停顿后才出现的。革命的实践,引起了革命的论争,论争所得的结果,又纠正了民族集团中的偏向,帮助了实践的开展。"[1]这次论战,后来曾引起了关于中国古代社会的研究和讨论,到 1933 年,开始集中到中国农村经济问题。[2]而在共产国际内部对于"亚细亚生产方式"的争议中,对于这一问题的关注则更早。后来被视为"托派"的马扎亚尔(Magyar Lajos),在 20 年代即开始强调"中国的农村,已是老早已不能过自给的生活了";农村"和城市,和商业,手工业,家庭工业,工厂,国际市场,都发生了联系"。一方面有"海洋及内河轮船航业之开辟"和"铁路之敷设"在打破乡村的孤立,另一方面"在帝国主义侵入以前",中国的高利贷资本,"就已摧坏了解体了这生活形态,解体了东方社会,摧坏了亚洲生产方式"。[3]

此时的中国农村,到底是尚可维持传统的生产生活样式,还是已经"资本主义化",转变了社会性质,是论证的要点。而这里所蕴含的意义,正是将农村作为中国社会经济转型的代表。曾与晚年陈独秀交往颇密、由农学转而对社会科学感兴趣的郑学稼即为显例。他在当时中央大学农学院时曾发表《福建营前模范农村农民生活概况》,即认为对这一农村的描述,"是一个由'封建社会'推到半殖民地中国特有的畸形发展的目前错综社会,与最近的将来所谓'不可知道'的社会,过渡中唯

---

[1] 何干之:《中国社会性质问题论战》,刘炼编:《何干之文集》第 1 卷,北京:北京出版社,1993 年,第 183 页。

[2] 参见周子东、杨雪芳等编著:《三十年代中国社会性质论战》,北京:知识出版社,1987 年,第 72 ~ 78 页。

[3] 马扎亚尔:《中国农村经济研究》,序言第 24 ~ 35 页。

一的'模特儿'"。① 与民国初年顾颉刚等人对于农学的想象相比，此时青年学生对于农村的认识显然已经有了极大的改变。农村不再是退可自守的桃源，而成为这个被逐步改变的中国的象征。

与国民革命时期反帝反封建的号召相应，帝国主义对于中国经济的破坏是不少学者关注的重点。自称信仰国家主义的萨孟武，在论及中国革命时认为："中国问题的症结，在于改造中国的经济——即改造'亚细亚的'生产组织，而为现代式的生产组织——以适合于中国社会的现状。"② 这种帝国主义导致了农村经济崩溃，正是中国社会，乃至中国农村社会发生的最显著的变化，引起了时人的关注。旨在提倡三民主义的刊物上，也有一位作者在谈到中国近代以来的变化时说："到十九世纪初业以后，因为外有资本帝国主义国家的经济侵略，内有封建军阀的层层剥削，使安定稳固的自足自己的农业经济状态，起了动摇，走到一种崩溃破产的途程中，尤其是在最近几年来，愈趋于严重化。"③ 甚至有人感到，"自通商以来，世界帝国主义的资本势力已抉破封建的藩篱而长驱直进，不特推翻了上层的封建帝国的传统，而且资本主义的势力伸张到农村，把整个的农业经济组织完全破坏"。④ 换言之，农村此时遭遇的危机，是一种经济组织的全面改变。

马克思在《中国革命和欧洲革命》中谈到鸦片战争之后的中国有一个著名的比喻："正如小心保存在密闭棺木里的木乃伊一接触新鲜空气便必然要解体一样。"⑤ 这个比喻生动形象地表达出外来的破坏性因素对传统中国造成的改变，为当时不少学

---

① 郑廷泰：《福建营前模范农村农民生活概况》，《农学杂志》第 5、6 合号，特刊第 3号，1929 年 12 月，第 200 页。

② 萨孟武：《民族主义与中国革命》，《东方杂志》第 26 卷第 20 号，1929 年 10 月 25 日，第 26～34 页。

③ 仲池：《发展中国农村经济的刍议》，《三民半月刊》第 3 卷第 9～10 期（农村社会问题专号），1930 年 1 月 16 日，该文第 1 页。

④ 丘学训：《中国农村教育的危机》，《教育杂志》第 22 卷第 2 号，1930 年 2 月，第 1 页。

⑤ 中共中央马克思恩格斯列宁斯大林著作编译局编：《马克思恩格斯全集》第 12 卷，第 116 页。李大钊在 1926 年专门翻译了此文，译文作："这与谨藏在封固的棺中的木乃伊，不论何时，一与空气相接，立即分解一样，是确然的。"（《马克思的中国民族革命观》，中国李大钊研究会编注：《李大钊全集》第 5 卷，第 107 页。）

者所熟悉。特别需要注意的是，马克思一方面提出了解体的必然性，另一方面也言及隔绝状态打破以后"解体的过程"。何干之在对于农村社会性质论战的回顾中即进一步提出："目前的问题并非是烂与不烂，那已经是不成问题了。谁敢说一百多年来受外界空气所激动的中国农村社会，依然未改常态呢？""问题是在于腐烂的程度如何"。[①]

这一认识已经有着某种社会发展阶段论的意味。因此，帝国主义造成的农村危机，不仅是一种社会问题，也意味着中国社会发展的某一程度或者阶段。甚至有人认为："农村经济危机是现在世界经济中一种普遍的现象，虽然英、美、法、日诸资本主义国家内的经济结构与落后的中国、印度、阿富汗、波斯诸国不同；但是一样的会发生农村经济危机的现象。……它有历史的根源，也是社会进化中必有的阶段。"因此，"研究现在中国的问题，完全离不开帝国主义，这是我们应当特别注意的"。"那些天灾造成的农村经济的危机是占在次要地位的，因为它的面积，它的时间，它的势力全远非外国资本侵入的势力相比。"[②]

同时，国民革命中开始为人注意到的中国社会发展不同步问题，使得乡村社会逐渐成为"封建"或"半封建"的承担者。当时留学日本的吴寿彭在1930年即看到："当中国通都大邑已显然赶入于二十世纪的新时代，广大的中国的各地还留在上古时代及中古时代。当上海的新工业已努力追随先进资本主义国时，而广大的中国的郊原还是逗留于纯粹的农业生产。当各个'主义者'已在讨论各种资本主义，非资本主义，共产主义，无政府主义之类的时候，中国广大的农民群众，却正在赶着骡车或小车，运送米谷布帛去上'集'，作原始的交易，车上插着威武的红缨标枪。"更重要的是，在这种不平衡和分裂的社会中，那不够"二十世纪"的部分恰好是此时知识分子最不熟悉的。他批评说，现时"革命的谈论者"，"不是见闻限于通都大邑的智识份子，便是熟视过东西洋的工业社会的人，而广大中国的社会对于他们往往是谜样的模糊"。[③]

---

① 何干之：《中国社会性质问题论战》，刘炼编：《何干之文集》第1卷，第191页。

② 方曙：《农村经济的危机》，《村治月刊》第2卷第1期，1930年3月，该文第1、17页。

③ 吴寿彭：《逗留于农村经济时代的徐海各属》，《东方杂志》第27卷第6号，1930年3月25日，第70页。

这种"革命的讨论者"的视野与知识的局限,实际上使得他们无法完整地理解中国社会。这一问题正是对于中国革命性质、社会性质的讨论集中到农村的重要原因。曾经在武汉国民政府担任顾问的田中忠夫即认为,中国社会的经济结构尚建筑于"封建的生产关系之上",要理解中国经济状况,"宜对中国的农业、农村、农民等有充分的认识"。①张闻天在对于托派中国已经进入资本主义阶段的批判中,也提出:"我想只要我们把中国农村经济加以丝毫的考察,就会看到中国农村中主要的生产方法,还是手工的而不是机器的,还是封建式的生产,而不是资本主义式的生产。主要生产者,是小佃农,小自耕农或半自耕农,而不是农业资本家与农村工人。"②农村经济性质的讨论在此后逐步深入,成为最终确立"半殖民地半封建社会"这一认知的重要支撑。

而就更广泛的思想界而言,社会性质、农村经济性质的讨论与"农村破产"之说同时发生,是一个值得注意的现象。此时报章杂志关于农村破产的讨论,虽然未必采用马克思主义与社会经济学的术语,也开始关注到繁华都市对于农村的破坏。《大公报》的一篇短论即认为,"农村与城市的不均衡"已经成为现代社会的常见病症。"中国虽然没有产生资本主义式的大工业,也没有偏袒工人的社会主义,但是却有外国的工业品大批贩来,一样会使农村破产,人口集中城市。"③显然这位作者并不认可当时的革命理论,但他同样观察到"外国的工业品"所造成的城乡关系变化,并且认为此时已经呈现出"农村破产"。

因此,到了1930年代,不少政治立场不同的人都承认,此时农村已经出现了严重的问题。蒋廷黻在1932年说:"几年以前,我们还以为中国的问题是个军阀问题,是个工商业不发达的问题。现在我们知道了中国整个的乡村经济已到崩溃的程

---

① 田中忠夫:《国民革命与农村问题》,李育文译,《村治》第1卷第7期,1930年9月16日,该文第1~2页。

② 张闻天:《中国经济之性质问题的研究——评任曙君的〈中国经济研究〉》(1931年6月15日),陈翰笙等编:《解放前的中国农村》第1辑,北京:中国展望出版社,1985年,第247~248页。

③ 芸:《农村城市的不均衡》,《大公报》1930年8月25日,第1张第4版。作者或为王芸生。

度。"他甚至大胆提出，即使"中国的大都市如上海天津武汉广州都被日本的大炮飞机毁成一片焦土"，"只要乡村经济不破坏，中国还只受皮肤之伤"。但"倘若我们不从今日起集中全国的力量来挽救乡村的经济"，即使没有日本的侵略，"我们的都市全要变成死城，而我们这个国家就自然而然的亡了"。当时"一·二八"事件已经发生，蒋廷黻这话可谓痛切。或因为如此，他也提出，对于苏区土地状况不妨先"承认现状"，再以此作为"全国乡村改革的初步"，实现国民党"平均地权"的主张，由此纾解农村的困苦。①

当年 12 月，《东方杂志》封面即大书"农业恐慌"四个字，开头的《东方画报》又首先刊出五幅《中国农村之破产》的图片。其中董汝舟一文，即认为中国目前的危机正在于"农村经济的基础，已逐渐的动摇，且有濒于破产的趋势"。②几个月之后，甚至身处山西太谷地区的刘大鹏也对此有所耳闻，在日记中特别记载："'农家破产'四个字是现在之新名词，谓农家颓败不得保守其产也。"③虽然用字略有改变，但从早期激进知识分子宣传的"农村破产"到此时略显落伍的乡村绅士日记中的"农家破产"，仍然可以看到一个名词逐渐落地的过程。

可以说，1929—1933 年集中出现的"农村破产"一说，体现出农村形象的全面负面化以及全社会开始以农村作为国家问题的认识。这样的认识首先出现于上海金融界，又与一段时期内的悲观情绪相互震荡，最终使得"农村破产"不仅成为"左倾"知识分子的社会批判，也引起了广泛的共鸣。农村既集中了整个社会的关注，又如同箭垛一般承载着现代化进程中遭遇的各种问题。④这种针对"农村"的同情性质的污名化（需要说明的是"污名"并非有意的目的，而是非意愿性的结果），最

---

① 蒋廷黻：《对共产党必需的政治策略》，《独立评论》第 11 号，1932 年 7 月 31 日，第 6～8 页。

② 董汝舟：《中国农村经济的破产》，《东方杂志》第 29 卷第 7 号，1932 年 12 月 1 日，第 14 页。

③ 刘大鹏：《退想斋日记》（民国二十二年七月二十九），第 477 页。

④ 箭垛这个比喻借鉴自胡适，他怀疑屈原就是一个"箭垛式"的人物，不仅集中了当时不少无名的南方文学，也集中了后来部分忠君的故事。虽然胡适对于屈原的怀疑不太得到学界的认可，但他将这一观念用于小说研究却颇有启发性。参见胡适：《读〈楚辞〉》，《胡适全集》第 2 卷，第 96 页；《〈三侠五义〉序》（1925 年 3 月 15 日），《胡适全集》第 3 卷，第 472 页。

可体现出一个农业国家在现代转变中的窘迫与调适。

1933年，叶圣陶的小说《多收了三五斗》这样写道：

> "谷贱伤农"的古语成为都市间报上的时行标题。
>
> 地主感觉收租棘手，便开会，发通电，大意说：今年收成特丰，粮食过剩，粮价低落，农民不堪其苦，应请共筹救济的方案。
>
> 金融界本来在那里要做买卖，便提出了救济的方案：（一）由各大银行钱庄筹集资本，向各地收买粮米，指定适当地点屯积，到来年青黄不接的当儿陆续售出，使米价保持平衡；（二）提倡粮米抵押，使米商不至群相采购，造成无期的屯积；（三）由金融界负责募款，购屯粮米，到出售后结算，依盈亏的比例分别发还。
>
> 工业界是不声不响。米价低落，工人的"米贴"之类可以免除，在他们是有利的。
>
> 社会科学家在各种杂志上发表论文，从统计，从学理，提出粮食过剩之说简直是笑话；"谷贱伤农"也未必然，谷即使不贱，在帝国主义和封建势力双重压迫之下，农也得伤。
>
> 这些都是都市里的事情，在"乡亲"是一点也不知道。[①]

叶圣陶的自然主义颇为形象地描述出这一时期地主、金融界、工业界以及"社会科学家"对于"谷贱伤农"的不同反应。他并特别说明，"这些都是都市里的事情"，与前述粜米的"乡亲"无涉。此时城乡之间的差距，使得"农村问题"得以从整个社会中凸显，但其观察的视角，仍是都市的。这种特殊的视角与由此产生的多种思想分层，也成为此后解决农村问题中不可忽视的因素。

[①] 叶圣陶：《多收了三五斗》（1933年），《叶圣陶集》第3卷，第325页。

第八章　农村复兴与乡村建设运动的开展

> 今天要同大家谈的，是"我们（乡村建设）的两大难处"。原来我本拟为"两大苦处"，后来又改成"两大难处"。无论苦也罢，难也罢，反正是不好受的意思。所谓"我们的两大难处"是什么呢？头一点是高谈社会改造而依附政权；第二点是号称乡村运动而乡村不动。
>
> 梁漱溟，1935 年

　　1933 年 4 月 11 日，时任行政院院长汪精卫在第 96 次院会议上提出救济农村一案。经过协商，会议形成了包括成立农村救济委员会在内的四项决议。第 97 次会议则将委员会定名为农村复兴委员会，并于此后陆续延聘委员，"务期减除农民疾苦，调剂农村金融，增加农民生产，使农村之复兴，得早实现"。[1] 委员会名称从"农村救济"改为"农村复兴"，在汪精卫本人的措辞中，也较为谨慎地使用"农村凋敝"而非"农村破产"，表现出政府希望传达的较为积极的态度。但这一政府机构的成立，仍然意味着社会中严重的农村问题为国家层面所承认。当年 7 月，山东乡村建设研究院、中华平民教育促进会、燕京大学社会学系清河镇社会实验区、金陵

---

① 《本会设立之经过》，《农村复兴委员会会报》第 1 号，1933 年 6 月，第 1～2 页。

大学农学院等40个机构和团体也在邹平展开了"乡村工作讨论会",意图实现乡村建设、社会教育、农村调查等机构工作的一次联合。①各社会团体的"乡村工作"与政府倡导的"农村复兴"两相呼应,可见农村问题的亟待解决成为朝野双方的共识。

但值得注意的是,此时在关于农村问题的讨论中也出现了一种思潮,即主张政府暂缓建设,而以轻徭薄赋、休养生息的方式对于农村进行救济。这一主张因为胡适提出的"无为的政治"引起了不少的关注;此时不少社会调查与媒体报道,也注意到了国家建设对于农村造成的负面后果,与胡适的主张颇有遥相呼应之处。然而,在农村问题的严重性与整体性得到承认的前提下,随着"消极建设"讨论的进行,也有不少人提出,即使是轻徭薄赋,事实上也需要政府有统一的权力与举措,需要"强有力的政府才能实现"。到抗战前梁漱溟关于乡村建设工作的检讨,其中重要的内容即与政府的关系,亦可见此问题的持续性。这既体现出国家权力在农村的深入,亦显示在政府行为方式逐渐改变的现代中国,知识分子随之产生的认同移转。②

一、朝野双方乡村建设的共识

在对冯和法《中国农村经济资料》一书的评价中,林宗礼提到,近年来"我们

---

①　会议记录已集为《乡村建设实验　第1集》(中华书局,1934年)收入《民国丛书》第4编第15册,上海:上海书店,1992年。关于这一时期的乡村工作已有了不少研究,参见郑大华:《民国乡村建设运动》,北京:社会科学文献出版社,2000年,第二章;费正清、费维恺编:《剑桥中华民国史,1912—1949》下卷,刘敬坤等译,北京:中国社会科学出版社,1994年,第351～358页。最近的研究参见蒋宝麟:《"帝国主义"与"封建主义":20世纪30年代知识界关于乡村建设运动的论争》,《史学月刊》,2008年第5期;王先明:《民国乡村建设运动的历史转向及其原因探析》,《史学月刊》,2016年第1期。

②　关于近现代国家权力与农村,杜赞奇的著作以"权力的文化网络"的概念讨论了国家权力是如何通过种种渠道来深入农村社会的。参见《文化、权力与国家:1900—1942年的华北农村》,王福明译,南京:江苏人民出版社,2008年,第1章。关于传统中国治理思路在近代发生的转变,参见罗志田:《国进民退:清季兴起的一个持续倾向》,《四川大学学报(哲学社会科学版)》2012年第5期。

只要稍微留意一点，不论在政府要人的报告中，或是在各种的书报中，我们常常可以听到或看到关于农村经济破产一类的话。这一个问题，全国上下，都认为是一个严重的问题，是一个国家存亡的问题，是一个民族兴衰的问题"。不过，林宗礼也说，虽然这样的话已成共识，"我国农村经济的衰落，究竟衰落到怎样的程度，农村经济破产，破产到怎样的地步，我们非得有个概念不可"。这样"才能知道他的病原，然后对症下药，方克有济"。①农复会存在的时间仅三年有余，影响有限；但这一机构却象征着"农村"正式被国民政府作为"国家问题"加以确立，并尝试"对症下药"。

其实，在南京国民政府成立之初，即有人就提出政府需要重视农村建设，才不致"一个以农业立国的国家，弄到农村衰落，和农业荒废的状态"。"帝力无所加"，本来是传统乡村最写意、最令人向往的状态，而这位或许来自村治学院的作者看到的，却是国家和政府历来不重视"农业政策"，"对于农村建设的研究可以说是完全置之不顾"。他反而感到，"到近年以来，南方革命政府确立，同时中国国民党的政纲中，对于这类问题也有详细的规定之后，国内各省，才有要求农运、农业以及村治的呼声"。因此，"农村问题的呼声，好像应时而起"，也在宣传上成为"训政时期一个重要的题目，同时是必要的道路"。②

这篇文章特别点出"南方革命政府"，追述的是南京国民政府在较早时期的政策。虽然"分共"之后工农政策已经有了较大的转变，但就一般人看来仍为其一大特点。后在农村社会学颇有建树的杨懋春也认为，中国现在虽然是一个"问题如麻而又急待解决"的时期，"不过在最近四五年来，人们似乎都集中目光于农工的身上，相信中国的问题是要靠农工阶级去解决的"。杨懋春又进一步分析，因为此时工人数量有限，"靠农工阶级来解决"，"就无异乎说靠住在乡间的乡民来解决中国问题了"。③

---

① 林宗礼：《中国农村经济资料的评介》，《教育与民众》第 5 卷第 5 期，1934 年 1 月，合订本第 947 页。

② 根培：《高呼建设声中之农村问题》，《村治月刊》第 1 卷第 10 期，1929 年 12 月，该文第 1 页。

③ 杨懋春：《关于中国乡村教育的几问题》，《大公报》1931 年 1 月 24 日，第 3 张第 11 版，"读者论坛"。

正是在这种认识之下，此前已经在乡村救济领域开展工作的华洋义赈会在此时开始得到舆论注意。1927 年董时进曾专门撰文介绍该会的农村工作，他尤其感叹，"中国事情，外人反知之较详"①，因此为之介绍，希望能够互通声息，体现出此时期舆论关注的"外缘"。稍后，《大公报》也对华洋义赈会活动有所报道，并在头版专门撰文表彰其"新成绩"，认为"凡有志救济农村者，大可群相效仿"，甚至说"义赈会所办，乃全国所应办者也"。该篇社评尤其注意到，"扶助农民增进生活"，不是要金钱施舍，而需要"减其营生之障碍，而助其自立"，其金融合作组织正是这样一种机关。且从其活动来看，"观农民借款之不失信，足知中国社会基础，初未破坏，……其信用之坚自在也"，甚至感叹"最受压迫之贫农，乃世界最良善可靠之人类"。同时，该文又提醒，虽然"数年以来，一般挟新思想"都已经注意到提倡农民组织，"然组织之初步，必须自农民生计有密切关系处做去"。乡村合作社的组织，既是"救济农村之第一要务"，同时也可以使农民"自行管理，互察信用"，"乡村风气，不数年而近代化矣"，仍然有着移风易俗的意图。②

由此来看华洋义赈会的工作，其农民的组织、农村的建设，不仅具有赈济的意义，更有益于"乡村风气"的"近代化"。这一期待点出了不少从事乡村建设的学者之关注所在。较早就已提出"村本政治"主张的王鸿一即认为，"民国十余年来，举国扰攘，有破坏而少建设，致国家根本大法，迄未成立，遑言其他？"而村本政治事关"国家根本大法"，却尚未引起当局注意，只有山西与河北翟城村，可以说是"根据中国学术思想，参酌日本乡村组织，徒事建设事业，绍教养原则之遗绪，开村本政治之先声，在今日政治建设上，洵为极有关系之实例也"。应当以此推广，"先总理所谓王道文化此者也，吾国所亟应复兴之文化亦此也"。③也有人批评说："过去农民运动，解除农民痛苦的呼声，高唱入云。可是对于农民生产的智识应如何灌输，和生产工具应如何改良，简直没有人提及。""要知中国的农村，还是在宗法时代。推翻封建社会，固仍然是必要。可是推翻之后，要有革命的新社会

---

① 董时进：《中国华洋义赈总会在农村之工作》，《中华农学会丛刊》第 53 期，1927 年 2 月，第 95 页。

② 社评，《华洋义振会之新成绩》，《大公报》1927 年 10 月 28 日，第 1 版。

③ 王鸿一：《建设村本政治（续）》，《大公报》1929 年 4 月 11 日，第 4 张第 14 版。

的组织，才不使社会濒破碎于陷落。"①这里说的"革命的新社会的组织"，虽然与王鸿一用语相当不同，仍可以看出一种以乡村建设解决中国问题的思路。

这些不仅是在野知识分子的意见，于右任在 1931 年也提出"高级官吏到民间去"的口号。他注意到"从来在社会上层的人，不会知道社会下层的痛苦"："在都会的不会知道乡下的痛苦，在通都大邑的，不会知道边地腹地的痛苦。""社会上层"与"社会下层"的不通，同时也是"都会"与"乡下"的不通，是"通都大邑"与"边地腹地"的不通。因此高级官吏与其"出洋"，倒不如"下乡"。②可以看到，农民运动时期对于知识青年不了解乡下的批评，已经被接受为整个社会的问题，以至于又出现了晚清式"上下暌隔"的问题。

尤其随着国民政府"剿匪"的进行，乡村基层的意义逐渐体现。在要求各省举办保甲的电文中，蒋介石即认为"欲绝匪之根株，仍宜由举办保甲，清查户口入手，使人民能自动防匪，而匪不能混迹于乡村城市之中"。③当时的舆论界亦有人提出，"国民革命成功，因领袖人物，起家破坏，缺乏政治经验，不知地方改革之重要，以是政争不离夫中枢，恩泽不及于民众。幸而年来气象稍变，渐知注意地方政治，观于赣鄂粤桂各省近事，可为明证，此实应当赞许之现象"。因此提出"扩大地方机能"，整理地方行政，以此作为"匪区善后"之方法。④1932 年鄂豫皖三省"剿匪"总司令部成立之后，开始在三省推行保甲制度，并提出关于设立农村金融救济处训令。

在江西县政会议上，文群即提出，中国虽然历来重农，但皆就"教化"二字努力，"所谓孝弟力田，就是把农业和家族主义结合起来，利用家族伦常的教化作用来鼓励农业，维持农村，而在政治上则以不违农时不扰民便是好政府"。而人民方面，"除完纳钱粮以外，便与官府全无关系，所以在政治上说，实在是消极的放任

---

① 王士荣：《从解除农民痛苦说到村治运动（续）》，《大公报》1929 年 5 月 1 日，第 4 张第 14 版。

② 《"高级官吏到民间去"》，《大公报》1931 年 9 月 4 日，第 2 张第 5 版。

③ 《蒋中正电令各省举办保甲 限期三个月至多半年内办竣》，《世界日报》1929 年 9 月 15 日，第 2 版。

④ 社评，《匪区善后与地方整理》，《大公报》1932 年 9 月 30 日，第 1 张第 2 版。

态度"。到现在，"旧教化无灵了，旧伦常失效了，家长族长乃至绅士们皆不足以为农村的表率"，因此政府必须改变原有的放任态度。文群特别指出，"本来新式政治都有积极干涉的意味"，再加上"我国近数十年所提倡的新式政制大抵皆由工商立国的国家输入而来"，政治家只知道关注都市，"新政治家都是都市化的头脑"，因此对于农村依然持"消极的放任态度"。文群批评，"古来以教化积极维持农村的作用是破坏了，近代的都市化的政治对农村又依然是消极的，于是乎中国农村近二十年来可谓无人过问"，致使"城外老百姓所住的世界，乃为一旧人物不能作主，新人物不来作主的放任世界。这就是我国农村的现状"。①

稍后涉及"匪区"善后工作时，当时的汉口总部更提出，"善后工作，当以兴复农村，发展农业为当前之急务，亦即救济经济国难唯一之要图"，并再次强调，"在昔我国农村组织完全建筑于宗法社会上，除血统亲族关系，略有情谊之联络及经济之结合外，几无团体生活之可言。一切经济行为，概系各人自谋，各家自给，本已不适于二十世纪之生存"。此时要重建基层社会，不仅需要通过合作制度来重建社会组织，更需要建立新的经济组织："我国农业经营，向不得法。耕作设备，尤为简陋，以致浪费多量劳力，而生产仍极低微，此亦农业失败之最大关键。欲谋根本之救济，自以集产农场之经营为最易收效。惟我国数千年来，皆尚小农制，复承认土地私有权，故集产农场，实形扞格，不可遽行采用，而以利用合作社制度为最适宜。"② 不少地方甚至开始提倡恢复保甲或者乡约制度，亦是出于这种"重建乡村组织"的想法。③

虽然各自的思虑有所不同，但正是这种重建社会的基本想法产生了朝野合作的念头。早在1931年，即有人感觉"乡村改进机关大联合的时机到了"。这位作者注意到，"现在的乡村运动，是从政治和社会两方作起来的"。"由社会方面作的，一点不与政治方面接头，办法太特殊了，恐怕是难于发展。反之只顾用政治的力量作去，处处要'整齐划一'，不求在大多数人民的心理上造基础，结果是'敷衍公事'，

① 《农村救济与救济方案》（1932年2月26日），文昭云讲述：《农村问题集》，出版者不详，1934年，第30页。

② 《救济农村经济首应提倡农村合作社》，《大公报》1932年10月29日，第2张第5版。

③ 《恢复乡约制度》，《大公报》1932年11月30日，第2张第5版。

未必能得人民真正的信仰。"因此有必要促进双方的联合。[1]

到 1933 年行政院设立农村复兴委员会，时任行政院长的汪精卫在第一次会议中即谈道，"近来朝野两方，对于这事，都已注意。在野方面，如华洋义赈会等，已经做了许多工作。在政府方面，内政部实业部等，已有种种方案。又如豫鄂皖三省剿匪总司令部，也已有种种关于救济农村及复兴农村的条例和组织"，可见朝野方面对于复兴农村已有共识。[2] 有人即认为，"政府既成立兹会，要足为当局目光转变之表征"。[3] 文群更提出，"年来救济农村，复兴农村二语，渐已蔚为时代潮流，然认识实尚未彻底，政府对此，其重视程度，仅等于筑路禁烟各项要政之一，而不悟国家内政，除以农村为全部施政之对象外，更有何事急于此者!"[4]

稍后全国二十余个从事乡村运动的团体成立乡村建设协进会，更被视为"乡村运动之新纪元"。[5] 章元善就说，乡村工作讨论会就是为了解决此前从各个不同方向进行乡村工作所产生的烦闷。"这种烦闷的心理，一日一日的深刻化了! 最终的目标，看不清楚。犹如大海行舟，丢失了指南针。如何是好!"通过讨论会，乡村教育、乡村合作等工作可以"由分而合；使原素化合起来"，更可以——"装配起来，使他成为一个系统"。"至于这个目标是什么? 姑且用最浅显而大多数人可以同意的名词来代表，就是救济农村。"[6] 不过，中国社会教育社 1933 年年会，就以平教会提出的"由乡村建设以复兴民族案"为讨论中心，进一步提升了"救济"的消极意义。[7] 可以说，"复兴农村"已经成为此时朝野双方的共识，双方也在一定程度上谋求着合作。

---

[1]　茹春浦：《乡村改进机关大联合的时机到了》，《乡村建设》第 1 卷第 4 期，1931 年 11 月 1 日，第 2 页。

[2]　《农村复兴委员会第一次会议汪委员长开会词》，《农村复兴委员会会报》第 1 号，1933 年 6 月，第 4～5 页。

[3]　社评，《复兴农村委员会开会》，《大公报》1933 年 5 月 5 日，第 1 张第 2 版。

[4]　《省政与农村建设》（1933 年 8 月 28 日），文昭云讲述：《农村问题集》，第 15 页。

[5]　社评，《乡村建设协进会之成立》，《大公报》1933 年 7 月 13 日，第 1 张第 2 版。

[6]　章元善：《农村运动之今日》，《独立评论》第 128 期，1934 年 11 月 25 日，第 6～7 页。

[7]　参见庄泽宣、崔载阳、古楳：《如何防止乡村的崩溃》，《教育与民众》第 5 卷第 1 期，1933 年 9 月，第 21 页。

　　此时学界正在进行所谓的现代化大讨论①，其中，城乡发展不平衡也越来越为时人所注意。稍早就有一位在华的外国人感到，"中国沿海与内地适成两种世界，彼此隔漠，沿海与内地之关系，尚不及海口商埠与欧洲之接近"。②陈高傭也认为，"中国近年来的文化完全是一种畸形的发展，城市上的文化一天比一天发展，乡村间的文化则一天比一天衰落；城市上的大学设下许多，而乡村间的小学至今还没有完全普及；城市上的人们大谈主义，而乡村间的文盲则仍在百分之九十以上；城市上的人们住洋房吃大菜，而乡村间的人们则连最低限度的衣食都成问题"，因此"平均发展城市文化与乡村文化"已经成为中国文化现代化的重要内容。③

　　按照陈礼江的整理，当时的平民教育运动、民众教育运动、乡村教育（在他看来其实只做到乡村师范运动一阶段）运动、实验区（或县）运动、农村复兴运动以及乡村（或乡村建设）运动均归结为"发自知识份子盛行于乡村的下层的社会改造运动"。④陈一在1935年又对全国的"农村建设实验运动"进行了总结，并按照主持的机构进行了分类。其中"政治机构的乡村建设实验运动"包括山东乡村建设研究院、实业部（设有中央农业实验局）、行政院农村复兴委员会、全国经济委员会、河北县政研究院、青岛市政府、江宁自治实验县、兰溪实验县、广西垦植区、四川峡防团务局等十个机构，另有包括各省县民众教育馆的实验工作则被归于"教育机关的农村建设实验运动"。此外，属于"社会团体的农村建设实验运动"包括：中华平民教育促进会、中华职业教育社（设有徐公桥实验区）、中国社会教育社、镇平地方建设促进会、中国华洋义赈会等。⑤可以说，在这种"时代潮流"中，国家内政、社会、文化的建设，均已注目农村。

---

　　①　参见潘光哲：《想像"现代化"——一九三〇年代中国思想界的一个解剖》，《新史学》（台北）第16卷第1期，2005年3月。

　　②　《法人眼中之中国农工业》，《大公报》1933年1月8日，第2张第6版。

　　③　陈高傭：《怎样使中国文化现代化》（1933年7月），罗荣渠主编：《从"西化"到现代化：五四以来有关中国的文化趋向和发展道路论争文选》，第300页。

　　④　陈礼江：《民众教育与乡村建设》，《教育与民众》第6卷第1期，1934年9月，第54页。

　　⑤　陈一：《当代中国之农村建设实验运动及其前途》，南京：中国建设协会，1935年，第10～14页。

二、对于乡村教育的反思

中国社会的"教"本身是一个多层次的实践，与现代教育制度有着不小的差异。因此，随着清末新学制的推行，五四前后即有人提出以乡村教育来救治其偏重都市的弊端，到20年代后期陶行知更批评"中国乡村教育走错了路"，它只是"教人离开乡下向城里跑"，"教人羡慕奢华，看不起务农"，"教人分利不生利"。因此陶行知特别强调一种不同于新式学校教育的"活教育"，要求"建立适合乡村实际生活的活教育"。他分析说，现时的乡村教育之所以"没有实效"，"是因为教育与农业都是各干各的，不相闻问"。结果教育成为"空洞的教育，分利的教育，消耗的教育"，农业也因此"失了促进的媒介"。只有以乡村学校来联络各方面势力，以作为"今日中国改造乡村生活之唯一可能的中心"。[①] 陶行知的主张在当时引起不少关注，也使得乡村师范成为教育界关注的话题。尤其是1928年全国教育会议召开时，与会人士专门参观了晓庄师范，"见其成效大著，引起各教育家之注意"，有人因此而感到"近来乡村师范，为教育上之要图"。[②]

长期在江苏从事普通教育工作的徐宗恺也回应了陶行知的主张。他提出，教育本来应该"无分都市乡村"，但国人由于"受列强工商政策之影响，物质文明之熏陶"，因此"莫不趋重都市，而忽视乡村"。更重要的是，现在的教育多"深言纸片空谈，不切日常生活"，却忘记了"教育"的"育"，"明明于'教导'之外兼含'养育'之义"，忽视了"教育即生活"的意义。他尤其批评，"以往乡村教育之错误，在领导乡村子弟'吃饭不种稻，穿衣不植棉，做屋子不造林'"，结果使得"勤谨者变为怠惰，俭朴者变为奢侈，安分守己者变为行险侥幸，种种乡村间之美德，根本

---

① 陶行知：《中国乡村教育之根本改造》（1926年12月），《陶行知全集》第1卷，第85～86页。

② 《江西筹设乡村师范　龚寿山任校长》，《世界日报》1928年9月14日，第6版。

推翻"，而此种教育也只得"一知半解残缺不全之文字符号而已！"因此徐宗恺提出，"乡村教育应趋重生活化，先与农业携手，次与一般的职业携手！"①

然而陶行知等人关注的，不仅在于教育本身的理论，亦涉及新式教育导致的学生失业问题，有着改良乡村教育以解决学生出路的意图。由此再看时人救济农村的要求，实际包含着解决都市问题的设想，尤其是新式教育中受教育者"毕业即失业"。1926 年吴鼎昌就认为学生失业是"社会上最大危机"。他注意到，"在今日学校出身之失业青年，对于现在社会上政治经济之组织，咸怀极端不满之意"，因此"苟有可乘，便思破坏"。这种行为"与其谓为思想所激，勿宁谓为生计所迫"。吴鼎昌甚至认为，如果"政府与社会两方面之有力者"不能"因势利导，速辟学生之出身途径"，"则每年加增数万智识阶级之失业者，即无异每年加增数万智识阶级之革命者"，甚至将导致"现在社会之组织，必有根本破坏之一日"。②职教会江苏教育会当年专门开会讨论中学生毕业出路，谓在 1916—1925 年间有 22% ～ 36% 的中学生既未毕业也未就业，要求研究中学生失业的原因何在。③

此后《大公报》上并有广告"征求学生出路办法"，谓"本报认'学生出路'为现今社会上最大问题"；"凡社会上有良好办法见示者，本报亟愿介绍社会有识者，以资研究"。稍后亦有人批评说，现时社会存在着"人找事事找人"的怪象。一方面是"智识阶级，缺乏就职机会"；另一方面则是"人才与社会需要不相应"。这位作者认为，"二者皆国家大患也"，更思考说，"中国自来士农工商，各有专业。而士为四民之首，安排最为不易"，因此"自乡举里选以至科举学校，无一非安排士类之方法"，自辛亥革命以来，"新旧过渡，纲纪荡然"，"地方人口，集中都市"，导致了"智识阶级"无处安置。④

类似的想法直到 30 年代中期仍然持续存在。翁文灏在讨论如何打破青年"没有

---

① 徐宗恺：《推行乡村教育的重要问题》，《教育与职业》第 103 期，1929 年 4 月，合订本第 1031 页。

② 前溪：《社会上最大危机》，《大公报》1926 年 11 月 2 日，第 1 版，社评。

③ 《值得注意之学校毕业生就业问题》，《大公报》1926 年 9 月 13 日，第 6 版。

④ 社评，《人找事事找人》，《大公报》1927 年 5 月 6 日，第 1 版。

工作的烦闷"时就建议青年人"到内地去",不要"挤在北平天津等大都市"。[①]1934年计划设立中央农村服务讲习所时,就以"开辟失业学生之出路"为其旨趣之一,希望能以此来解决大学生"流离都市,贻害社会",以及"农村文化,异常落后"的两大问题,希望大学生能在讲习所中获得"服务农村必需之各种知识及方法"并回到农村服务。这样"农村获得导师,毕业生亦得尽其长,诚为一举两得"。[②]可以说,此时的乡村一方面是需要受教的对象,另一方面又成为救治新教育弊病、容纳失业的新式知识分子的场所,具有双重的意义。

因此梁漱溟的乡村建设研究院说是要"解决多数人没饭吃"的问题,不仅是指此时农民生活的困苦,更是有鉴于那些离村求学的知识青年同样生计困难,他甚至感到:"现在中国社会中吃饭最成问题的,似更在受过教育,有些知识的那般人。"因为这些人在新式学堂学到的知识"在简拙的旧农业上用不着","农民勤苦的习惯能力,他又已没有",更因为新式学堂地处都市,"生活欲望已高",其欲谋生也就只能"竞趋于都市",甚至"都拥到军政学界来了"。这样,不仅这批人面临着"无处安插之苦,生存竞争之烈","大局的扰攘不宁,此殆为有力原因"。[③]梁漱溟更因之思考,"中国旧日社会,分得很匀,构造非常巧妙!"士人在社会上贡献甚大,"而所取则甚薄","所以在社会上名誉面子是很到家"。这样,"名誉面子既让给士人,财利便让给最无面子的工商。为农的面子又好一点"。[④]这种思考既是对于传统社会秩序的反思,又涉及现代城乡规划与安置,体现出其乡村建设理论那新旧不分的一面。

同时,新式教育所造成的学生失业,本身也源于其与乡村社会不相适应。包括平民教育、乡村教育等有志于纠正其偏的尝试,也需要在实践中尝试着适应乡村生活。曾有人提出可以通过夜校实现乡村教育,但河北省开办夜校时就发现因为农

---

① 翁文灏:《一个打破烦闷的方法》,《独立评论》第10号,1932年7月24日,第3~4页。

② 《设立中央农村服务讲习所旨趣说明》(1934年11月),中国第二历史档案馆藏,国民政府档案,全宗号1,案卷号267。

③ 梁漱溟:《山东乡村建设研究院设立旨趣及办法概要》,《中国民族自救运动之最后觉悟》,第241页。

④ 梁漱溟:《乡村建设理论》(1937年3月),《梁漱溟全集》第2卷,第209~210页。

民"晚间仍须守夜饲畜"而难以维持。即使到了农暇，农民"也得寻相当副业"，如"出外谋生"或"在本村为花行捆花包里挣钱"。①对此，乡村建设研究院的张筱珊批评，"中国近三十年来，社会上一切的一切，都未免'洋气'的太过"。其中，"教育制度，以及被这制度教育出来的人，尤其洋气的利害"。他特别提出，"中国的教育中，除去欧化，俄化，日本化以及等等化之外，仔细找一找，那［哪］里是我们的东西？还不是把东西洋的把戏整箱整套的拿来耍一耍？"对于中国而言，"近年来东西洋的各种路已经算是走遍了，然而所得到的，都是'此路不通'"。因此，张筱珊要求"本院全体指导教师，率领学生到乡村去，作土里的工作"，以此来纠正"洋气太过"的问题。②

时任职于洛阳试验区的沙居易甚至感到，大部分人"下乡"以后，都试图以学校的形式进行，如以民众学校的形式作为"推动乡村机关"。但他们在实际工作中却感到，"以学校式的教育，来组织农民，建设乡村，是一件靠不住的事"。因为学校很难留住成年农民，尤其想要"时时有乡村中的自治领袖，及年老德硕的舆论者，来参加活动，更是戛戛乎其难"。但如果"乡村运动中没有他们来参加，将如何的'运'，运了又怎样能动？"因此他们开办了"父老茶园"，"将启发和讨论问题的使命让渡于茶园"。这样不仅可以使他们感到"茶园里不是个衙门"，"无所疑虑"，"欣然降临"，尤其可以避免乡村运动中的改进组织，"与原有地方自治系统中的乡镇长，处于对立地位，以致互相掣肘，互相妒嫉"。③沙居易在这里关注到的是，即使被认为并不属于政权建设的学校，在进入乡村时仍然与既有的权力系统存在着竞争。而功能与意义正在不断扩大的"民众学校""乡校"，应该如何有机融入乡村社会，也是一个持续存在的问题。

此外，最被期待为解决读书人"出路问题"的社会教育，却让工作于其间的读

①　王镜铭：《河北省立实验乡村民众教育馆民众学校试验报告（续）》，《益世报》（天津）1935年7月16日，第3张第11版，《教育与社会》第6期。

②　筱珊：《高等教育革命论和乡村教师救国论》，《乡村建设》第1卷第13～15期合刊，1932年2月21日，第27～28页。

③　沙居易：《一个新的乡村系统的实验》，《教育与民众》第6卷第1期，1934年9月，第4～9页。

书人经历着不少失望。时任山东省民众教育馆馆长的董渭川就承认，自己是"于当教员干行政的碰壁之余"，"具着这样的隐遁心情走进来的"。而在时人的眼里，也认为民众教育馆是"光吃饭不做事的场所"或者是可以"吃闲饭"的"饭桶机关"。他更进一步反思民众教育馆的工作："所谓展览呵，比赛呵，一类的把戏"，无非也都是"我们摹仿别人……别人又摹仿我们，成为互相摹仿"；"表面上仅能用以粉饰自己底门面，炫耀自己底事业"；实际上"化〔花〕费许多人力财力，发生的教育作用却并不切实深刻，普遍持久"。他尤其批评说，平民教育馆本多设于都市，但对于商民和工人几乎都毫无影响，真正能够"常常光顾我们底电影院、讲演厅、茶园、球场、俱乐部、陈列馆等处者"，大半是"有闲而又有钱"的市民。"他们前来的态度是开心游赏，并不需要受教。"因此要求民众教育馆走向乡村。①茅仲英认为"大量生产下的民众教育馆在质的方面太为贫弱和成效的太为空虚"，因此被时人讥为"养老堂"，甚至"有'无用论'之继起"。②

类似民众教育这样的机构设置本有强烈的现代色彩，又多为官立，本身就不怎么"民众"。江苏省立教育学院的朱若溪就感到，民众教育馆在民众看来，实际多为"游艺场""休息室""慈善局"，甚至是"小衙门"。"在别人看来，这所高大的屋子里坐了这许多人，究属做些什么事，直是莫名其妙"，以致"乡下人少见多怪，无以名之，就说是'小衙门'了"。③林宗礼也自觉现在的民众教育馆"太壮观了，民众看了，往往误会为衙门，以致不敢来请教"。④由此来看晚清以来的社会教育，其实效恐怕值得考量。

虽然已经任教于皖北民教馆，张登受却提醒说，其实"在民众教育馆未产生之前，我们便已有社会式活动的机关了"，包括演讲所、宣讲所、阅报所、通俗图书

① 董渭川：《民众教育馆之出路问题》，《教育与民众》第5卷第2期，1933年10月，该卷合订本第235～238页。
② 茅仲英：《办理民众教育馆的八个要点》，《教育与民众》第5卷第2期，1933年10月，该卷合订本第261页。
③ 朱若溪：《民众教育馆设施方法之讨论》，《教育与民众》第5卷第2期，1933年10月，该卷合订本第270页。
④ 林宗礼：《怎样办理民众教育馆》，《教育与民众》第5卷第2期，1933年10月，该卷合订本第282页。

馆等等，也"加上科学标本模型的陈列"，仍然被认为看书看报为主。这样的机构，再加上"职员听差太多，糜[靡]费分帑"，未必适合民众生活。张登受甚至认为，这些民众教育的方法，"与其说是社会式的，倒不如说是较能顾及民众时间上的便利与自由的学校式的设施，而稍有社会式的倾向罢了"。

由此看来，当时民众教育馆的主持人仍然还保持着"礼闻来学，不闻往教"的传统。虽然明代心学就有过讲学的传统，但到大众去推行教育也是相对现代的一个概念。在这种情况之下，到底有哪些人能够"来学"成为一个必须考察的问题。与董渭川的观察相一致，张登受也注意到来民众教育馆的"白相人"多是"有闲阶级和游民"的问题，"劳苦大众所占的百分比是非常的低"。①

到1937年朱若溪仍然在反思："'民众教育馆'这一个名称，实在是历史上找不到的名称"，因此在这样摸索的工作中也"免不了要走上错误或失败的途径"。他批评民众教育馆之一大病症就在于"官僚习气太重"，以致"民众教育馆的大门无形中变成了非正式的衙门"。馆内工作只是"弄些官样文章和记载报告"，"没有几个钟点是化[花]在'民众'和'教育'上面的"。他分析说，馆内存在"牌子与报告太多""事业的名目过繁""太广泛的活动，太少实际的事业"等问题，都是因为"一般人的错认了民众教育馆的性质"，将它作为了"一个混饭吃，混履历的场所"。因此，按照教育部在1931年的统计，各省公立私立的民众教育馆已有900所，职员3800余人，看起来民众教育相当普及，但这些民众教育馆到底发挥了多大作用，却恐怕需要打上一个大大的折扣。②

正因为当时民众教育中存在的这些普遍问题，有人甚至认为"所谓'新教育'者"只是"把城市式的工商式的教育移植到农村里去"，因此只能是失败。即使是那些"自以为是改造过的乡村教育，像有几处正做着大城市的点缀品的，却也不算

---

① 　张登受：《民众教育馆是什么》，《光华半月刊》第4卷第10期，1936年6月3日，第70～73页。

② 　朱若溪：《现今民众教育馆的病症及其救治》，《中华教育界》第25卷第2期，1937年8月，第61～65页。

成功"。① 教育集中都市的状况不仅是教育界人士关注的问题，甚至逐渐引起了宗教界人士的关注。太虚法师就提出，不仅应该多设"办在山乡中的农村小学"，教师也需要"能实习农事并有当地及超当地的农事经验"，这样才能"率领小学生并小学生的父兄共同劳作及指导其从渐改进农事"。太虚认为必须使得"学校生活与实际的一般农家生活相近"，小学生毕业"不但仍能去作农务而且于农务有逐渐改进的效力"。这样的小学教育"才是大多数人民需要的教育，才有普及大多数人民的希望"。②

钱穆到了晚年曾经将中国社会分为城市、乡镇、山林与江湖四个部分。③ 山林本与宗教有着密切的关系，但若勉强采用二分法，山林到了近代也常被人视为城市生活的反面而更近于乡村（参见第三章）。太虚法师既有着佛教的一面，又是佛教中的社会革命者，其对于农村小学的提倡自有一番用意。后来金陵神学院的牧师余牧人更明言"中国教会，在乡建运动发生以前，早已有乡村布道工作"。反而是"近数十年来的所谓新教育"，只是"模仿西洋"，而"与中国固有的文化及人民的实际生活，几乎脱离了关系"，结果"受教育者大都不能事生产；能事生产者，又多不受教育其情形与旧日科举时代几无若何差别"。余牧人注意到，新教育所提倡的普及教育之所以与科举时代无差，就是因为"所有的学校，又大多数是设立在城市里"，造成的"只是一种贵族式的富人阶级的教育"。在这种贵族式的教育之下，不仅农民受教育的机会较少，即使有稍能读书的农家子弟，"不但是不愿从事生产工作，且多不愿返回乡村"，导致农家多不愿送其子弟入学校，反而进一步加深了乡村教育的落后。④

无论是从新式教育来看，还是从儒家教化来看，这些来自"教"外人士对于乡

① 王拱璧：《中国农村的病状》（1929 年 8 月），《河南中山大学农科季刊》第 1 卷第 2 期，1930 年 6 月，第 21 页。

② 释太虚：《怎样建设现代中国的文化》（1935 年 6 月），罗荣渠主编：《从"西化"到现代化：五四以来有关中国的文化趋向和发展道路论争文选》，第 504 页。

③ 钱穆：《现代中国学术论衡》，北京：生活·读书·新知三联书店，2001 年，第 227～228 页。

④ 余牧人：《基督教与中国乡村建设运动》，出版地不详，基督教联合出版社，1943 年，第 11 页。

村教育的检讨，都有值得注意的地方，也揭示新旧交替在乡村社会形成的文化真空。或因为如此，在移风易俗的意义之外，也有不少乡村教育的参与者开始思考乡村本身的文化逻辑。有从事民众教育者注意到，即使在数年乡村教育的影响之下，"乡村里的念佛会，是一丝没有改变，仍旧盛行在民众间的"，只是"某乡因受教育的影响，每年应该建醮坛数天的，在今年已改为三天了"。作者因此反思，不妨将"赴佛会作一种社交看待"，因为"乡村人智识不多，对于天地事务，与及人生，是很不甚清楚的"，"如果没有一个念佛会（相当于信仰），以作他们精神的寄托，不是使人变成机械了吗？"然而另一方面他又感到，如果乡村民众"这种内在的念佛心理（即所谓迷信）不改变，我们办理民众教育努力所得，是很少效果的"。如民众教育"提倡西医西药（或者中医中药）"，但"民众相信是痘司神主持的，应该去拜痘司神，或者去张仙庙请求寄名"。这样，"我们民众教育馆或者民众学校和乡村民众的庙宇，神坛并存着（或者在一起）这如何能够十分收效呢？"[1]

同时，对于乡村教育乃至民众教育而言，大部分内容都落实在了"识字教育"之中。按照在邹平乡农学校中的王湘岑的观察，不少人在"下乡之后"，"对于农村经济，农村自卫之各种实际问题"即感到"无从去着手"，"只得老老实实的教给农民认识几个字"。"如此一来，所谓下乡的工作，就完全变为农民识字的运动了；所谓乡农学校，也就完全变为农民识字的机关了"，导致"下乡的真正意义，更无从显现了"。[2]

以识字为开民智的手段，本是晚清开始的主张，在此时的乡村教育中，不仅其效果堪忧，时人对于识字教育的意义亦有所怀疑。一位民众教育的推行者在深入民间之后发现，在未有民众教育之前，通过唱本、戏曲、小说，"优秀的失学民众，也能以此自救"。类似的例子在《浮生六记》中所记的芸娘识字就可以作为一例，却并不为民众教育所重视。这位作者因此而思考，"向来的民众读物，是民众听了以后来说的唱的；所谓用耳治口治的'口耳三寸之学'"，现在的民众教育却偏重于

① 雷荣甲：《视导民众教育实验机关的心得》，《教育与民众》第3卷第9～10期合刊，1932年6月，合订本第1990页。
② 王湘岑：《下乡之回顾》，《乡村建设》第1卷第21～30期（乡农学校专号），1932年7月21日，第235页。

文字，"由'入耳而心通'的办法，转为'触目而意得'或'望文而事晓'，那是很不容易的"。他还举例说，自己曾经看见一盲妇，"能说《包公案》《再生缘》等全部，用来赚饭吃"，这位盲妇能说的内容就是"由师父一句一句地教会的"。但这样的鼓儿词，"论其文字的深浅，恐怕须要高级小学毕业程度，才能看得明白"。这位作者关注到的"耳学"到"目学"的转变，或可以说是一种现代性的表现。更直接地来看，识字运动还依赖着太多为民众所陌生的新词汇，尤其"合字成词，更要注意"。比如，"的"与"目"都是容易的字，"而'目的'一名词，曾有许多老先生闹过笑话！""人生观""积极""消极"这样的词均是如此。曾经有人演说禁止吸食鸦片时，"口中用'消极'一词很多"，"有一工人听了不明白，问吾友道：'消极是不是鸦片烟的别名？'"①

因此，识字教育在当下的乡村建设中是否需要，有不少人产生了这样的疑问。以教授华工千字课开始平民教育工作的晏阳初在1929年就承认，"在不久之前，我们才开始认识到，仅仅教农民读和写不可能为他们提供实际的帮助"。"乡村不像城市，不可能为识字的人提供许多机会去使用学过的字"。城市里"商店和家里挂着各种条幅、街道标志，各种账本等"；乡村则缺乏这样的条件，因此农民也"几乎没有那种在公共场所认出刚学到的汉字而产生的激动心情"。②杨开道也提出，"文字教育既不是现在的急需，又不受农民的欢迎"，不应该"把有限的人财，去办理比较可缓的教育"。因此提出不妨"暂把'智识荒'丢在一边，先去照应'肚皮荒'"。③

在1930年的江苏农村改进会议上，中华职业教育社农村服务部就检讨道，农民识字固然在教育者看来"关系异常重要"，但识字本来"无裨于衣食，已非一己之所欲"，"即使勉强入校勉强认识，勉强记忆"，在出校后"不用之于记载通讯阅读"，"则亦无几何时，仍遗忘殆尽耳"。因此，职教社在徐公桥的民众学校就力求

① 天游：《民众读物与民众教育》，《教育与民众》第1卷第1期，1929年5月，第43～50页。

② 晏阳初：《有文化的中国新农民》(1929年)，《晏阳初全集》第1卷，第143页。

③ 杨开道：《农村民众教育的几个重要问题》，《教育与民众》第2卷第1号，1930年9月，该文第2～4页。

将识字"与职业生计相联合"而"不偏重文字"，甚至说"文字教育效力究竟有几何，殊未敢言"。如果仅就应用而言，甚至"似应改用注音符号"，可以"由主持机关，编印附载注音字母之浅近书报，以供农民阅览"，"一切机关布告商店招牌各项广告，皆于文字之旁，附注符号"。"如此庶可使农民真正能识字，真正能用字。文字教育之效，始可与言。"①

类似的观察其实颇能引起共鸣。王镜铭也感到"普通农民对文字教育，并不感到需要"，因为"他们对于外界关系，……往来机会很少"，"自然不需要书信来往"。除了有"家人在外当兵，求学，经商者"之外，他们"可以一终生和邮局不发生关系"。"识字，记账珠算，书信"这样的能力在城市可能是必需，"而在农村，并不感何等迫切"。② 60年代晏阳初试图把乡村改造推进到更大范围的时候，也谈到"我们40年前就已发现了的真理"，即不能仅仅"让文盲们上识字班"，因为这对于他们而言是"毫无用处"的。"但是如果你让他们学会读和写的同时，也让他们学会了怎样开办合作社和信用社的话"，他们便可以用识字班的成果，"记录下他们买或卖了多少头猪、多少只鸡、多少个鸡蛋，他们借了多少钱等"。因此"光识字决不会帮农民们的大忙"。③ 因此，当晏阳初将平教会的工作总结为文艺教育、生计教育、卫生教育与公民教育这"四大教育"，这在一定意义上回应了传统那更为广泛的"教"，也是对于其以千字文开始的平民识字教育的反思。

对此，费孝通在其《乡土中国》进行了更为深入的思考："我决不敢反对文字下乡的运动，可是如果说不识字就是愚，我心里总难甘服。"他甚至感到，不仅文字并非乡土社会所唯一必需的交流工具，中国文字恐怕也并非乡土的产物，而是具有"庙堂性的"，"一直到目前还不是我们乡下人的东西"。因此费孝通感到只有社

① 《农民识字应以注音符号为工具案》，江苏省农矿厅编校：《江苏省农村改进会议汇编》，江苏省农矿厅第六科，1930年，第30页。
② 王镜铭：《民众教育的经济背景（续）》，《益世报》（天津）1935年6月18日，第3张第11版，《教育与社会》第4期。
③ 晏阳初：《对危地马拉和菲律宾学院的讲话》（1965年），《晏阳初全集》第2卷，第396页。

会发生了变化之后，"文字才能下乡"。① 这一想法与上述晏阳初等人的检讨，可以互相印证，大而言之，也提示出乡村教育背后那一整套文化逻辑值得进一步思考的地方。

三、"实验运动"：乡村建设的另一面

1934 年孙伏园注意到，"最近全国各地，发生一种大同小异的运动"，这些运动看似"各有小节目的不同"，但却"其实是发生于同一的要求的"，可以概括为"'实验运动'一个名词"。孙伏园谈及的，正是包括定县、邹平的乡村建设，以及江宁、兰溪实验县，可以说概括了朝野双方。但他之所以采用"实验运动"这个名词，不仅是要承接自鸦片战争以来的"大运动"，希望实现一种"大众化"的、"与人民生活相扣"的建设，也认为"实验"自有可以推广的意义。孙伏园还特别说明："'实验'这个名词并不等于'模范'这个名词，也许这正是相反的两个名词"。因为实验未必就有成功的把握，同时"实验的时代往往多用一点经费，这是不应该过分责备的"。因为如果想要"能够得到一套从人民生活里头产生出来的学说、制度、法令，而不抄袭东洋稗贩西洋的"，只有通过实验的方式。他甚至提出："实验而失败，至多不过取消此学说制度法令，比实验区域以外的令出唯行总要好一点罢。"②

关于乡村建设作为"实验运动"这一面，尤其是孙伏园所感受到的"在实验运动者的看法，一切学说、制度、法令，不一定和人民的生活能够相扣"，揭示出乡村建设的一个值得注意的特征，即其改造现实的一面。这不一定要用后来人较为关心的革命抑或改良来区分，可能更接近一种作为动词的"现代化"，希望能够造成

① 费孝通：《乡土中国》(1948 年)，《费孝通文集》第 5 卷，第 322 ～ 332 页。关于乡间识字问题，尤其"识字"的内涵，参见温海波：《识字津梁：明清以来的杂字流传与民众读写》，《中国经济史研究》2019 年第 3 期。

② 孙伏园：《全国各地的实验运动》，《民间半月刊》第 1 卷第 1 期，1934 年 5 月 10 日，第 2 ～ 11 页。

全面性的社会变动。而这种社会变动所需要付出的代价，也早已引起了时人的关注。

较早对于平教会的定县工作进行报道的《大公报》即认为其"所得的成绩固然优良，但决不能普遍推行"，"只能算一种方针的实验"，因为其中既有"每年由平教会募来十六万元充全部的经费"，又有"数十个专门学家在这里工作"，"当然全国几十万乡村，不会多[都]有数十个专家，几十万金钱来经营"。[①] 稍后该报社评更提醒说，农村工作"宜就彼曹固有环境，加以改良。不宜以理想为之另创一种境地，尤不宜在起居生活上，使民众与有隔绝之感"。该文恭维"平教会干部人物，多为留学外国之优秀分子"，却"甘与文化低下之一般民众为伍"，"由都市移入农村"，是"仁人志士之用心，特立独行之气概"，但也感到"定县所谓平教华北实验区，经常费每月为六千元，全年连建筑费及创办费共十六万元，此种丰富的财力，断非一般平教及村治运动者所可希望"。因此，"从事平教与村治运动者，始终宜以研究眼光，学者地位，进行工作"，也将此数目的经费作为"研究费"，在"科学调查"的基础上提出一套"普通适用之平教与村治方案"。"只能由此寻出一条路径，以供全国新建设之用，不能由此造成一特别区，强立一不可能的模范事业。"[②]

此时已经有人注意到，乡村建设逐渐呈现出脱离乡村的趋势。江苏省农矿厅的一篇提案即认为，"我国旧式农村，存在至今，自有其存在之价值。缺点固甚多，优点亦复不少，故欲图改进，必先详察其背景，研究其优点劣点之所在，然后逐步改良"。然而最近的"热心农村改造事业者，每凭一己之理想以建筑新村，以致造成之乡村，流为富豪别墅，与一般农民生活格格不相入。此实与改进农村之主旨相违背"。[③]《大公报》的记者参观定县后也感到，"试验的成绩如何，当看若干年后，把一切的人才经济，慢慢的退出后，由本地的人才本地的经济作出的成绩如何，那时才能判断方法是否正确"。这位记者甚至感到定县"似乎太浪费些"，甚至恐怕"将成为'乌托邦'之新村运动"。"像平教会实验区的设备，和他们计划的，大部

---

① 《定县平教村治参观记》(一)，《大公报》1930年1月8日，第1张第3版。

② 社评，《定县之平教与村治运动》，《大公报》1930年1月10日，第1张第2版。

③ 《确定农村改进方针以利推行案》，江苏省农矿厅编校：《江苏省农村改进会议汇编》，第27页。

分固能和乡村适合，但有许多，决不是中国的乡村所能企及。"①

类似这样的批评不仅来自国内的参观者。一位来自南斯拉夫的学者参观后也感到平教会的工作"太学者气"，"用钱糜[靡]费，也太美国化"。对此，晏阳初以为"不能以推行时期的眼光来估量研究实验时期的工作"，也检讨说"本会对数目字不清楚，各人所举，都未统一"②，可见经费问题一直是参观者关心的重点。到30年代定县转入县政实验后，时人更感觉"实验"一词的不妥："中国立国数千年，领域二十余省，经验不可谓不多，行政弊端固已洞若观火"，既然已经"认清病源"，"即奏刀圭"便可，"此事而犹须付之实验，实觉滑稽"。这位作者更批评，定县"原系平教会之实验区，拥优厚之外国基金，有众多之近代人才"，尚需要实验，其他条件不及的地方岂非更难实行？"全国均在泥涂，何暇坐视此少数黄金国之闪烁哉？"③

"少数黄金国"一语，令人想起此前参观者反复强调的十六万，但却更加刺目诛心。对此，定县县长霍六丁不得不出来回应，说这"太一般的轻视实验区的意义，并误会了定县的事实"。他一方面说明定县的难处在于"不是政府而要做政府的事情，政治未上轨道以前而要做政治上轨道以后的事情"，另一方面也大倒苦水，说"现在定县政府各机关以及警察保卫团都有半年没发饷"，且支出不少："我们一样有驻军的供应，一样奉行省府及各厅的命令"。霍六丁并且反唇相讥，说："中国的问题太复杂综错了，所以近来一般所谓到民间去者所发的议论，并不比在租界写字间里发出的切实多少。"④

稍后内政部部长黄绍雄在定县参观后，也为其辩护说："定县的工作，在于研究实验。研究实验的意思，就表示不是把外国东西搬来中国。"既然如此，"自然是需要相当经费的"。黄绍雄并认为，传统"县政府不过管管人民完粮打官私[司]"，"假使我们今后能够找出一个县政改革的具体方案来，那么这笔研究实验的经费是值得用的"。对于黄绍雄的理解，晏阳初恭维这是"贤明的当局"，还补充说"研究

---

① 《定县平教村治参观记》（四），《大公报》1930年1月12日，第1张第4版。

② 晏阳初：《在全体职工会议上的讲话》（1932年3月21日），《晏阳初全集》第1卷，第209～210页。

③ 社评，《行政改革与县政试验》，《大公报》1933年9月4日，第1张第2版。

④ 霍六丁：《关于定县实验区》，《大公报》1933年9月7日，第1张第3版。

与推广有别。研究是需要多量经费的。例如千字课，编辑的时候需要各方面的人才，编成以后几分钱便可以买一册了"。①

然而"贤明的当局"毕竟不能常有。不到一个月的时间，老革命党人、曾经的立法院院长张继更攻击说，"所谓试验区、模范县，如邹平研究院、定县平民教育会，不过虚挂招牌骗人参观"，只能显示出"中国政治不能上轨道"。他更批评，"定县年耗二十四万，不过发展一隅，无补整个农村"，同时"一般号称村治学者，终日研究实验，令人生畏，疑乡村建设太难"，但其实"欧美行之有素"，学习运用即可，以期"从速完成整个乡村建设"。②对于张继的批评，晏阳初当日即发出急电，称其谈话"显与事实相乖，且词近污蔑"。次日张继复电，说自己"出言过当"，表示了歉意。③

张继的口无遮拦显然让平教会感到了危机，其官方身份更引人注意。《大公报》即以一篇短评点明，说"张先生是中央委员，是在朝负责的一份子，不是在野旁观的人"。换言之，对于类似的社会工作，在野人士不妨发发袖手冷言，当局成员却不应该仅逞口舌之快。该篇短评更批评："现在的政府，……根本上只知道从乡村剥削金钱到都市去"，"这种样子办建设，岂不是逼民于死？"因此提出，张继更应该"在中央大声疾呼，把地方民不聊生的真象，向住洋房，坐汽车，专跑上海租界的要人们提醒提醒，这比骂倒定县和邹平的乡治村治先生们的效力大得多"。④

相比这样的针锋相对，曾经留美的化学家、此时担任中华教育文化基金会干事的任鸿隽的评论则要平情得多。他注意到，"在'乡村运动'与'复兴农村'热潮正高的时候，向来为各方所推崇的定县平民教育事业，忽然连续不断地受到各方面的非难"，显然想要回应的并不仅此一例。关于经费问题，任鸿隽为平教会辨明"经

① 《黄绍雄视察定县》，《大公报》1933 年 9 月 13 日，第 2 张第 6 版。
② 《我国目前急务 应普遍完成乡村建设》，《世界日报》1933 年 10 月 1 日，第 4 版；当天《大公报》对此也有报道，参见《普及乡村建设》，《大公报》1933 年 10 月 1 日，第 1 张第 3 版。其中"一般号称村治学者"据《大公报》修改，《世界日报》原作"一般号称乡村学者"。
③ 《定县平民教育会 辩正张继谈话》，《世界日报》1933 年 10 月 2 日，第 4 版；《张继覆晏阳初 为定县平民教育事》，《世界日报》1933 年 10 月 3 日，第 4 版。
④ 短评，《张溥泉的农村建设论》，《大公报》1933 年 10 月 1 日，第 1 张第 4 版。

费的大部份，都是由私人募捐来的，而且大部份是由华侨及外国募集来的"，但也提醒"平教会应该多多的发表他们经费的来源及收支报告，以免这样的误会再三发生"。除此之外，同样参观过定县的任鸿隽，观感其实与张继并无不同。他虽然没有詈为"骗人参观"，但也注意到参观者多至应接不暇，甚至说"这是观于每年春间，他们登报广告限定招待参观的期间而可知道的"。不过，有着现代社会团体组织经验的任鸿隽表示了理解，"因为他们还得向各方募捐以维持其事业的进行"。而对于霍六丁、晏阳初的"研究—推广"说，任鸿隽也未必赞成。他不仅并不认为定县实验"能应用到全国各县各乡村去而不发生问题"，甚至赞成"张先生所说的乡村运动用不着甚么高深的学理"，只能"依地方情形，随发见随解决"。值得注意的是，任鸿隽虽然赞成了张继的大部分论据，却不赞成其结论，他不仅总结说"我们以为它［指平教会］的方向是不错的"，更转而反问，如果说其努力"无补整个农村"，"这个责任，是应该由政府负呢？还是该由平教会负呢？我们希望大家切实的考虑一下"。①

任鸿隽的文章显然有些辩护的味道。在他的夫人陈衡哲较早发表的感言中，陈衡哲虽然将其去定县的参观称为"诗情梦境"，不乏溢美之词，但同样提醒晏阳初必须注意实验的推广，否则，"区区一小县，即使建设成为一个乌托邦，又何补于中国全部的贫弱与疾苦？"②这话几乎就是张继说法的翻版，只不过时移势易，其夫君就不得不点明朝野之别了。但此时对于定县的质疑并没有停止。同样是留美学者，但以"定县的老百姓"身份发言的燕树棠，看到的情况就和任、陈夫妇截然不同。他专门撰写了《平教会与定县》一篇长文，认为"定县的社会成绩是定县固有的，不是平民教育会造出来的"，平教会的工作不仅没有其宣传的那么重要，反而加重了民众负担，更提高了当地"生活程度"。他更指出，具有外来背景的平教会，"对待一般老百姓们，好像日本在太平洋群岛行使委任统制，好像西洋在中国传教的牧师"，引起民众恶感。燕树棠并称，"我所说的那些情形是在平教会的报告书、

---

① 叔永：《定县平教事业平议》，《独立评论》第73期，1933年10月22日，第7～10页。

② 衡哲：《定县农村中见到的平教会事业》，《独立评论》第51期，1933年5月21日，第25页。

宣传品、出版物、统计表，等等文件的里边所没有的”，是“定县平民方面的舆论和舆情”。①

燕树棠文中还有不少苛毒之语（如说“平民教育会在定县潜伏反动势力”），因此，该文在《独立评论》发表时，蒋廷黻便附上了一篇跋文，他虽然承认“平教会的宣传，有时我也觉得过火”，但更多仍是在为平教会辩护。蒋廷黻甚至提出：“中国乡村所须要的不是小改革，是大革命。”这革命虽然不必是“杀人放火”，但考虑到“乡村革命之对像——穷，愚，私”，仍然是一种全面、彻底的社会改革。“因为利害的关系和人们守旧的根性”，容易引起不满，“所以燕先生所形容的定县人民对平教会的反感并不全出于我的意料之外”。他甚至挑明，燕树棠看到的状况正缘于“定县现在统治阶级换人了。换句话说，平教会无形中在定县执行了一个大革命”。由此，蒋廷黻认为，燕树棠的观点“与其说是代表定县三十万老百姓，不如说是失意绅士和地主的恶感的反映”。②稍后霍六丁也有回应，除了说明平教会的支出实际上正在减少，还暗中讽刺燕树棠为“劣绅”代言。③

蒋、霍之言暗示出当时定县地方政治的暗流涌动，然与前述情况相似，蒋廷黻对于燕树棠的其他指责也是采取“或有其事，情有可原”（蒋廷黻说自己尚未去定县参观过）的方式。如说平教会提高了定县老百姓的“生活程度”，蒋廷黻就认为这“是可能的，但也是不可免的”。他甚至说：“我们试平心静气的想想：我们过惯了都市生活的人是否能够过乡村生活；并且倘若我们饮食起居各方面事事都平民化，我们是否能够维持工作的效率。此中的困难不是我们的生活程度过高，是平民的过低。”换言之，蒋廷黻所谓的“乡村革命”，其实已经说明平教会在定县的工作不仅是某些具体的举措，更是一整套新的，当然也是外来的工作、生活乃至文化标准。因此，后来再有类似的批评时，胡适也说，“凡是一种社会改革，总免不了‘民怨沸腾’”，并未以此为意。④

---

① 燕树棠：《平教会与定县》，《独立评论》第74期，1933年10月29日，第3～8页。

② 本段及下段部分引文见廷黻：《跋燕先生的论文》，《独立评论》第74期，1933年10月29日，第9～10页。

③ 霍六丁：《答燕树棠先生》，《独立评论》第76期，1933年11月12日，第12页。

④ 《“平教会与定县”》（通信），《独立评论》第79期，1933年12月3日，第18页。

因此，这里值得讨论的与其说是对于平教会的臧否，不如说是这种改革本身的意义，尤其是时人反复言及的"实验"。实验二字，本身就说明了其外来的性质，也承认了试错的可能，遑论这一过程中需要付出的代价。另一方面，以晏阳初为代表的声音认为，实验又是推广必需的一步，而代价也可以通过推广来稀释。因此，晏阳初一直强调，定县经验具有可推广的性质。到了 40 年代他曾经总结说："我们在定县研究实验，并不是为定县，是要找出一套农民教育与农村建设的方法、内容，贡献给国家。"[①] 到他的乡村改造走向国际的时候，他更表示："研究化学的要有化学实验室，研究物理的要有物理实验室，研究人类问题的要有人类实验室。因此，1927 年，我们选择 40 万人口的定县作为人类社会实验场所。"[②] 定县实验不仅具有面向中国的意义，甚至可以推而广之。有人在定县参观后也猜测（很可能来自平教会的宣讲资料）定县之所以成为"实验室"是因为"该县距都市较远，未受都市影响，保留着中国传统的问题，共有人口四十万，大小乡村四百七十二个。由此乡村，由此人民中所找到的问题，即不啻在整个中国里找到的问题"。[③]

有人虽然承认，"定县上层领袖差不多都是留学生，他们的学问，他们的态度，他们的生活，自然和定县农民有点悬殊"，这种"新旧隔阂"正是前述批评的原因。但这位作者却提出，就是因为如此，定县实验不仅对于乡村建设有意义，更"可以说是一个同化中国社会，外国科学的熔炉"。他更豪迈地表示："定县用的是试验方法，科学方法，试验了也许失败，失败了还要试验，一直达到目的为止。"甚至"过去的失败，并不是定县的债务，而是定县的资本，失败愈多，经验愈多；经验愈多，失败的机会便愈少，成功的机会便愈多"。[④] 杨开道则为之辩护说，这些新派的乡村建设"目的不但要医治中国农村的新病，并且还要医治中国农村的老病，所以工作特别烦重，成绩也是没有把握。按照新派的政策和方案，他们最后的目标，是一个现代化、科学化的农村。现代化、科学化的农村，在中国不但没有见过，并

①　晏阳初：《中国农村教育问题》（1947 年），《晏阳初全集》第 2 卷，第 319 页。

②　晏阳初：《在第十届国际乡村改造培训班的报告》（1978 年），《晏阳初全集》第 2 卷，第 445 页。

③　《平教工作介绍（续）》，《大公报》1933 年 10 月 15 日，第 1 张第 3 版。

④　忧患生：《定县之谜》，《独立评论》第 97 期，1934 年 4 月 22 日，第 18～19 页。

且没有什么把握。"甚至可以说，"他们的敌人是五千年的历史，五千年的习俗"。①其目标既大，失败似乎也是可以原谅的。

事实上，且不论失败或成功，实验的代价都是需要首先"预付"的。1931年实业部筹备设立中央农业研究所，计划"研究关于农业技术上改良事项，尽量推行，俾全国农业得以科学化"。后来决定改名为实验所，并于1931年10月公布章程。②然而，建设所需征地却引起当地村民激烈的反对。现存档案中可以看到村民再三呈文，说明因为此地临近首都，可以零售瓜果蔬菜，获利较高。如果搬到他处，同样的土地难以获得同样的收益，因此"宁死不愿离开"。呈文尤其提出，"实业部为欲复兴全国农村经济衰落起见，而有建筑该所之举"。这样的"国家大事"，应有"全盘计划"，"所谓为全国而设者，当以全国农村共同负担"，至少"亦应勘觅官地建筑，方称平允，似不应征收民产"，结果却只以"吾十村者，为牺牲品，为全国试验区"。但此后中央农业实验所仍以分批方法购得这些土地。③这些呈文反映的当然未必是纯粹农民的观念，但同样可以看得出对于大部分乡绅而言，所谓的"实验"并非一个熟悉的概念。

同时，批评者所论的"黄金国"或者"乌托邦"，质疑的也正是定县到底造成的是一个模范、特例，还是一个具有可复制、推广的经验。不仅定县如此，张荫麟在批评梁漱溟的乡村建设理论时也注意到，"现在已经举行的农村改革运动的试验，都是在大都市附近而且是秩序较好的乡村，而且主持的人若不是本村开明的巨室，便是与本村开明的巨室有了联络的"。这样的状况显然并不容易复制和普及。"不要以为全中国都是像徐家桥或翟城村这样的乐土，须知这是很少数的例外啊！"④另一位身在定县的批评者更意含讽刺地说："定县也底确是一个万无一失的良美试验

---

①　杨开道：《农村建设之途径》，《大公报》1934年8月30日，第3张第11版，《乡村建设》第17期。

②　《中央农业实验所（研究所）章程》（1931年9月—1934年5月），中国第二历史档案馆藏，全宗号2，案卷号3511。

③　《南京孝陵卫乡民请免征收土地设置中央农业试验所》（1931年12月—1934年3月），中国第二历史档案馆藏，国民政府档案，全宗号2，案卷号3512。

④　张荫麟：《梁漱溟先生的乡治论》，《大公报》1933年4月15日，第3张第11版，《社会问题》第5期。

场"。①《大公报》的记者徐盈后来更感到，很多农村工作的选址从一开始就有问题，"只是注意了交通方便，而忽视了是否为一个纯粹农村的性质"。因为一般交通方便的地方"恰好多半不是完全仰赖土地的纯粹农村和农民"，但如果选择了"纯粹农民的区域，又多半发生着'种树无山'、'改良种子无田'的现象"，给农村改进工作增加了难度。②如果这些乡村建设、农业改进的地方根本不够"纯粹"而属特例，其实验的意义恐怕要大打折扣了。

更重要的是，"实验运动"还包括了现代社会科学更加制度化的要求：研究团队、经费支持乃至文书体系。这一制度在现代学术界看来天经地义，对于传统社会却非常陌生。杜亚泉在民国初年所感受到的"纸张天下"③，虽然是在讲政府举措，此时显然已经影响到了别的领域。如张继所看到的"研究实验"，举一事则必须先成立研究院，就与传统的"未闻学养子而后嫁"相当不同。④而大举研究、调查而先行，至少明显地需要经费的支持。这正是不少人或明或暗地希望说"乡村建设并不难"的意义。

至于"十年以来会中盈筐的计划书，满橱的调查表"，乃至"十之七八系为应付参观者之鉴赏"⑤，这些也是定县批评者的重点，但在新式知识分子看来，或自然而然，或者至少也是必要之恶。事实上，就讲究"来学"而不喜欢"往教"的传统而言，这些宣传多少有些令人不快。庄泽宣1935年到邹平参观就表彰邹平的一大特点是"绝对不看见标语与招牌"，并感到这是与其他"实验区"非常不同的地方。"我还记得前几年到徐公桥去，一入境便看见一座大牌坊，说明这是实验区，面积几许，四址若干里宽，若干里长。入境后更见许多信条。"晓庄也是如此。"至于定

---

① 《"平教会与定县"》（通信），《独立评论》第79期，1933年12月3日，第16页。

② 徐盈：《江西农村改进事业的全貌》（五），《大公报》1937年6月16日，第1张第4版。

③ 参见罗志田：《五千年的大变：杜亚泉看辛亥革命》，《中国的近代：大国的历史转身》，北京：商务印书馆，2019年，第143页。

④ 有意思的是陈衡哲在定县考察中就颇赞赏平教会"教本村的闺女去学习教养儿童"，真正做到了"学养子而后嫁"。衡哲：《定县农村中见到的平教会事业》，《独立评论》第51期，1933年5月21日，第22页。

⑤ 《"平教会与定县"》（通信），《独立评论》第79期，1933年12月3日，第18页。

县的招牌，如特约农田表证家庭之类，可以说是目不暇接。"只有在邹平，"不见一条标语，一块招牌，只在县城外某处照壁上有一些说明"。甚至到了乡村建设研究院，其招牌"也与其他各学校的一样，就是内部人员分处分科分股等等，也没有新奇的名称"。因此庄泽宣赞扬，"邹平的一般老百姓，有许多虽身受实验之益而未尝闻实验之名"。邹平这种特点的凸显，正反映出当时大部分"实验区"偏重宣传的一面。[①]

即使如此，庄泽宣在考察之后仍然感觉，各个"建设""实验"的前景不容乐观。"邹平在全国各县中因系偏僻小县，可榨取的地方不多；破坏的程度还低，建设也似乎较易。"而定县虽然"自清末以来即有模范县之称"，但"乡村崩溃的加速未尝因平教事业而见低"，"近年以来不能维持生活而流亡于东北的年即在二万以上"。民众教育馆所在的无锡"素称富庶"，"其境况亦愈趋愈下"。他因此提出，"虽则乡建的声浪日大，究竟能否抵得住破坏的力量实为大问题"。

同时，也有越来越多的人开始批评此类"实验"的泛滥。有人即感到，"'实验'这个名词，在近年来确是风行极了。什么实验县、实验区、实验乡乃至实验学校"。然而，在这些"风行一时的实验工作之中"，如以筑路为例，"筑路经费的负担，是加在那一类人身上；筑成的路，对于那一类人最有利，这可以表明我们的实验，究竟是在为那一类人服务"。[②]曾经供职于上海市社会局的毛起鹮则统计说"各地乡村建设机关，大大小小的算起来，居然有一百多个"。这种现象"一面表示乡建运动的势力的膨胀，一面则又表示乡建工作之浮滥重复"。甚至不论实际需要与否，在一省或一县之内，"划分好几个实验区，分别由各种机关主持实验"。同时他也注意到，"定县的特色，在经费多，花样多。各地的花样，差不多是从定县模仿得来的"；而"乡村建设的理论的创作和宣传，几乎等于梁漱溟先生一人之专业"，

① 本段及下段材料见庄泽宣：《邹平乡村建设的近况及其动向》，《东方杂志》第32卷第1号，1935年1月1日，"农村救济问题"栏，第64～72页。
② 佩芳：《政教合一的平阳郑楼实验乡》，《东方杂志》第33卷第10号，1936年5月16日，第112～115页。

“各地则有意的或无意的附和于其后”。[①] 不管是宣传的花样，还是理论的创作，都可以看出乡村建设已经自成一种事业。稍早陈序经批评说“十余年来的乡村建设工作还未超出空谈计划与形式组织的范围”，并认为其结果“恐怕只是养出一个吃乡建饭的新阶级”。[②] 出语虽然苛刻，也确实说出了不少人的隐忧。

四、“消极建设”：对于建设思潮的反思

1933 年 5 月，名列农村复兴委员会委员之一的胡适，发表了一篇《从农村救济谈到无为的政治》，引起了不小的震动。胡适主要的观点在于，若是要救济农村，兴利不如除弊，有为的建设不如消极的救济。他不仅主张废除苛捐杂税，更批评“今日大患正在不能估量自己的财力人力，而妄想从穷苦百姓的骨髓里榨出油水来建设一个现代式的大排场”，因此提出中国尚未到实行“欧美十九世纪以来的积极有为的政治哲学”的时机。[③] 即使是在胡适较为亲近的圈子里，这篇文章也引起了不小的反对声。[④] 而就乡村建设乃至国民政府的建设思潮而言，胡适这篇文章实际上回应着更长时间以来的困惑和思考。

早在 1929 年，《大公报》的一篇社评就提出，中国工业发展有限，“各国因偏重工业，而使农业衰颓之现象，在最近之中国，尚不致遽尔发生”，因此也不能照搬其救济农村的方案，而不妨采用传统的休养生息政策。“目前对症下药，只在回

---

① 毛起鵕：《乡村建设运动之检讨》，《东方杂志》第 33 卷第 13 号，1936 年 7 月 1 日，第 160 页。

② 陈序经：《乡村建设运动的将来》，《独立评论》第 196 期，1936 年 4 月 12 日，第 4 ～ 6 页。

③ 胡适：《从农村救济谈到无为的政治》，《独立评论》第 49 号，1933 年 5 月 7 日，第 1 ～ 3 页。

④ 参见格里德：《胡适与中国的文艺复兴：中国革命中的自由主义（1917—1937）》，鲁奇译，南京：江苏人民出版社，1989 年，第 272 ～ 283 页。

复秩序，保护农村，发展交通，豁免苛税。政府略施善政，民生立感昭苏。"①稍后在论及农村救济时，该报社评更认为，"救济农村疲敝，增加农业生产"固然是工业化以来的世界议题，但中国的情况仍有不同。"若夫中国农村破坏，与其谓为经济的关系，毋宁应认为政治之原因。"同时，该文还对地方行政职能的变化提出了批评："今则邑宰重责，集中于催租，征粮，募债，征车，征夫，无一事不以剥削农村、压制农民为务。而治盗匪，安闾阎，兴水利，便耕耘等等，概无暇问。"如果不改变这样的状况，"今后都市农村，行见同归于尽，而社会大崩溃之势成矣。"②

与中国传统的小政府相比，民国政府的权力本已存在急剧的扩张，《大公报》对于这一现象有着长期的关注，希望通过社会力量的提倡限制政府。冯玉祥于1928年提出民生问题案时，就被其借以发挥，认为"大凡民生问题，乃民众自身利害所关，原无待于政府之提倡"，政府只要"力予保护，不加妨害，在民众已拜赐不浅"。不仅如衣食住的问题，只要可以"无扰民之兵，与害民之官"，自然可以"农耕于野，商行于市，工勤于业，本不必倚赖政府"。即使是在现在看来属于公共事业的交通问题，"但使款无虚糜，有信可征，亦尽可责诸地方担负"。因此，只要"政府了然于保护实业之必要，明定方针，使地方有秩序，官吏守法律，党员受节制"，这种"自利利人之事"，"社会上自有起而努力者，又岂劳在上者为衣的问题，一一为人民筹画哉"。因此"冯氏提案，用意极佳"，但在着手问题上"仍以复秩序崇法治为先决问题"，尤其"有时且无需政府用力而民众已能自致之"。③

正是在这种考量之下，传统政治的优点，或者至少可以说是消极的优点也体现了出来："中国数千年政治，最富于自治之色采[彩]。人民所望于政府者，不在于积极的为民众谋幸福，而在消极的勿于民生民权有所妨害。"④这一看法也影响到其读者群体。王镜铭的投稿更称："中国数千年来是放任政治，政治权力从未普及农村。所以过去人民虽未享过政治幸福，但也不曾受到政治的骚乱。近来政治势力渐及农村，而苛政暴政随与俱来。而地痞流氓便是贪官污吏的导线，农村苛政的奸

---

① 社评，《解决民食问题之亟务》，《大公报》1929年11月14日，第1张第2版。
② 社评，《中国农村救济问题》，《大公报》1930年8月7日，第1张第2版。
③ 社评，《民生问题之最小限度设施》，《大公报》1928年8月15日，第1版。
④ 社评，《整理地方与完成自治》，《大公报》1931年1月31日，第1张第2版。

细。"①这一观察虽可能大有偏颇，但也从一个角度体现出此时政府力量逐渐向基层社会的推进。

政府行为方式的变化不仅体现在中央层面。阎锡山的"村政"常常被视为地方建设的典型，乡建学院的马儒行却注意到，"近十年来，推行所谓'村政'者，始弄的乡间左右为难，疾首蹙额"。起初尚可"勉强应付"，"其后简直无法"。民国初年，"共和初兴，法令森严，拼神像，立学堂，剪辫子，纂脚板（解放缠足）"，各种举措"三令五申，查验纷纭，人心骚然，栗栗不安"。到阎锡山主晋之后开始要求种棉，"凡种地十五亩者，必种半亩"。但人民不过是"免强试种"，因为"手术未谙，气候欠合，或旱而不芽，或花而被霜，见效甚微，收获不佳"，因此"一二年后，再无种者"。此后又提倡改良牧畜一事，其实村中本来几乎家家喂羊，"而闻省中花多钱买来之洋羊、洋牛等畜，亦不数年多死，再无过问者矣"。②

马儒行所提及的种种举措，生动地描述出一个多事也多欲的政府，与传统政治"不违民时"的乡村治理方式截然不同。他并因此抨击说，"若是之'村本政治'，实成为'村崩政治'矣"。所谓的"政治放在民间"，"不过便于官府剥夺人民之有系统的道路，民间何尝乐此政治哉"；甚至还颇为怨愤地表示"山西村政，见采于全国，恐中国人不死于外患，不死于内争，而死于此等模范全国之村政也"。马儒行还说，在这种转变的治理方式下，"村长一职，为人民之怨物，成官府之奴隶，事件繁杂，报酬低微，心力俱碎，名利两亏"，因此"能者不屑为，庸者不敢为，无论如何推举，宁死亦无人愿任之矣"。这话当然是故意的激愤之语，因为此后马儒行实际也担任了村长一职，但这也为后人观察山西村政提供了一个截然不同的视角。

即以农复会中的"资金归农"为例，对其也不乏批评。天津《益世报》注意到，自1930年以来，"农村破产日益显著"。一方面是"都市资金，膨胀过剩"，"苦于存银山积而无法生息"；另一方面，农村中则欲"寻求一元购买蚕种而不可得"。"于是社会人士始相互惊愕，咸知投资农村之不可或缓"，因此而出现了"资金归

---

① 王镜铭：《游民与农村社会（续）》，《大公报》1931年4月22日，第1张第3版。

② 本段及下段参见《马儒行君来书附答》，《村治》第1卷第4期，1930年7月16日，该文第1～6页。

农"之呼声。由江苏省农民银行开始，各地农民银行"如雨后春笋，蓬勃发展"。但"各省农民银行之资金，往往由田赋附捐带征而得"，社论认为，不管农民是否能从中得到实惠，"然以救济农民为号召之农行，乃先以此而加重农民之负担闻"，可谓"将欲与之，乃先取之，事之滑稽，孰过于是"。尤其农行借款"条件则甚严苛，或须有田地契据之抵押，或须合作社之介绍"，结果是大农与中农虽然借款容易，"然以期限过短，为数甚微，仍不能以之作改良生产购买生产工具之用"；小农与佃农最需要这种小额短贷，但他们"既无长物足供抵押，又鲜对人信用"，只能"如望梅以止渴，可望而不可即"。① 类似的意见也有人提及，认为农民银行的贷款应该及于"耕地一二十亩或不及十亩之小农贫农"。②

马资固更批评，"一般乡村运动者，当初感到农村金融枯竭的时期"，认为在这样的情况之下，"什么乡村建设，乡村运动，都不会有好成绩"，因此"希望着都会的游资流到乡村来"，于是"勾结银行，联络资本家，从事农村投资"。但当农村投资真的来了之后，又看到了"资本家的诱惑欺骗与垄断把持"，使得"乡村运动者骇怕了"，又要求商资不要流入农村。马资固认为，"乡村需要金融的救济"，必定不能阻止商资和资本家的到来，只能通过政府和自身两方面来加以限制。一方面投资的款项和利率、周期都要有政府的监督，另一方面也要注意"运用农民本身信用"，来流通农村金融。他特别注意到乡村工作中一方面要求"非由政府用力不可"，但政府用力之后"又说政力太强硬"的倾向，认为各县要想"自身的办法"。③

"消极建设"的一个重要考量，即在于此时农民负担的显著增加。1926年《大公报》就报道了由于捐税抬高而使得老百姓宁愿将田产送人这一"历史上也是少有的""伤心之事"。④ 次年该报又专门讨论了中原农民的负担："中原数省，天时地利不及江南，灌溉利少，副产不丰，故事农者最多，而亦最苦。"此时中原各省的"捐税苛重，突过江南。一亩之田，一年负担，由数元乃至十余元不等。粮秣征发，

① 社论，《所望于农民银行者》，《益世报》（天津）1935年1月21日，第1张第1版。

② 社评，《棉麦借款宜用诸农村》，《大公报》1933年10月1日，第1张第2版。

③ 马资固：《邹平农村金融流通的组织与功能》，《农村经济》第2卷第7期，1935年5月，第99～104页。

④ 社评，《送民国十五年》，《大公报》1926年12月31日，第1版。

尚不在内"，大地主"犹可称贷缴纳"，"至三二十亩以下之小农，虽破产倾家，无如之何矣"。[1]此后陈翰笙曾对于农民需承担的赋税有专门的研究[2]，黄绍竑在农村复兴的提案中更详细列举了农村中的各种田赋附加税名目："在江苏各县，则有水利捐，自治捐，户籍捐，积谷捐，教育捐，保卫捐等十数种。在浙江各县，则有建设特捐，建设附捐县建设专款，水利费，治虫经费，征收费，农民银行股本，保卫团经费，弥补预算费，救济费，自治附加捐，乡镇经费，等十余种。在广东则有沙捐，捕虫费，军事特捐，警捐，自治捐，保安队费，民团费，平民教育费等十余种"。仅以嘉善一地为例，"每亩田地之平均收入，约为十四元"，而需要缴纳的捐税则约为二元，如果再除去大约八元的"生产费（包括肥料工食等）"，"所余仅四元耳"。"一年之内，所有衣食住行，教育婚丧，应酬各费，均于是乎出。八口之家，其何以生？"[3]

事实上，农复会成立时也认为近年农村中的"资金枯竭，产物衰微"，"然田赋附加之漫无限制，苛捐杂税之有加无已"实为重要因素，因此在1933年11月通电全国人民团体报告苛捐杂税情形。1934年2月27日，"复依据各地政府及人民之报告，拟就减轻田赋附加、废除苛捐杂税进行办法节略，呈请行政院决议"。孙晓村在因此编定的《苛捐杂税报告》中就认为"中国财政的负担"，包括间接的关税、营业税或者田赋、盐税，最后全部落到了农民身上。[4]农复会编定的《中国农村经济改进计划草案》中，也以"农民负债之过重"为乡村中的"隐忧"。"自耕农则沦为佃农，佃农则辗转流亡。"农民负担成为"农业生产之不振，农村经济之不能发展"的主要原因。[5]

---

[1]　社评，《注意中原之危机》，《大公报》1927年1月20日，第1版。

[2]　翰笙：《中国农民担负的赋税》，《东方杂志》第25卷第19期，1928年10月10日，第9～11页。

[3]　黄绍竑：《复兴农村应先安定农村案》，《农村复兴委员会会报》第1号，1933年6月，第37页。

[4]　孙晓村编：《苛捐杂税报告》，《农村复兴委员会会报》第12号，1934年5月，第1～3页。

[5]　行政院农村复兴委员会编：《中国农业之改进》，上海：商务印书馆，1934年，第218～219页。

因此，农复会成立之后，在天津《益世报》上，一名自称"老农"的读者即致信提出"对政府希望并不奢"："今日问题不在如何复兴农村，而在如何减农民之负，除农民之害"，他相信"只要政府做到不害民不扰民，固不待高喊'复兴'口号，而农村自有苏息复兴之机矣"。① 所谓"不奢"，实际上正是因为害民、扰民之事太多。30 年代在温州，乡绅张棡也感到原为农民设置的除虫局"其公费则田赋每两带征一角"，并因此感叹"天虫犹可无形消灭之，人虫则任意横行之"，"政弊若此，民安得而不穷乎！"当地甚至有人谓"中山虫"之讥，"亦足见民言之可畏也"。② 数年后韩城地方诗人薛正清有诗曰："莫愁今岁催科急，兴复农村正讨论"③；仍然表达出相似的讽刺。

不过，从正面来看，类似的观点实际上意味着农村并没有出现问题，农村问题源于外界的连年征战与苛捐杂税。在张石川导演的"大家庭"中，高占非扮演了"一个忠实，勤俭，自足的努力农村工作的典型人物"，认为"只需大家节省，勤耕勤作，农村自然有复兴的可能"。④ 这样一种人物的塑造在一定程度上代表了那些试图以"勤耕勤种"来完成"农村复兴"的思路。另一方面，在此时对于农村的金融救济中，也有人注意到其中仍有可乐观之处，"就是中国农村在外表上虽然透露着破产的现象，而实际上，则尚有一部分资金"。这部分资金若能"好好把它集合起来"，"还可以做不少建设的事业"。1934 年春定县的农村储蓄运动中，主持者即发现当地农家尚能吸收不少储蓄存款，这些存款来自于："（一）农家日常流动的资金；（二）中国大家庭制度里面的'私钱'；（三）较富裕一点的农家的游资（因为投资机会的缺乏，多数都是埋在地下）；（四）可以从不必要的消耗节省下来的资

①　老农守黑：《农民对政府希望并不奢》，《益世报》（天津）1934 年 2 月 24 日，第 3 张第 11 版，《农村问题专页》第 8 号。

②　《张棡日记》（民国二十七年七月廿六日），第 466 页。并参见冯筱才：《"中山虫"：国民党党治初期瑞安乡绅张棡的政治观感》，《社会科学研究》2015 年第 4 期。

③　《薛正清诗选》，高巨成选注，《韩城文史资料汇编》第 16 辑，韩城市政协文史资料委员会出版，1995 年，第 96 页。

④　《高占非在"大家庭"里努力农村工作》，《益世报》（天津）1935 年 9 月 9 日，第 4 张第 14 版。

金。"①储蓄在当时当地尚是一个新奇的概念,难以获知这些农家的计划,但拿来做"建设的事业",恐怕并不在其考虑的范围内。

事实上,在农民所负担的各种费用中,有不少就是来自国民政府的地方建设事业。当时北平大学农学院的王益涛就批评,国民政府成立以来,如设立乡镇公所、办理土地陈报等举措,实际效果有限,反而增加农民负担,引起怨声载道,反不如传统的水利工程能够切实令农民受益。②有人亦提出,历年来各种地方自治的设施都要依靠田赋附加,无不"就地勒筹,罔恤民艰"。"教育有捐,自治有捐,团警有捐,就地征集,往往超过正供若干倍。""如真厉行中央提案所谓'以事业建树为自治推进之中心',则种种经费,势必仍然求之地方,断非今日民穷财困之农村社会所能负荷。"因此主张"爱惜民力",不如暂停各项自治事业。③稍后农村复兴委员会成立时,《大公报》记者就一方面表彰委员会的成立"足为当局目光转变之表征",一方面提出"农村问题,根本与行政改良,税制改革,息息相通"。因为"自清季变法维新以还,当局要人,惟知注意都市繁华,空谈工商企业",不仅对于"畎亩间之利害"漠不关心,"更因行政习惯,税收便利之故,一切苛刻剥削之事,莫不以农民为对象,其结果吸尽农村之脂膏,以养都市之繁荣"。因此,农村问题必须从国家政策的层面着手,才有解决的可能。④

《大公报》记者所提及的"税收便利",是一个敏锐的见解。农民负担本来已重,从这时的国民经济和税收结构来看,各项建设所需要的资金来源也只能加诸农村。正是基于这样的考虑,当时不少人与胡适类似,开始忆及"与民休息"的传统政治。1933年,庄泽宣、崔载阳、古楳针对"由乡村建设以复兴民族"一案(1933年平教会起草),提出"现在谈不到建设,更谈不到复兴","目前只希望能防止乡村更大的崩溃"。因此要求"减轻乡民的负担","一切的苛捐杂税必须澈[彻]底铲除"。三人认为,从乡村现状来看,"非停止一切所谓'建设'与'新政'不可",而

① 吴景敷:《定县印象记》,《农村复兴委员会会报》第 2 卷第 4 号,1934 年 9 月,第 43～44 页。

② 王益涛:《救农刍议:建设水利经济》,《大公报》1932 年 11 月 6 日,第 1 张第 4 版。

③ 社评,《三中全会议案感言》,《大公报》1932 年 12 月 18 日,第 1 张第 2 版。

④ 社评,《复兴农村委员会开会》,《大公报》1933 年 5 月 5 日,第 1 张第 2 版。

且"县以上的政治机关都要'与民休息',把积极的施政变成消极的监察"。①

虽然上述批评都有着针对政府举措的意味,但此时朝野之间关于乡村建设的共识,也使得此时非政府层面的乡村工作难免多事之讥。《大公报》的记者在对于乡村协进会的评论中就认为,目前"乡村对于公家负担,皆失之过重",各省田赋附加,以及各项差徭、摊派,均不曾清理。"发展乡村运动之总前提,在减除不当之捐税,安定人民之生活。此而不能,则任何理论之乡村运动,皆为徒劳,虽千百热心学者梁漱溟,亦无济于事也。"② 稍后该报更讥讽说"复兴农村"当为"近来有最时髦之宣传运动",然而"政府从来未尝于行政组织与租税制度,有整个的改革计划",反而是"直接间接之税法,中央地方之需求,几无不以农村为最后之榨取对象"。如此而谈农村复兴,"直呓语耳!"③

稍后记者更申说道,"迩来'复兴农村'之说,已成一时流行",然而现时"中央及地方政府,机关多而政令繁,小之系为自筹开支,大之用以标榜建设。最后责任,多付之于各县;筹款之方,多属目于农村"。在这种情况下,"县令之贤者,惟有敷衍延宕,反以消极不办事为保全民力之一法"。因此,"今日不求农村复兴则已,苟欲名副其实,首应切实整理田赋附加,免除苛细杂捐,尽罢不急之务,与民休息,夫然后元气可复,农业可振"。该文还进一步要求,"将来无论中央地方,办一事必先筹一定之财源,设一官必课以绝对的责任,苟非然者,宁可不办"。只有这样,才能使"一切良法善政,……不致以时髦口号终,而徒耗当局之精神,转损政府之信用"。④

不难看到,在上述讨论中,论者主张的消极建设,正是有鉴于现代政府那有为甚至"多事"的一面。而在其看似复古的主张之下,又隐藏着整理税制、重建财政体制的要求,可以说是一个具有多种层次与思考的主张。而对于有着现代经济学背景的部分学者来说,这一问题要简单得多。留学英国、任教于南开的冯华德即明言

① 庄泽宣、崔载阳、古楳:《如何防止乡村的崩溃》,《教育与民众》第5卷第1期,1933年9月,第21页。
② 社评,《乡村建设协进会之成立》,《大公报》1933年7月13日,第1张第2版。
③ 社评,《如何避免时代的悲剧》,《大公报》1933年11月11日,第1张第2版。
④ 社评:《复兴农村与民生疾苦》,《大公报》1933年9月22日,第1张第2版。

"'减轻农村负担'这句话，其实与'复兴农村'是二者相背的。如果将来真想复兴农村，恐怕农村的负担亦要有增加而无减少之理。"他甚至认为，"现在农村所感到痛苦的，是出了钱没有代价而反受累，倒不在负担之轻重"，要解决这一问题只能着眼于农村之外。[①]

留学美国、当时同样在南开任职的袁贤能更认为："中国现在的农村，根本还是与从前一样。土地还是一样，耕种的方法还是一样，肥料耕具选种防灾水利田制等，也都是一样的。"因此，农村经济的衰落，原因不在内而在外，"并不是农村本身的毛病"。袁贤能提出，不妨将农村看作一个经济体，此前中国农村自给自足，国人生活所需也都来自农村，可以说农村是出于出超地位。现在的农村不仅有不少物资来自外部，各种"无形的输入（Invisible Import）"也在增加。后者不仅包括如苛捐杂税，也包括子女出外求学的费用、佣金运费的支出等等，造成了农村的入超。如果照这样看，各种乡村建设的运动与农村复兴的计划，虽然可能有助于改善当地民众生活，"但对于整个农村的入超，非但不能减少，并且还要增多""因为现在社会的潮流，是趋向维新的，复古是难乎其难的了。"[②]

一方面，这两位有着西方经济学背景的学者均感到，传统轻徭薄赋、休养生息的政策，已经不能解决现代中国农村的问题。另一方面，他们也已经意识到，农村此时承担的，实际上是来自整个社会发展的负担。而在"社会潮流"的认知之下，这种承担具有了某种必需甚至必然的意义。而对于相对传统，甚至可能仅仅是不够"理性"的学者来说，减轻农民的负担恐怕才是乡村建设更直接的意义。或许是出于这样的考虑，即使是在朝野对于农村问题的解决有着某种共识的前提下，不少从事乡村建设的团体仍然有意无意与政府保持了距离。

1933年10月，时任实业部部长的陈公博总结说，发轫于十余年前的"农村运动"，"最初为平民识字运动，进而为试验区之运动，今则更进而为试验县之运动"。各地的运动方式虽然不同，目的均在于"增加农村之生产，及健全农村之组织"。

---

① 冯华德:《"复兴农村"的先决问题:平均农民的负担》,《大公报》1933年5月24日,第3张第11版,《经济周刊》第13期。

② 袁贤能:《中国农村的入超》,《大公报》1935年4月24日,第3张第11版,《经济周刊》第110期。

但陈公博又批评，这些"农村试验之最大缺点"，一方面是政府未加重视，"置而不问"；另一方面则是从事农村运动的人，"以为农村运动，首在教育，与政治无关"，"于是方式各异，而结论亦各不相同"，更难实现持续的影响。[①] 长期在江西主持农村工作的文群也注意到"年来有一种奇特论调，最应加以辨明"，"即言农村工作应由社会团体负责，政府可以不管"。如"负盛名之村治派梁漱溟及从事农村合作运动、办理农场教育各方面人物"，大约就因为感觉到"军阀官僚之可畏"，"每皆流露此意"。[②]

事实上，农复会委员梁定蜀曾经总结了《全国农村建设机关学校等名称及所在地一览表》，其中即批评政府"既不能普遍设立乡村工作之机关"，同时"对于各乡村工作之团体只作壁上观，而不予以物质上精神上之援助"。"故改进农村有成绩之工作，不属于政府而属于教会及私人团体也"。[③] 按照梁定蜀的说法，不仅各个社会团体有意与政府保持距离，政府机关所做工作也相对有限。但从另一方面来看，也有人在参观社会团体的乡村工作后，感到了政府参与的必要。虽然定县曾经被称为"黄金国"，生物化学家吴宪在去了定县以后却感叹"我们不到乡村去，是没有看见过中国的"，甚至说"这样又穷又愚又弱又私的中国，除非强有力的政府，来行四大教育"，否则"恐怕强盛的日子，不知道是在那一天呢"。[④] 稍后《大公报》也曾有社论提倡对于政府力量的借重："现在农村破产程度已至极点，救济农村实系迫不容缓的急务。但救农岂能不借重政治力量！如提高关税，抵制海外农品倾销，需要政治力量；减少棉麦借款，需要政治力量；停止内战，剿除匪患，便利货运，取消苛捐杂税等等，均需要政治力量；即防备水旱，积谷，控制粮价，开渠，修堤，也无一不需要政治力量。需要政治力量便是需要由上而下的力量。"[⑤]

① 《中央农村调查所组织条例》（1933年10月），中国第二历史档案馆藏，国民政府档案，全宗号2，案卷号3513。

② 《农村工作在国策上之重要性》（1933年9月），文诏云讲述：《农村问题集》，第4～6页。

③ 梁定蜀：《全国农村建设机关学校等名称及所在地一览表》，《农村复兴委员会会报》第4号，1933年9月，第117页。

④ 涛鸣（吴宪）：《定县见闻杂录》，《独立评论》第4号，1932年6月12日，第18页。

⑤ 社评，《乡村建设与社会教育》，《大公报》1934年8月28日，第1张第2版。

宣统元年已经有人注意到，"文明人之举动，恒视野蛮者为多"。人且如此，国家尤甚。"未开化之国家，其举动之多，恒不如开明。"因此上古之世尚可"端拱垂裳，无为而治"，而到了"轮轨交通，政学竞进"的今日，"一年内举动之多寡"已经成为"觇国是者"用以考察政治之根据，"固不能以宁静和缓处理今日之天下也"。① 这一观察所涉及的是一个长时期内的变化，也很难用简单的进步与否加以评判。清末士人所期待的改变，到了国民政府时期似乎有了初步实现的可能，也引起了部分知识分子深深的戒惧。某种意义上，这甚至使得乡村具有了某种角力的性质，也让乡村建设与政府的关系持续存在着紧张。

1935 年，梁漱溟在乡建研究院的一次讲演，就以"高谈社会改造而依附政权"为"我们的两大难处"之一。梁漱溟反思说，乡村建设虽然不妨为枝枝节节的活动，但只要认定是"社会大改造"，"那就不应当接近政权，依靠政权"。梁漱溟甚至明言，若把政府和社会比较，"政府最代表那惰性、不进步性的；而大凡新的潮流、新的运动、新的创造，都是从社会发生的"；若是想着借助政治的力量，把"乡村工作变成地方下级行政"，"那还有什么社会改造可谈呢？"② 梁漱溟长时间以革命者自居，其乡村建设理论有着整体改造的面相。而他对于政治与社会关系的反思，不仅透露出此时乡村建设的困境，也为反思其得失提供了资源。

---

① 毅：《一年内政府与国民之大举动》，《申报》宣统元年十二月十九日（1910 年 1 月 29 日），第 1 张第 3 版。

② 梁漱溟：《乡村建设理论》，《梁漱溟全集》第 2 卷，第 573 ～ 574 页。

第九章　抗战前后：继续深入的乡土中国

> 中国以前关于土地问题的理论和政策大都是以沿海诸省的农村情况作张本的。抗战把我们的眼界扩大了，我们在内地见到各种和沿海不同的农村型式，因之，有一些土地问题的理论和政策可以重加考虑。
>
> 费孝通，1946 年

作为国家问题的农村在 1930 年代的基本确立，持续影响着此后的历史进程：一方面，农村中的闭塞与愚昧成为较长时间内中国印象的重要一环，在此基础之上形成的"三农问题"至今仍然是国家农村工作的主要内容；另一方面，对于乡村建设中具体问题的讨论，又因为其所涉及的社会发展、国家建设等论题，逐渐形成了不同角度对于"农村复兴"的反思，甚至有学者开始进行乡村建设批判，体现出农村问题在社会中涉及的广泛影响与基础意义。

以 1937 年全面抗战的爆发为代表，国家发展至此进入了一个截然不同的阶段。不仅大部分乡村建设的事业因此而中断，新的局势也迫使国人进行了新的思考。如何应战一个工业化的现代国家，这对当时的政府和学者都具有重要的意义，也使得此前相对和缓的环境发生了改变。然而，在此前就被痛切批判为"愚、贫、弱、私""崩溃""破产"的农村，却对中国坚持抗战发挥了重要的作用。这也启发了部分学者关于农村的重新思考。这些思考虽然并未改变农村在现代中国的形象，但却提示着时人心中农村问题的丰富性，值得作为整个故事的尾声加以考虑。

更重要的是，随着抗战的进行，知识分子的"到乡间去"，开始主动或者被迫地转变为"到内地去"。在这一过程中，曾经聚集于东南沿海城市的知识分子不得不将视野扩展到了更广泛的区域。这些特殊的知识与经验，也使得其对于农村的理解逐渐开始突破现代化的单一思路。

一、对于"农村复兴"的反思

陈公博 1935 年的一次讲演针对当时"复兴农村"的热潮提出以下意见："以农立国，是中国的事实，可是应不应以后定为国策，依我历来的经验，很值得考虑。"陈公博认为，"救济农村，是今日我们必须做的，然而我恐怕大家迷糊了，而拿以农立国来自豪，更且以为以农立国为中国必走之路，而引为天经地义。"陈公博认为，在现代世界经济体系中，单纯的农业国难以实现经济的独立与国家的安定，"我们每每拿中国农民占百分之七十五来自豪，殊不知这大多量的农民，可以制中国经济的死命。"因此，"中国有可走之路，不徒要救济农村，而且再要设法减少农民的人口"。①

一向对于农村问题有所重视的《大公报》也呼应了陈公博的看法：

> 近年来……不但从人道立场讲须救济农村，从政治立场讲亦须救济农村；救济农村不唯是"应该的"，且是"必须的"。所以如有人主张救济农村，谁也不能稍加非难。……我国现在尚未脱农业社会的阶段，这是事实。但这是可怜

---

① 陈公博：《我对于以农立国的意见》，《银行周报》第 19 卷第 31 期，1935 年 8 月 13 日，该文第 1 ～ 4 页。

的、可怕的、须立即设法摆脱的事实！我们在这时对工业社会急起直追，犹恐莫及，岂能还在这时高唱回到农本社会的保守主义？所以我们夙以为讲救济乡村可，而讲"复兴"乡村则不可。

……

年来复兴农村的呼声真可谓甚嚣尘上，一唱百和，形成了一种时髦运动。我们以为朝野人士对于这种乡村运动或者有许多感情上的附会需要纠正。[①]

当年年初，因为十教授的《中国本位文化宣言》，中西文化的讨论又重新在思想界引起注意；与之相应的则是对于农业问题与工业问题的讨论。正如《大公报》这篇社论所注意，农村问题已经成为"谁也不能稍加非难"的社会议题，甚至带有了"感情上的附会"。这当然是自民初以来对于农村问题的反复体认，使得其具有了"中国认同"的意义。对于农村问题的认识，已经和对于中国社会状况与发展道路的认识紧密相连。农村问题不仅是社会中存在的一个现象，更成为现代转型中的中国问题本身。

稍早更有学者主张以都市发展来解决农村问题。董时进就认为，农村救济的方案虽然内容多样，"其弊则陷于头痛医头，脚痛医脚"。"盖社会经济组织为整个的，其兴衰为关连的，欲繁荣都市固不必单在都市上想法，欲繁荣农村，亦不必单在农村上想法。"他尤其指出，一般人对于农民离村、都市膨胀等现代社会的弊病，"大抵表示深恶痛绝，故一谈及繁荣都市，遂讳莫如深，而不知工商业兴盛，都市发达，固与农村之繁荣，有极密切之关系"。尤其中国农业生产中存在"劳力之浪费，及其效果与代价之细微"这两大问题。如果工商业发达、都市繁荣，既能提高农产品价格，又能为农业效率提高后的剩余人口提供工作机会；"为农业现代化之主要前提"。[②] 更著名的观点则是吴景超提出的"发展都市以救济农村"，其中也提出，社会上存在一种误解，"误认都市为农村的仇敌。他们以为都市对于农村，不但没有贡献，反可使农村的破产加深"。吴景超即以美国工业城市为例，说明了城

① 社评，《经济建设的出路》，《大公报》1935 年 6 月 28 日，第 1 张第 2 版。
② 董时进：《论复兴农村》，《独立评论》第 56 号，1933 年 6 月 25 日，第 9～10 页。

市发展对于改良交通、改善金融，以及提供就业机会等方面的作用；认为只有理解了"都市与乡村的关系，不是敌对的，而是互助的"才能让中国社会实现整体的发展。① 吴景超并根据不同的工农产业关系总结出了所谓"第四条国家的出路"，可以说其思考不仅应对城乡关系，更提示出这一问题的整体价值。

虽然陈公博以及《大公报》的评论是要求"对工业社会急起直追"，也需要注意到，此时形成的"以农立国""乡土中国"等观念，看似是传统的复兴，但其所谓农村，已经成为社会与时代潮流之外的特殊空间；所谓农民，是阶级观念定义的一个新的社会人群；所谓农业，也与传统业农之人所代表的生活方式不同，而是一种独立的生产形式。更重要的是，这些因素所组成的"新农村"，象征着在社会进化的序列中一个落后的阶段，具有强烈的负面意味。它既是现实社会的认同所系，又是那亟待告别的"旧中国"。

因此，此时对于"农村破产"的不同解释，实际上直接表达出对现实政治的不同认识。当时的"左倾"知识分子已经对于乡村建设运动多有批评："任何一个对中国农村破产事实有正确认识的人，都会知道中国农村破产之基本原因是帝国主义经济之侵略"，其次则缘于"封建军阀无限止的榨取"和"天灾的频仍"；"但是邹平研究院的诸君却把这种种原因都归到'没有政治习惯'和'没有维持人心的风俗习惯'上去"。② 就任于邹平县政府的公竹川也认为："现在中国社会改造运动有两个趋势，一是主张由先解决政治问题而后及于其他问题的暴力革命；一是主张政治与经济两问题并时解决的乡村建设运动。"③ 稍后千家驹即提出，如果不能够发动大多数人，并且改变现存的生产关系，乡村运动"结果都将与定县平教会及邹平乡建院陷入同一乌托邦的泥潭中"。④ 薛暮桥于 1936 年更集中批判了主张生产改良者所

---

① 吴景超：《发展都市以救济农村》（1934 年 9 月 9 日），《第四种国家的出路》，第 95 页。

② 陈文治：《评"邹平乡村建设的根本理论"》，《益世报》（天津）1934 年 8 月 11 日，第 3 张第 10 版，《农村周刊》第 24 期。

③ 公竹川：《关于"邹平乡村建设的根本理论"争辩的几个意见》，《益世报》（天津）1934 年 10 月 6 日，第 3 张第 11 版，《农村周刊》第 32 期。

④ 千家驹：《编后及其他》，《益世报》（天津）1935 年 4 月 20 日，第 3 张第 11 版，《农村周刊》第 59 期。

依据的土地报酬递减法则，认为这种理论忽视了生产技术的进步。他特别提出，中国农村的主要问题是"帝国主义的经济侵略、苛重的佃租和利息，以及其它束缚"。"谁要用土地报酬递减法则或是其它自然现象，来掩饰帝国主义和地主豪绅的双重剥削，谁就是有意无意地替这些反动势力辩护，因而阻塞着中国农村劳动大众的真正的出路。"[①]

正因为如此，在稍后《中国的歧路》一文中，千家驹将梁漱溟的乡村建设论与吴景超的"发展都市救济乡村"相提并论，认为他们同样是"中国的农业恐慌进入到更深刻的阶段"的反应。后者虽然看起来是对于前者的反对，实际却有着相同的问题："在中国目前半殖民地的状况下，乡村建设前途的可能性如何？它能否走得通？工业化前途的可能性又如何？它的阻碍又在那里？"千家驹批评，梁漱溟乡村建设中基础性的乡村学校，"是把农民看成无差别无等级的一团"，否认了农村中存在的阶级斗争。"'整个的乡村'是与'全民'同样地是抽象的名辞，具体分析起来，他里面便不能不包括有地主、富农、中农、贫农、雇主、雇农、债主、债户、土豪劣绅、赤贫者等等"；否认这些阶级差异的存在，"不过是现存秩序之巧妙的设计者而已"。而针对吴景超的观点，千家驹也提醒谓"在资本帝国主义包围下半殖民地的中国，一切发展工业的前途都是很渺茫的"；尤其"发展交通在半殖民地之中国的反作用，是使洋货更容易流入乡村，因而增加中国的入超额，同时农产品与工业品之价格差，又使中国的农民更进一步于贫穷"。因此在这一社会现实中求工业发展而交通建设，并不能实现中国问题的解决。只能"自组织民众教育民众入手"，"彻底消灭帝国主义者及封建残余之势力"。[②]

千家驹虽然并未明言，但这种观点提示出，对于"农村破产"的认知，实际上强化了全面解决的思路。对于"左倾"知识分子而言，全面的农村破产自然要求一举解决帝国主义、封建剥削的社会革命；而从另一方面来看，全面的农村破产也可能成为加强政府力量的要求。主张以工业都市的发展来救济农村的吴景超批评道：

①　薛暮桥：《现象的基本原因——土地报酬递减法则批判》(1936年6月)，陈翰笙等编：《解放前的中国农村》第2辑，第268页。

②　千家驹：《中国的歧路——评邹平乡村建设运动兼论中国工业化问题》，《益世报》（天津）1935年4月6日，第3张第11版，《农村周刊》第57期。

"中国农民的生计问题,不是现在各地的农村运动所能解决的。假如现在还有人迷信农村运动,可以解决中国农民的生计问题,将来一定会失望,会悲观。"因为农村问题"太于复杂,牵涉的方面太多,不是几个私人的团体所能解决",如兵匪问题、地权问题,都只有通过国家力量才能解决。"所以我们应当把农村问题,放在经济建设的大问题之下,同时再把经济建设这个大问题,看作最近的将来,中国政治活动的一个主要目标。我们只能靠政治的力量,集中全国的人才,集中全国的力量,定下一个经济建设的远大计划来,然后大家都朝这个方面去努力,中国各界的生计问题,才可得到一个根本的解决,到那个时候,农民的生计问题,自然也联带地解决了。"[1]更有人认为:"中国今日商品化农业的特质,不但决定了'农业技术者'单纯注重增加生产的无用,而且根本否定了'农本论者'保存乡村经济单位或以农立国的幻想。"[2]

在对于乡村建设的批评中,有人还注意到其对于乡村既有秩序破坏性的一面:"乡村运动者,所组织的乡村改进会,往往与原有地方自治系统中的乡镇长,处于对立地位,以致互相掣肘,互相妒嫉,结果不是两败俱伤,就是一无所成,更何有乡村建设之可言?"[3]同时,还有人认为乡建工作改变了乡村生活方式,间接提高了农民的生活费用。一位定县的参观者认为:"定县民众近十年来因平教会扩大挑拨之宣传,及阔绰浪漫之熏陶,于不知不觉之中,潜移默化,而变作矫慢嚣张奢靡淫侈的民性,……这种社会危机,与以前的成绩相较,实在是天渊霄壤不可以道里计了。"[4]此后更有人批评回到乡村的教师带回来了"西装革履、香水肥皂种种舶来商品",实际是"帮着外国推销外货而劫夺本国人生产的国货"。[5]

类似的观察在不少地方均有存在,使人反而感觉到传统组织的种种方便。稍早

---

① 吴景超:《农民生计与农村运动》(1935年2月10日),《第四种国家的出路》,第17~18页。

② 孙寒冰:《论中国农村建设之本质》,《东方杂志》第32卷第7号,1935年4月1日,第61页。

③ 沙居易:《一个新的乡村系统的实验》,《教育与民众》第6卷第1期,1934年9月,第9页。

④ 《"平教会与定县"》(通信),《独立评论》第79期,1933年12月3日,第18页。

⑤ 姜和:《从乡教人才的缺点说到乡教人才的训练(续)》,《大公报》1937年2月15日,第3张第11版,《明日之教育》第159期。

有人即认为"含有合作性质之组织，在我国原属司空见惯之事，……此种合会，行之数十百年，并无章程记录等文书"。那些参加的会友"既不知学理为何物，又无专家学者为之指导"，可见合会这样的组织"乃应人民之需要而发生，并无高深学理羼杂其间"。现在的合作社则"以外洋之组织、名词、学理传入民间，以期复兴乡村"。"凡乡民组织一合作社，必须先有文书工作"，同时还需要"呈请地方政府备案"，这些事"均为乡人闻所未闻之事"。"彼乡人多数目不识丁，眼见章程中有如许长条文，难免心有所恶，掉头而去。"此文作者尤其注意到："一般乡民对于政府之观念，迄未改变，仍有畏惧官府之心，非万不得已，不肯轻入衙门一步，往往以为一入官府，即有纠纷。""现因组织合作社，亲赴县政府投送公文，恐大半乡民心非所愿。"故需要逗留城中等候批复，或与官府中的号房打交道，均使得乡民感到不快，"以为组织合作社，反不若合会方便"。①

实际上在当时的乡村社会中，钱会仍然在不少地方盛行。有人即对合作社与钱会进行了比较，注意到"钱会得款较大，会首每次可得洋五六十元"，而同样的数目"在乡间借贷起来，是非有抵押品不可的；而且利息也不会很轻"。此外，"钱会得款用途，大半是在还债或婚丧喜事，这种社会用途的借款，合作社普通是不敢的"。②如前文所述，婚丧大事正是不少家庭需要大量借款的原因，出于生产目的的借款反而是少数。这样的状况与设立合作社的意图相去甚远。

正因为如此，费孝通在讨论到山东的私塾组织的时候特别提出，"在中国社会中值得我们用同样方法来研究决不止私塾一项"。信用合作、地方行政这样的问题，"都是和现有的教育制度一般的抹煞了传统的制度，在那里硬硬的把新制度插进去"。他在开弦弓村就注意到了"一个极复杂的传统的信用合作制度——钱会"；"现在讲信用合作的人不去想法利用这制度，却一定要依'部定'的合作社方法来经营信用"，结果引起不少争端和问题，"合作社本身不能不停顿下来"。③合作社这

---

①　社论，《论合作事业之前途》，《益世报》（天津）1935 年 3 月 11 日，第 1 张第 1 版。

②　《合作社与钱会（通信）》，《益世报》（天津）1935 年 6 月 8 日，第 3 张第 11 版，《农村周刊》第 66 期。

③　费孝通：《写在"汶上县的私塾组织"的前面》，《益世报》（天津）1936 年 8 月 12 日，第 3 张第 12 版，《社会研究》复刊第 15 期。

样一种新型的组织，似乎并不及钱会适应乡村社会。

虽然在不少人看来，"农村复兴"只是解决农村问题的消极救济，但在这一时期，"复兴"本身就暗示出对于传统社会和秩序的某种肯定，与此前从事乡村运动的人们体现的外来特征存在微妙的落差。各种建设事业的实际推行过程中遭遇的种种"新不如旧"，更使得那"复兴"的意义具有了实际的内容，也为重新理解农村提供了可能。

二、抗战：问题的深入与延续

救济农村的努力与建设乡村的工作伴随着的是战争的阴云。1936年国民政府成立农本局，农复会撤销。次年即有七七事变的爆发，中国投入全面抗战之中。战争带来的变局体现在了无数人的颠沛流离与生离死别中，此前的乡村工作也被迫中断或者迁入内地。在这一新的历史时期，如何实现对于广大农村地区的动员成为一个重要问题。这也使得此前的乡村工作有了新的意义，尤其是国家观念成为乡村教育的重要内容。有人即批评此时只有知识分子"或交通便利、文化进步区域之少数民众"，尚具有"国家民族之深刻意识"，"至若穷乡僻壤之农村文盲，恐尚不知有汉魏开世，遑论抗战？遑论建国？"[①]

"不知有汉，无论魏晋"本是桃花源之为世外乐土的表现，在现代社会却成为农村的负面特征。尤其在抗战的大前提下，交通不便的"穷乡僻壤"，不仅无从获得现代知识，更无从理解"抗战"与"建国"。随着国民政府向内地的撤退，大部分现代的工商业城市沦陷。那半带想象的"都市眼光"在遇到更为广大的内地乡村之后，二者之间的紧张开始日益显现。

何廉在1935年曾总结："我国政教文物及其他一切制度，不论中外古今，无不

---

① 《四川农村教育服务车报告书序》（1938年），中国第二历史档案馆藏，国民政府档案，全宗号2，案卷号6711。

兼收并蓄，其长处固可谓为集各种制度之大成，其短处则可谓为矛盾现象之总汇。"这种种矛盾体现在社会经济生产、交换、分配、规划等诸多方面。他进一步提出，此时种种矛盾现象皆缘于"中国目前之经济组织，为一种局部的现代化之经济组织。即此局部的现代化，亦仅属虚有其表，而实际上未能脱离中古经济之特点"。中国的"产业现代化"集中沿海各埠，因此"城市与乡村之互不相容，生活智慧各成一体"。[①] 这种"局部的现代化"固然是近代以来中国区域发展的不平衡进一步发展的结果，到了抗战爆发前后更使得不少学者怀疑中国是否能够一战。[②] 最终抗战的胜利，或也可作为对于这一问题的重新思考。

抗战胜利后有人即回忆，在工厂内迁的过程中，不仅"多数厂家的老板和工程师们黑发变成白发，白发搔成了秃头"，六百余家大工厂、近四十万吨器材，对于乡村社会造成的冲击也是巨大的："数十年来宁静的乡村被惊扰了。"不仅有人员受着"物质的诱引走向工厂"，更重要的是，"工业文明教西部的土著惶恐了，锯齿形的厂屋，奇巧地运转的机器，规律与合理的管理……这许多与他们过去的生活相距一世纪的跃进，他们都笼统的称为：'脚底下人的狡猾'"。[③] 这一时期作为抗战后方的内地，与外来人口的关系多有紧张之处。[④] 其中体现出的，既有长期以来沿海与内地、城市与乡村之间的关系变化，也颇可看出此时对于农村问题的新理解。

1937 年孙冶方就特别提出了对"以农立国"的新解释，即"决定我们抗战胜利的主要的人力和物力的来源是在农村"。他认为，只有这样来解释"以农立国"，

————————

①　何廉：《我国经济之矛盾与出路》，《大公报》1935 年 3 月 3 日，第 1 张第 2 版，"星期论文"。

②　董时进当时即针对类似的批评，认为"无组织非现代的国家，除许多不利之点而外，也有若干好处"，甚至预言"恐怕战区扩大之后，我们更好发挥非现代国家的效用，使日本疲于奔命"。此说引起了胡适的激烈批评，但从后来的战局来看也未尝无见。参见董时进：《就利用"无组织"和"非现代"来与日本一拼（续）》，《大公报》1933 年 4 月 4 日，第 4 版；胡适：《我的意见也不过如此》（1933 年 4 月 11 日），《胡适全集》第 21 卷，第 616～622 页。

③　曹尔扑：《中国工业交响乐章序曲》，《新闻天地》第 5 期，1945 年 5 月 20 日，第 16～17 页。

④　最近的研究可以参考黄菊《"下江人"和抗战时期重庆文学》（广州：花城出版社，2019 年，第五章）。其中即涉及抗战初期"下江人"和重庆人的"对视"，以及川籍作家在归乡后的异乡感。

"才能一扫过去这句话所带有的落后的封建气息"。他特别注意到，由于中国重工业的不发达与轻工业的依赖性，尤其"大部分的工厂是开设在沿海各省的战区和邻近战区的地点"，最后"很可能在有一天，我们的农业不仅成了军粮民食的唯一来源，而且会成了军费枪械的主要供给者"。按照此前对于粮食进口问题的讨论，"我们非但不能以我们的主要农产品去向外国换取我们抗战期间所迫切需要的军火，而且要把我们购买军火的现款分出一部分去购买粮食"。这一问题成为战时农业政策中最为主要的问题。同时，在"下乡去宣传救国的人"看来，"农民没有爱国思想和民族观念"是大部分人的共识。孙冶方通过对农业生产和农民动员两方面的分析，得出来的结论似乎不容乐观。[①] 然而，实际上却是那被认为崩溃的农业支持了抗战需要的食粮与军火，大部分抗日士兵也正是被认为缺乏爱国观念的农民。抗战前的出了问题的农村支持了抗战（虽然可称为惨胜）这一事实，提示着此前"农村问题"讨论中不少基本观点都值得重新加以考虑。

费孝通在抗战初期曾经感叹，"中国以前关于土地问题的理论和政策大都是以沿海诸省的农村情况作张本的"，是"抗战把我们的眼界扩大"。他即因为"在内地见到各种和沿海不同的农村形式"而对于"一些土地问题的理论和政策"加以重新考虑。如前文所述，张东荪在去过一趟湖南以后即因为内地的不同情况而改变了对中国现实和未来的认识，费孝通也是因为抗战而到达"内地"之后而修正了不少关于中国农村的认识。二位学者虽然到达的"内地"各有不同（一为湖南，一为云南），但他们此前与更为广大的内地之间的疏离却是一样的。

正因为以上原因，费孝通特别针对"耕者有其田"的口号进行了分析。他注意到，"农田经营和所有的合一之成为土地政策的基本观念"是针对"沿海各省常见的农村形式"的。其特点在于"佃户在农家中占绝对多数"，"在农田上劳作和经营的是一辈没有土地所有权的人们"。到抗战以后这一口号之所以很少为人提及，不仅是由于政治策略，更重要的是当遇到内地农村中"自营小农的形态"之后，"让我们看到农田经营和所有合一的'耕者有其田'也有其弊病"。农村的问题开始由

---

① 孙冶方：《抗战和农村》，《东方杂志》第 34 卷第 18～19 号，1937 年 10 月 1 日，第 40～44 页。

分配转向生产，不少人当年理想的自耕农就成为"农场扩大的障碍了"。①

同时，"抗战三年来，人口稠密的省份，相继沦陷"，但在农村提供了大量壮丁的前提之下，不少人担心的"内地农村劳力不足的危险"却并未发生。仅就云南某村而言，虽然有9%的劳动力外出，"我们却从没有见过农村中因劳力缺乏以致农业停顿的现象"。当时日本已经暴露的"劳力缺乏的窘状"之所以没有发生，在费孝通看来正是因为"雇工自营的小地主是内地农村中的典型人物"。这些有田的人并未被充分利用在农业中，"是农村中储藏着的劳力"。

除了作为农业中的劳动力，人口还是坚持抗战中的兵力的来源。至今仍为人所传的"抓壮丁"的故事，实际上暗示着此前被认为是压力的人口，到此时已经成为重要的资源。如时人所感觉到，"人民乃战争之骨干，若人民感觉缺乏，抗战即无由支持"；"国家强弱之度量，即是人口"。作者并按照一战中英德等国比例计算，当时国内可提供3882万人左右的兵力。②在这样的计算之下，孙中山关于人口与国力的论述再次得到了重视。"军事动员的征调人口"问题成为当时人口变动中最重要的问题。③

尤其值得注意的是，早在1920年代末便有人认为"四川是中华民国的一部缩影"，因此从这个意义上来说也可算为"一个模范省"。不仅四川的"地大民众"，"正和全中国一般"，其"大小军阀割据、财政不能统一、政治腐败、经济破产，也正与全中国相同"，④尤其四川田赋预征数量远至数十年之后，更为人所熟知。⑤当

① 本段及下段引文见费孝通：《内地的农村》（1946年7月），《费孝通文集》第4卷，第205～213页。值得注意的是，费孝通在提出农村中的这些现象之后，虽然对于传统的土地政策有所修正，但仍然以"节制生产"与"发展工业"为改善农村的策略。

② 雷心如：《人口与抗战》，《再生》第25期，1939年6月11日，第1～2页。

③ 陈长蘅：《长期抗战中的人口问题》，《经济动员》第3期，1938年7月15日，合订本第117页。

④ 社评，《中华民国模范省之四川》，《大公报》1928年2月29日，第1版。

⑤ 按照朱偰搜集的材料，最近的预征已经到了1994年。参见《四川省田赋附加税及农民其他负担之真相》，《东方杂志》第31卷第14号，1934年7月16日，第87页。

时四川在外省人心中的印象大概实在不算太好。①1936 年有人即感觉到"川省农村经济，已至穷途，自中产以下，已多无法生活"。这种农家"自然崩溃"的状态，与当时其他的各地的状况似乎无差。②次年日本驻华使馆的报告中，更认为四川农业生产衰减，并因为兵荒灾害"强化了这个崩溃性"，"而且最近几乎已经达到了不可收拾的地步"。③

然而全面抗战爆发以后，"四川不仅是抗战出兵和兵源补充的主要基地，同时也是军需物资特别是粮食补给的重要基地"。按照 1945 年《新华日报》社论提供的数据，"历年来四川贡献于抗战的粮食，占全国征粮总额的三分之一"。这一数目尚未包括捐税和捐献的数目。④研究者也已经注意到了抗战期间内地农村中"农业生产力的某些发展"与"农村的光明面"。⑤一个潜藏着无数劳动力，甚至还潜藏着无数生产力的内地农村，成为抗战时期对于农村重新加以理解的基础。

日后费孝通关于中国乡村影响最大的著作《乡土中国》出版于 1947 年。在经历了抗战之后，书中对于中国乡村独有的生活方式与价值观念提出了不少深入的见解。尤其值得注意的是，对于此前的乡村工作，包括"送文字下乡"等内容，费孝通也提出了婉转的意见。这些内容在前文中已经提及，此不赘。然而，这样一种见

---

① 任鸿隽在任四川大学校长期间，其妻子陈衡哲曾经写有《川行琐记》，其中对于四川上至风气（"女学生给军阀当姨太太"）下至物产（"鸡蛋没有蛋味"）的情况表示了抱怨，在四川引起了相当大的反弹。陈衡哲的观察是否属实且不论，这种状况再次反映了新式知识分子对于内地状况的疏离。参见王东杰：《国家与学术的地方互动：四川大学国立化进程 1925—1939》，北京：生活·读书·新知三联书店，2005 年，第 200 ~ 222 页。

② 昌裕：《破碎之四川农村》，《国闻周报》第 13 卷第 28 期，1936 年 7 月 20 日，第 25 ~ 26 页。

③ 《四川农村衰落现状》，刘刚译，《农村经济》第 4 卷第 5 期，1937 年 5 月，第 32 页。

④ 转引自沈果正：《四川是抗战大后方的主要基地》，成都市政协文史学习委员会编：《成都文史资料选编·抗日战争卷》（下），成都：四川人民出版社，2007 年，第 27 ~ 30 页。关于战时四川地区的社会情形，尤其粮食征收的问题，参见笹川裕史、奥村哲：《抗战时期中国的后方社会——战时总动员与农村》，林敏、刘世龙、徐跃翻译，北京：社会科学文献出版社，2013 年，第 1、2 章。

⑤ 参见时事问题研究会编：《抗战中的中国经济》（"抗战的中国丛刊"之二），北京：中国现代史资料编辑委员会翻印，1957 年，第 83 ~ 88 页。

解是在经历了抗战以及深入内地生活之后才提出来的，这一事实本身就提示了"农村问题"在随后的时间中所经历的冲击。

甚至关于此前的经济"总崩溃"之说，费孝通此时也有所反思。他注意到不少人以抗战"拖到胜利"为例，开始怀疑"经济的困难是不是也可能拖到繁荣"。对此，费孝通认为，"要中国的经济豁然崩溃我想是不太可能，但是拖却拖不出繁荣倒是一定"。因此，他特别对此前的"崩溃"说做出修正，认为"崩溃、危机等字都是用来形容现代化的经济现象的"，"小农经济不会崩溃只会瘫痪"。按照费孝通的观察，这种瘫痪"在还有可以生产的细胞时，还是可以维持着半身不遂的局面"。它在本质上与经济崩溃和灾荒类似，却难以实施挽救。[①] 这种尚可维持的局面之所以曾被认为"崩溃"，实际上正是在于其较之于"现代化的经济现象"无法发展的状态。

三、什么可以代表中国？

早在农民运动时期，中共内部关于革命发展不均衡性的讨论，实际已经涉及一个问题，即这样一个幅员广大、人口众多的国家，并不能以单一的方式加以理解。在城乡差异逐渐显著化的语境之下，到底什么可以代表中国也成为不得不考虑的问题。黄尊生即认为，"平常人对于中国社会，往往有一个错误的观念，拿着几个十里洋场的租借地，或者几个通商口岸，便把他当做中国"。事实上，"中国的知识界，亦如中国的经济界一样，本身是分裂的"，人才产业"集中于沿海都市"的状况，造成了社会的畸形发展。"其发展愈甚，则与社会和乡村相去愈远，结果把乡村与都市分而为两个不同的世界，一个则极其困苦凋敝，一个则极其浮薄奢华。"因此，他模仿此时金融界"资金归农"的观点，主张中国的知识分子也应该"复归到社会，复归到群众，质而言之，即复归到乡村"。[②]

---

① 费孝通：《乡土重建》（1948 年），《费孝通文集》第 4 卷，第 327 ～ 329 页。
② 黄尊生：《中国问题之综合的研究》，第 85、514 页。

黄尊生的这一区分既是在批评知识分子长期以来集中沿海都市的状况，也指出了城乡差别在近代中国造成的二元形象。稍早梁漱溟有一个更有名的说法，即现在中国社会中"显然有厚薄之分、舒惨之异者，唯都市与乡村耳"。在梁漱溟看来，这种分别"在旧日固已有然"，但"自西洋式的经济、西洋式的政治传入中国，更加取之此而益于彼"，尤其在"军阀与土匪并盛"的近年，"一切压迫掠夺所不敢施什一于都市者，骈集于乡村"。都市或者租界居民尚可有一些"身体生命财产的自由"，"乡村居民已绝对无可言者"。"故中国社会本不好分判得开，唯乡村与都市无论就政治言、就经济言，却见形分势异。"①

诚如梁漱溟所论，城乡差别在中国并非新事，但其所具有的政治、经济乃至文化意义上的对立，却是在西方冲击之中逐渐形成的，可以说是现代的产物。此外，梁漱溟到了 1937 年仍然认为，中国尚未走上工商业的路："大小都市皆不过军事、政治、文化的中心，以及土货洋货进出的商业中心，而不是生产的；其生活全靠农村维持。"②事实上，工业城市本是来自西方的新观念，"不事生产"也正是传统士人对于城市生活的常见批判。城市既然尚不具有生产的意义，社会的基础自然还在乡村。这样，中国社会的特殊性集中体现在了乡村，其自我认知也逐渐呈现了乡土的一面。

梁漱溟以城乡之别作为近代中国最重要的特征，有着与此时的阶级理论别异的意图，但对于城乡差异的强调，在很大程度上折射出此时思想界一个重要问题：即"什么可以代表中国"。就理论界而言，固然表现为中国社会性质与中国农村社会性质的讨论乃至论战，而在文学上，这一差异更直接引起了典型代表的问题。在赛珍珠（Pearl S. Buck）关于中国的小说《大地》出版以后，江亢虎就认为她关于中国的认识"来自扬子江流域北部下流社会里的穷苦人家"，这些人"对生活的观念非常奇特，而且他们的常识亦非常有限"，他们"虽说是构成中国人口的大部分，但却不是中国人民的代表"。因此批评赛珍珠的小说"距离整个中国人的真实生活太远"，

---

① 梁漱溟：《中国问题之解决》（1930 年 10 月 1 日），《中国民族自救运动之最后觉悟》，第 215～216 页。

② 梁漱溟：《乡村建设理论》（1937 年 3 月），《梁漱溟全集》第 2 卷，第 478 页。

"仅代表中国人生活中黑暗方面的一特殊局势"。①

对于江亢虎的批评，赛珍珠特别表示她理解"江教授及其他类似江教授者，颇愿以极少一部分的智识阶级来代表全部中国人民"，尤其"愿以地大物博、庄严愉快的中国人民生活借悠远之历史古画及经典文学以为表现"。她承认这些内容为"中国文化之一部"，"但也只成为'官衔的顶子'而已"。赛珍珠尤其指出，"中国平民与知识阶级间的鸿沟太可怕了，已成为互不相通的深渊"。因为她自己"曾和平民相处很久，过去十五年中又生活于知识分子的队伍里"，因此得以下此判断，如江亢虎随便地使用"苦力"等字眼正显示了其"对于平民的欠缺了解"。尤其赛珍珠提出，"倘若在任何国家内，居大多数者不能为代表，则谁复能代表？"②

赛珍珠的回答固然是义正词严，但其观察与落笔也并非简单的"政治正确"。对此，杨昌溪曾评论，"自幼便生长在中国的巴克夫人所体验到的中国平民生活，反而比久居外国的江亢虎来得真实而且正确"，尤其江亢虎虽然也曾从事"社会运动"，"但是自幼便生活优裕，近几年来又旅居外国，对于中国真相，自然是更隔膜"。③杨昌溪的评论大体符合两人的状况，但江亢虎提出的问题也并非没有意义。传统士人关注的常常是"风过草偃"，尤其在面对外人时，到底应该表现出哪个中国，哪个中国更具有"真实性"，类似的问题在此后相当长的时间内仍然是一个具有争议性的话题。

因此，当冯友兰在1936年以"城里人和乡下人"来比喻中国现在处的地位时，看到的是"在现在的世界中，一切经济先进的民族都成了'城里人'，经济落后者都成了'乡下人'"。中国作为一个经济落后的民族，"其地位就不待言了"。这里的"乡下人"，与其说是一种文化认同，不如说是国际政治经济局势之下不得已的选

① 江亢虎：《一位中国学者对布克夫人小说的观察》（1933年），庄在心译，见郭英剑编：《赛珍珠评论集》，桂林：漓江出版社，1999年，第13～14页。

② 郭英剑编：《赛珍珠评论集》，第571页。

③ 杨昌溪：《巴克夫人与江亢虎论战及其对基督教之认识》（1933年），郭英剑编：《赛珍珠评论集》，第44页。不妨与之比较的是，"今日当过知青的读书人会发现赛珍珠的描述是颇接近真实的"；虽然其中也有些"安在中国农民头上的西方观念"。《形象与文化：换个视角看中国》，见罗志田、葛小佳：《东风与西风》，北京：生活·读书·新知三联书店，1998年，第35页。

择。冯友兰特别表示赞同"乡村靠都市""东方靠西方"的说法，认为"东方没有工业革命，就变成'乡下人'了"。[①]换言之，在冯友兰看来，中国有必要通过完成工业革命等手段，改变甚至告别自己在世界中居于"乡下人"的状况。

事实上，即使是那些从事乡村建设人士，他们所向往和想象的新农村，也已经不再是传统的乡村，而是来自世界各国经验、实现了工业化和土地改革的新农村，因此对于乡村建设的批评提出了一个重要问题，即孤立地建设、复兴甚至理解乡村，既不可行，甚至也并不"传统"。在对梁漱溟乡村建设理论的批判中，陈序经即提出，西洋文化不只是都市文化，中国文化也不只是乡村文化。"我们试读元代马可波罗的中国游记，其所赞美歌颂的中国文化，何莫非像梁先生所说的'都市文化'？假使那个时候的欧洲人，而像梁先生一样的把文化来分为都市和乡村两方面，则读了马氏游记之后，岂不是也要叹道：中国文化是都市文化了！"[②]在时人与后人的印象中，陈序经是尽力提倡"全盘西化"的人物，但正是在他对于梁漱溟的批评中，更强调了中国传统的多样性。而梁漱溟这样被视为传统与偏于"保守"的人物，反而将中国社会化约为在相当程度上已经负面化了的乡村，无意中暗合于"东方主义"的刻板印象。

同样被视为文化保守主义甚至"新儒家"的钱穆到了晚年曾经反思，"今国人每称中国为一农业社会，实不符情实，称四民社会较为妥当"。[③]胡秋原此时亦有类似的反思。他提醒读者："中国人在汉朝只作'两都赋''三都赋'，六朝以后，玄学衰竭以后，才由陶渊明、谢灵运提倡田园文学；所谓'老庄告退，山水方滋'者是也。"因此，类似的田园生活与都市生活的对立，并不能说明中西文化之差别。他甚至讽刺，"这些误会之由来，是手中只拿一套'四书'，或一部《近思录》，遥想

---

①　冯友兰：《中国现代民族运动之总动向》，《社会学界》第 9 卷，1936 年 8 月，第 258～266 页。

②　陈序经：《乡村文化与都市文化》，《独立评论》第 126 号，1934 年 11 月 11 日，第 15～16 页。

③　钱穆：《现代中国学术论衡》，第 227～228 页。

着洋人在开汽车，因作比较而来"。[①]胡秋原的反思已经是数十年后，距离稍远，感受又有不同，也自有今典所在，但和陈序经所注意的内容相似，"乡村"或者"田园"作为中国文化的代表，实际都是一种有意选择的结果。"乡土中国"这样一种"新传统"的形成，充分体现着中国在现代化的过程中经历的自我认同改变。

查尔斯·泰勒（Charles Taylor）曾经提出一种文化的现代性理论，即以现代西方所经历的转变作为一种新的文化的产生。[②]与读书人"到乡间去"所感受到的文化冲击相类似，由抗战所造成的"到内地农村去"使得这些在欧美接受教育，并长期生活在城市中的读书人意识到了另一种文化的存在。因此，前面费孝通所感叹的"眼界扩大"，又成为现代中国的"都市眼光"遇到内地乡村所发生的反思。在不到半个世纪的时间内，读书人不断地"到田间去""到内地去"，或大受冲击，或眼界扩大。这种主动或被动社会流动的后果，不仅仅改变着农村形象，也影响着思想界对于中国问题的理解。

在传统中国，乡村虽然也有着"偏远""贫寒"的特征，但其形象并不负面。与之对应的是那赞美隐逸、提倡节俭的"东方文化"。当这套文化体系已经不再具有正当性之后，乡村的生活、生产方式成为难以理解的"陋习"。按照资本主义生产方式的理论，农业在农村中凸显，而传统的家庭劳作则被割裂，并以企业营利的标准加以考察。同时，乡村中的家族、信仰都要面临着现代自然科学和社会科学的重新评价。乡村形象负面化成为中国传统整体负面化所折射的影像。到1930年代，整个国家社会经济的种种问题被投射到了农村，并造成了"农村破产"的印象。"都市眼光"所造成的以都市看农村、以沿海看内地的思路，使得农村中原本长期存在的土地、借贷等问题被无限放大。作为传统中国社会的基础，在这样一个剧烈变动的时代，乡村确实发生着各种变化，但这种变化未必与城市的发展方向相

---

①　胡秋原：《中国文化之前途》，《文化复兴与超越前进论》，台北：学术出版社，1980年，第336页。

②　在他看来，无论对于现代性的态度如何，以往诸多研究均是将现代性视为一种文化中立的（culture-neutral）理性或者社会运作，实际仍是一种以西方历史为标准化发展路径的思路。因此，他提出从文化的角度理解现代性，即以现代西方所经历的转变作为一种新的文化的产生，并充分重视另外的现代性（alternative modernities）。参见 Charles Taylor, "Two Theories of Modernity," *Public Culture*, Vol.11, No.1 (Jan., 1999), pp.153-164.

一致。这种不同步所导致的城乡分离最终使得农村全面问题化，成为一个"崩溃"而亟待救济的场所。

事实上，已经有经济史的研究者注意到，"之所以应该限制自给自足的生产方式，不是因为它的失败，而是因为它的成功"。农业无论是作为一种劳作形式，或是在工业城市之外的乡村生活方式，都足以在21世纪以新的思路加以思考。[①] 对于现代社会而言，都市化及其后果已经成为现代性中的重要内容，与之相应的农村不仅在很大程度上承担着发展的代价，也成为各个国家必须面对的问题和困惑，甚至具有了体现民族性的意义。马克斯·韦伯认为，"在所有的社会中，农村社会的结构是最独特的，也是最受特定历史发展影响的"，因此不能将俄罗斯、爱尔兰、意大利和匈牙利的农村混为一谈。[②] 而现代中国对于以农立国的体认，恰发生于这个激烈变动的历史时期，并伴随着全面的文化转型。抗战所凸显的内地乡村，使得反思那近代以来几近理所当然的"都市眼光"有了可能。从这个意义上来讲，故事的结尾也提示着它的重新开始。

---

① 迈克尔·佩罗曼：《资本主义的诞生：对古典政治经济学的一种诠释》，裴达鹰译，桂林：广西师范大学出版社，第413页。

② 马克斯·韦伯：《民族国家与经济政策》，甘阳等译，北京：生活·读书·新知三联书店，1997年，第109页。

结　语　现代中国的"都市眼光"

> 资产阶级使农村屈服于城市的统治。它创立了巨大的城市，使城市人口比农村人口大大增加起来，因而使很大一部分居民脱离了农村生活的愚昧状态。正像它使农村从属于城市一样，它使未开化和半开化的国家从属于文明的国家，使农民的民族从属于资产阶级的民族，使东方从属于西方。
>
> 《共产党宣言》

都市的兴起是现代世界范围内出现的普遍现象。然而，就现代中国而言，早在大规模的工商业城市尚未形成时，一种半带虚悬的"都市眼光"就已经出现并发挥着作用。自晚清开始，无论就国家政策或士人认同而言均可看到"都市"的凸显，这个"都市"难以确指，却集中了时人对于未来的诸多想象与期待，成为社会思潮中潜藏的重要力量。进入民国以后，"都市眼光"更持续发挥作用。它不仅造成了新的文化标准，更定义了中国的过去与未来。长期作为中国社会基础的乡村，也为其重新"发现"，成为一个溃而不崩、濒临破产的场所。

"都市眼光"的出现固然与晚明已经开始的城乡分离进程有着密切的关系，却不应该仅仅被视为城乡分离的后果。在社会经济尚未出现结构性变化的前提之下，现代中国城乡关系即因为"都市眼光"的形成而发生了根本转变。这一社会意识的形成不仅加速了城乡分离的进程，同时也成为中国现代历史上最特别的现象[1]，其对于国家发展和社会思想造成的影响，至今历历可见。如此重要的问题非一文所能解决，以下仅拟从"观风察势"的立场出发，对于"都市眼光"的出现及其运作稍事勾勒。

一、现代中国的城乡关系

18世纪以来英国式工业城市的兴起成为现代世界中最为显著的现象。按照《共产党宣言》的说法，"资产阶级使农村屈服于城市的统治。它创立了巨大的城市，使城市人口比农村人口大大增加起来，因而使很大一部分居民脱离了农村生活的愚昧状态"。到20世纪上半期，城市不仅聚集了大量的人口，更在经济、文化等方面发挥着重要作用，成为现代工业社会最为突出的表征。[2] 从某种意义上来说，城市化是现代化实现程度的重要标准。[3]

大约出于类似的考虑，在对于现代中国的研究中，城市同样具有重要的意义，

---

① 梁漱溟在1930年代对辛亥革命以来历史的反思中即已感觉到，"革命"的困境正是来自"社会事实"与"社会意识"的"不相应"。在他看来，当日的"社会事实以演自中国数千年特殊历史者为本，而社会意识以感发于西洋近代潮流者为强"。参见《中国民族自救运动之最后觉悟》，第189页。

② 参见帕克等：《城市社会学：芝加哥学派城市研究文集》，宋俊岭、吴建华、王登斌译，北京：华夏出版社，1987年，第1～3、48～49页；Louis Wirth, "Urbanism as a Way of Life," in *American Journal of Sociology*, Vol.44, No.1 (1938), pp.1-24.

③ 在关于现代化的各项理论中，城市化和与之密切相关的工业化都占据了重要地位。参见罗伯特·海尔布罗纳等：《现代化理论研究》，俞新天、邓新裕、周锦敏译，北京：华夏出版社，1989年，第199～210页；钱乘旦、陈意新：《走向现代国家之路》，成都：四川人民出版社，1987年，第3、33～37页。

这种意义尤其体现在上海。晚清的传教士即以上海为"高度文明和基督教对整个中国产生影响的中心";到1950年代,研究者更将上海作为"理解现代中国的钥匙"。① 在这种以现代化为基础的研究思路之下,城市史的研究者不仅对于以上海为代表的各大城市中的贸易状况、工商业发展、"公共空间"等领域给予了充分的讨论,还溯源而上,试图在明清江南城市的发展中找到"另一个中国"的传统。② 在新文化史的影响下,晚明以降的城市文化研究更涉及了情欲、逸乐、消费等现代元素,描述了近世中国的城市生活图景。③

　　然而,不少学者也承认,与城市在西方历史中的作用不同,中国的城乡关系有着特殊之处。按照马克思的看法,经历了古典城市的兴衰,中世纪以后的社会发展是"在城市和乡村的对立中进行的","现代"更进入了"乡村城市化"的过程之中。

---

　　① 　墨菲:《上海——现代中国的钥匙》,上海社会科学院历史研究所编译,上海:上海人民出版社,1986年,第4～7页;并参见熊月之:《20世纪上海史研究》,收入《中国历史学年鉴2000》,北京:生活·读书·新知三联书店,2009年。关于城市史的研究参见熊月之、张生:《中国城市史研究综述(1986—2006)》,收入张海鹏主编:《中国历史学30年:1978—2008》,北京:中国社会科学出版社,2008年。关于"现代性"在上海都市文化中的呈现,参见李欧梵:《上海摩登:一种新都市文化在中国,1930—1945》,毛尖译,北京:北京大学出版社,2001年,第3～52页。而在对于左翼文学的讨论中,"上海"又呈现了极为不同的面貌。蒋兴立《左翼上海——三○年代左翼都市小说研究(1927—1936)》(台湾辅仁大学博士学位论文,2011年,第121～142页)即注意到了都市文化在左翼文学中的复杂意态。

　　② 　伊懋可认为中国与西方现代工业文明的接触开始于城市,同时中国现代化的努力也开始于城市。参见 Mark Elvin and George William Skinner(eds.), *The Chinese City Between Two Worlds*, Stanford: Stanford University Press, 1974, p.2. 更有学者试图将中国的"城市传统"上溯至南宋,尤其强调了苏州、杭州乃至上海等江南城市的意义。参见林达·约翰逊主编:《帝国晚期的江南城市》,成一农译,上海:上海人民出版社,2005年,第18～19页。

　　③ 　在《从城市看中国的现代性》(巫仁恕、康豹、林美莉主编,台北:"中央研究院"近代史研究所,2010年,导论第1～4页)一书中,编者即试图以"现代性"这样一个概念将近代城市史的研究延伸到明清时期。这样一种研究的思路在现代文学的研究中早有体现,王德威在《被压抑的现代性》(台北:麦田出版社,2003年,导论)一书中即注意到各种现代文学议题在晚清的呈现,现代城市中的生活方式同样也与明清以降的社会变迁有着千丝万缕的联系。参见李孝悌主编:《中国的城市生活》,北京:新星出版社,2006年,序。

与之不同，"亚细亚的历史是城市和乡村的一种无差别的统一"。①中国上古虽然有"国""野"之别，但这一差异到战国时期已基本消弭。②在相当长的一段时间内，乡村一直是社会的基础，无论就经济或政治制度而言，城乡之间都保持着密切的流动。因此有学者将传统中国视为"城乡连续统一体"，城乡差别并不在社会文化的意义上占有重要地位。③

　　这种状况到 20 世纪却发生了断裂。在现代都市兴起的同时，乡村的衰落也逐渐引起了时人的注意。1930 年代，"农村破产"的说法逐渐为人熟知，与之相应的则是乡村建设风行一时。在不少人看来，长期作为社会基础的乡村已经出现了问题。更重要的是，城乡差别在时人的认同中扮演着越来越重要的角色。城市造就的新式知识分子不再回到乡村，而是停留和聚集在城市。1958 年，以"农业户口"与"非农户口"在国家法令中的明确区别为标志，"城""乡"作为一种身份的差异最终被固定。这一事件象征着那传统的城乡连续统一体已经不复存在，城乡关系完成了根本性的改变。

　　然而，与社会意识中早已确立的城市认同相比，即使到了 2000 年年底，中国的城市化水平都被认为低于世界平均水平。④尤其值得注意的是，与工业革命后造就的现代城市不同，中国传统的城市多为有着特殊政治或商业意义的"消费城

---

　　① 《1857—1858 年经济学手稿》，《马克思恩格斯全集》第 30 卷，第 473 页。望月清司的研究特别注意到了城乡对立及其所代表的社会分工的作用。参见《马克思历史理论的研究》，韩立新译，北京：北京师范大学出版社，2009 年，第 464～466 页。

　　② 梁启超：《中国都市小史》，《晨报七周年纪念增刊》，1925 年 12 月 1 日，第 219～220 页；侯外庐：《中国古代社会史论》，石家庄：河北教育出版社，2000 年，第 179～188 页；杨宽：《先秦史十讲》，上海：复旦大学出版社，2006 年，第 81 页。

　　③ 牟复礼：《元末明初时期南京的变迁》，见施坚雅主编：《中华帝国晚期的城市》，第 114～129 页。此外，马克斯·韦伯还从宗族的角度强调了乡村在社会中的维系作用，参见《儒教与道教》，王蓉芬译，北京：商务印书馆，1995 年，第 140～145 页。

　　④ 按照《中国城市发展报告 2001—2002》（北京：西苑出版社，2003 年，第 24 页）中提供的数据，2000 年中国大陆人口城市化率为 36%，"比世界平均低 12 个百分点，比世界发达国家平均低 40 个百分点"。虽然城市数目从 1949 年的 67 个增长至将近 700 个，"但随着人口总量的增加，城市人口的比例仍然过于偏小"。

市"。①就民国经济史而言，至少在全面抗战开始之前，社会生产力与生产关系都未发生结构性的变化。现有研究表明，所谓"民族工业"的发展集中在棉纺织业、面粉业和卷烟业，现代工业与能源产业的变革相当有限。②直到 1949 年 3 月新中国成立前夕，中共在七届二中全会上决定将工作中心转到城市时，仍然认为此时大部分城市"具有着消费城市的性质"。只有实现"变消费的城市为生产的城市"这一重要任务，"才能使城市领导乡村，变农业国为工业国"。③

由此可见，在现代工业城市体系尚未建立的情况下，民国时期社会思想文化的转变已经先于社会经济结构的转变而发生。不仅知识分子停留在各大都市，形成了新的生活方式与文化认同；国家目标也迅速地转移到了以都市为依托、以工业发展为要求的"现代化道路"上。这些思虑集中体现在"都市"这样一个半带虚拟的空间之中，构成了现代中国特殊的"都市眼光"。与之相对应的是，长期作为社会基础的乡村，却逐渐成为时人认可的"社会问题"。1933 年，有鉴于"农村经济加速崩溃"的局面，国民政府行政院成立农村复兴委员会，象征着"农村"正式被政府

①　韦伯在对于城市的类型学研究中即已区别了"消费城市"与"生产城市"。以此观之，中国的城市主要是官府所在地，更接近于"消费城市"或者与"生产城市"稍有差异的"商业城市"。参见《非正当性的支配——城市的类型学》，康乐、简惠美译，台北：远流出版公司，1993 年，第 6～10 页。胡如雷则因为"政治、军事需要是中国封建城市形成的基本原因"，将传统中国的城市称为"郡县城市"。他同样注意到，与西方工商业促进城市发展不同，中国更多是城市的产生为手工业和商业发展提供条件。参见《中国封建社会形态研究》，第 245～255 页。

②　在煤、铁的生产方面，东北占有较高的比例，工矿业则主要集中在东南沿海和沿江地区，其他区域的发展相当有限。参见饶斯基：《1945 年前的中国重工业》，收入张仲礼主编：《中国近代经济史论著选译》，上海：上海社会科学院出版社，1987 年，第 326～345 页；徐新吾、黄汉民主编：《上海近代工业史》，上海：上海社会科学出版社，1998 年，第 217～219 页；张仲礼、熊月之、沈祖炜主编：《长江沿江城市与中国近代化》，上海：上海人民出版社，2002 年，第 224～258 页。直到 1950 年代"一五计划"开展之前，现代工业在国民生产总值所占比重仍不到三成。参见胡绳主编：《中国共产党的七十年》，北京：中共党史出版社，1991 年，第 328 页。

③　《把消费城市变成生产城市》，中央档案馆编：《中共中央文件选集》第 18 册（1949 年 1—9 月），第 495～499 页。关于七届二中全会前后对于城乡问题的讨论，参见读者书店编辑部编：《论城乡关系》，天津：读者书店，1949 年，第 1～2 页。

作为"国家问题"加以确立。^①

这样，现代中国不仅出现了现代的城市，同时还兴起了一个与城市相对应的"农村"。这样一种两相对峙而又内涵暧昧的城乡关系，提示着现代中国社会一项重要的落差：早在中国工业化、都市化尚未实现时，作为社会基础的乡村便已经被负面化和问题化，"都市眼光"成为看待、思考和处理各项问题的标准。即使是那些并未忽视乡村的读书人，也在尝试将乡村建设为一个专业化、工业化和更有组织的"都市化新农村"，其努力至今不辍。由此看来，"都市眼光"的出现和运作成为现代中国社会思想中的重要关节，值得认真考察。

二、"都市眼光"的出现

现代中国出现的"都市眼光"是一种全新的现象。就长期以来的历史而言，城乡差异虽然一直存在，却并未导致社会身份的区隔，而更多地体现在象征意义上。一方面，至少在南宋，已经有人感到"乡下寂寞，百物无有"，倾向于在城市中生活^②；另一方面，士人一直维持着对于乡村的认同，有意无意间将其居住的城市"乡村化""山林化"。在《史记》中，太史公便以"自年六七十翁亦未尝至市井"为"人民乐业"的表现，这样的传统一直持续到了清初顾炎武所提出的"人聚于乡而治，聚于城而乱"。"人聚于城"不仅是人民"舍其田园，徙于城郭"，更代表了"繇役繁，狱讼多"。^③即使在晚明商业城市崛起之后，读书人仍然对于城市生活有所警

---

① 《本会设立之经过》，《农村复兴委员会会报》第1号，1933年6月26日，第1～2页。

② 参见梁庚尧：《南宋官户与士人的城居》，收入梁庚尧、刘淑芬主编：《城市与乡村》，第118～124、133～143页。

③ 《日知录》卷十二，黄汝成集释本，石家庄：花山文艺出版社，1990年，第558～559页。

惕。①清初不少士人以“不入城”表达自己对于朝代鼎革的反思，更充分表现出城市的另一意义，即官场。②城市这类半带象征的内涵烘托出“乡村”的正当性，成为传统中国城乡关系中的决定性因素。

然而这样一种以内向自足的乡村为基础、城乡一体为表现的关系，在晚清“地方自治”的声浪中却开始有所改变。柳诒徵注意到：“清季以来，谈国是者，咸以地方自治为立国之基础。”③就当时政府面临的困境而言，实行地方自治成为朝野普遍认可的一个解决方案。有官员指出，当时各国“无不挟国民之力以竞争”，而中国举行新政，却仅“与地方官吏谋之”，蚩蚩之氓并未参与。这样，“人挟多数之国民以竞争，而我仅挟少数之官吏以抵制，众寡之势既殊，胜负之形立判。”只有“亟图变计”，实行“地方分治”，使“士民预政”，才能改变现状。④地方自治正是国家力量尝试及于“蚩蚩之氓”的开始。⑤

在这一过程中，《城镇乡地方自治章程》的颁布具有重要的意义。光绪三十四年（1908年）八月，民政部奉旨拟定该项章程；此后，经过宪政编查馆核议，十二月上谕正式颁布。章程规定：“凡府厅州县治城厢地方为城，其余市镇村庄屯集等各地方，人口满五万以上者为镇，人口不满五万者为乡。”⑥虽然实施的程度非常有限，这一章程首次在“县”以下确定了“城”“镇”“乡”这样的基层单位。如

①　关于明代士人对于新兴商业都市文化的思考，参见卜正民：《纵乐的困惑：明代的商业与文化》，方骏等译，北京：生活·读书·新知三联书店，2004年，第156～167页。

②　王汎森在《清初士人的悔罪心态与消极行为》一文中详细检索了自《宋史》以后各种“不入城”的例子，还注意到这种“拒绝城市文化”在近代的影响。见《晚明清初思想十论》，第204～210页。

③　柳诒徵：《中国文化史》，第934页。

④　《南书房翰林吴士鉴请试行地方分治折》（光绪三十二年六月十五日），故宫博物院明清档案部编：《清末筹备立宪档案史料》，第713页。

⑤　关于晚清新政时期国家力量对地方行政、财政等方面的改变，参见罗志田：《国进民退：清季兴起的一个持续倾向》，《四川大学学报（哲学社会科学版）》2012年第5期。

⑥　《城镇乡地方自治章程》，第1页。

《民国政制史》所述，"城镇乡皆为自治之初级，在县之下，为一级制"。[①]同时，城、镇、乡三者虽然并立，由于其中所设想的人口差别，其自治机构仍稍有区分："城""镇"设议事会与董事会，"乡"则设议事会与乡董，象征着城乡的"名相"在国家行政的意义上有所界定。

这种区别为日后各项地方行政法规继承，国民政府颁布的《县组织法》也在其中区分了"乡村（村庄）"和"市镇（街市）"。然而，就当日而言，这一区分更多来自其所借鉴的日本法律条文。梁启超即已注意到，在县以下，中国的城乡之间实际并无明确的界限，仅以人口数量根本无法做出区别。一方面，国中有"兼属两州县以上"的"大城"。如京城属于大兴、宛平，杭州属于钱塘、仁和两县。另一方面，某些"山州下县"，"其城厢人口不过千数百，而财政一无所出者，往往有矣"。这样的"城"还要设置各种自治职位，"徒耗薪水，费时日，且奖厉［励］人民以华而不实之风，甚无谓也"。因此梁启超批评该章程"大率取日本之市制及町村制综合而移译之"，是否适于中国尚需商榷。[②]

事实上，《城镇乡地方自治章程通释》即已说明，如果府厅州县"有无城之地"，"亦应以该管地方官驻在地之一镇为城"。[③]传统的"城"首先是朝廷下派官员的驻地，它既非西方意义上的城市，更不可能与向来"帝力无所加"的乡村并立。该章程虽然试图将城镇乡统一作为县以下的行政单位，传统城市在"官治"一方面的意义却因为"自治事宜"而得到了凸显。另一方面，本来并无行政单位的乡村开始进入国家视野，意味着国家的力量开始尝试以垂直的方式进入地方，社会权力运作方式逐渐改变。[④]

---

① 同时，到 1914 年停办地方自治以前，"各省县之下级组织可分为两种：一则为沿清末之制者将县之下级地方分为城镇乡，一则为各省自为制者将县之下级地方分为市乡，然实际上两者亦大同小异，仅将城镇改名为市而已"。并见钱端升等：《民国政制史》，第 621 页。

② 梁启超：《城镇乡自治章程质疑》（宣统元年），《饮冰室合集·文集之二十》，第 78～81 页。

③ 杨廷栋编：《城镇乡地方自治章程通释》，第 7 页。

④ 费孝通已经注意到，传统社会中"中央所派驻的官到知县为止"，自上而下的单轨政治也仅停留在县衙门，"县以下并不承认任何行政单位"。参见《乡土重建》（1948），《费孝通文集》第 4 卷，第 337～338 页。关于传统政治运作在清季经历的变迁，参见罗志田：《革命的形成：清季十年的转折》，第 40～42 页。

城镇乡虽然在理论上得以并立，"城"与"地方官"的密切关系却逐渐加大了城乡之间的差距。时任学部主事的刘宝和注意到，"朝廷每举一事，行一政，仅仅国门以内，及各省大都会，得以共见共闻，此外则不能尽人皆知"，致使"蚩蚩之民，曾不知新政为何事"。① 各省开始铸造铜元时，也有人注意到"其运销雍积之区，大都在都会左近，暨著名繁盛商埠之地"；"至于各属地内地［疑为衍字］运道艰阻交通不便之区，实未尝流通遍及者"。② 以"通上下"为目的的新政，却在有意无意间使得"都会"与"交通不便之区"隔阂增大，在晚清以降的社会变动中造成深远影响。③

此外，前此数年实行的废除科考更加凸显了"繁盛都市"。不少学者已经注意到，科举制的废除导致了传统四民社会的解体，不仅城乡间的社会流动不复存在，新式知识分子不再回到乡间，乡村也逐渐面临着士绅阶层消失，族学、学田等制度崩解等问题。④ 上述变革并非都在当时即已发生显著作用，却逐渐影响到城乡分离的进程。到 1915 年，已经有人观察到"都市与农村不平"，并为之"窃窃深忧"，甚至感叹："今日之政治，都市政治也；事业，都市事业也；教育，都市教育也。"⑤

城乡分离伴随着一系列的社会经济演变，是中国现代史上最可瞩目的现象。本

---

① 《学部主事刘宝和条陈立宪预备施行大纲以通上下之情明上下之权呈》（1907 年），《清末筹备立宪档案史料》，第 329 页。

② 《刘参议条陈补救铜元办法》，《申报》宣统元年十二月十九日（1910 年 1 月 29 日），第 1 张第 4 版。

③ 彭慕兰在对于黄运地区的考察中已经注意到，在"自强"的逻辑之下，同治以降清廷政策逐渐调整，形成了新的发展观念。官员开始轻视甚至倾向于牺牲黄运这样的地区，当地经济和生态因此发生了显著改变。可以说，这样一个边缘化的"腹地"是政治伦理和国家重心变化之后被构建出来的。参见彭慕兰：《腹地的构建：华北内地的国家、社会和经济（1853—1937）》，马俊亚译，北京：社会科学文献出版社，2005 年，第 116 ～ 143 页。

④ 参见余英时：《试说科举在中国史上的功能与意义》，《余英时文集》第 9 卷，桂林：广西师范大学出版社，2006 年，第 67 页；罗志田：《科举制废除在乡村中的社会后果》，《中国社会科学》2006 年第 1 期；罗志田：《科举制的废除与四民社会的解体》，《权势转移：近代中国的思想、社会与学术》，第 161 ～ 181 页；王奇生：《民国时期乡村权力结构》，收入周积明、宋德金主编：《中国社会史论》（下），武汉：湖北教育出版社，2005 年，第 553 页。

⑤ 李桂馥：《予之农业教育观》，《中华教育界》第 4 卷第 7 期，1915 年 7 月，该文第 2 页。

文所欲关注则是与城乡分离有所呼应却并不相同的另一现象，即"都市眼光"的出现。在批评城镇乡自治条款的同时，梁启超即感觉到，"近世生计界之趋势，集中于都市"，并提出"今日欲奖厉〔励〕自治，非先从各省会及繁盛之都市下手不可"，因为这些地方"民智较开通，而筹办经费亦较易"。[①] 如上文所述，在实际的行政运作中，新政更多局限于"繁盛都市"。但朝廷官员尚注意于"交通不便之区"，筹备立宪的逐年事宜亦以城镇乡自治章程的颁布先于府厅州县，态度似犹在两可之间。而梁启超的取舍，已与"不患寡而患不均"的传统政治伦理相去甚远，显示着趋新知识分子眼光的转变。

这种眼光的转变首先表现于生活风尚的改变，尤其与新式的交通、传媒等工具相结合，重新塑造了社会文化的样貌。杜亚泉在 1913 年即注意到"物质界之变动，本具有左右精神界之势力"，"自西洋之物质文明输入以后，吾社会全体，对于物质界之欲望顿增"。国人"衣食居住之模仿欧风，日用品物之流行洋货，其势若决江河，沛然莫御"。[②] 到 1920 年代，中共发行《向导》周刊时更认为，"十余年来的中国，产业也开始发达了，人口也渐渐集中到都市了"。对于"在沿江沿海沿铁路交通便利的市民"而言，"言论、集会、结社、出版、宗教信仰，这几项自由已经是生活必需品，不是奢侈品了"。[③] 这一论述固然有着强烈的经济决定论意味（当时中国"产业发达"的程度恐尚有限），然而作为"欲望"和要求的新的生活方式，确是以"都会"这一空间作为根据地开始流行的。

随着社会思潮的激烈变动，城乡疏离也越来越为读书人注意。有人甚至感觉自辛亥以来，"国家保护之力，仅及于都会"，致使"吾国现时之农村，不仅为寂寞之所，抑又为至危之境"。[④] 不但政令行使的实际范围有限，民国以来的各种"新潮"也行之不远。1920 年，张东荪在去过湖南以后即感叹于内地的"民穷财尽"，认为

---

① 　梁启超：《城镇乡自治章程质疑》（宣统元年），《饮冰室合集·文集之二十》，第 78～81 页。

② 　杜亚泉：《论社会变动之趋势与吾人处世之方针》（1913 年 4 月），《中国近代思想家文库·杜亚泉卷》，第 134 页。

③ 　《本报宣言》，《向导周报》第 1 期，1922 年 9 月 13 日，汇刊本第 1 册，第 1 页。

④ 　尤孝标：《危哉中国农业之将来》，《东方杂志》第 17 卷第 4 号，1920 年 2 月，第 92 页。

"现在中国人，除了在通商口岸与都会的少数外，大概都未曾得着'人的生活'"，并因此主张不要"空谈主义"而应该"开发实业"，引起了激烈的反响。然而，从此后的历史来看，无论"空谈主义"或者"开发实业"，事实上都与"内地"无涉。①稍后郑振铎更感觉"现在的新文化运动的力量"只是"集中于北京、上海、长沙、天津、杭州、成都、广州、漳州那几个地方"；"其余极多的区域，都是丝毫没有受到影响"。②胡愈之也认为："吾国一切文化事业，与大多数之农民阶级，竟若全不相关。"③

类似的状况有相当的延续。1930年张季鸾阅读了旅行通信员在冀南各县的调查报告之后，亦感慨自己"仿佛已到世外之蛮乡，或恍如置身上古之乱世"。他一方面大声疾呼"中国文明在哪里？主义政策在哪里？"另一方面也反思道："都会人之思想行动、生活样式，其去同胞大众者若何之远。"④当国家政策与知识分子的文化生活都集中在都会时，整个社会意识的重心已经有了明显的倾斜。

在这一转变中，知识分子的认同尤其发挥了重要作用。如章太炎所观察，"教育界发起智识阶级名称以后，隐然有城市乡村之分"。代表了"智识阶级"的学生、记者、著作家等人大部分在都市接受新式教育，也多在"沿江沿海沿铁路交通便利"的都市中谋生。不仅如此，甚至在一般印象中偏于旧式的不少读书人也倾向于停留在都市。当时成都著名的"五老七贤"到了民国即选择留在城市，"安排诗酒度余生"。⑤他们虽然并不那么认同新的地方政权，也深感"国事不可为"，却往往以大隐隐于市的态度寓居成都，而不再回到原籍故乡。在"诗酒"之外，他们专力

---

①　张东荪：《由内地旅行而得之又一教训》，《时事新报》1920年11月6日，第2张第1版。值得注意的是，事实上张东荪所到的长沙于1904年开埠，亦当属于"通商口岸"，但却被归入了"内地"。关于张东荪的湖南之行及此文在1920年代社会主义大讨论中激起的反响，参见高波：《共和与社会主义——张东荪的早期思想与活动（1886—1932）》，第258～270页。

②　郑振铎：《再论我们今后的社会改造运动》，《新社会》第9号，1920年1月21日，第1～2页。

③　罗罗：《农民生活之改造》，《东方杂志》第18卷第7号，1921年4月10日，第4页。

④　《中国文明在那里？》，《大公报》1930年11月2日，第1张第2版，"社评"。

⑤　参见罗志田：《新旧之间：近代中国的多个世界及"失语"群体》，《二十世纪的中国思想与学术掠影》，第266～267页。

于慈善和教育，甚至在地方政治中保持了一定的发言权，形成一个独特的世界。①
韦伯所观察到的作为异乡的城市到此时已经不再是"异乡"，而逐渐成为读书人的
"故乡"。②

这一现象产生的社会后果，即新式教育培养的学生很快成为社会问题。五四运
动之前，李大钊已感觉到社会上存在着亟待解决的"学生问题"。这一"社会最近所
自造之阶级身份"，"社会反与为冰炭之质、枘凿之势"，以致学生成为现时社会中
"最可怜之一阶级，最可怜之一身份"。基于这样的观察，李大钊要求学生不要"在
都市上漂泊"，应该回归乡土，进行"开发农村、改善农民生活的事业"。③类似的
状况长期存在。中华职业教育社、江苏省教育会等机构在 1926 年专门讨论了中学
生毕业出路；此后《大公报》上并有广告"征求学生出路办法"，谓"本报认'学生
出路'为现今社会上最大问题"。④与李大钊的想法相似，在乡村中解决学生出路成
为不少人的想法。翁文灏在讨论如何打破青年没有工作的"烦闷"时，也建议青年
人"到内地去"。他注意到学医的学生都"挤在北平、天津等大都市"，但同时"中
国内地正还缺乏几万个科学医生"，只有"到内地去"才能解决"无事可做"的苦
恼。⑤直到 1934 年计划设立的中央农村服务讲习所，仍然以"开辟失业学生之出路"
为其旨趣之一，希望能以此来解决大学生"流离都市，贻害社会"与"农村文化异
常落后"的两大问题。⑥

---

① 许丽梅:《民国时期四川"五老七贤"述略》，四川大学硕士学位论文，2003 年，第
25~36 页。值得注意的是时人口中的"五老七贤"颇有差异，许丽梅文中对此有细致的考论，
但即使如此，这些人在民初的成都社会中仍大致被视为一个独特的群体，构成了一个似旧还
新的小世界。

② 韦伯在对传统中国城市的考察中即认为，"'城市'对于它的多数居民来说，从来不
是'故乡'，而是典型的'异乡'"。《儒教与道教》，第 144~145 页。

③ 李大钊:《学生问题》（1917 年 4 月 13 日）、《青年与农村》（1919 年 2 月 20—23 日），
《李大钊全集》第 2 卷，第 86、307 页。

④ 《值得注意之学校毕业生就业问题》，《大公报》1926 年 9 月 13 日，第 6 版。

⑤ 翁文灏:《一个打破烦闷的方法》，《独立评论》第 10 号，1932 年 7 月 24 日，第 3~4
页。

⑥ 《设立中央农村服务讲习所旨趣说明》（1934 年 11 月），中国第二历史档案馆藏，国
民政府档案，全宗号 1，案卷号 267。

同时，读书人自身也进行着对新兴都市文化的反思。五四运动前后，日本的新村主义、俄国的民粹主义等具有无政府主义色彩的思想在中国造成了"新村"的流行。对于不少青年来说，新村是他们在现实之外努力于创造新生活的一种希望，同时也充分展示着城乡关系那富于象征性的一面。在"纯洁的青年"与"恶浊的社会"的意象中，"乡村"与"城市"承载了青年学生对现实政治的失望和对新生活的向往，又隐隐浮现出传统士人"不入城"的取向。然而，这种新生活很快就出现了诸多问题。王光祈便感叹读书人"现在生活的根据"已在城市，难以在乡村中维持学习和生活。① 更有人讥讽提倡新村的学界中人"徒高唱新村，而自己仍在万恶的城中讨生活；徒撰新村运动的煌煌大文，而自己仍住在学校寄宿舍里不动身"。② 后来以农民运动闻名的沈玄庐也通过自己在农场工作的经验感叹："投我们到空山无人底白云堆里，必定没法生活。好在世间已无可入之山，我们也没有可披之发。"③ 那"万恶的城"与回不去的乡村，鲜明地体现着这个变动时代中读书人认同的改变。

大致在五四运动前后，"都市眼光"即已逐渐成形。包括一部分被视为守旧的读书人，在生活方式上已出现明显的改变。他们不仅停留和集中在都市，其认同也逐渐转向都市。其思考问题的基本思路，呈现了优先发展"通都大邑"的特点，其与乡村社会的疏离也日益增强。此时形成的"都市眼光"，既反映着这一激变时期社会生活的变动，同时又与涌入思想界的各种新知相激荡，在社会思想中产生了深远的影响。

---

① 王光祈：《城市中的新生活》，《晨报》1919 年 12 月 4 日，第 7 版。此后沈雁冰也认为"躬耕自给"已经无法维持"耕读"，因为"现代研究学问，不借重于实验室，就要借重于图书馆，一个人赤手空拳，抱几本破书，是干不了的"。《教育杂志》第 14 卷第 5 期，1922 年 5 月，"通讯"栏，第 2 页。

② 缪金源：《新村与新人》，《民国日报》1921 年 1 月 11 日，《觉悟》副刊，第 3 版。

③ 《沈定一诘问蒋智由》，《民国日报》1922 年 1 月 7 日，第 2 张第 6 版。

三、城乡差异在社会思想中的凸显

当现代中国的读书人逐渐接受了以西方为榜样的"文明"观念之后，新的文野之别在城乡关系上即有所反映。作为生活方式的差异，"城"与"乡"的差别在晚清即已为时人注意，这与当时的西风东渐有着密切的关系。1905 年便有人以"邑业"与"野业"来区分当时的人群，此后更有人区分了"通商之地"之民、"都邑之民"、"乡野之民"三个群体，这些区分均以对西来"文明"（尤其是物质层面的"文明"）的"模仿"程度为标准。虽然其中一位作者也批评了"文明所至之地，即腐败道德所生之地"，都邑比乡野更加文明的观念却显露无遗。[①] 这样的话仍可看到"吾从先进"的残影，但以城乡的空间差异重新表述着文野之别，却是现代中国的新观念。

尤其值得注意的是，时人在都邑之外又特意标明"通商之地"（且后者在"模仿文明"上比前者更甚），明确体现着时人心中对于"都市"的理解：它不是纯粹空间意义上的"城市"，而与"海通"以来中国和世界的交流密切相关。[②] 有研究者注意到，对于致力于建立现代公共卫生的陈志潜而言，成都并不能代表"城市"，而

[①] 《论模仿文明之弊》，《东方杂志》第 2 年第 1 期，光绪三十一年（1905 年）正月，第 26 页；《论以奢侈模仿文明之弊害》，《东方杂志》第 4 年第 10 期，光绪三十三年（1907 年）十月，第 194 ～ 195 页。

[②] 大约正是在 20 世纪的最初几年，齐美尔提出"在精神生活的形成中大城市具有唯一的极其重要的地位"。他所谓的大城市，正是一个有着独特伦理观念甚至时空观念的新空间。参见其《大城市与精神生活》（1903 年），收入《桥与门：齐美尔随笔集》，涯鸿、宇声等译，上海：生活·读书·新知三联书店上海分店，1991。到 1930 年代沈汝生认为："中国都市全集中于沿海，内陆则绝无仅有，是为他国所罕见，遂成中国都市分布之特色。"他所讨论的"都市"也已经显然不是传统意义上的城市了。参见《中国都市之分布》，《地理学报》第 4 卷第 1 期，1937 年春，第 3 ～ 7 页。

被用来表现"中国整个农村人口的态度"。① 为费孝通作传的作家也发现,"他所向往的农村范围很大,包括他儿童时代生活过的苏州,即使无论怎么说苏州也是一个城市"。② 民国读书人所言及的"城市"与"农村"不仅是现实中不同的空间,同时也承载着他们对于"中外"和"新旧"的各种想象,成为现代中国思想构建中的重要内容。

五四前后在思想文化界关于东西方文明的讨论中,"城"与"乡"已经被赋予了象征性的差异。在其著名的"动的文明"与"静的文明"中,杜亚泉注意到,"动的文明,具都市的景趣,带繁复的色彩;而静的文明,具田野的景趣,带恬淡的色彩"。前者"常向各方面吸收生产,故其生活日益丰裕";后者则"专注意于自己内部之节约,而不向外部发展,故其生活日益贫啬"。③ 动的文明是向外的、生产的,同时也是"都市的";静的文明则是向内的、节俭的,同时也是"田野的"。五四前后关于东西文明的讨论中,类似的两分观点大致为时人所接受。④

这种区分在一定程度上继承了传统城乡意象的差异,又与时人关于社会历史的新知相结合,具有了更加复杂的意义。已经接触过唯物史观的李大钊即特别凸显了生产方式的作用。他一方面接受了杜亚泉"动的文明"与"静的文明"的区分,另一方面则进一步提出了各民族"生活之依据不同":"东方之生计以农业为主,西方之生计以商业为主。"以"生活依据"的不同为基础,李大钊注意到两种社会生活的一系列差异。"著于政治,一则趋于专制,一则倾于自由;显于社会,一则重乎

---

① 陈志潜:《中国农村的医学》,转引自罗志田:《新旧之间:近代中国的多个世界及"失语"群体》,《二十世纪的中国思想与学术掠影》,第 260 页。其中提及此文作者已经注意到,传统的区域差异在近代城乡分离的影响之下形成了"多个世界";这些"世界"在区域、城乡、思想、社会等各个层次上均有所体现。

② 阿古什:《费孝通传》,董天民译,北京:时事出版社,1985 年,第 93 页。

③ 杜亚泉:《静的文明与动的文明》(1916 年 10 月),《中国近代思想家文库·杜亚泉卷》,第 317 ~ 318 页。

④ 稍后也有人注意到,台莪尔(泰戈尔)曾经将西洋文明总结为"城市文明",东洋文明则为"森林文明"。这种"产生于广林漠野中","阔达""胸无城府"的"森林文明"与杜亚泉所谓的"田野"式的"静的文明"大致有着类似的含义。参见陈嘉异:《东方文化与吾人之大任(续)》,《东方杂志》第 18 卷第 2 号,1921 年 1 月 25 日,第 19 页。

阶级，一则贵乎平等"，甚至"饮食、居处、车马、衣服"，无不"各驰一端"。[①] 通常被视为"东方文明"代表之一的章士钊在此后也认为，"建国之本源既异，所有的政治道德法律习惯皆缘是而两歧"[②]。这种对生产方式的强调，使得东西方文化的讨论部分地转入了"以工立国"或"以农立国"之中。[③]

李大钊观察到的这种差异早在光绪年间已为郑观应所注意，即"中国以农立国，外洋以商立国"[④]。不过，出于"重本抑末"的传统，晚清以来论及"商业立国"或"工商业立国"大都更多指向现代工业。有过出使经验的薛福成即认为："泰西风俗，以工商立国，大较恃工为体，恃商为用，则工实尚居商之先。"他特别注意到"机器"在西洋各国的运用，并要求"研精机器以集西人之长"；在此基础上提出的"振百工"，也开始偏向于"铁路火车之工""火轮船之工""电报之工""炼钢之工"等内容。[⑤] 当"工"逐渐取代了"农"成为立国的根本，康有为即感受到"今已入工业之世界矣，已为日新尚智之宇宙矣，而吾国尚以其农国守旧愚民之治与之

---

① 李大钊：《动的生活与静的生活》（1917 年 4 月 12 日），《李大钊全集》第 2 卷，第 96～97 页。

② 章士钊：《农国辨》（1923 年 11 月 1—2 日），《章士钊全集》第 4 卷，第 267 页。

③ 如罗荣渠所注意，1920 年代关于以农立国或以工立国的讨论"是为探索中国现代化道路而提出的一个重大问题"，并与东西方文化论争有密切关系。其中"现代新文化与中国传统旧文化之争，自然形成为工业文明支持者与农业文明支持者的天然分野"。参见罗荣渠主编：《从"西化"到现代化：五四以来有关中国的文化趋向和发展道路论争文选》，第 22～23 页。

④ 《盛世危言·商务三》，《郑观应集》，夏东元编，上海：上海人民出版社，1982 年，第 614 页。

⑤ 薛福成：《用机器殖财养民说》（1892 年）、《振百工说》（1893 年），赵靖、易梦虹编：《中国近代经济思想资料选辑》中册，北京：中华书局，1982 年，第 62～64 页。

竞，不亦颠乎？"因此，他要求朝廷"定为工国，而讲求物质"。[①]在康有为的论述中，"世界"与"宇宙"一样，具有时间和空间的双重意义。当下的世界既然以"工业"作为特征，"工国"自然也就成为中国的国家目标。

挟现代最具力量的社会进化论，"以工立国"不仅意味着经济结构的调整，更成为国家全方位发展的基础，构成了广泛的吸引力。杨明斋即认为"五千年的历史循环在今大变动之所以然是由于农化为工"，只有适应这种生产力的变动，"由农渐化为工"，才能求得"新世界"的出现。[②]有人更提出，农业时代到工业时代的"进化"同时也关系到"专制政体"向"民主政体"的进化。中国在辛亥前一直为"君主专制"，辛亥以后则持续为"军阀专制"，"此皆受农业立国之赐也"。[③]以当时正鼓吹"枯燥无味的物质文明"的吴稚晖之语来概括，提倡"以农立国"的根本问题即在于不明进化大势，"忘了时代了"[④]。

这样，在以工业为主体的思路中，"农业"这一职业性的因素也逐渐开始在"乡村"中凸显。1920年代易家钺在对于现代都市问题的反思中，即特别注意到"现代文明，完全是一种物质的文明"，尤以都市为其代表。中国要避免重蹈覆辙而"另创一种东方的文明"，首先要实现"农业的复兴"。"积极的目的在使社会恢复一种安静的生活；消极的目的在扫除工业制度的余威——都市制度的弊害。"若能改良农业，使得乡村"采纳都市的优点而重新配置起来"，"则理想的农村即吾人未

① 《请厉工艺奖创新折》，《戊戌奏稿》，《康有为全集》第4集，第302页。据黄彰健的考证，"康在戊戌五月上有奖励新书新器条陈是真实可信的"，但《戊戌奏稿》中所载恐非当日进呈的原件。见《戊戌变法史研究》，台北："中央研究院"历史语言研究所，1970年，第557～559页。此外，康有为在1905年著有《物质救国论》(《康有为全集》第8集)，其中特别提出了"中国之病弱"在于"不知讲物质之学而已"的观点，可与此处说法互相发明。参见罗志田：《物质的兴起：20世纪中国文化的一个倾向》，《裂变中的传承：20世纪前期的中国文化与学术》，北京：中华书局，2003年，第322～353页。

② 杨明斋：《评东西文化观》(1924年)，收入罗荣渠主编：《从"西化"到现代化：五四以来有关中国的文化趋向和发展道路论争文选》，第151～153页。杨明斋的这一观察固然有明显的唯物史观色彩，而通常被视为传统史家的柳诒徵在《中国文化史》中，也专门列出了"机械之兴"一章，以"欧美之发明机械"作为"中国近世之事变"最大的原因(《中国文化史》，第898页)。

③ 孙倬章：《农业与中国》，《东方杂志》第20卷第17号，1923年9月10日，第24页。

④ 吴稚晖：《敬答胡晖先生》，《晨报副镌》第246号，1923年10月9日，第1～3版。

来的天国"。① 在易家钺的观察中，"农业"的因素被特别强调。而章士钊所提倡的"以农立国"，更是在其"政治二字，已归腐烂"的认识之下，转向"业治"的共生品。② 在现代中国"职业"被凸显的背景之下，传统中表征场所的"乡村"也逐渐成为强调职业的"农村"。③

需要特别指出的是，"农村"在传统词汇中并不存在。与城市相应的"乡村"首先是居住的场所，它暗示着一种与政治保持距离，同时也不那么商业化的生活。这样的生活方式以男耕女织、自给自足为基础，并因为以科举制度为保障的"耕读"而具有了正当地位。④ 按照《周礼》中所定义的"九职"，"农"与园圃、虞衡、薮牧、百工等官职并列，负责的是"平地、山、泽"上的"九谷"。⑤ 这种职业与劳作方式甚至并非乡村经济生活的全貌。费孝通已经注意到，"小农制和乡村工业在中国经济的配合有着极长的历史"，"乡村是传统中国的农工并重的生产基地"。⑥

与"农民"一词类似，"农村"这样一个现代词语的出现本身就诉说着社会的改变。传统城乡差异中强调生活方式的一面仍然存在，但生产方式与职业的意义

---

① 易家钺：《中国都市问题》，《民铎杂志》第4卷第5号，1923年7月，该文第15～25页。

② 章士钊：《业治与农（告中华农学会）》（1923年8月12—13日），《章士钊全集》第4卷，第201页。

③ "职业"在近代的凸显一问题甚大，当另文探讨。至少在20世纪初年，"业界"这样的观念即已出现，并开始在读书人的身份认同中产生作用。参见章清：《学术与社会：近代中国"社会重心"的转移与读书人新的角色》，上海：上海人民出版社，2012年，第16～18页。同时，关于"农村"的构建性可参见彼得·伯克对欧洲近代早期大众文化的研究。彼得·伯克认为，是在16—19世纪高雅文化与大众文化之间的对立出现之后，才真正出现了"大众文化"，受过教育的人才开始把歌谣、节日和大众信仰看作"不同寻常、离奇和吸引人的东西"。这一观察颇具启发性。见彼得·伯克：《欧洲近代早期的大众文化》，杨豫等译，上海：上海人民出版社，2005年，第340～341页。

④ 沈艾娣在对山西举人刘大鹏的研究中特别注意到了其作为"农"的一面。她注意到农耕知识是刘大鹏生活的一部分，并成为其自我认知的重要内容。参见 Henrietta Harrison, *The Man Awakened from Dreams: One Man's Life in a North China Village, 1857-1942*, Stanford: Stanford University Press, 2005, p.142.［该书已有中文译本：《梦醒子：一位华北乡居者的人生（1857—1942）》，赵妍杰译，北京：北京大学出版社，2013年。］

⑤ 《周礼·天官·大宰》，十三经注疏本，北京：中华书局，1980年影印版，第647页上。

⑥ 费孝通：《乡土重建》（1948年），《费孝通文集》第4卷，第314～315页。

被大大增强，体现了时人知识与思虑的转变。在社会进化论的影响之下，这种差异更通过"以农立国"或者"以工立国"的方式加以呈现和固化。可以说，到1920年代，"乡村"已经逐渐转变为"农村"。不仅乡村这一社会空间的文化内涵逐渐萎缩，作为"农国"的中国也逐渐引起了时人的注意和探索。

"乡村"到"农村"的这一转变，与现代学术的发展也有着紧密关联。纵观民国前期，不仅有学习了现代农业的专业知识分子重新评价了中国农业，社会科学的发展更使得经济统计、社会调查等工作逐渐开展。至少从晚清开始，来自欧美的调查统计已逐渐在国家机构与研究单位中兴起。到新文化运动时期，在强调实证的"赛先生"影响之下[①]，不少读书人着意于社会"实况"的记述与发表，形成了一种新的文体。傅斯年在五四之前即因为感觉当时"大城市和乡村或小邑的生活"存在极大的不同，专门作有《山东底一部分的农民状况大略记》一文，介绍其家乡地区"农民社会"的状况。[②] 同时，《新青年》《晨报》《京报》《时事新报》等报刊也陆续刊登"社会调查"式的文章，以此作为社会运动的基础。

这类文章以散文、通讯等形式，凸显着当时与"国家""政治"相对立的"社会"，是学术思想的重要转变。[③] 它既体现了日益显著的城乡疏离，同时也强化着

---

① 杜威在中国的演讲中即特别强调了要将"社会哲学"作为科学来研究，认为"现在文化进到了这样地步，交通也便利，调查也容易，又没有一个地方一种民族未发现的，要想调查观察各种社会政治的情形，都是可以做得到的"，应该将其用来作"科学研究"，"指导人类行为"。《杜威博士讲演录》，《新青年》第7卷第1号，1919年12月，第133页。

② 傅斯年：《时代与曙光与危机》，《中国文化》第14期，1996年12月，第199页；孟真：《山东底一部分的农民状况大略记》，《新青年》第7卷第2号，1920年1月，"社会调查"栏，第141页。并参见罗志田：《激变时代的文化与政治》，第2页。

③ 参见王汎森：《傅斯年早年的"造社会"论》，《中国文化》第14期，1996年，第203～211页。德里克在讨论马克思主义史学的兴起时注意到，五四运动之后"社会问题"成为当时社会的"中心关注点"，并认为这是"五四新文化运动的一个副产品"。因为此前的讨论者多认为中国当前并没有严重的社会问题，五四以后对"社会问题"的关注更多地显示着研究兴趣的转变。"总体社会问题对于政治问题的相关性日益明显，而且社会问题呈现出一种更大的范围和更为强烈的迫切性"，甚至引起了"对于社会学和社会科学兴趣的高涨"。阿里夫·德里克：《革命与历史：中国马克思主义历史学的起源》，翁贺凯译，南京：江苏人民出版社，2005年，第28～29页。

城乡之间的差异甚至对立。上文已经提及，试图创建新村的青年学生已感到困难，而那些接受了"旧村"而试图去"运动"或"调查"的读书人也常常遇到诸多障碍。恽代英即承认："青年们的生活与农民悬隔得很，想假装得与他们一样，不是容易的。"①甚至仅仅因为衣着方式，农民就能看出学生们"不是和他们同阶级的人"。②彭湃第一次去农村时"穿着白的学生洋服及白通帽"，农民看见即以为是来"收捐的"。③从事社会调查的学生也因为穿着"黄色制服"，被当作"远府税员"而引起了农民的侧目。如何能够得到当地人的信任、获得有效的资料成为不少调查报告着重讨论的内容。④

　　另一方面，这些试图"到乡间去"的读书人又径以新的标准看待那个他们已不熟悉的乡村。在这些以现代社会科学为基础的调查研究中，乡村生产、生活中的诸多面向均被重新评判。《东方杂志》在1927年编印的《农民状况调查号》中，即涉及农民的居住、收支、金融流通、教育和妇女状况等各方面。虽然这些分类完全为农民所陌生，不少作者在其中却看到了"农村生活衰落"，以及农民的"缺乏社会性"、"迷信"、缺乏教育、生活贫乏。⑤数年后，在以平民教育为基础的定县调查中，虽然主持者基本承认当地农民能够"饱粗食，暖粗衣"，但仍然要求用"有系统的科学方法"，去分析农民"愚、穷、弱、私等现像［象］之原因"⑥。这部受到广泛称赞的社会调查既涉及了当地的地理、历史，更深入风俗习惯、卫生健康、家庭生

---

①　代英：《预备暑假的乡村运动》，《中国青年》第32期，1924年5月24日，第8页。

②　一健：《调查中国农村经济之困难》，《大公报》1930年9月2日，第1张第4版。

③　彭湃：《海丰农民运动报告》，《中国农民》第3期，1926年3月，该文第1页。

④　陈国钧：《望亭社会调查所遇之困难与经验》，《大夏周报》第13卷第20期，1937年3月27日，第437页。除了上述引文，李景汉、张世文在定县调查中均讨论到调查的困难。（李景汉编：《定县社会概况调查》，第131页；张世文：《定县农村工业调查》，成都：四川民族出版社，1991年重印本，第15～16页。）冯锐更认为由于"近世以降，国家社会事业，皆偏重于城市"，导致"城乡交恶，隔阂愈甚"，"一旦城市有人调查乡村之日常生活，乡人乃惴惴然以为大祸将至"，因此必须讲究调查的方法。（冯锐：《乡村社会调查大纲》，北平：中华平民教育促进会，1934年，"自序"第7页。）

⑤　参见杨开道：《我国农村生活衰落的原因和解救的方法》、杨万选：《贵州省大定县的农民》，《东方杂志》第24卷第16号，1927年8月25日，第5、17页。

⑥　李景汉编：《定县社会概况调查》，"序言"。

活费用等内容，以实证科学的方式，使得"愚贫弱私"的农村形象为思想界接受，显示着来自都市，半带想象的现代生活标准的构建力量（当时能够达到现代卫生条件的中国城市恐怕也相当有限）。

到 20 年代中后期，这个为现代都市所描述出来的"农村"已经相当负面。时人的言说虽然并不太特意区分"乡村"与"农村"，但作为与"工业城市"相对应的产物，自农民运动开展之后，"乡村"一词比较中性，而"农村"越来越多地与"问题"联系在了一起。邹韬奋注意到，抗战开始以后，有参议员提出一个关于农村的提案。汪精卫觉得"农村"这一字眼含有阶级斗争的意味，极力反对，一定要把"农村"改为"乡村"才肯通过。[①] 这一事件固属特例，但却暗示了这样一个充满问题与矛盾的"农村"，与传统的"乡村"已经有了相当不同的意蕴。

从"乡村"到"农村"的转变不仅是乡村形象负面化的过程，更重要的是，社会思想界逐渐接受了来自现代工业社会的文化标准。"城"与"乡"作为两种对立的象征，在国家发展甚至文化转型中被赋予了新的意义。城乡差异的意义日渐突出，成为"都市眼光"在社会思想运作中的显明体现。同时，对于社会生产方式的强调也使得乡村中"农"的意义得到了空前的加强。这一新的文化标准使得中国与西方世界的差别具有了社会生产的意义，作为"农国"的中国形象因此确立。

四、关于"农村破产"的检讨

对于另一部分读书人而言，受到当时在中国广泛传播的马克思主义影响，他们对现代城乡关系的变化有着更为敏锐的认识。在 1920 年代初，瞿秋白即感觉到，"中国自有的宗法社会制度，'半自然的经济'，受外国资本主义帝国主义的侵

---

① 韬奋：《抗战以来》，上海：韬奋出版社，1946 年，第 11 页；收入《民国丛书》第 4 编第 99 册，上海：上海书店，1992 年。

入，二十年前已经渐崩坏之象"，"农民阶级"的破产更为其中的重要内容。[①]此时，中共三大直接提出了"农民问题"；陈独秀更运用阶级分析法讨论了"农民的痛苦"与"发动方法"，并认为在中国这样"经济落后的殖民地半殖民地"，农民已经成为"国民革命之一种伟大的潜势力"。[②]这些概念和分析方法与乡村形象的负面化相应，又受到稍后国民革命的推动，成为"农村崩溃"这一认识的最初表述。

20 年代末期开始的世界范围内经济危机，更使得以上海——这个"城市中的城市"开始注意到那更大范围的"内地"和"农村"。虽然当时中国农村社会的市场化程度尚值得进一步考察，城市商业和金融界却已经敏锐地感觉到了"经济危机"和"农村问题"的发生。[③]张公权在当时的数次演讲中均要求时人注意"最近一年来最特殊的现象"，即"全国内地"对于上海的"入超"。一方面是"稍有财产的人家，由乡而镇，由镇而城，由城而市"，都把钱"存在都市的银行"。另一方面"一般人对内地视为畏途，以致于逐渐形成目前内地农村濒于破产的状态"；"内地一切的恐慌"又进而"影响到上海的衰落"。[④]张公权的演说固然意在呼吁金融界注重"内地"与"农村"，却提示出当时的"农村问题"首先来自上海的观察与表述。长期提倡"乡村建设"的梁漱溟基本也接受了这样的观察。他在回忆中即认为，1930 年以后因为"全国农业生产力大被破坏，乡村购买力随以降低"，但"最先感觉到问题而着急说话的，实是上海金融界"。[⑤]

这种立足于上海的观察造成了 1930 年代甚嚣尘上的"农村破产"之说。到

①　秋白：《政治运动与智识阶级》，《向导周报》第 18 期，1923 年 1 月 31 日，汇刊本第 1 册，第 147 页。

②　陈独秀：《中国农民问题》（1923 年 7 月 1 日），《陈独秀文章选编》（中），第 312 ~ 328 页。

③　研究者对此问题尚有不小的分歧。就下文论及的地区而言，农产品的商业化和市场化确实已经开始发挥作用。（参见黄宗智：《长江三角洲小农家庭与乡村发展》，第 94 ~ 117 页。）本文无意于对此问题进行概括，相反，希望能在充分承认区域差异的前提之下，看到这种"差异"所造成的后果。

④　张公权：《中国经济目前之病态及今后之治疗》，《银行周报》第 16 卷第 36 号，1932 年 9 月 20 日，第 3 ~ 4 页；张公权：《内地与上海》，《银行周报》第 18 卷第 14 期，1934 年 4 月 17 日，第 13 ~ 14 页。

⑤　梁漱溟：《乡村建设理论》（1937 年 3 月），《梁漱溟全集》第 2 卷，第 478 页。

1934 年，有人认为现在"只要稍微留意一点"，"不论在政府要人的报告中，或是在各种的书报中，我们常常可以听到或看到关于农村经济破产一类的话"。① 吴半农在定县考察时，与工作人员谈话的半点钟就"不止听了他们说到十次'农村破产'"，甚至说"现在的农村已经到了'无产可破'，或是'要破也破不了'的地步"。②

尤其值得注意的是，"农村破产"逐渐为时人所注意的过程，大致也与南京国民政府成立后的"黄金十年"相重合。在不少人的观察中，"农村破产"更多直接与外在的世界相联系，成为现代中国经济转型的集中代表。1930 年即有人提出："机械发明，工业日盛，人口集中都市，农业渐成衰落，为世界一般之经济潮流，中国自不能独置例外。"③ 薛暮桥稍后曾专门撰文论及此时期农村问题的特殊意义。他认为，中国历史上虽然也曾经出现过农村破产甚至农民暴动，"然而那时候的农村破产，是和现阶段的农村破产截然不同"。"现阶段的中国农村问题，显然并不单纯地从农村内部发生"，促成农村问题的关键就在于"帝国主义者的经济侵略"。他认为，"现今中国农村中的各种残余封建势力，已经失掉独立作用"，大都是"直接间接受着帝国主义者的支配"。虽然不能仅仅将中国农村问题视为帝国主义经济侵略的问题，但关键仍然在于要去了解"帝国主义者究竟怎样支配着中国的农村经济"。他更提出，"中国的农村经济是在帝国主义者的支配之下，这点谁都不会否认"。④

帝国主义的经济侵略，是自 1920 年代开始激进的知识分子即已开始讨论的问题。而到 1930 年代，这一认知已经逐渐普及，并成为理解中国社会经济的重要概念。在资本主义世界经济危机的背景之下，不仅激进的知识分子感受到帝国主义侵略所造成的后果，傅斯年这样并不被视为激进的读书人也感觉到，"中国现在正

① 林宗礼：《中国农村经济资料的评介》，《教育与民众》第 5 卷第 5 期，1934 年 1 月，合订本第 947 页。
② 吴半农：《乡村十日记》（续五），（天津）《益世报》1934 年 5 月 19 日，第 3 张第 11 版，《农村周刊》第 12 期。
③ 切：《中国农业衰颓之救济》，《新晨报》1930 年 8 月 12 日，第 1 张第 2 版，"社评"。
④ 薛暮桥：《帝国主义和中国农村》，《中国农村》第 2 卷第 2 期，1936 年 2 月 1 日，第 52 页。

在全部社会的总崩溃状态中积极进行"。① 时人所论及的"农村破产"，也成为社会"总崩溃"的一环。这一认知集中了忧国知识分子对于时局的焦虑，并广泛地为时人所接受。

然而，1930 年代的农村社会到底经历着怎样的改变，仍然值得讨论。当日盛极一时的社会性质论战最终聚焦在中国农村的性质，充分体现着这一问题的复杂性。中国广大国土中存在着不同的生产、生活方式，难以一概而论；同时讨论所使用的概念工具本身又有不小的争议：这些因素都使得论战的情况显得纷繁芜杂。在此时期，无论对当时农村性质做出了怎样的判断，论战的各方都同样承认帝国主义是造成农村崩溃的重要原因。与之相对应的则是，直到 1950 年代，各种农村调查都注意到，帝国主义渗入与影响较深的地方，同时也正是交通便利、商业发达，甚至农业也出现了"畸形的经济繁荣"的地方。② 与上海金融界首先意识到的"农村问题"相似，这种看似矛盾的现象正可看出"农村破产"在经济以外那社会文化的意义。

同时，1930 年代关于"农村破产"的讨论虽然内容繁多，基本思路却有相似之处。土地制度一般被认为农村问题的中心。国共双方均有土地和租佃制度改革的尝试，阎锡山等地方政权的主持者和部分知识分子也有关于土地问题的具体主张，提示着土地问题已经得到时人的普遍注意，并集中在了日后主持地政的萧铮所谓"人地关系"之上。③ 不少人都因此关注到了人口密集、租佃制度最为发达的江南地区。这一地区向称富庶，在一定程度上更被现在的研究者认为已经形成了新的农业，显

---

① 孟真：《教育崩溃之原因》，《独立评论》第 9 号，1932 年 7 月 17 日，第 2 页；稍早傅斯年还有类似的表述，见孟真：《中国现在要有政府》，《独立评论》第 5 号，1932 年 6 月 19日，第 6 页。

② 华东军政委员会土地改革委员会编：《江苏省农村调查》，第 47 页。类似的认识相当常见，并可参见此前农村复兴委员会关于云南、广西等地调查。

③ 参见萧铮：《中华地政史》，台北：商务印书馆，1984 年，"自序"。

示了社会生产发展的另一种可能。① 然而，民国时期关于土地租佃制度的讨论，却多见其弊端。即使是蒋廷黻这样不以激进著称的读书人，也主张"平均地权终久是要实行的"。②

另一方面，马尔萨斯人口论在现代中国的流行，再结合到代表了农业发展方向的美国式大农场，使得时人对于小农中国的未来持悲观态度。长期致力于民众教育的陶行知即认为，在"从农业文明走向工业文明"的过程中，农民命运完全受制于耕地数量和生育数目。只有通过"教人少生小孩子"，才能为中国社会找到出路。③ 更有人认为，由于人口众多，即使"平均地权"也未必能够解决农村的问题，反而会造成土地过细化。④ 然而最近的研究却显示，中国的人口行为结构与马尔萨斯的模型存在广泛差异；人口增长必然导致收益递减的假设未必适用于中国。⑤

以上两种关于"农村破产"的讨论思虑各异，却显示了当时知识分子论及"农

_____

①　赵冈和陈钟毅的研究已经指出了自南宋以后租佃制度的普及正是应对人口增长的策略。参见赵冈、陈钟毅：《中国土地制度史》，北京：新星出版社，2006年，第243～265页。李伯重在对江南农业生产的分析中则认为，在"一年二作""人耕一亩""男耕女织"结合的模式之下，江南农业经济实际上已经达到了相当高的水平。参见《江南农业的发展：1620—1850》，第185～188页。并参见 Kenneth Pomeranz, "Chinese Development in Long-Run Perspective," *Proceedings of the American Philosophical Society*, Vol.152, No.1（Mar., 2008）, pp.83-100.

②　蒋廷黻：《对共产党必需的政治策略》，《独立评论》第11号，1932年7月31日，第6～8页。

③　陶行知：《中华民族之出路与中国教育之出路》（1931年9月），《陶行知全集》第2卷，第492～507页。

④　宋作楠：《中国农民经济状况蠡测》，《教育与民众》第1卷第6号，1930年1月，该文第5～6页。董时进在1949年以后曾经有上书反对土地改革之事。从《观察》上《关于董时进上书反对土地改革问题》（第6卷第12期，1950年4月）一文来看，其中大部分观点仍然强调了土地规模化经营，反对夸大土地分配问题的重要性。此外，长期在台湾地区"农村复兴联合委员会"工作的蒋梦麟也曾经特别提出"节育运动"，并引起了不少争议。参见黄俊杰主编：《中国农村复兴联合委员会史料汇编》，台北：三民书局，1991年，第445～455页。

⑤　李中清、王丰：《人类的四分之一：马尔萨斯的神话与中国的现实，1700—2000》，陈卫、姚远译，北京：生活·读书·新知三联书店，2000年，第39～54页。事实上学界对于马尔萨斯的质疑早已开始，参见竺可桢：《近代科学推翻了马尔萨斯人口论》，《观察》第6卷第12期，1950年4月，第4～6页。

村问题"的共同方式。以上海为代表的都市成为问题出发点,涉及的材料也局限在经济和交通较为发达的区域。① 这不仅将区域内存在的现象放大到了全国,也忽视了更广大的乡村社会中长期以来解决这些问题的努力。当时建设农村的不少实践,同样显示着"都市眼光"与乡村社会实际的差距。晏阳初主持的定县实验区在1930年代初引起了不少关注,参观者甚众。有记者即认为定县"所得的成绩固然优良,但决不能普遍推行";其现有设备和计划不少都"决不是中国的乡村所能企及"。② 这些现实乡村难以企及的"建设"从另一个侧面也提示着"农村破产"的构建性:这些都市知识分子之所思虑自有一整套蓝图,但却与乡村社会的实际状况有着不小的距离。

时人对于"农村破产"有如下反思:

> 农村经济破产,虽到处有此现象或趋势,实以长江流域及河淮之间为最烈。其他如广东、广西各省,则病不在农村经济之没落,而在华侨海外经济之破产。至于长江流域各省,原因亦不尽同:江浙由于工业化及外国工业品之侵入,江北及其他各省则由于水灾或治安不宁,江西及湖北等省则由于"共匪"之骚扰,四川则由于军阀之混战。黄河流域各省,则或由于水灾,或由于旱荒,或由于"匪乱"……③

---

① 马扎亚尔即认为当时土地状况的调查"都只能到大城市中去,或者顺着主要的河流,而经过主要的商业道路,还没有到偏僻的农村中去的"。参见《中国农村经济研究》,第24页。蒋梦麟也注意到,孙中山提出"耕者有其田"有其家乡生活经验的"社会背景",陕西和甘肃等地情况则大为不同。参见《西潮·新潮》,第287~290页。与之相类似的是在河南地区的农民运动中,由于当地自耕农数量多,"耕者有其田"的口号并无号召力,甚至被农民部认为应当忌用。参见郑建生:《国民革命中的农民运动——以武汉政权为中心的探讨》,第178~179页。

② 《定县平教村治参观记(一)》,《大公报》1930年1月8日,第1张第3版;《定县平教村治参观记(四)》,《大公报》1930年1月12日,第1张第4版。

③ 朱偰:《田赋附加税之繁重与农村经济之没落》,《东方杂志》第30卷第22号,1933年11月16日,第9页。

这些各各原因造成的"农村破产",最可看出整个社会的"天灾人祸"均被集中在了"农村"这一箭垛的情形,同时也体现着传统中国在现代转变中的窘迫与调适。不仅乡村社会中长期存在的境况被"都市眼光"重新检视和放大,其生产、生活方式也需要由新的标准加以审视和评判。

值得注意的是,时人在论及农村时常常用到"破产""崩溃"等实时性的词语,一位作者更以"继续着在那里崩溃下去没有停止"来描述"中国农村经济"[①],充分显示了这种由常态到变态的感受。到抗战时期,费孝通对"农村崩溃"之说有所反思,认为"崩溃、危机等字都是用来形容现代化的经济现象的","小农经济不会崩溃只会瘫痪"。[②]这种尚可维持(事实上即使在战争状态下也维持了相当长的时间),但却不可能"拖到繁荣"的状态,恰好反映了"小农经济"与"现代化的经济"之间的差异。在乡村本身的生产方式、土地状况等条件并未发生结构性变化的前提下,"农村破产"这一不乏想象意味的认知实际折射了当时中国的各种问题,述说着"半殖民地半封建社会"在世界中的困境。它一方面显示着作为社会经济基础的乡村与舆论界的距离,另一方面也提示了城乡关系已经成为中国社会的重要问题。

五、作为中国现代性的"都市眼光"

由于现代工业世界的吸引,"都市眼光"在中国这个长期城乡一体的国家,带来了一整套文化标准的转变。这种转变自晚清就已开始,是整个中国现代转型的表征。1933年农村复兴委员会的成立,象征着国家基本接受了乡村建设各派的观念,"农村问题"成为需要由国家主导解决的社会问题。其中被凸显的,不仅是以科学生产为基础的新式农业观念,也因应着那一时期国家行事方式和个人生活逻辑的改

---

①　晶平:《广西土地问题发展的趋势》,《中国经济》第2卷第7期,1934年7月,该文第1页。

②　费孝通:《乡土重建》(1948年),《费孝通文集》第4卷,第327～329页。

变。① 然而，与那象征工业革命后新生产方式的都市不同，这样的"都市眼光"更多地指向着"都市"同时也是"西方"所代表的生活方式，其中不乏想象与憧憬。

自晚清开始，时人对于西方的认识便颇具想象意味，湖南学生林圭甚至认为西人"一生均极乐世界，无一时有郁伤之事"。类似的认识在晚清为朝野所分享，成为时人言论与政策制定的基础。② 早在康有为提倡"物质救国"时，在那"非教化可至"的物质文明中，对欧美国家的物质生活就有如下不乏夸张的赞美："其贫人之屋必铺地毡。其墙必裱花纸，其囡女以皆曾经入学，故以洁相尚，屋无纤污，陈设雅丽，盘碟整美。"③ 直到1930年代，致力于世界语运动的黄尊生仍然认为"欧美文明国家"的乡村中即有"干净的街道、整齐的房屋、利便的交通；每隔若干里，有洁净的市场，有邮政局、电报局，有学校，有会堂，有汽车、电车，有电灯、电话、自来水，或者还有种种电机，可利用电力来耕田，来灌溉"。较之这样充满美好印象甚至想象的"西方"，中国的乡村固然"一切都是粗的、笨的、陋劣的东西"。④

同时，"都市"还寄托着时人对于政治生活的向往。梁启超在清末游历了"新大陆"以后即批评中国人"有族民资格而无市民资格"，"有村落思想而无国家思想"。要学习"西方阿利安人"组成一个"国家"（在梁启超看来当时的中国尚非"国家"），就必须效仿其"市制之自治"。⑤ 进入民国以后，胡适曾提倡在京的客籍居民打破省籍的"乡土观念"，以市民的资格"出来干预北京的教育与市政"，"努力造一个'新北京'"，⑥ 亦是以市政的建设作为国家建设的基础。张慰慈更以"从乡村的生活变化到城市的生活"，作为"文化史上最重要的一步"。据此，胡适在总结了

---

① 梁启超在1920年代即已指出，"我们不能以今日都市生活、工厂生活的道德和条理，来判断从前农业生活、牧畜生活的风俗和制度，许多现在认为不合理，在当时很合理"。参见梁任公：《社会学在中国方面的几个重要问题研究举例》，《社会学界》第1卷，1927年6月，第5页。

② 参见罗志田：《权势转移：近代中国的思想、社会与学术》，第29页。

③ 康有为：《物质救国论》（1904年），《康有为全集》第8集，第87～88页。

④ 黄尊生：《中国问题之综合的研究》，第91～92页。

⑤ 梁启超：《新大陆游记节录》，《饮冰室合集·专集之二十二》，第121～122页。

⑥ 胡适：《京报》，《京报》1920年9月17日，第5版。

当时各大城市市政的失败之后提出："我们若不彻底明白乡间生活的习惯是不适宜于现代的城市生活的，我们若不能彻底抛弃乡下人与乡村绅士的习惯，中国决不会有良好的市政。"那"自由的、放任的、散漫的、消极的"乡间生活，对应着城市生活所象征的"干涉的政治，严肃的纪律，系统的组织，积极的做事"，寄托了读书人对于一种新式政治生活的希望。[①]

　　大约正是因为凝聚了对于"西方"和"未来"的全面憧憬，时人所设想的"都市"也具有力求最新、最好的特点。1898年霍华德（Ebenezer Howard）《明日的田园城市》[②]出版后不久，"田园都市"这个词语便得到中国士人的关注。有人即此提出对现状的批评与城乡综合发展的希望，认为"一般人士倾心于欧美诸国之富强，悉力提倡重商主义"，但却又"误以各国都市之繁盛为其工商发达之原因，遂群以'振兴市面'为唯一之策画"。结果只是注意于"酒肆、茶寮、餐馆、剧场一切奢侈危害之事业"，"于通商惠工之政，反视为缓图"，"徒使无业之民，麇集于都市"，以致"欧美诸国今日所痛心疾首力谋所以改良之者，吾乃效之唯恐不似"。因此作者认为，鉴于"欧美列邦，既改弦易辙，从事于'田园都市'之实行，吾万不宜蹈其故步，励行都市集中之策"，而需要"注意于各处农村文明事业之设施，而毋徒导都市以奢侈之风也"。[③]如柳诒徵日后论及清末关于地方自治立法时所说，"世界日新，吾国人理想中之法律亦随之而日新"。但"理想进步"，"事实殊不能与之相应"，[④]即使到了今日，"田园都市"仍然更多地属于"理想"一面。

　　然而，这个汇集了自物质到政治、社会生活等诸多理想的都市在民国时期的实现程度实在有限。1920年代留学归来的林语堂即特别要求，"凡留美留欧新回国的人，特别那些有高尚的理想者，不可不到哈德门外走一走"，因为一出哈德门外便可领略到"土气"。这种"土气"足可以"使他对于他在外国时想到的一切理想计划

①　张慰慈：《市政制度》，上海：亚东图书馆，1925年，第8页；胡适《〈市政制度〉序》（1925年8月9日），《胡适全集》第3卷，第843～846页。

②　该书的中译本由金经元翻译，北京商务印书馆2000年出版。

③　雪村：《都市集中与农村集中》，《东方杂志》第12卷第9号，1915年9月，第6～7页。

④　柳诒徵：《中国文化史》，第934页。

稍有戒心，不要把在中国做事看得太容易"。① 到 1930 年代，黄尊生仍认为"中国之所谓都市，仍然是几百年前中世纪时代的都市，其污秽，其黑暗，其鄙陋，其荒凉，实在与乡村无多分别"，甚至只要走出"通商口岸几十里"，便可以看到"那种二千年前的古代生活"。② 即使是长期被视为"摩登"象征的上海，1930 年代尚有"农田五十余万亩，农村栉比，人烟稠密"。在"一·二八"事变之前，农民"往往于农闲之时，来沪入厂作工，农忙时仍回家耕种"。③ 那些在城市中讨生活的"小市民"大都居住在背街弄堂中，城市的现代化与其日常生活的关系相当有限。④ 生活在亭子间的文人更抒发着自己对于"都市"那复杂的欲望：既在电声光影中迷失，却又不得不流连甚至沉沦于其中。⑤

　　尤其值得注意的是，读书人不仅在不够现代的现实中想象"都市"，更是身在"消费城市"而向往着"生产城市"。在康有为所谓"物质救国"中，最有力者是代表了重工业和现代通信技术的"铁路、汽船、电线"⑥，然而按照杜亚泉的观察，这种"物质救国"却落实在了"物质生活"的"一跃千里"。虽然自晚清开始"朝野新旧"莫不提倡"兴业"，一般人却不免"倒果为因"，"误以物质文明，为兴业之前提"。⑦"业"未能"兴"而"物质生活"高涨，正是章士钊所谓的"未举工国之实，先受工国之敝"⑧。那象征奢靡风气、不事生产的传统城市，在新的眼光中也并无太

　　① 林玉堂：《论土气与思想界之关系》，《语丝》第 3 期，1924 年 12 月 1 日，第 3 页。

　　② 黄尊生：《中国问题之综合的研究》，第 92～115 页。

　　③ 《上海市政府社会局农村复兴计划草案》，《农村复兴委员会会报》第 3 号，1933 年 8 月 26 日，第 16 页。裴宜理在对上海工人运动的研究中也特别注意到了工人与农村的密切联系。参见裴宜理：《上海罢工：中国工人政治研究》，刘平译，南京：江苏人民出版社，2001 年，第 64 页。

　　④ 卢汉超：《霓虹灯外：20 世纪初日常生活中的上海》，段炼、吴敏、子羽译，上海：上海古籍出版社，2004 年，第 10～12 页。

　　⑤ 参见李欧梵：《上海摩登：一种新都市文化在中国（1930—1945）》，第 286～287 页；蒋兴立：《左翼上海——三〇年代左翼都市小说研究（1927—1936）》，第 129～135 页。

　　⑥ 康有为：《物质救国论》（1904），《康有为全集》第 8 集，第 87～88 页。

　　⑦ 杜亚泉：《论社会变动之趋势与吾人处世之方针》（1913 年 4 月）、《消极之兴业谈》（1915 年 7 月），《中国近代思想家文库·杜亚泉卷》，第 135、247 页。

　　⑧ 章士钊：《农国辨》（1923 年 11 月 1—2 日），《章士钊全集》第 4 卷，第 272 页。

多改观。①民国前期即有人认为，"国家之大患，莫甚于驱乡村之民而群集于都会"。因为那时的"都会"不过是"交通及销［消］费之地，而非生产之地"。②数年后陶行知批评当时的乡村教育只是"教人离开乡下向城里跑"，"教人分利不生利"，结果造成了"空洞的教育，分利的教育，消耗的教育"。③到1932年，何思源更批评"中国四十年之教育制度，大都由欧美各国辗转抄袭而来"，却没有注重两者"立国之基础"本有差别。结果这些来自田间的毕业生大都"厌弃乡村生活，宁甘失业，不愿复回田间"。他们只能"徘徊都市"，"群趋于不生产之途"，最终导致"都市纷扰，乡村亦渐形摇动，整个社会，陷入恐怖状态！"④"都市眼光"背后所隐藏的工业化生产迟迟未能实现，读书人却以新旧掺杂的理想标准，规范和批判着社会现实生活中那充斥着消费的"不生利"城市。

梁漱溟曾经总结道："这样一个以农业为主的国家，以乡村为本的文化，近几十年来却遇到一个以工业为主，以都市为本的西洋文明"，结果"学西洋学了二三十年"，却"并不见有都市的兴起和工业的发达"。他特别指出："都市的重心原来是在工商业，而中国的都市工商业并不发达；都市本来应是一个生产的地方，而中国的都市则成了一个消费的地方。这与西洋的情形恰好相反。"因此，近百年来中国所经历的"变化"也都是"这一面单见破坏，那一面不见建设"，"先从沿江沿海通都大邑破坏起，才渐渐地延及到内地乡村"，并且"一步逼紧一步，到最近十年来，可就真的逼到乡村来了"。⑤

<hr>

①　胡如雷在对中国传统城市的研究中已经特别提出要从生产的角度来理解城市繁荣。他注意到，城市中工商业者仅占少数，"其商业的活跃远远超过了商品生产的水平"。因此其"消费的意义大于生产的意义，商品流通的意义大于商品生产的意义"。(《中国封建社会形态研究》，第251、277页。)

②　《第四届全国教育会联合会大会决案》(1918年10月)，琚鑫圭、童富勇、张守智编：《中国近代教育史资料汇编(实业教育　师范教育)》，上海：上海教育出版社，1994年，第215页。

③　陶行知：《中国乡村教育之根本改造》(1926年12月12日)，《陶行知全集》第1卷，第85～86页。

④　何思源：《中国教育危机的分析》，《独立评论》第21号，1932年10月9日，第11～14页。

⑤　梁漱溟：《乡村建设大意》(1936年1月)，《梁漱溟全集》第1卷，第609～613页。

换一个角度看，梁漱溟所注意到的"破坏"也恰是讲"现代化"的学者所勾勒的发展步调。两种视角虽然立场不同，却同样注意到了"现代"与"西洋"背后那工业城市的力量。作为一种全新的文化标准，它不仅塑造了新旧杂糅、充满理想却又令人失望的现代中国都市，更提示着当时社会中存在的重要落差。现代化的都市尚未建立而社会已惊诧于"农村破产"，成为现代中国的特殊景观。

这种落差更伴随着读书人与乡村社会日益明显的疏离。如前所述，1930年代，赛珍珠描述中国社会的《大地》一书曾引起不少注意。江亢虎即认为赛珍珠的小说"距离整个中国人的真实生活太远"，"仅代表中国人生活中黑暗方面的一特殊局势"。结果反而被赛珍珠指出是"以极少一部分的智识阶级来代表全部中国人民"。[①]雷鸣远神父甚至提醒那些愿意服务乡村的青年学生注意回乡后的"隔阂"，"正好像前几十年的传教士，到了农村，他们便以为是外国教、毛子教"。[②]中外之别似乎已经模糊，转不如读书人与乡村社会之间的"上下之别"来得明显。

另一方面，在注意到"农村问题"的知识分子看来，不仅乡村成为国家问题，城市也呈现出"乡土中国"的特色。鲁荡平到1931年即感觉，彼时的种种"都市问题"都只能被视为更广大的农村社会的反映。"中国最近都市人口之增加，不能谓为都市发达之现象，只能谓为农村衰落之反应；不能谓为社会经济之进步，但能谓为农业国家之病征。"[③]吴宪在赴定县考察后更感叹："我们住在城市的人，看见的事情，已经是够不上摩登的国家。但是我们不到乡村去，是没有看见过中国的。"这位在美国接受过教育的知识分子甚至认为："这样又穷又愚又弱又私的中国，除非强有力的政府，来行四大教育，恐怕强盛的日子，不知道是在那一天呢。"[④]城市一方面不够"摩登"，另一方面却也不是"中国"。对于中国社会性质的讨论最后聚焦在"农村性质"，显示着思想界最终转回长期作为中国社会基础的乡村，却又不得不借助外来的"资本主义"或"半封建"、"半殖民地"等概念，重新审视整个社会。

---

① 郭英剑编：《赛珍珠评论集》，第13～14、44、571页。

② 雷鸣远讲演：《救济农村与青年的出路（下）》，《益世报》（天津）1934年5月4日，第1张第3版。

③ 鲁荡平：《都市与农村》，《社会杂志》第1卷第4号，1931年4月，第4页。

④ 涛鸣：《定县见闻杂录》，《独立评论》第4号，1932年6月12日，第18页。

这样，被负面化和问题化的乡村同时也成为整个"中国"的象征，它被认为是国家发展的主要障碍，却又表述着中国的传统和现实，规定了中国在世界中的位置。郭沫若在 1920 年代末即认为，"海禁大开"以后资本主义侵入中国内地，使中国"化成了一个乡村，化成了一个供给原料的乡村"。[①] 此后冯友兰也感叹，经过工业革命之后，"一切经济先进的民族，都成了'城里人'，经济落后者都成了'乡下人'"。中国作为一个经济落后，尚未"工业化"的民族，"其地位就不待言了"。[②] "都市眼光"的运作最终造成了中国的"乡村化"；《共产党宣言》中所谓的"农村屈服于城市"与"东方从属于西方"，在这些学者的眼中已经全面完成。

牺牲乡村的现代化建设本是不少国家的普遍经历，而现代中国这提前显示的"都市眼光"更加深了社会关系中的差异与对立。作为社会基础的乡村经历了负面化和问题化的历程，较之其他国家付出了更多的代价；同时在此基础上建立的城市也承载了更多的关注与希望。在对于现代性的批判思考中，已经有学者提出，应该摆脱单一"现代性"的认识，而注意到不同的文化在适应现代性这一浪潮时呈现的差异。中国在工业化与都市化之前形成的"都市眼光"，正是中国现代性的特殊表述，对于社会思想与国家发展造成了深远的影响。

胡适在民国初年曾提出："我们的社会现在正当根本动摇的时候，有许多风俗制度，向来不发生问题的，现在因为不能适应时势的需要，不能使人满意，都渐渐的变成困难的问题，不能不彻底研究。"[③] 各种"向来不发生问题的"如何"变成困难的问题"，正是中国现代史上不可放过的重要关节，体现了社会认知中想象与构建的力量。对于"都市眼光"的梳理，不仅有助于理解现代中国城乡关系的形成，更可以看到现代社会发展的徘徊挣扎，与那隐藏着的更为丰富的可能性。

---

① 郭沫若：《反正前后》（1929 年），《郭沫若全集》文学编，第 11 卷，北京：人民文学出版社，1992 年，第 182 页。

② 冯友兰：《中国现代民族运动之总动向》，《社会学界》第 9 卷，1936 年 8 月，第 258 页。

③ 胡适：《新思潮的意义》（1919 年 11 月 1 日），《胡适全集》第 1 卷，第 694 页。

后 记

"终于到了可以相对随意表述的内容，长久以来的'战战兢兢、如履薄冰'却挥之不去。本该且战且走的论文期最后写到落荒而逃，甚至感冒爆发，涕泪并下，一时间百感交集，不知道该说什么才好。"

"虽然这篇论文只能说有辱师教……"

"如果没有老师对我的帮助，想必我只会是一个比现在还要封闭和狭隘的学生吧。"

"感谢诸位同门使我无'独学而无侣'之忧。他们都曾多次与我讨论论文，甚至慷慨地与我分享自己的观点和资料。"

以上是当年博士论文的后记存稿。说来惭愧，读书时候调剂文献阅读之枯燥的，正是诸位前辈的前序后跋，但轮到自己的时候却只觉得讷讷不能成言，索性整个装作没有后记这回事。如今时隔数年，惶惑依旧，但却不能继续自欺欺人，必须把当年未完成的太多感谢补充完成了。

首先要感谢的仍然是我的导师罗志田。在漫长而愉快的求学过程中，老师始终秉持"有教无类"的原则，给我以极大的宽容与耐心。这篇文章从选题到写作，都与老师的提示、帮助密不可分，其间种种讨论记录至今我还不时翻阅。可惜因为自己执行力太差又冥顽不灵，仍然有很多设想未能完成，文中疏漏当然也是需要自己完全负责的。同时也要感谢同时求学的诸位好友：鲁萍、李欣荣、王波、周月峰、薛刚、王果、高波、赵妍杰、李欣然。上述残篇真是发自肺腑，很多回忆也都还历历在目。这一段难忘的时光大概只能另文追述了。此外，在北大求学期间，还有茅海建、乔秀岩、张宝生三位老师要特别感谢。这篇文章从开题到答辩茅老师均有参与，每每直言"我并不同意你的观点"，促使我不断思考不同的立场与观点。乔老师则在八年间一直开设读书课，从《说文解字》到三礼，丝毫不以我这个不做研究只来读书的旁听生为忤，还时时赐书，为我的学习生活增加了不同的阅读乐趣。我写作博士论文的时期，资料数字化的进程还相当有限，其中几乎全部资料都是在北大图书馆旧报刊室中阅读整理的；其中张宝生老师予我的帮助，至今感怀。（张宝生老师已于2023年7月11日去世，谨致哀思。）由于写作、修改的时间过长，这份感谢的名单也在不断地增长。感谢慷慨提供了博士后职位的章清老师，让我在毕业后还能经历一段无比美好的读书时光；感谢厦门大学历史与文化遗产学院的张侃院长鼓励和支持本书的修改和出版；感谢厦门大学出版社的韩轲轲编辑的辛苦工作并不断容忍我重写的冲动……因为恐怕这本书的价值并不会因为这个名单的冗长而增加（或者还会减少），所以不得不用省略号来代表心中的感谢。不过最后的位置还是要留给父母，他们对我付出了无条件的关爱，又对我的人生选择予以最大程度的宽容；这大概才是我最幸运的地方。

对我而言，对于历史的理解从来都是当下生活的一个部分。当年残篇还有半句话是"如果理解只是周作人所说的好梦一场，人与人的相处又是如何可能的呢？但……"今天的我仍然不知道应该如何接下去。

梁　心

2023年12月